‥ "인仁으로 세상을 지배하라!" ‥
– 위대한 공자의 삶과 사상

공자孔子, 기원전 551년 ~ 기원전 479년에 대하여

공자는 유교의 시조始祖인 고대 중국 춘추시대의 정치가·사상가·교육자다. 주나라의 문신이자 작가이면서 시인이기도 하다.

춘추시대 말기에 서주의 제후국인 노魯나라의 무관인 숙량흘의 둘째 아들이자 서자로 태어났다. 인仁에 기반한 도덕 정치를 실현하고자 전국을 주유하며 군주들을 설득했으나, 오직 부국강병책으로 천하통일만을 노리는 당시의 세태에서는 공자의 이상을 받아 주는 제왕이 아무도 없었다. 말년에 고향으로 돌아와 후학 양성에 힘을 기울였고, 중국의 오래된 전통적 경전들을 제자들에게 가르쳤다. 또 노나라에 전해 내려오던 역사서를 다시금 새로 엮어 『춘추』를 편찬했다.

공자가 세상을 떠난 후 제자들은 스승이 남긴 말씀을 모아 『논어』를 저술했다. 공자의 가르침은 그의 사후에도 수천 년 동안이나 이어졌다. 공자는 세계 4대 성인 중 한 사람으로서 오늘날까지도 동서양을 막론한 세계 각국에서 인류의 영원한 스승으로 추앙되고 있다.

"예로써 천하를 다스려라!"

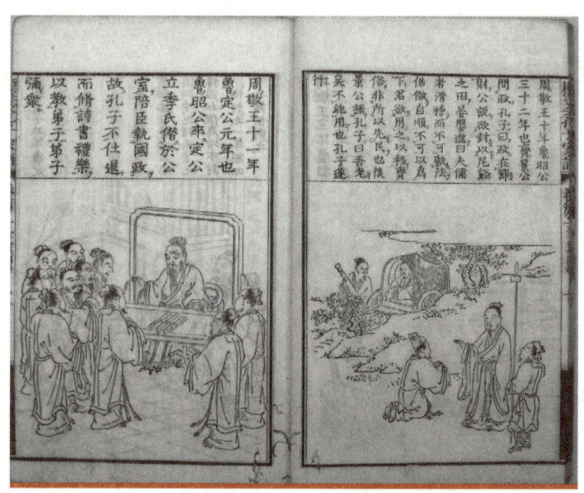

천하를 평화롭게 하고자 했던 공자

사생아였던 공자에게는 자신이 대부였던 숙량흘의 자손, 즉 귀족임을 인정받는 것이 필생의 목표였다. 무사였던 아버지와 달리, 공자는 글과 지식으로서 인정받으려 했다. 어릴 적부터 제사 지내는 흉내를 내며 놀기를 좋아했다고 하며, 예부터 내려오는 전통적 종교 의례·제도·관습 등에 밝았다.

공자는 노나라를 건국했던 주공周公을 본받아야 할 사람으로 받들었다. 공자 당시는 종법과 봉건제가 무너지고 극심하게 혼란했다. 노나라가 바로 그런 상황이었다. 공자는 주공의 종법제를 회복해서 천하를 평화롭게 하고자 했다.

고난을 딛고 성인의 경지에 오른 위대한 스승, 공자

공자의 철환천하

당시 노나라는 부패와 모순으로 가득 차 있었고, 대외관계에서도 곤경에 처해 있었다. 공자가 볼 때 어떻게든 개혁하지 않으면 안 되었다. 그러나 그가 아무리 뛰어난 학덕과 식견을 지녔을지라도 이는 도저히 해결할 수 있는 사안이 아니었다. 결국 개혁에 실패해 공자의 나이 56세 때 직책을 잃고 타국에 망명하게 되었다.

이후 공자는 14년간에 걸쳐 북으로는 위衛, 남으로는 진陳과 蔡에 이르기까지 수레를 타고 천하를 주유하는 이른바 철환천하轍環天下를 행하게 되었다. 열국의 제후들은 그의 유세에 고개를 끄덕이면서도 받아들이지는 않았다. 기원전 479년인 그의 나이 69세에 다시 귀국했다. 이후 그는 겨우 4년 반밖에 살지 못했지만 이 기간 동안 무수한 제자를 길러내면서 유가경전을 정리했다. 당시 공자는 연륜과 공덕이 최고조에 달해 있었으며, 명실상부한 당대 최고의 스승으로 불릴 만한 모든 자격을 완벽히 갖추고 있었다.

평생을 두고 실현하려 노력한 인仁의 길

공자의 모든 가르침이 집약된 『논어』

공자가 이상적으로 생각한 '군자의 치평'은 국가에서 이뤄지는 인간의 정치적 행위를 말한다. 이는 기본적으로 인간에 대해 전폭적인 신뢰 위에서 출발하고 있다. 공자는 자신의 인간에 대한 이런 신뢰를 '인仁'으로 표현했다.

공자는 평생을 두고 이 '인仁'을 실현하기 위해 헌신했다. '인인人人'을 합성한 이 글자는 사람 간의 신뢰 위에서 생성된 인간성을 의미한다. '인'이 실현된 상태를 '성인成仁'이라고 한다. 이는 공자가 이상적인 위정자로 상정한 '군자'가 평생을 두고 지향해야 할 목표이기도 하다.

3천 년 역사 속에 우뚝 선 '인의예지仁義禮智' 사상

소크라테스

부처

예수

공자가 생각한 '인'은 머리와 책 속에 들어 있는 추상적인 개념이 아니라 일상생활 속의 다양한 인간관계에 내재해 있는 매우 실천적인 개념이다. 이는 삼라만상에 두루 내재해 있다고 간주한 절대불변의 진리인 성리학의 '천리天理' 개념과 커다란 차이가 있다. 공자의 '인'은 인간에 대한 전적인 신뢰가 선행되어야만 실현가능한 덕목이다. 이는 인간 자체의 영원한 승리를 의미한다.

『논어』에 나오는 공자의 '인'은 사람을 용서하는 서인恕人과 사람을 사랑하는 애인愛人, 사람을 아는 지인知人 등으로 표현돼 있다. '인' 속에는 남을 자신처럼 사랑하고, 용서하고, 이해한다는 의미가 두루 담겨 있다. 소크라테스의 '지知'와 부처의 '자비慈悲', 예수의 '애愛' 등과 서로 통하면서 동시에 이를 총괄적으로 내포하고 있다. 공자의 군자학 내지 치평학을 달리 인학仁學으로 표현할 수 있는 이유다.

이상적인 국가를 위한 이상적인 리더 – 군자君子

제자들에게 군자가 될 것을 가르친 공자

공자는 제자들에게 끊임없이 군자유君子儒가 될 것을 강조했다. 현실적으로 위정자가 되지 못할지라도 '정신적인 위정자'로서의 품위를 잃어서는 안 된다는 얘기다. 공자에 의해 '군자'가 새로운 의미로 통용됨에 따라 유가의 행동규범에 따르지 않은 군주들은 자동적으로 '비군자' 즉 '소인'으로 분류되었다. 이런 풍조가 봉건질서를 무너뜨리는 데 결정적인 공헌을 했다.

공자는 '군자'를 이상적인 위정자의 개념으로 새롭게 해석하면서 자신의 학문을 곧 군자학君子學으로 정의했다. 군자는 치국평천하를 본령으로 삼는 까닭에 '군자학'은 곧 치평학治平學에 해당하는 셈이다.

"배우고 때때로 익히면 또한 기쁘지 않겠는가!"
– 공자의 '학이시습學而時習'

항상 학습에 열중하고 인간을 존중하라는 가르침을 남긴 공자

「학이」제1장은 이런 '학습'의 자세를 견지하면서 벗이 먼 곳에서 찾아오는 즐거움을 알고, 남이 알아주지 않을지라도 성을 내지 않는 심성을 지닌 자가 바로 군자라고 역설하고 있다. 치국평천하에 임하는 위정자는 바로 이런 '학습'의 자세를 체득한 호학군주好學君主여야 한다는 게 공자의 확고한 생각이었다.

'사람이 가장 귀한 존재다'
– 공자의 인귀 사상

공자의 '인'은 인간과 세상에 대한 관계에서 편재해 있는 까닭에 구체적으로는 인간과 인간, 인간과 자연, 개인과 국가사회 등의 총체적인 관계에 대한 고찰에서 출발하고 있다. 인간이 모든 관계의 중심에 서 있는 점에 주목할 필요가 있다. 우주 만물 가운데 인간을 가장 귀하게 여기는 이른바 '인귀人貴' 사상은 바로 공자의 '인' 개념에서 나온 것이다.

21세기 최강의 위기극복과 자기혁신법

공자의 묘비

공자는 『춘추』를 비롯한 고전을 정리하는 와중에 숨을 거뒀다. 귀국한 지 4년 반 만의 일이다. 그의 생애에는 별로 극적인 요소가 없다. 그의 포부 가운데 실현된 것 또한 없다.

그러나 공자는 불멸의 족적을 남겼다. 바로 위대한 제자들을 배출한 게 그렇다. 그의 사후 그의 제자들이 사방으로 퍼져 그의 학문과 사상을 전했다. 후대에 '만세萬世의 사표師表'로 칭송받게 된 근본 배경이 바로 여기에 있다.

『논어』「학이」제1장의 키워드인 '학습'은 최근 화두로 등장한 인문학 열풍과 밀접한 관련이 있다. 공자의 사상은 과학기술 속에 인문학을 녹여낸 경영 전략으로 다시 태어나고 있다.

인으로 세상을 경영하라

― 공자처럼

적도 내 편으로 만드는 사람경영법
인으로 세상을 경영하라 - 공자처럼

초 판 1쇄 2015년 11월 25일

지은이 신동준
펴낸이 류종렬

펴낸곳 미다스북스
등록 2001년 3월 21일 제313-201-40호
주소 서울시 마포구 서교동 486 서교푸르지오 101동 209호
전화 02) 322-7802~3
팩스 02) 333-7804
홈페이지 http://www.midasbooks.net
블로그 http://blog.naver.com/midasbooks
트위터 http://twitter.com/@midas_books
전자주소 midasbooks@hanmail.net

ⓒ 신동준, 미다스북스 2015, *Printed in Korea*.

ISBN 978-89-6637-415-1 04320
값 20,000원

「이 도서의 국립중앙도서관 출판예정도서목록(CIP)은 서지정보유통지원시스템 홈페이지
(http://seoji.nl.go.kr)와 국가자료공동목록시스템(http://www.nl.go.kr/kolisnet)에서 이용하
실 수 있습니다.(CIP제어번호: CIP2015030896)」

※파본은 본사나 구입하신 서점에서 교환해 드립니다.
※이 책에 실린 모든 콘텐츠는 미다스북스가 저작권자와의 계약에 따라 발행한 것이므로
  인용하시거나 참고하실 경우 반드시 본사의 허락을 받으셔야 합니다.

미다스북스는 다음세대에게 필요한 지혜와 교양을 생각합니다.

적도 내 편으로 만드는 사람경영법

인으로 세상을 경영하라

―
공자처럼

신동준
21세기 정경연구소 소장

미다스북스

3천 년 인문의 숲에서 공자의 경영술을 새롭게 만나다
왜 지금 새롭게 공자인가?

'수신제가'와 '치국평천하'의 보고 – 『논어』

유가경전을 거의 빠짐없이 주석한 바 있는 다산 정약용은 당대 최고의 학식을 자랑하는 실학자였다. 유가경전 가운데 그가 가장 좋아하고 평생에 걸쳐 곁에 두고 애독한 책은 바로 『논어』였다.

다산에 앞서 평생 『논어』를 옆에 끼고 살면서 치국평천하에 임한 인물이 바로 송태조 조광윤을 도와 천하통일을 이룬 조보趙普이다. 남송 때 나대경羅大經이 쓴 『학림옥로鶴林玉露』에 따르면 조보는 어릴 때부터 전쟁터에 나가느라 공부할 틈이 없었다. 늘 스스로 학문에 어두운 것을 걱정했다. 천하를 통일하는 데 큰 기여를 한 덕분에 재상이 되자 퇴근 뒤 두문불출하며 글을 열심히 읽었다. 그러나 어렸을 때부터 학문을 체계적으로 익히지 않아 일정한 한계가 있었다. 송태조 사후 송태종 조광의가 즉위한 뒤에도 계속 재상으로 남아 있자 그를 시기하는 자들이 이런 소문을 퍼뜨렸다.

"조보는 겨우 『논어』밖에 읽지 못해 중책을 맡기기 어렵다."

송태종이 조보를 불러 이를 따지자 그는 이같이 대답했다.

"신이 평생에 아는 바는 진실로 논어를 넘지 못합니다. 그러나 『논어』 반권의 지식으로 태조의 천하평정을 곁에서 보필했고, 지금은 그 나머지 반으로 폐하의 태평성대 성취에 도움을 드리고자 합니다."

조보 사후 유족이 유품을 정리하다가 그의 책 상자를 열어보니 실제로 『논어』밖에 없었다고 한다. 여기서 나온 성어가 바로 '반부논어치천하半部論語治天下'이다. 『논어』 속에 시대를 뛰어넘는 무궁무진한 치국평천하 방략이 담겨져 있다는 취지에서 나온 것이다.

실제로 그렇다. 생산된 재화의 고른 배분을 역설한 마르크스 경제이론은 물론 '보이지 않는 손'에 의한 시장경제를 주장한 애덤 스미스의 자유주의 경제이론, '적극적인 국가개입'을 통한 경제발전을 강조한 케인즈의 재정주의 경제이론 등 다양한 경세제민經世濟民 이론이 모두 담겨 있다. 심지어 지난 2013년에 출범한 중국의 시진평 체제가 구호로 내걸고 있는 '공부론共負論'도 담겨 있다.

비단 경제사상 및 이론에 그치는 것도 아니다. 도가와 묵가 및 법가 등 여타 제자백가의 치국평천하 사상과 이론의 기본 모형이 모두 『논어』에 담겨 있다. 공자가 제자백가의 효시 역할을 한 만큼, 그의 언행을 수록한 『논어』가 이런 모습을 보이는 것은 당연한 일이다. 한마디로 『논어』는 수신제가와 치국평천하의 보고寶庫이다.

『논어』의 '반부논어치천하'의 특징은 사상 최초의 정치경제학파로 평가받는 이른바 상가商家의 가르침인 '부민부국富民富國' 이론과 상통하고 있다. 중국에서는 '상가'를 경중가輕重家로 표현하는데, '경중'은 재화를 뜻하는 말로 『관자』에 나온다. 『관자』는 춘추시대 중엽 제환공을 도와 사상 최초의 패업霸業을 이룬 관중管仲의 저서이다.

주목할 것은 『관자』의 키워드 '부민부국' 이론을 몸소 실천한 최초의 비즈니스맨 역시 공자의 문하門下에서 나온 점이다. 당사자는 공자의 수제자인 자공子貢이다. 학계에서는 그를 사상 최초의 유상儒商으로 간주한다. '유상'은 공부하며 돈을 버는 비즈니스맨을 뜻한다.

전한 초기 관자의 '부민부국' 사상과 자공의 유상 행보에 공명하며 상가 이론을 집대성한 인물은 사마천이다. 그는 『사기』 「화식열전」에서 자공의 유상 행보를 집중 조명하면서 근면히 노력해 부를 이룬 자들을 소왕素王으로 표현했다. 원래 '소왕'은 『장자』가 처음으로 언급한 것이다. 후대인들은 이 명예로운 칭호를 공자에게 올렸다. 제왕에 버금하는 '무관無冠의 제왕'이라는 뜻이다.

전 세계의 시장이 하나로 통합된 21세기 스마트 혁명 시대에 접어들면서 '소왕'의 차원을 뛰어넘어 '무관의 황제'에 해당하는 이른바 소제素帝 내지 소황素皇이 출현했다. '손 안의 세계'로 일거에 전 세계의 IT 시장을 석권한 애플 제국의 창업주 스티브 잡스가 당사자이다. 잡스 사후 그에 버금하는 '소제' 내지 '소황'을 찾기가 힘들어졌지만 전혀 없는 것도 아니다. 지난 2014년 가을, 뉴욕 증시 상장으로 일약 중화권 최고 부자로 등극한 중국 최대 전자 상거래 기업 알리바바阿里巴巴의 창업주 마윈馬雲이 그렇다. 이러한 '소황'은 부지기수로 많다. 국가 총력전 양상의 21세기 경제전에서 나라의 흥망을 좌우하는 관건은 이들 '소황' 내지 '소제'가 쥐고 있다.

「화식열전」을 통해 상가 이론을 집대성한 사마천은 『도덕경』의 키워드인 도치道治를 상가 사상의 최고 이념으로 삼았다. 법가 사상을 집대성한 한비자가 『도덕경』에 최초로 주석을 가하면서 '도치'를 법가 사상의 최고 이념으로 끌어들인 것과 닮았다. 이를 뒷받침하는 「화식열전」의 해당 대목이다.

"최상의 통치는 백성을 천지자연의 도에 이끄는 도민道民이다. 그다음은 백성을 이롭게 하는 식으로 이끄는 이민利民, 그다음은 가르쳐 깨우치는 식으로 이끄는 교민敎民, 그다음은 백성들을 가지런히 바로잡는 식으로 이끄는 제민齊民이다. 마지막으로 최하의 통치는 백성과 이익을 다투는 식으로 이끄는 여민쟁리與民爭利이다."

도민은 도가, 이민은 상가, 교민은 유가, 제민은 법가와 병가의 통치이념을 요약해 놓은 것이다. 사마천은 '도치'를 상징하는 '도민'을 최상의 이념으로 언급하면서 상가의 기본 이념인 '이민'을 그다음에 배치했다. 상가를 유가보다 더 높인 것이다. 이는 결코 터무니없는 것이 아니다. 동서고금을 막론하고 정치의 성패는 결국 인민의 의식衣食 문제를 제대로 해결했는지 여부로 판가름 나기 때문이다. 관중은 이를 통찰했다. 『관자』「목민」의 다음 구절이 이를 뒷받침한다.

"치국평천하에 성공하려면 다음 11가지 사항을 지켜야 한다. 첫째, 나라를 기울지 않는 땅에 세운다. 둘째, 식량을 마르지 않는 창고에 쌓는다. 셋째, 재부를 다함이 없는 창고에 저장한다. 넷째, 정령을 민심에 부응하도록 하여 물 흐르듯 시행한다. 다섯째, 백성에게 쟁론의 여지가 없는 관직을 맡긴다. 여섯째, 거역하면 반드시 죽는 길을 밝힌다. 일곱째, 반드시 이익을 얻는 문을 열어 둔다. 여덟째, 불가능한 일을 하지 않는다. 아홉째, 얻을 수 없는 일을 구하지 않는다. 열째, 오래 지속할 수 없는 일을 하지 않는다. 열한째, 복구할 수 없는 일을 하지 않는다."

이를 요약하면 크게 두 가지다. 첫째, 국가기강을 바로 세운다. 둘째, 백성과 국가의 창고를 가득 채운다. 치국평천하의 출발은 바로 이 두 가지 사항에서 시작한다고 지적한 것이다. 정치와 경제가 동전의 양면 관계를 이루고 있다는 사실을 통찰한 결과이다. 사상 최초의 정치경제학파 상가를 창시한 관중이 선명히 드러나고 있다.

동서고금을 막론하고 시장은 인민들이 삶을 영위하는 현장이다. 인민들이 먹고 입는 모든 것이 시장을 통해 유통되기 때문이다. 시장과 상업을 중시한 상가의 위대함이 여기에 있다. 사마천이 상가 이론을 집대성한 데에는 전한 초기의 경제상황이 크게 작용했다.

사가들은 사마천이 활약하는 기원전 2세기 초 무렵 전한제국의 인구를 대략 4~5천만 명으로 보고 있다. 당시의 기준에서 볼 때 하나의 거대한 글로벌 시장이었다. 실제로 사방에서 제왕보다 더 큰 위세를 떨치는 부상대고富商大賈가 우후죽순처럼 출현했다. 이런 상황에서 상가 이론이 나오지 않는 것이 오히려 이상할 지경이다. 그 결정판이 바로 「화식열전」이다. 「화식열전」은 『관자』와 마찬가지로 중농이 아닌 중상을 부민부국의 요체로 꼽은 것이 특징이다.

그럼에도 중국의 역대 왕조 모두 중상 대신 중농을 택했다. 여기에는 유학만을 유일한 관학으로 인정한 한무제의 독존유술獨尊儒術 선포 이외에도 여러 요인이 복합적으로 작용했다. 부실한 보건영양으로 인한 자연적인 인구 감소, 왕조교체기에 군웅할거로 인한 인위적인 인구 감소 등이 그렇다. 개간되지 않은 땅이 널려 있고, 인구가 크게 늘지 않는 상황에서 중상으로 전환할 필요성을 거의 느끼지 못한 것이다. 실제로 진시황 때 4천만 명가량에 달한 인구는 1800년이 지난 명나라 말기에도 겨우 1억 3천만 명으로 늘어나는 데 그쳤다. 왕조 교체기마다 1억 명을 기준으로 늘어났다 줄어드는 양상이다.

건륭제 치세 말기인 18세기 말에 이르러 인구가 4억 명에 육박하면서 중상주의로 전환해야 할 필요성이 높아졌다. 비록 중상주의로의 공식적인 전환이 이루어지지는 않았지만 백성들의 자발적인 상업 활동이 극히 활성화됐다. 당시 중국의 GDP가 전 세계 GDP의 3할에 달한 것도 이런 맥락에서 이해할 수 있다.

그러나 19세기에 들어와 서구 열강의 침탈이 가속화되면서 정책 전환을 꾀할 여유가 없었다. 인구 또한 아편전쟁 이래 20세기 중반까지 100여 년 넘게 혼란스러운 상황이 지속된 까닭에 겨우 1억 명 정도 늘어나는 수준에서 그쳤다. 1949년에 중화인민공화국이 들어설 당시 인구는 5억 4천만 명 수준이었다.

그러나 이후 대약진 운동의 실패로 수천만 명이 기아로 숨지고, 문화대혁명의 혼란기에 수많은 사람이 희생된 데 이어, 당국의 강력한 산아억제정책이 대대적으로 전개됐음에도 인구의 폭발적 증가는 가공할 만한 수준이었다. 마오쩌둥이 사망하는 1970년대 말까지 9억 명 수준에 육박했다. 중화인민공화국이 들어선 후 불과 20여 년 만에 인구가 두 배 이상 늘어난 셈이다.

마오쩌둥은 역대 왕조와 마찬가지로 중농의 기조를 견지했다. '경제 및 과학기술 발전'을 뜻하는 '전專' 대신 '이념'을 뜻하는 '홍紅'에 초점을 맞춘 결과다. 마오쩌둥이 더 오래 살았을지라도 불과 20여 년만에 인구가 두 배로 폭증한 상황에서 중상주의로의 전환은 불가피했다. 공교롭게도 마오쩌둥은 이때 숨을 거두었다.

그의 사후 '홍' 대신 '전'을 주장했다가 두 차례에 걸쳐 내쳐졌던 덩샤오핑이 대권을 거머쥐었다. 그는 곧바로 '흑묘백묘론'을 전면에 내걸고 대대적인 개혁개방을 선언했다. 이는 공자가 『논어』「자로」 제9장에서 역설한 이른바 선부후교先富後敎 이념을 그대로 추종한 것이다. 먼저 백성을 부유하게 만든 뒤 인의예지 등의 덕목을 가르쳐야 한다는 취지이다.

『관자』「목민」이 민생의 안정을 꾀한 뒤 예의염치를 아는 문화대국을 건설할 것을 주문한 것과 취지를 같이한다. 공자학당에서 사상 최초의 유상인 자공이 나온 것을 결코 우연으로 볼 수 없는 이유다. 큰 틀에서 보면 덩샤오핑 역시 관중 내지 공자의 사상적 제자이다. 공자가 마오쩌둥의 치세 때 보수반동의 괴수로 몰린 것과 대비된다.

「논어」에서 인간경영의 요체를 찾아라

객관적으로 볼 때 덩샤오핑이 집권했던 시기에는 그 누가 권력을 잡았을지라도 중상주의로 전환하지 않고는 그 많은 인구를 먹여 살릴 길이 없었다. 중상으로의 전환은 필연이었다. 많은 사람들이 '개혁개방' 자체에 초점을 맞춘 나머지 인구폭발로 인한 중상주의로의 전환

배경을 간과하고 있다.

　중국의 전 역사를 통틀어 볼 때 중상주의로의 전환은 한무제의 '독존유술' 선언 이후 2천여 년 만에 처음 있는 일이다. 지난 2010년 현재 중국의 인구는 공식 집계로 14억 명이다. 이후 2015년에 이르기까지 아직 새로운 통계는 나오지 않고 있다. 중국은 14억 명의 인민을 먹여 살리기 위해 앞으로도 계속 중상주의로 나아갈 수밖에 없다. 중국이 '세계의 공장'에 이어 '세계의 시장'이 될 수밖에 없는 근본적인 배경이 여기에 있다.

　자금성의 위정자와 중국 인민들이 중국의 앞날에 대한 서구의 온갖 부정적인 전망에도 불구하고 중국의 앞날을 낙관하는 이유다. 대표적인 인물이 알리바바 총수 마윈이다. 그는 지난 2015년 9월 미국에서 열린 '클린턴 글로벌 이니셔티브' 연례행사에서 중국경제를 비관적으로 바라보는 서구의 전망에 대해 이같이 일갈했다.

　"미국인들은 중국경제에 대해 과도하게 우려하고 있다. 그럴 때마다 중국은 오히려 더 나아졌다. 미국인들은 다른 사람의 돈까지 빚을 내 당장 써버리지만 중국인들은 저축을 한다. 중국인들은 오랫동안 가난했기 때문에 돈이 생기면 미래에 닥칠지도 모를 위기에 대비해 저축을 한다. 경제가 나빠져도 여전히 소비할 돈이 있다. 그렇지 않은 미국인들은 스스로를 더 걱정해야 한다. 지난 20년간 중국은 정부 주도의 투자와 수출정책이 경제를 이끌었지만 시장에 미치는 정부의 힘은 갈수록 약해지고 있다. 앞으로는 정부가 아닌 민간 섹터가 중국경제를 이끌 것이다."

　실제로 세계은행에 따르면 2015년 현재 중국의 총 저축은 국내총 생산 대비 50퍼센트로 세계 4위다. 미국은 18퍼센트에 불과하다. 한때 저축 강국으로 통했던 한국의 가계 저축률은 2.8퍼센트다. 한국은 중국과 미국을 걱정하기 전에 자신부터 돌봐야 할 지경이다.

마윈의 말대로 '중국발發 세계경제 위기론'은 사실 과도한 면이 있다는 게 전문가들의 중론이다. 일각에서 중국의 3분기 성장률이 7퍼센트 밑으로 떨어진 것을 두고 경제 위기로 간주하지만, 중국의 경제 규모를 감안하면 현재의 5퍼센트 성장은 2007년의 14퍼센트 성장과 맞먹는 것이다. 2010년 8퍼센트에 불과했던 중국의 도시중산층 가구 비중은 향후 2020년까지 60퍼센트에 달할 것으로 전망되고 있다. 그렇게 될 경우 제조업에 비해 상대적으로 낙후된 서비스업 분야에 폭발적인 성장이 이뤄질 게 뻔하다. 실제로 중국경제는 제조업에서 내수 소비 중심으로 재빠르게 재편되고 있다.

이건희 회장이 쓰러진 후 삼성이 계속 애플에 밀리는 것도 중국 시장에서 현격한 차이가 나기 때문이다. 이제 중국에서 1등을 하지 못하면 슈퍼 글로벌 기업으로 성장할 수 없다는 것을 인정해야 한다. 투자의 달인 워런 버핏이 2015년 10월 한 언론과 가진 인터뷰가 이를 뒷받침한다.

"미국의 많은 전문가들이 중국경제를 위험시하고 있으나 나는 여전히 긍정적으로 본다. 6개월 뒤 증시의 등락은 알 수 없지만 10~20년을 보면 중국경제는 분명히 크게 성장할 것이다. 과거 미국이 전쟁과 대공황 및 금융위기를 이겨냈듯이 중국도 그렇게 할 것이다."

마윈의 지적처럼 진짜 위기는 과도한 위기론에 매몰되는 것이다. 중국의 전 역사를 통틀어 사농공상士農工商의 맨 밑바닥 부류로 취급된 상인들이 위정자를 배출하는 사인士人보다 더 높은 대우를 받는 것은 사상 처음 있는 일이다. 14억 명에 달하는 중국의 인민들이 공자의 수제자 자공과 마찬가지로 공부하며 돈을 버는 '유상'의 길로 매진하는 한 중국경제가 추락할 일은 없다고 보는 게 합리적이다.

21세기 G2 시대 상황은 「화식열전」이 묘사했듯이 부상대고가 우후 죽순처럼 등장하던 전국시대 말기에서 전한시대 초기의 상황과 크게 닮아 있다. 중국의 유수 경영대학원에서 『논어』를 비롯해 『관자』와 「화식열전」 등 고전에서 새로운 경제경영 이론을 찾아내려 애쓰는 게 그렇다. 사실 『논어』를 비롯한 동양 전래의 고전에서 '인간경영'의 요체를 추출해 잘 다듬으면 능히 21세기의 새로운 경제경영 패러다임으로 유통시킬 수 있다. 이미 수천 년 전에 21세기의 시각에서 볼지라도 놀랄 수밖에 없는 뛰어난 수준의 경제경영 이론서가 나온 게 그렇다. 『논어』와 『관자』 및 「화식열전」 등이 그 실례이다.

  과거 성리학자들은 현실과 동떨어진 공허한 사변철학에 함몰된 나머지 치국평천하를 본령으로 하는 '공자 제왕학' 내지 '공자 경영학'을 수신제가에 초점을 맞춘 '공자 윤리학'으로 전락시켰다. 공자의 수제자 자공이 사상 최초의 '유상'으로 활약한 것은 많은 것을 암시하고 있다. 『논어』가 『관자』와 「화식열전」과 더불어 G2 시대 경제전 상황에서 뛰어난 경제경영 이론서로 활용될 수 있음을 보여주는 것이다. 이를 현대적인 의미로 재해석해 잘 활용하는 게 관건인데 이것이 필자가 본서를 펴낸 이유이기도 하다.

목 차

머리말_ 3천 년 인문의 숲에서 공자의 경영술을 새롭게 만나다 •4

1장
인(仁)으로 상대를 감복시키는 경영술

01 자신을 낮추어 겸손하게 행동하라 _약무계 若無計 •020
02 무엇을 원하는지 꿰뚫어보라 _역사계 易思計 •032
03 원하는 것을 먼저 내줘라 _선여계 先予計 •040
04 상대가 기뻐하며 다가오게 만들라 _열래계 說來計 •047
05 자신의 그릇을 한없이 키워라 _불기계 不器計 •052
06 덕은 적도 내 사람으로 만든다 _유린계 有隣計 •061

2장 의술 義術
의(義)로 큰 뜻을 이루는 경영술

07 스스로에겐 엄하되 남에겐 관대하라 _엄관계 嚴寬計 • 074
08 상대의 마음을 깊이 헤아려라 _지인계 知人計 • 087
09 신뢰는 위기 속에서 드러난다 _세한계 歲寒計 • 096
10 과감하게 몸을 던져 목적을 이루어라 _살신계 殺身計 • 105
11 지나간 일을 염두에 두지 마라 _기왕계 旣往計 • 115
12 먼 앞날을 보고 대비하라 _원려계 遠慮計 • 123

3장 예술 禮術
예(禮)로 기강을 세우는 경영술

13 덕으로 이끌고 예로 다스려라 _예치계 禮治計 • 134
14 자신과의 전쟁에서 반드시 승리하라 _복례계 復禮計 • 146
15 앞장서서 올바르게 이끌어라 _정수계 正帥計 • 155
16 작은 허물은 서로 덮어줘라 _상은계 相隱計 • 164
17 군신 모두 본분을 다하라 _군신계 君臣計 • 177
18 지난 일로 앞일을 예측하라 _왕래계 往來計 • 187

지술 知術

4장
지(知)로 난관을 헤치는 경영술

19 쓸모없는 일에 시간을 투자하지 마라 _불어계 不語計 •198
20 마지막까지 긴장을 놓지 마라 _위산계 爲山計 •207
21 늘 배움의 자세를 유지하라 _구사계 求師計 •217
22 자신의 한계를 파악하라 _불모계 不謀計 •226
23 처음부터 다시 시작하라 _후소계 後素計 •238
24 망설이지 말고 질문하라 _불치계 不恥計 •247

신술 信術

5장
신(信)으로 기반을 다지는 경영술

25 미래에 대한 비전을 세워라 _정명계 正名計 •258
26 신뢰받는 리더가 되라 _민신계 民信計 •268
27 우선 신뢰부터 얻어라 _불삭계 不數計 •278
28 두 마리의 토끼를 잡아라 _물방계 勿放計 •287
29 사사로운 감정을 다스려라 _후사계 後私計 •296
30 지나침은 모자란 것과 같다 _적실계 適實計 •306

학술 學術

6장
학(學)으로 천하에 임하는 경영술

31 일찍부터 배움에 뜻을 두라 _지학계 志學計 • 318

32 책을 놓지 말고 즐겨 배워라 _호학계 好學計 • 329

33 항상 배우고 익혀라 _시습계 時習計 • 339

34 일을 하면서도 학업에 힘써라 _사학계 仕學計 • 349

35 배운 것을 실천에 옮겨라 _학사계 學思計 • 360

36 먼저 당근을 준 뒤에 채찍질하라 _부교계 富教計 • 371

공자론_ 공자의 삶과 사상

저자의 말

부록_ 공자 연표

01

01 자신을 낮추어 겸손하게 행동하라 _약무계 若無計
02 무엇을 원하는지 꿰뚫어보라 _역사계 易思計
03 원하는 것을 먼저 내줘라 _선여계 先予計
04 상대가 기뻐하며 다가오게 만들라 _열래계 說來計
05 자신의 그릇을 한없이 키워라 _불기계 不器計
06 덕은 적도 내 사람으로 만든다 _유린계 有隣計

인술

인(仁)으로
상대를 감복시키는
경영술

仁
術

약무계
若無計

01

자신을 낮추어 겸손하게 행동하라

증자가 말했다.
"유능하면서도 유능하지 못한 이에게 묻고, 학식이 많으면서 적은 이에게 묻고, 있어도 없는 것처럼 하고, 가득 찼어도 빈 것처럼 하고, 다른 사람이 덤벼도 따지지 않았다. 전에 내 친구가 이런 일에 종사한 적이 있었다."

曾子曰, "以能問於不能, 以多問於寡, 有若無, 實若虛, 犯而不校, 昔者吾友嘗從事於斯矣."

_「논어」「태백」제5장

후한 때의 마융馬融은 위에 언급된 '내 친구'를 안연顔淵으로 보았다. 주희도 이를 좇았다. 이후 대부분의 주석가들 역시 이 대목을 두고 증자가 안연을 칭송한 것으로 해석했다. 사실 공자의 제자 가운데 이런 모습을 보일 사람은 안연밖에 없었다.

안연은 공자의 수제자로 공자보다 30세나 연하였다. 안연은 공자의 제자들 가운데 매우 특이한 존재다. 「태백」 제5장에 나와 있듯이 공자가 자신의 도를 전할 수 있는 유일한 수제자로 꼽은 인물이 바로 안연이다. 『논어』 전편을 통해 공자로부터 칭찬만 받은 제자는 오직 안회 한 사람뿐이다.

안연은 본명이 회回이고, 연淵은 자다. 노나라 출신인 그는 부친 안무요顔無繇와 함께 공자의 제자로 있었다. 증자와 더불어 부자가 함께 공자의 제자가 된 경우이다. 공자는 항상 안연을 칭할 때 '안씨의 아들'이라고 했다. 『논어』와 『사기』 등에 실려 있는 관련 내용을 종합해 볼 때 안회는 공자가 가장 총애하고 기대했던 제자였다. 지려志慮가 충순하고 신심信心이 견고했다. 더 중요한 것은 스승인 공자의 속마음을 훤히 꿰뚫어 알고 있었다는 점이다.

상대의 속마음을 먼저 읽어라

『사기』 「공자세가」에 이를 뒷받침하는 일화가 나온다. 당초 공자는 천하유세 도중 진陳나라를 떠나 채蔡나라로 가다가 식량부족으로 인해 기아상태에 빠지게 됐다.

왜 이런 일이 벌어진 것일까? 「공자세가」에 따르면 공자가 채나라로 향한 것은 노애공 4년인 기원전 491년이고, 초나라의 섭葉 땅으로 간 것은 이듬해인 노애공 5년이다.

공자는 노애공 6년에 섭 땅에서 다시 진나라로 돌아갔다. 이후 3년 동안 진나라에 머물다가 다시 노애공 10년에 위나라로 가 1년 동안 머문 뒤 마침내 노애공 11년인 기원전 484년에 마침내 귀국길에 오르게 되었다.

진나라와 채나라 사이의 조난은 춘추전국시대에 나온 문헌 가운데 언급하지 않은 경우가 없을 정도로 매우 유명한 사건이다.

「공자세가」에 따르면 공자가 채나라로 옮긴 지 3년이 되던 해에 오나라가 진나라를 공격했다. 초나라는 진나라를 구하기 위해 초나라의 진보陳父 땅에 군사를 주둔하도록 했다.

이어 사람을 보내 공자를 초빙했다. 공자가 이에 응하려고 하자 진나라와 채나라의 대부들이 노역자들을 보내 들판에서 공자를 포위하게 했다. 공자는 초나라로 가지 못하고 얼마 후 식량마저 떨어지는 곤경에 처하게 되었다. 따르던 제자들은 굶고 병들어 잘 일어서지도 못했다. 그러나 공자는 조금도 흐트러짐 없이 강의도 하고, 책도 낭송하고, 거문고도 타면서 지냈다. 화가 난 자로가 공자에게 말했다.

"군자도 이처럼 곤궁할 때가 있습니까?"

"군자는 곤궁해도 절조를 지키지만 소인은 곤궁해지면 탈선한다."

자공이 화가 나 얼굴색이 변했다. 공자가 말했다.

"사賜야, 너는 내가 박학다식하다고 생각하느냐?"

"그렇습니다. 그렇지 않다는 말씀이십니까?"

공자가 말했다.

"그렇지 않다. 나는 한 가지 기본 원칙을 가지고 전체의 지식을 통찰한 것뿐이다."

공자는 제자들의 마음이 상해 있다는 것을 알고 곧 자로를 불러 물었다.

"『시』에 이르기를, '비시비호匪兕匪虎, 솔피광야率彼曠野'라고 했다. 나의 도에 무슨 잘못이라도 있단 말이냐? 우리가 왜 여기서 곤란을 당해야 한단 말인가?"

'비시비호, 솔피광야'는 외뿔소도 아니고 호랑이도 아닌 것이 광야에서 헤매고 있다는 의미이다. 『시경』 「소아·하초불황何草不黃」의 한 구절을 인용한 것이다. 공자는 자신이 거친 들판인 광야를 헤매고 있는 것은 코뿔소처럼 독선적이기 때문인가, 아니면 호랑이처럼 분수에 넘치는 욕망으로 세상을 지배하려는 권력욕에 빠져 있기 때문인가 하는 것을 자문한 것이다.

자로가 스승의 속마음을 읽고 이같이 물었다.

"아마도 우리가 어질지 못하기 때문이 아니겠습니까? 그래서 사람들이 우리를 믿지 못하는 듯합니다. 아마도 우리가 지혜롭지 못하기 때문이 아니겠습니까? 그래서 사람들이 우리를 놓아주지 않는 듯합니다."

자로는 공자를 미완의 스승으로 본 것이다. 공자가 반문했다.

"그럴 리는 없을 것이다. 중유야, 만일 어진 사람이 반드시 남의 신임을 얻는다면 어째서 백이와 숙제가 수양산에서 굶어 죽었겠느냐? 또 만일 지혜로운 사람이 반드시 장애 없이 실행할 수 있다면 어찌 비간比干의 심장이 갈라졌겠느냐?"

자로가 나가자 자공이 들어와 공자를 뵈었다. 공자가 말했다.

"사야, 『시』에 이르기를, '코뿔소도 아니고 호랑이도 아닌 것이 광야에서 헤매고 있다'고 했다. 나의 도에 무슨 잘못이라도 있단 말이냐? 우리가 왜 여기서 곤란을 당해야 한다는 말인가?"

자공이 응답했다.

"선생님의 도가 지극히 크기 때문에 천하의 그 어느 국가에서도 선생님을 받아들이지 못합니다. 선생님께서는 어째서 자신의 도를 조금도 낮추지 않는 것입니까?"

그러자 공자가 말했다.

"사야, 훌륭한 농부가 비록 씨 뿌리기에 능하다 해서 반드시 곡식을 잘 수확하는 것은 아니다. 훌륭한 장인이 비록 정교한 솜씨를 가졌다 할지라도 반드시 사용자를 만족하게 만드는 것은 아니다. 군자가 그 도를 잘 닦아 기강을 세우고, 잘 다스릴 수는 있겠지만 반드시 세상에 수용되는 것은 아니다. 지금 너는 너의 도는 닦지 않고서 스스로의 도를 낮춰서까지 남에게 수용되기를 바라고 있다. 사야, 너의 뜻이 원대하지 못하구나."

자공이 나가고 안회가 들어와 공자를 뵈었다. 이에 공자가 물었다.

"회야, 『시』에 이르기를, '코뿔소도 아니고 호랑이도 아닌 것이 광야에서 헤매고 있다'고 했다. 나의 도에 무슨 잘못이라도 있단 말이냐? 우리가 왜 여기서 곤란을 당해야 한다는 말이냐?"

안회가 대답했다.

"선생님의 도가 지극히 크기 때문에 천하의 그 어느 국가에서도 선생님을 받아들이지 못합니다. 비록 그렇기는 하나 선생님은 도를 추진하고 있습니다. 그러니 그들이 받아들이지 않는다고 해서 무슨 걱정이 있겠습니까? 받아들여지지 않은 연후에 더욱 군자의 참 모습이 드러나는 것입니다. 무릇 도를 닦지 않는다는 것은 우리의 치욕입니다. 그리고 무릇 도가 잘 닦여진 인재를 등용하지 않는 것은 나라를 가진 자의 치욕입니다. 그러니 받아들여지지 않는다고 해서 무슨 걱정이 되겠습니까? 받아들여지지 않은 연후에 더욱더 군자의 참 모습이 드러날 것입니다."

공자가 크게 기뻐했다.

"그렇던가, 안씨 집안의 자제여! 자네가 만일 큰 부자가 되었다면 나는 자네의 재무 관리자가 되었을 것이다."

곧 자공을 초나라로 보내자 초소왕楚昭王이 군사를 보내 공자를 맞이했고, 그것이 공자가 곤궁에서 벗어나게 된 배경이 되었다. 이상이 「공자세가」에 나오는 일화이다. 워낙 유명한 까닭에 「공자세가」도 매우 상세히 소개해 놓은 것으로 짐작된다.

여기서 공자가 거듭 제자들을 향해 "나의 도에 무슨 잘못이라도 있단 말이냐?"라고 물은 데에는 스스로에 대한 강한 회의가 깔려 있다. 안회가 "받아들여지지 않은 연후에 더욱더 군자의 참 모습이 드러날 것입니다"라고 언급한 것은 도가적인 색채가 짙다. 갑골학甲骨學 및 금문학金文學으로 명성이 높은 시라카와 시즈카白川靜도 『공자전孔子傳』에서 이런 내용 등을 근거로 안회가 장자학파의 시초라고 할 수 있는 비조鼻祖가 된 것으로 추정했는데, 나름 일리가 있는 추정이다.

『논어』 「위령공」에도 당시의 일화를 소개한 대목이 나온다.

"공자가 진陳나라에 있을 때 양식이 떨어지자 따르던 사람들이 병이 들어 일어나지 못했다. 군자는 학문을 배운 까닭에 녹祿이 그 안에 있다고 생각한 자로가 이내 성난 얼굴로 공자를 찾아와 묻기를, '군자도 궁할 때가 있는 것입니까?'라고 했다. 공자가 대답하기를, '군자도 실로 궁할 때가 있지만 재물에 집착하지 않는 까닭에 능히 이를 담아낼 수 있다. 그러나 소인은 궁하게 되면 이를 담아내지 못해 곧 방자하게 분에 넘치는 행동을 한다'고 했다."

진·채 사이의 조난 일화는 공자의 3대 제자인 안연, 자공, 자로의 성격과 특징을 그대로 보여주는 것이기도 하다. 압권은 역시 안연의 대답이며, 공자가 왜 안연에게 도를 전하고자 했는지를 능히 짐작할 수 있다. 그러나 불행하게도 안연은 스승보다 먼저 세상을 떠났다. 안연을 잃은 공자의 비통은 형언하기가 어려웠다. 이를 뒷받침하는 『논어』「선진」의 해당 대목이다.

"안연이 죽자 공자가 탄식하기를, '아, 하늘이 나를 버리는구나, 하늘이 나를 버리는구나!'라고 했다."

공자가 안연의 죽음을 얼마나 애통하게 여겼는지를 짐작할 수 있다. 당시 공자가 애통해 하는 모습은 평소 공자의 가르침과 달리 거의 절제가 없는 것처럼 보였다. 주위에 있던 제자들이 볼 때도 분명 도에 지나칠 정도였다.「선진」의 다음 대목이 그 증거이다.

"안연의 죽음을 두고 공자가 통곡하자 종자從者가 말하기를, '선생님이 지나치게 비통해 하십니다'라고 했다. 공자가 반문하기를, '내가 지나치게 비통해 한다고 말하는 것인가? 그를 위해 비통해 하지 않으면 누구를 위해 비통해 한단 말인가!'라고 했다."

공자는 평소 애이불상哀而不傷을 강조했다. 슬플 때도 화기和氣를 해쳐서는 안 된다는 취지이다. 겉모습만 보면 분명 '애이불상'을 넘은 듯했다. 그러나 공자는 결코 중용을 잃은 게 아니었다. 「선진」의 다음 대목이 이를 뒷받침한다.

"안연이 죽었을 때 공자의 제자들이 그를 후장厚葬하려고 했다. 공자가 반대했다. 그럼에도 제자들이 그를 후장하자 공자가 질책하기를, '회回는 나를 아버지를 보듯이 대했다. 이제 장례의 도리를 잃었으니 나는 그를 자식을 보듯이 대할 수 없게 되었다. 이는 내 탓이 아니라 몇몇 제자들 탓이다'라고 했다."

이들 일화는 안연이 죽었을 당시의 상황을 가감 없이 전해주고 있다. 공자는 만년에 천하유세를 끝내고 귀국한 지 얼마 안 돼 아들 백어白魚와 안연을 잇달아 잃었다. 백어의 죽음이 안연의 죽음보다 약간 앞섰다. 만년의 공자로서는 크게 심상할 일이 설상가상으로 잇달아 터져 나온 셈이다. 특히 안연의 죽음이 그러했을 것이다. 자신의 도가 끊어졌다고 생각했을 것이다.

공자와 안연은 이심전심以心傳心의 사제지간이었다. 공자가 자신의 도를 안연에게 전하고자 한 것은 지극히 자연스러운 일이었다. 춘추전국시대에 나온 제자백가 가운데 불가와 가장 가까운 것은 노자를 효시로 하는 도가의 좌파인 장자莊子 사상이었는데, 중국의 초대 사회과학원장을 지낸 궈모뤄郭沫若는 장자를 안연의 사상적 후계자로 간주한 바 있다. 일본의 저명한 금문학자金文學者 시라카와 시즈카白川靜도 안연을 장자 사상의 근원으로 들었다.

실제로 『장자』에는 이들의 주장을 뒷받침할 만한 일화가 매우 많다. 스승인 공자가 오히려 제자인 안회의 가르침을 받는 것으로 나오는 게 그렇다. 대표적인 예가 바로 『장자』 「대종사」에 나오는 좌망坐忘 일화이다.

하루는 안회가 공자에게 말했다.

"저는 더 나아간 듯합니다."

"무슨 말인가?"

"저는 인의仁義를 잊었습니다."

"좋기는 하나 아직 도와는 거리가 있다."

다른 날 안회가 다시 공자를 만나 말했다.

"저는 더 나아간 듯합니다."

"무슨 말인가?"

"저는 예악禮樂을 잊었습니다."

"좋기는 하나 아직 도와는 거리가 있다."

얼마 후 안회가 다시 공자를 만나 말했다.

"저는 더 나아간 듯합니다."

"무슨 말인가?"

"저는 좌망坐忘의 경지에 들어갔습니다."

공자가 깜짝 놀라 얼굴빛을 고치며 물었다.

"무엇을 '좌망'이라 하는가?"

"사지를 비롯해 온몸을 다 버리고, 눈과 귀의 감각작용을 물리치고, 육체와 지각작용을 모두 없앰으로써 천지자연과 통하게 되면 이를 일컬어 '좌망'이라고 합니다."

공자가 찬탄했다.

"그리하면 호오好惡가 없게 될 것이고, 나아가 천지자연의 변화와 함께하면 집착 또한 없게 될 것이다. 과연 현명하구나. 나는 너의 뒤를 따를 것이다!"

공자가 안회가 언급한 '좌망'의 도를 추종하겠다고 말한 것은 곧 유가의 입장을 버리고 장자가 주장하는 도가 사상을 좇겠다는 선언이나 다름없다.

'좌망'으로 창조적 발상을 끌어내라

원래 위진남북조시대와 당나라 때 도교의 도사들은 장생불사의 신선이 될 욕심으로 '좌망'을 흉내 냈다. 수명이 일정한 육신을 갖고 장생불사의 신선이 되고자 하는 것 자체가 모순이다. 더구나 장수에 대한 욕심은 세속적인 명리보다 더한 것이다. 이런 식의 '좌망'이 성공할 리 없다. 이를 경계하는 비유가 『장자』「외물」에 나온다.

"통발은 물고기를 잡는 도구로 물고기를 잡으면 통발은 잊어버리기 마련이다. 올무는 토끼를 잡는 도구로 토끼를 잡으면 올무는 잊어버리기 마련이다. 이와 마찬가지로 말 역시 뜻을 전하기 위한 도구로 뜻을 전하면 말은 잊어버리기 마련이다. 그런데도 세상의 학자들은 뜻보다 말을 중시하니 내가 어디서 말을 잊은 사람을 만나 더불어 얘기를 나눌 것인가?"

여기서 득어망전得魚忘筌과 득의망언得意忘言이라는 고사성어가 나왔다. 진리를 깨달아 말이나 설명이 필요 없는 경지를 말한다. '득어망전'은 통상 뜻한 바를 이룬 후에는 그 수단이나 과정 등에 대하여는 집착하지 말라는 뜻으로 사용되고 있다.

'좌망'의 정신이 가장 필요한 분야는 창조적인 작업이 필요한 문예창작 분야와 물리학과 생물학 등의 자연과학 분야이다. 『장자』는 바로 이런 창조정신의 보고라고 할 수 있다.

1949년 일본 최초로 노벨 물리학상을 수상한 유가와 히데키湯川秀樹가 이러한 창조정신의 대표적인 경우다. 그는 어릴 때부터 『장자』를 애독하며 상상력을 키웠다. 그는 수상 이후 『장자』 「응제왕」의 '혼돈渾沌의 우화'에서 소립자 세계의 힌트를 찾았다고 말했다.

안연은 공자의 제자들 가운데 학덕을 가장 열심히 닦은 인물로서 공자 사상의 적통 후계자다. 『논어』를 비롯한 고전을 통해 확인할 수 있듯 공자 자신도 학덕을 연마하는 성실한 자세만큼은 제자인 안연을 따를 길이 없다고 실토했다. 장자 사상의 원형을 안연으로부터 찾을 경우 안연에 대한 칭송은 곧 장자에 대한 칭송이다. 짐작컨대 같은 시기에 살았다면 공자는 틀림없이 안빈낙도하는 장자를 크게 칭송했을 것이다.

동서고금을 막론하고 장자와 안연처럼 있어도 없는 것처럼 하고, 가득 찼어도 빈 것처럼 처신하는 것은 매우 중요하다. 이유는 크게 두 가지이다.

첫째, 현실에 안주하지 않고 스스로를 계속 채우기 위해 노력하는 주마가편走馬加鞭의 계기로 작용할 수 있다.

둘째, 기존의 관행 및 가치관에 얽매이지 않고 새롭고 창조적인 사업에 적극 뛰어드는 계기로 작용할 수 있다.

21세기 경제전 시대의 관점에서 볼 때 『논어』에 나오는 계책 가운데 「태백」 제5장에 나오는 '약무계'처럼 절실한 계책도 그리 많지 않다. 『장자』는 몸과 마음을 하나로 하여 대상에 집중하는 심신전일心身專一의 자세를 중시했다. 고요한 마음으로 재계齋戒하는 자세를 심재心齋로 표현한 이유다. 『장자』는 '심재'를 안연이 보여준 '좌망'과 하나로 묶었다. 여기서 나온 성어가 바로 심재좌망心齋坐忘이다.

심재좌망은 창조 작업의 요체다. 「태백」 제5장에서 역설한 '약무계'의 자세가 바로 '심재좌망'이다. 기존의 관행과 가치관을 과감히 뛰어넘어 새롭고 창조적인 작업에 적극 뛰어드는 게 관건이다.

기존의 가치를 뛰어넘는 창조적인 능력을 갖추는 것은 현대를 살아가는 이 시대의 경영자들에게도 시사하는 바가 무척 크다. 애플과 샤오미의 강력한 공격과 견제를 받고 있는 삼성에게 있어 가장 절실한 계책이 바로 '약무계'이다.

기존에 이루었던 성과에 도취되지 않고 빈 곳을 끊임없이 채워 나가야 한다. 또한 기존의 가치관과 관념에 얽매이지 않고 창조라는 기치를 더 높이 들어 올린다면 가까운 미래에 반드시 승자만이 걸을 수 있는 길목에 들어설 것이다.

역사계
易思計

02

무엇을 원하는지 꿰뚫어보라

중궁이 인에 대해 물었다. 공자가 대답했다.
"문을 나갈 때는 큰 빈객을 맞이하는 듯이 하고, 백성을 동원할 때는 큰 제사를 받들 듯이 하고, 자신이 원치 않는 일을 남에게 강요치 않는 것이다. 이같이 하면 나라에도 원망이 없고, 집안에도 원망이 없을 것이다."
仲弓問仁. 子曰, "出門如見大賓, 使民如承大祭. 己所不欲, 勿施於人. 在邦無怨, 在家無怨."

_「논어」「안연」제2장

문을 나갈 때는 큰 빈객을 맞이하는 듯이 한다는 뜻의 '출문여견대빈出門如見大賓'과 백성을 동원할 때는 큰 제사를 받들 듯이 한다는 뜻의 '사민여승대제使民如承大祭' 모두 『춘추좌전』 「노희공 33년」에서 따온 것이다. 원문은 '출문여빈出門如賓', '승사여제承事如祭'이다. 『논어』에는 이처럼 공자가 고전을 인용한 대목이 제법 많다. 공자가 「술이」 제1장에서 고전을 대할 때 기술記述은 하되 창작하지는 않는다는 이른바 술이부작述而不作을 역설한 배경을 짐작할 수 있다.

이 대목의 핵심은 자신이 원치 않는 일을 남에게 강요하지 않는다는 뜻의 '기소불욕己所不欲, 물시어인勿施於人' 구절에 있다. 유사한 구절이 「공야장」 제11장과 「위령공」 제23장에도 나온다. 당시 공자는 제자들과 대화하면서 이런 격언을 자주 인용했던 것으로 짐작된다.

내가 원치 않는 것은 남도 원치 않음을 깨달아라

「공야장」 제11장에 따르면 하루는 자공이 이같이 말했다.

"저는 남이 제가 원치 않는 일을 강요치 않기를 바라기에 저 또한 그런 일을 남에게 강요치 않으려고 합니다."

공자가 말했다.

"사賜야, 그 경지는 네가 미칠 수 있는 바가 아니다."

공자는 자공에게 '인'의 또 다른 표현인 충서忠恕의 경지까지 나아가기 쉽지 않은 점을 지적했다. '충서'는 매사에 마음을 다하고 남의 마음을 헤아리는 것을 뜻한다. 자공은 너무 머리가 비상한 나머지 '충서'의 정신이 상대적으로 약했다. 공자는 이 점을 지적한 것이다.

「위령공」 제23장에도 자공에게 '기소불욕, 물시어인'의 정신을 역설한 대목이 나온다. 하루는 자공이 스승인 공자에게 물었다.

"한마디 말로써 일생을 마칠 때까지 행할 만한 것이 있습니까?"

공자가 대답했다.

"그것은 남의 마음을 헤아리는 서恕가 아니겠는가? '서'는 자신이 원치 않는 것을 남에게 강요하지 않는 것이다."

공자가 말한 '서'는 '인'의 또 다른 표현이기도 하다. 효孝로 명성이 높았던 공자의 제자 증자는 「이인」 제15장에서 '인'의 요체를 '충서'로 요약한 바 있다. 이에 따르면 하루는 공자가 증자를 불러 말했다.

"삼參아, 나의 도는 일이관지一以貫之하고 있다."

'일이관지'는 처음부터 끝까지 하나로 꿰뚫었다는 의미로 논리의 일관성을 뜻한다. 공자가 밖으로 나가자 제자들이 증자에게 다가와 이구동성으로 물었다.

"스승님이 무엇을 말한 것이오?"

증자가 대답했다.

"공부자孔夫子의 도는 한마디로 말해 '충서'일 뿐이오."

예로부터 이 대목의 '충서'와 관련해 여러 설이 대립했다. 주희는 '충'을 자신의 모든 것을 다하는 진기盡己, '서'를 자신을 기준으로 남에게 미치는 추기推己로 나눠 해석했다. 조선조의 유학을 대표하는 다산茶山 정약용丁若鏞은 이에 반대하고 '충서'는 곧 '서' 자체를 의미한다고 주장했다. 주희처럼 '충'을 '진기', '서'를 '추기'로 나눠보면 공자의 도는 하나가 아니라 둘인 이이관지二以貫之로 왜곡된다는 게 논거다. '충'은 '서'의 근원인 까닭에 '충'과 '서'를 나눠서 보는 것은 잘못이라는 지적이다.

다산의 주장에 따르면 공자는 '서'를 염두에 두고 '일이관지'를 언급했고, 증자는 '서'를 '충서'로 풀이한 셈이 된다. 다산은 『논어』「위령공」 등에서 공자가 자공의 질문에 거듭 '서' 한 자만을 언급한 사례 등을 들어 자신의 주장을 뒷받침했다.

그렇다면 증자는 왜 공자가 말한 '서'를 '충서'로 설명한 것일까?

다산은 『중용』에서 '충서'를 사실상 하나의 단어로 사용한 사례를 그 예로 들면서 '충'과 '서'는 본래 같은 뜻으로 사용된 것이라고 분석했다. 다산은 여기서 한 발 더 나아가 공자의 도를 하나로 관통하는 '서'는 『대학』에서 말하는 이른바 '혈구지도絜矩之道'와 같다고 주장했다. 원래 혈絜은 삼 한 단을 의미한다.

다산은 '혈구지도'를 이같이 풀이했다.

"혈絜은 줄로 물건을 묶어 그 대소를 재는 것이고, 구矩는 직각으로 된 곱자로 물건을 네모반듯하게 하는 것이다. 스스로 태학太學에 나아가 양로養老와 서치序齒 및 휼고恤孤를 뜻하는 삼례三禮를 행하면 백성이 모두 효孝, 제悌, 자慈의 기풍을 일으키게 된다. 이로써 내가 좋아하는 것을 남도 좋아함을 알 수 있다. '혈구지도'를 행하는 것이 곧 '서'이다."

윗사람은 싫어하는 것으로 아랫사람을 부리지 않고, 아랫사람은 싫어하는 것으로 윗사람을 섬기지 않는 게 바로 '서'라고 본 것이다. 옛 성인이 하늘을 섬기는 도리는 인륜에서 벗어나지 않으므로 '서'는 곧 사람을 섬기고 하늘을 섬기는 게 된다고 보았다. 주희를 비롯한 중국학자들과 뚜렷이 구별되는 독특한 해설이다. 다산의 이런 해석이 훨씬 뛰어난 것임은 말할 것도 없다.

사실 당시 조선에서는 다산보다 한 세대 이전에 이미 다산과 유사한 주장을 펼친 인물이 있었다. 성호星湖 이익李瀷의 조카인 정산貞山 이병휴李秉休가 당사자이다. 이병휴의 친형은 정조의 지극한 총애를 입은 이가환李家煥의 부친 혜환惠寰 이용휴李用休이다. 이용휴는 '충서'를 이같이 풀이한 바 있다.

"'충'과 '서'를 병칭하거나 '서'만을 언급할지라도 실제로는 하나이다. '서'가 핵심이다. 『대학』에 나오는 '혈구지도'는 '서'의 도를 풀이한 것이다."

다산은 평소 이병휴의 제자인 복암茯菴 이기양李基讓과 매우 절친하게 지냈다. 이가양을 통해 이병휴의 유저遺著를 읽고는 크게 공감한 나머지 그의 학설을 인용한 것으로 짐작된다.

사실 주희와 다산을 비롯한 역대 주석가 모두 '서恕'를 어렵게 풀이했으나 이는 그리 어려운 뜻이 아니다. 글자 그대로 여심如心을 뜻하는 말이다. 심心은 내 마음, 즉 아심我心이다. 남을 대할 때 내 마음처럼 대하면 된다는 뜻이다. 남의 처지에서 생각하는 역지사지易地思之의 정신이 바로 '서'다. '역지사지'는 순 우리말 성어이다. 중국에서는 역지이처易地而處로 표현한다. 『삼국지』「위지魏志, 조모전曹髦傳」이 출전이다. 일본어에는 이런 속담이 없다.

'역지사지'의 출전은 『맹자』「이루離婁 상上」이다. 여기에 '역지즉개연易地則皆然' 표현이 나온다. 처지를 바꿨을지라도 모두 그러했을 것이라는 뜻이다. 무슨 일이든 자기에게 이롭게 생각하거나 행동하는 것을 뜻하는 '아전인수我田引水'와 정반대되는 의미로 사용됐다.

우왕禹王은 하夏나라의 시조로 치수治水에 성공한 인물이다. 후직后稷은 신농神農과 더불어 중국에서 농업의 신으로 숭배되는 인물로 순舜 임금이 나라를 다스릴 적에 농업을 관장했다고 전해진다. 맹자는 우왕과 후직은 태평성대에 세 번이나 자기 집 문 앞을 지나면서도 들어가지 못해 공자가 그들을 어질게 여겼고, 공자의 제자 안회는 누추한 골목에서 한 그릇의 밥과 한 바가지의 물만으로 연명할 정도로 가난하면서도 안빈낙도安貧樂道의 태도를 잃지 않아 공자가 어질게 여겼다고 하였다. 안회도 태평성대에 살았으면 우왕이나 후직처럼 행동했을 것이고, 우왕과 후직 역시 난세에 살았다면 안회처럼 행동했을 것이라는 취지에서 이런 표현을 쓴 것이다.

'역지즉개연'이라는 표현은 오늘날 사용하는 '역지사지'의 의미와는 약간 다르기는 하지만 처지를 바꿔 생각한다는 취지는 서로 통한다. 조선조는 성리학을 유일무이한 통치 사상으로 간주했고, 성리학의 사상적 뿌리가 맹자에 있는 만큼 '역지즉개연'에서 '역지사지' 성어를 만들어냈을 것으로 짐작된다. 중국과 일본에 없는 조선만의 사자성어인 '역지사지'가 만들어진 배경이 바로 여기에 있다.

아전인수를 버리고 역지사지하라

현대에 일어난 '역지사지'의 대표적인 사례로 지난 2003년 독일과 프랑스가 공동 역사 교과서를 개발한 사례를 들 수 있다. 주지하다시피 독일과 프랑스는 건국 이래 숱한 전쟁을 치렀다. 동일한 사안을 놓고 양국의 교과서가 정반대로 기술한 배경이다. 그러던 중 2003년 초 독일과 프랑스 청소년 의회에 참석한 양국의 청소년 550여 명이 양국의 총리와 대통령에게 편지를 보냈다. 양국 공동의 역사 교과서를 만들어 달라는 주문이었다. 슈뢰더 당시 독일 총리와 시라크 프랑스 대통령이 이를 적극 수용했다. 언어만 다를 뿐 내용과 사진 배치 등 모든 게 똑같은 '쌍둥이 역사 교과서'가 탄생한 배경이다. 집필자들은 공동 집필의 배경을 이같이 밝혔다.

"역사는 빛과 그림자가 있다. 어두운 역사도 드러낼 용기가 있어야 한다."

　양국의 교과서 집필자들은 서로가 100퍼센트 합의할 수 있는 명백한 '팩트'만 기술하고, 해석이 엇갈리는 논쟁적인 사안은 학자들의 순수한 학문연구 영역으로 돌려놓았다. 합의를 이끌어낸 근본 배경이 여기에 있다. 예컨대 제2차 세계대전 당시 나치에 부역했던 프랑스 비시 정권의 어두운 면을 객관적으로 기술하는가 하면, 나치 독일의 만행도 솔직하게 드러내는 식이다. 정치적 상황 변동에 따라 내용을 변경할 필요가 없는 '모두를 위한 교과서'가 나온 배경이다. '역지사지'의 대표적인 사례로 꼽을 만하다.

　이와 정반대되는 것이 일본의 경우이다. 세계문화유산 유네스코 등재 문제를 놓고 지난 2015년 한일수교 50주년 행사를 계기로 찾아온 관계 복원의 기대감이 무너진 게 대표적이다. 발단은 일본이 일명 '군함도'로 불리는 하시마端島 탄광을 등재하고자 시도한 데 있다. 하시마 탄광은 조선인 강제징용으로 악명이 높았던 곳이다. 한국의 강한 반발에 직면한 일본은 노동을 강요당했다는 뜻의 'forced to work' 문구를 집어넣기로 합의한 뒤 곧바로 물타기에 나섰다. 일본 국민들을 향해 "강제로 노역을 했지만 강제노동은 아니다"라는 식으로 여론전을 편 게 그렇다.

　'역지사지'와 정반대되는 '아전인수' 격의 해석을 한 것이다. 독도 문제 등에 관한 일본의 역사 교과서의 기술은 더욱 심하다. 가장 큰 피해를 당했던 한국에 대한 배려는 전혀 없는 안하무인의 행보다.

　역사 해석이나 교과서 집필을 둘러싼 갈등은 우리만의 문제도 아니다. 실제로 미국과 영국 등도 유사한 경험을 했다. 지난 1980년대 영국에서는 대영제국의 최고 절정기인 19세기 후반기의 빅토리아 시대를 어떻게 볼 것인지 여부를 놓고 뜨거운 논쟁이 빚어졌다. 대처 총리까지 나서 당시 좌파 학자들이 주도해 만든 역사 교과서를 거칠게 비판했다.

"모든 세대가 우리 영국의 역사를 그릇되게 이해하고 평가 절하하는 교육을 받아 왔다. 우리나라의 사회주의 학자와 저술가들은 우리 역사상 가장 위대한 진보가 이뤄진 빅토리아 시대를 가장 암울한 시기로 묘사했다."

이후 대처 정부는 곧바로 교육 개혁에 나섰다. 교육 개혁법을 마련한 뒤 교과서를 다시 쓴 배경이다. 새롭게 쓴 교과서는 다양한 시각을 균형 있게 담아 학생들에게 개방과 관용의 정신, 올바른 역사 역량을 갖출 수 있게 해주는 교과서라는 칭송을 받았다. 우리 경우도 이를 본받으면 된다. 좌우를 대표하는 학자들이 서로 100퍼센트 합의하는 명백한 사실史實만 기술하고 해석이 엇갈리는 논쟁적인 사안은 학자들의 순수한 학문 연구 영역으로 남겨 놓는 게 관건이다. 통일 시대를 대비한 최소한의 계책이 바로 '역지사지' 계책에 있음을 보여주는 대표적인 사례이다.

비단 다른 나라의 일만은 아니다. 2015년 가을에 빚어진 한국의 역사 교과서 논쟁은 '역지사지' 정신이 얼마나 중요한지 새삼 실감하게 한 사건이다. 정치권이나 학계가 둘로 쪼개져 극단적인 대립을 겪었다. 그러나 이 문제도 '역지사지'의 관점에서 접근하면 쉽게 풀 수 있는 문제다.

선여계
先予計

03

원하는 것을 먼저 내줘라

자공이 물었다.
"만일 백성에게 널리 베풀어 많은 사람을 구제할 수 있는 사람이 있다면 어떻습니까. 가히 어질다고仁 할 수 있겠습니까?"
공자가 대답했다.
"어찌 어질다고만 말할 수 있겠는가? 그는 반드시 성인일 것이다. 요순堯舜도 오히려 그리 하지 못한 것을 근심했다. 무릇 인자仁者는 자신이 서고자 하면 남을 세우고, 자신이 통달하고자 하면 남을 통달하게 만든다. 가까운 데서 능히 취해 비유할 수 있다면 가히 인을 이루는 방법이라고 할 수 있을 것이다."

子貢曰, "如有博施於民而能濟衆, 何如. 可謂仁乎." 子曰, "何事於仁, 必也聖乎. 堯舜其猶病諸. 夫仁者, 己欲立而立人·己欲達而達人. 能近取譬, 可謂仁之方也已."

_「논어」「옹야」제28장

공자는 여기서 '인'을 이루는 구체적인 방법을 논하고 있다. 주목할 것은 여기서 요순堯舜의 이름이 처음으로 나오고 있는 점이다. 현존하는 유가 경전 가운데 요순을 드러내 놓고 표창表彰한 것은 『맹자』이다. 일본의 저명한 동양학자 기무라 에이이치木村英一는 『공자와 논어孔子と論語』에서 '요순도 오히려 그리 하지 못한 것을 근심했다'의 뜻이 '요순기유병저堯舜其猶病諸' 구절을 후대인이 끼워 넣은 것으로 보았다.

일찍이 자공은 공자 사후에 삼년상이 끝난 뒤 다시 3년 동안 홀로 공자의 묘 옆에 초막을 짓고 시묘侍墓했다. 이후 제나라로 가 유학을 가르치다가 그곳에서 죽었다. 제나라에 유학이 전해진 것은 바로 자공의 덕이었다. 원래의 『논어』인 노나라의 『논어』, 즉 『노론魯論』은 자공이 죽은 이후 맹자가 제나라로 가기 이전의 어느 시기엔가 제나라에 전해졌다. 제나라의 『논어』인 『제론齊論』이 나온 배경이다. 『제론』은 『노론』에 부기附記와 윤색을 가했다.

상대의 마음을 빼앗고자 하면 먼저 그가 원하는 것을 내줘라

「옹야」 제28장에 나오는 '욕립립인欲立立人, 욕달달인欲達達人' 구절은 앞서 검토한 「안연」 제2장의 '기소불욕己所不欲, 물시어인勿施於人' 차원을 뛰어넘는다. '기소불욕己所不欲, 물시어인勿施於人'은 소극적으로 자신이 원치 않는 일을 남에게 강요치 않는다는 취지에 그치고 있다. 이에 반해 「옹야」 제28장은 적극적으로 주변 사람을 먼저 일으켜 세우고 통달하게 만들라고 주문하고 있다.

이는 여러 모로 대승불교에서 말하는 이타행利他行과 닮았다. '이타행'은 남에게 공덕과 이익을 베풀어주며 중생을 구제하기 위해 노력하는 것을 말한다. 대승불교는 개인의 성불成佛을 지향하는 해탈행解脫

行에 방점을 찍은 석가 당시의 소승불교에 중국 전래의 도가 사상을 덧씌운 게 특징이다. '도가 사상'의 연원은 노자의 『도덕경』이다. 『도덕경』 제36장에 '이타행'의 배경을 짐작하게 해주는 대목이 나온다.

"상대를 가까이 끌어들이고자 하면 반드시 먼저 상대의 날개를 활짝 펴주어야 하고, 상대의 힘을 약화하고자 하면 반드시 먼저 상대를 더욱 강하게 해주어야 하고, 상대를 뒤로 물리고자 하면 반드시 먼저 상대를 흥하게 해주어야 하고, 상대의 마음을 빼앗고자 하면 반드시 먼저 상대에게 내주어야 한다."

한마디로 요약하면 상대를 가까이 끌어들이고자 하면 반드시 먼저 상대의 날개를 활짝 펴주는 '욕흡장지欲翕張之' 정신으로 정리할 수 있다. 먼저 상대에게 베푸는 게 관건이다.

사상사적으로 보면 이는 원래 도가 사상에 한정된 게 아니다. 공자보다 약 100년 앞서 활약한 제나라 재상 관중管仲의 저서인 『관자』의 「목민牧民」에 『도덕경』 제36장의 '욕흡장지' 정신을 연상하도록 만드는 대목이 나온다.

"정치가 흥하는 것은 민심民心을 따르는 데 있고, 폐해지는 것은 민심을 거스르는 데 있다. 백성은 근심과 노고를 싫어하는 까닭에 군주는 그들을 평안하고 즐겁게 만들어야 하고, 빈천을 싫어하는 까닭에 군주는 그들을 부귀하게 만들어야 하고, 위험에 빠지는 것을 싫어하는 까닭에 군주는 그들을 잘 보호하여 안전하게 만들어야 하고, 후사가 끊어지는 것을 싫어하는 까닭에 군주는 그들을 잘 길러야 한다. 백성을 평안하고 즐겁게 만들면 백성은 군주를 위해 근심과 노고를 감수하고, 부귀하게 만들면 군주를 위해 빈천을 감수하고, 잘 보호해 안전하게 만들면 군주를 위해 위험에 빠지는 것을 감수하고, 잘 기르면 군주를 위해 후사가 끊어지는 것을 감수한다. 형벌은 민의民意를 두렵게 만들기에 부족하고, 살육은 민심을 복종하도록 만들기에 부족하다. 형벌이 빈번할지라도 민의가 이를 두려워하지 않게 되면 군주의 명령이 시행되지 않고, 많은 사람을 살육할지라도 민심이 이에 복종치 않으면 군주의 자리가 위태롭게 된다.

백성이 바라는 네 가지 욕망을 따르면 먼 곳의 사람도 절로 다가와 친해지고, 백성이 싫어하는 네 가지 혐오를 행하면 가까이 있는 자조차 배반하게 된다. 그래서 '주는 것이 곧 얻는 것임을 아는 것이 다스림의 요체이다'라고 말하는 것이다."

주는 것이 얻는 것임을 명심하라

정치의 근본적인 목적은 백성을 의도한 바대로 부리는 사민使民을 통해 예의염치禮義廉恥를 아는 문화대국을 건설하는 데 있고, '사민'은 백성이 바라는 일락佚樂과 부귀富貴와 존안存安 및 생육生育의 네 가지 욕망을 충족시키는 데서 출발하고, 네 가지 욕망의 충족은 백성들을 부유하게 만드는 부민富民에서 나오고, '부민'의 요체는 백성을 이롭게 만드는 이민利民에 있고, '이민'의 기본 이치는 주는 것이 곧 얻는 것임을 아는 것이 다스림의 요체라는 사실을 숙지하는 데 있다는 게『관자』의 기본 입장이다.

'주는 것이 곧 얻는 것이다'라는 이치를 깨닫는 것을 통상 취여지도取予之道라고 한다. '취여지도'는『관자』를 관통하는 키워드이다.

사상 최초의 정치경제학파인 이른바 상가商家의 효시인 관중은 『도덕경』 제36장과 취지를 같이하는 '취여지도'에서 치국평천하의 기본 이치를 찾은 셈이다.

「옹야」 제28장의 '욕립립인, 욕달달인' 정신은 『도덕경』 제36장의 '욕흡장지'와 『관자』 「목민」의 '취여지도' 정신과 취지를 같이하는 것이다. 유가와 도가 및 상가를 비롯한 제자백가 모두 먼저 베풀어 백성을 이롭게 만드는 이른바 선여이민先予利民 사상에서 출발하고 있음을 알 수 있다. 「옹야」 제28장을 통해 알 수 있듯이 자공은 이를 박시어민博施於民, 공자는 '욕립립인, 욕달달인'으로 풀이한 셈이다. '욕립립인, 욕달달인' 정신은 이후 인도에서 전래한 소승불교가 대승불교로 변신하는 과정에서 '이타행'의 사상적 뿌리가 됐다.

『논어』가 역설하는 인정仁政은 곧 『도덕경』 제36장의 '욕흡장지'와 『관자』 「목민」의 '취여지도'와 취지를 같이하는 '욕립립인, 욕달달인' 정신에 뿌리를 둔 것임을 알 수 있다. 그게 바로 '선여이민' 사상이다. 공자와 노자 및 관자 모두 치국평천하의 방략을 놓고 같은 곡을 서로 달리 연주하는 동공이곡同工異曲에 지나지 않는다.

역사상 '선여이민' 사상을 가장 선명하게 보여주는 사례로 『서경』 「순전」과 『사기』 「오제본기」에 나오는 순임금의 일화를 들 수 있다. 만년에 이르러 요임금이 신하들에게 물었다.

"누가 나의 정사를 이을 수 있겠는가?"

"장남 단주丹朱가 사리에 통달했고 이치에 밝습니다."

"아, 그는 덕이 없고 싸움을 좋아하니 쓸 수가 없다."

다시 말했다.

"누가 좋겠는가?"

"공공共工이 백성을 널리 모아 여러 업적을 세우고 있으니 그를 발탁할 만합니다."

"공공은 말은 잘하지만 마음씀씀이가 한쪽으로 치우쳐 있고, 겉으로만 공손할 뿐 하늘을 기만하니 쓸 수가 없다."

또 말했다.

"아, 사악四嶽이여! 거센 홍수가 하늘까지 넘치고 거대한 물줄기가 산을 감싸고 언덕까지 덮치자 백성이 크게 우려하고 있다. 홍수를 다스릴 수 있는 자가 없겠는가?"

"곤鯀이 할 수 있습니다."

"곤은 명을 어기고 동족간의 화목을 깨뜨린 까닭에 쓸 수가 없다."

사악이 말했다.

"그는 매우 뛰어납니다. 한 번 써본 후 잘못되면 그때 쓰지 않아도 될 것입니다."

요가 사악의 말을 좇아 곤을 발탁했다. 곤은 치수한 지 9년이 지나도록 공적을 이루지 못했다. 요가 물었다.

"아, 사악이여! 내가 재위한 지 70년이 됐다. 그대들 가운데 누가 천명에 순응해 나의 자리를 맡을 수 있겠는가?"

사람들이 입을 모아 말했다.

"백성 중에 아내도 없이 혼자 사는 자가 있으니, 우虞 땅의 순舜입니다."

사악이 대답했다.

"그는 장님의 아들입니다. 아비는 완고하고 어미는 거짓말을 잘하고 동생은 교만합니다. 그럼에도 그는 효성을 다하며 이들과 화목하게 지냈습니다. 결국 이들 모두 점차 착해져 간악한 일을 하지 않게 됐습니다."

요가 말했다.

"내가 그를 한번 시험해 보도록 하겠다."

요는 자신의 두 딸을 그에게 시집을 보낸 뒤 두 딸을 대하는 그의 덕행을 관찰했다. 순의 행동이 마음에 들자 백관의 일을 총괄하게 했다. 그러자 백관의 일이 절도 있게 행해졌다. 요가 말했다.

"그대는 일을 꾀하면 면밀히 하고, 말을 하면 공적을 이뤘소. 그같이 한 지 벌써 3년이 지났소. 보위에 오르도록 하시오."

순은 자신의 덕망이 아직 백성을 감복하도록 만들기에 부족하다며 사양했다. 그러다가 거듭 요청이 들어오자 마침내 보위를 이어받았다.

순이 요의 뒤를 이어 보위를 잇게 된 근본 배경은 바로 먼저 겸양하며 사양한 뒤 부득이 일을 맡게 되면 모든 정성을 다해 성실히 임무를 수행한 데 있다. 먼저 내주는 식으로 상대를 이롭게 만드는 '선여이민'의 대표적인 사례이다.

열래계
說來計

04

상대가 기뻐하며 다가오게 만들라

하루는 초나라의 섭공葉公이 공자에게 정치에 관해 물었다. 공자가 대답했다.
"가까이 있는 자들을 기뻐하게 만들고, 먼 곳에 있는 자들을 가까이 다가오도록 만드는 것이오."

葉公問政. 子曰, "近者說, 遠者來."

_「논어」「자로」 제16장

섭공葉公은 섭葉 땅을 다스리는 초나라 대부로 이름은 심제량沈諸梁이다. 초나라는 지방장관을 모두 공公으로 불렀다. 『춘추좌전』에는 그에 관한 일화가 제법 많이 실려 있다. 공자는 천하유세의 막바지에 섭 땅으로 가 섭공 심제량과 치국평천하 문제를 놓고 서로 토론을 벌인 바 있다. 그 내용이 모두 『논어』에 실려 있다. 『논어』에 나오는 섭공의 일화는 여기의 「자로」 제16장을 포함해 「자로」 18장과 「술이」 제18장 등 모두 세 곳이다.

사상사적으로 볼 때 섭공은 개인이나 소수 집단의 이익보다 국가 이익을 우선시하는 법가 사상의 신봉자이다. 이는 그의 행보와 무관치 않다. 그는 초나라가 이른바 '백공白公의 난'으로 인해 패망의 위기에 몰렸을 때 군사를 동원해 이를 구해낸 바 있다. 백공은 초평왕의 손자 웅승熊勝으로 태자로 있던 웅건熊建의 아들이다. 초평왕이 며느리로 오는 진秦나라 여인을 취하고 그 소생을 후계자로 삼으면서 초나라의 비극이 시작됐다. 훗날 '백공의 난'을 평정한 것은 전적으로 섭공의 공이었다.

　주목할 것은 섭공이 난을 평정한 후 잠시 정권을 담당한 뒤 질서가 회복되자 아무 미련 없이 섭 땅으로 돌아가는 모습을 보인 점이다. 군자의 모습이었다.『논어』가 시종 그를 현대부賢大夫의 모범적인 사례로 언급한 이유이다. 공자가 섭공을 만나고 싶어 한 것은 자연스러운 일이었다. 공자가 남쪽 초나라 일대로 유세를 떠날 당시 마침 섭공은 초나라에 투항한 채蔡나라의 병합 작업을 공고히 다지기 위해 옛 채나라 땅인 섭 땅에 와 있었다. 전후 맥락에 비춰 공자는 초나라의 현자로 알려진 그를 만나기 위해 섭 땅으로 간 것이 거의 확실하다. 두 사람은 이때 치국평천하 문제를 심도 있게 논했다.「자로」16장은 당시 대화의 한 장면이다. 위정爲政의 요체를 놓고 섭공이 묻고 공자가 대답한 것이다.

가까이 있는 자부터 기뻐하게 만들라

　원래 공자는『논어』에서 인仁과 의義, 예禮 등을 다양한 방식으로 설명해 놓았다. 가까이 있는 자는 기뻐하고, 먼 곳에 있는 자는 가까이

다가오게 만든다는 뜻의 근열원래近說遠來는 위정에 관한 해설 가운데 백미에 속한다. 비유가 주위에서 흔히 보고 들을 수 있을 만큼 알기 쉽고 실생활에 가깝기 때문이다. 비유의 절실함은 '근열원래'의 정반대 상황인 근불열원불래近不說遠不來 상황을 가정하면 쉽게 이해할 수 있다. 이런 상황이 되면 가까이 있는 자는 분노하고, 멀리 있는 자는 화를 내며 침공해 올 공산이 커진다. 나라가 문득 위기에 처하게 된다. 사납고 악한 군주와 정사를 뜻하는 폭군暴君 내지 폭정暴政이 이에 속한다. 사리에 어둡고 어리석은 군주인 혼군昏君 내지 혼정昏政도 유사한 위기를 초래하게 된다. 이 대목을 두고 훗날 성리학을 집대성한 주희는 이같이 풀이했다.

"은덕을 입으면 기뻐하고 그 소문을 들으면 오게 된다. 그러나 반드시 가까이 있는 자들이 기뻐한 뒤에야 먼 곳에 있는 자들이 오는 것이다."

주목할 것은 가까이 있는 자들이 기뻐한 뒤에야 먼 곳에 있는 자들이 온다고 풀이한 점이다. 그렇다면 가까이 있는 자들이 기뻐하지 않는데도 먼 곳에 있는 자들이 오는 경우는 없는 것일까? '근열 → 원래'의 도식은 '근불열 → 원불래' 도식과 같다. 이 도식이 현실정치에 그대로 맞아 떨어지는 것은 아니다. '근불열 → 원래' 또는 '근열 → 원불래'의 상황도 얼마든지 빚어질 수 있기 때문이다.

이를 동기와 결과의 관계로 보면 보다 쉽게 이해할 수 있다. 주희가 언급한 '근열 → 원래'의 도식은 '동기 → 결과'의 입장이다. 동기가 좋아야만 결과도 인정할 수 있다는 식이다. 맹자가 역설한 이른바 왕도론王道論이 바로 그런 경우이다. 여기서 주목할 것은 공자는 결코 「자로」 제16장에서 '근열 → 원래' 입장을 밝힌 적이 없다는 점이다. '근열 또는 원래'가 공자의 기본 입장이다. 이를 동기와 결과의 관계로 보면 동기와 결과가 모두 좋으면 더할 나위 없이 좋고, 결과가 좋지 못했을지라도 동기가 좋으면 나름 평가할 만하고, 동기가 좋지 못할지라도 결과가 좋으면 이 또한 평가할 만하다는 입장에 서게 된다. 동기와 결과가 모두 좋아야만 높이 평가할 수 있다는 맹자의 '왕도론'과 대비된다.

동서고금을 막론하고 맹자와 주희가 제시한 '근열 → 원래'의 도식이 가장 바람직하기는 하다. 동기와 결과가 모두 좋기 때문이다. 그러나 치국평천하에서는 이런 일이 극히 드물다. 오히려 정반대의 상황이 훨씬 많다. 『대학』이 역설하는 수신제가修身齊家와 치국평천하治國平天下 논리에 대입해 분석하면 아무리 수신제가에 뛰어난 인물일지라도 치국평천하에는 극도로 무능할 수 있다는 얘기다. 그럼에도 맹자와 주희는 '수신제가 → 치국평천하'의 논리를 펼쳤다. 치세에는 나름 일리가 있으나 난세에 이를 관철하고자 할 경우 이내 국가 패망을 불러올 수 있다. 성리학의 근원적인 한계가 여기에 있다.

상대의 근열원래 전략을 파악하라

21세기의 G2 시대는 중원의 주인공이 바뀌는 과거의 왕조교체기이다. 여러 모로 어지러울 수밖에 없다. 한반도는 미·중이 한 치의 양보도 없이 치열한 각축을 벌이고 있는 '총칼 없는 전쟁'의 한복판에 있다. '정치적 삶'에 대한 이해는 21세기 G2 시대의 난세를 이해하는 열쇠이다. 미국식 '자유민주주의 자본주의'와 대비되는 '사회주의 자본주의'를 통해 G2로 우뚝 선 중국의 앞날을 전망하는 데도 매우 유용하다.

주목할 것은 중국이 지난 1949년 출범 때부터 21세기 현재까지 시종 궁극적으로는 미국을 제압하고 천하를 호령하는 '신 중화질서'의 구축에 사활을 걸고 있는 점이다. 제2차 세계대전 이전에 일본이 '대동아공영권' 운운하며 동아시아에서 우두머리 역할을 하고자 했던 것과 비교할 때 그 스케일이 다르다. 중국이 다른 나라와는 정반대로 미사일과 인공위성부터 만든 뒤 이제 독자적인 브랜드의 자동차와 스마트폰 등을 만들려고 시도하는 것도 이런 맥락이다.

요즘 그 성과가 눈부시다. 2015년 말 사업을 시작한 지 11년 만에 세계 최정상급의 일본을 누르고 인도네시아 고속전철 수주를 따낸 게 그렇다. 이는 G2 중국이 '싸구려 짝퉁' 이미지를 벗어나 '혁신의 메카'로 부상하고 있음을 상징적으로 보여준다.

중국은 한 해에 200만 명의 공학도를 배출하고 있다. 한국은 이와 정반대로 공대를 기피하며 의사와 변호사가 되지 못해 안달하는 상황이 지속되고 있다. 이러고도 '역 베끼기' 현상이 빚어지지 않는 게 오히려 이상한 일이다.

새롭고 도전적인 환경을 제공하고, 실패를 용인하고, 경험지식을 축적하고자 노력하는 자에게 더 많은 혜택이 돌아갈 수 있도록 인센티브 체계를 전면 개편해야 한다.

불기계
不器計

05

자신의 그릇을 한없이 키워라

공자가 말했다.
"군자는 한정된 그릇이 아니다."

子曰, "君子不器."

_「논어」「위정」제12장

여기서 공자가 말하는 군자는 단순히 덕만을 쌓은 사람을 지칭한 게 아니다. 지知와 덕德을 겸비한 사람을 가리킨다. '지'가 전제되지 않은 '덕'은 진정한 '덕'이 될 수 없다. '식견'이 천단淺短하기 때문이다. 「위정」제12장의 군자는 구체적으로 지덕지사知德之士로 풀이하는 게 타당하다. 공자의 제자 가운데 이를 상징적으로 보여준 인물이 바로 자공子貢이다. 이를 뒷받침하는 일화가 「공야장」제3장에 나온다. 하루는 자공이 스승인 공자에게 물었다.

"저는 어떤 인물입니까?"

공자가 대답했다.

"너는 쓰임이 있는 그릇이다."

자공이 다시 물었다.

"어떤 그릇입니까?"

공자가 대답했다.

"호련瑚璉이다."

'호련'은 기장과 피를 담기 위해 옥으로 만든 종묘제사용 제기祭器를 말한다. 종묘제사에 사용하는 '제기'는 그릇 가운데 가장 귀하고 화려하다. 하나라에서는 연璉, 은나라에서는 호瑚, 주나라에서는 보궤簠簋라고 했다. 이를 두고 주희는 이같이 풀이했다.

"자공은 호련瑚璉과 같이 귀중한 그릇의 경지에 달했으나 아직 '군자불기君子不器'의 경지에 이르지는 못했음을 언급한 것이다."

'군자불기'에서 말하는 그릇은 그릇의 종류와 재료 및 크기 등을 따지는 차원을 뛰어넘은 상상 속의 그릇을 말한다. 『도덕경』 제41장에 '군자불기'의 기본의미를 짐작하게 하는 구절이 나온다.

"크게 모난 것은 마치 원과 같아 모서리가 없는 대방무우大方無隅의 모습을 띠고 있다. 큰 그릇은 늦게 완성되는 대기만성大器晩成, 큰 소리는 드물게 소리 나는 대음희성大音希聲, 크게 본받을 대상은 구체적 형상이 없는 대상무형大象無形, 도는 숨겨 있어 이름을 지어 붙일 수 없는 도은무명道隱無名도 같은 경우이다."

큰 그릇을 완성하기 위해 오랜 시간을 투자하라

『도덕경』 제41장에서 역설하고 있는 '대방무우'와 '대기만성'은 「위정」제12장의 '군자불기'를 형상화한 것이다. 이는 수학적으로도 증명이 된다. 예컨대 원은 정4각형의 방형方形을 한없이 확장한 것이다. 정4각형을 정8각형, 정16각형, 정32각형, 정64각형 등으로 무한히 확장하면 결국 원과 같아진다. 『도덕경』제41장의 '대방무우'는 바로 이를 가리킨 것이다. 이처럼 엄청난 크기의 그릇을 만들고자 하면 시간이 많이 걸릴 수밖에 없다. 뒤이어 '대기만성'을 언급한 이유다. 「위정」제12장의 '군자불기'는 바로 이런 관점에서 접근해야 그 의미를 제대로 파악할 수 있다. 『맹자』「진심 상」에 이를 뒷받침 하는 구절이 나온다.

"공자는 동산東山에 올라 노魯나라를 작게 여기고, 태산太山에 올라 천하天下를 작게 여겼다."

큰 뜻을 품으라는 뜻이다. 「위정」제12장의 '군자불기' 내지 「도덕경」제41장의 '대기만성' 등과 취지를 같이하는 말이다. 훗날 당나라 때 이백과 더불어 쌍벽을 이루던 두보杜甫는 태산을 오르면서 『맹자』「진심 상」의 '등동산이소로登東山而小魯, 등태산이소천하登太山而小天下' 구절을 차용해 「망악望嶽」에서 이같이 읊었다.

반드시 태산의 정상에 올라가   會當凌絶頂
뭇 산이 작은 것을 내려 보리라   一覽衆山小

「망악」은 1,400여 수의 시를 쓴 두보의 첫 작품이기도 하다. 청년 두보 역시 맹자가 언급했듯이 공자처럼 태산에 올라 천하가 작은 것을 한눈에 보고자 했던 것이다. 예나 지금이나 그릇이 크지 않으면 큰일을 할 수 없다. 작은 그릇에 물을 많이 담을 수 없는 이치와 같다. 문밖과 안방을 가르는 울타리가 사라진 21세기 경제전 상황에서는 더욱 그렇다. 이제는 '군자불기'의 계책이 기업의 생사를 가르는 핵심 계책으로 부상했다. 이를 모르면 세계 시장의 무대에서 이내 퇴출될 수밖에 없다. 한때 전 세계의 IT 시장을 석권한 소니와 노키아의 퇴장이 이를 웅변한다.

지난 2004년 10월 일본 〈니혼게이자이 신문〉의 기술경영 전문 자매지인 〈니혼비즈테크〉는 48페이지에 달하는 '삼성, 역전의 방정식'이라는 제목의 특집을 실었다. 삼성이 반도체, LCD 패널, 휴대전화 등 3대 사업에서 세계 정상에 우뚝 서게 된 배경을 심층 분석한 특집이었다. 이에 따르면 삼성은 일본의 경쟁 기업이 주저하는 사이 반도체 개발 등에 과감히 투자해 추격을 따돌렸다. LCD에서는 소니 등 세계 굴지의 업체를 고객으로 잡아 시장을 지배해 나갔다. 휴대전화에서도 고급 브랜드 이미지를 심으며 세계 1위 노키아를 가파르게 추격하고 있다는 내용이었다.

가장 눈길을 끄는 대목은 사령탑 이건희가 카리스마를 배경으로 강력하고도 신속한 의사결정을 내린 게 주효했다는 내용이었다. 그의 '제왕적 경영'에서 해답을 찾은 것이다. 실제로 이 특집은 기사의 대미를 이같이 마무리지었다.

"일본 기업의 최대 약점은 이건희 회장과 같은 강력한 리더십을 가진 경영자가 없다는 점이다!"

이건희가 경영일선에 복귀할 때 그의 '제왕적 경영'에 부정적인 반응을 보인 영국의 경제주간지 〈이코노미스트〉와는 정반대되는 시각이다. 당시 삼성의 임직원들은 〈니혼비즈테크〉의 분석과 유사한 입장을 보였다.

"반도체 투자 같은 천문학적인 액수는 보통의 최고 경영자들은 쉽게 결정을 내리지 못한다. 한때 잘나갔던 일본 반도체업체들도 CEO들이 결단을 내리지 못해 투자 시기를 놓쳤다. 반면 삼성은 이 회장이 전략을 제시하고 투자를 결정함으로써 강력한 리더십이 생길 수 있었다. 계열사 사장들은 회장의 비전 제시를 책임감 있게 충실히 이행하고, 구조조정본부는 이 과정에서 정보 분석 등 보좌업무를 수행한다. 삼성의 힘은 이런 3각 체제에서 나온다."

창조적 파괴를 통해 원점에서 다시 시작하라

이건희 회장이 보여준 '제왕적 경영'은 오늘의 삼성을 가능하게 만든 원동력이다. 아이폰의 질주에 속수무책이었던 삼성이 이건희의 복귀를 계기로 아연 활기를 띠었던 사실이 이를 뒷받침한다. '절체절명의 위기상황'을 외치며 경영일선에 복귀한 후 '속도경영'과 '공격경영'을 배가한 덕분이었다.

당초 이건희는 지난 1993년 이른바 '프랑크푸르트 선언'을 계기로 삼성의 환골탈태를 강력 주문한 바 있다. '마누라와 자식만 빼고 모든 것을 새롭게 바꾸라'는 주문은 그 취지가 명확했다. 삼성을 반드시 초일류 글로벌 기업으로 일궈내고자 하는 강력한 의지의 표명이었다.

그의 이런 의지는 가차 없이 시행됐다. 지난 1995년 3월 9일 아침 삼성전자 구미사업장에서 벌인 이른바 '애니콜 화형식'이 그 증거다. 당시 오전 10시경 사업장 한쪽의 운동장에 '품질 확보'라고 쓰인 머리띠를 두른 2천여 명의 직원들이 사업부별로 줄지어 섰다. 철제 의자에 앉아 있는 임원들의 표정은 굳어 있었다. 이들 곁에는 해머를 든 현장 근로자 10여 명이 서 있었다. 무선전화를 포함해 키폰과 휴대폰 등 15만 대의 제품이 운동장 한복판에 산더미처럼 쌓였다.

곧 해머의 매질이 시작되자 제품들이 산산조각 나고, 폐물이 된 제품이 이내 시뻘건 불구덩이 속으로 던져졌다. 직원들의 땀과 정성이 그대로 깃들어 있는 제품이 순식간에 잿더미로 변한 것이다. 불량제품 화형식이었다. 당시 시가로 500억 원어치에 달했다. 이는 이건희가 임직원들에게 '질' 경영의 중요성을 알리기 위해 벌인 퍼포먼스였다.

당시 삼성은 그의 '질' 경영 선언 이후 품질 개선을 위해 비서실 직할로 '소비자문화원'을 세우고 사장단 평가 자료로 품질지수를 도입하는 등 강력한 드라이브를 걸고 있었다. 얼마 후 설 명절에 선물로 휴대폰 2천여 대가량을 임직원들에게 돌렸다. 그런데 통화가 제대로 이뤄지지 않자 '속았다'라는 얘기가 일부 임직원의 입을 통해 흘러나왔다. 곧이어 불량 휴대폰이 시중에 유통되고 있다는 보고가 접수됐다. 보고를 접한 이건희 회장이 크게 분노했다. 휴대폰을 반도체에 이어 삼성의 미래를 책임질 사업으로 여겼던 그는 '휴대폰 사건'이 터지자 초강수 극약처방이 필요하다고 판단했다.

"시중에 나간 제품을 전량 회수해 공장 사람들이 모두 보는 앞에서 태워 없애도록 하시오!"

시판된 제품은 이미 10만 대가 넘었다. 서비스센터를 통해 회수에 들어가면서 생산라인도 멈춰 섰다. 당시 화형식은 '품질경영'의 새로운 장을 열기 위한 하나의 의식이었다.

휴대폰 업그레이드 작업은 이렇게 잿더미에서 다시 시작됐다. 그러나 그 과정이 만만치 않았다. 우선 기술자 확보가 쉽지 않았다. 해외 기술자 확보는 더욱 어려웠다. 가까스로 러시아 출신 기술자들을 영입했다. 기술자들이 밤새 스스로 공부하고 토의하고 주말이면 대학 교수를 초빙해 강의 듣는 식의 연구가 진행되었다. 오늘의 삼성을 있게 한 배경이다. 당시 잿더미 속에 버려진 휴대폰의 가치는 약 500억 원이었고, 이는 당시 삼성전자 총 이익의 5.3퍼센트에 이를 정도로 엄청난 규모였다. 그러나 500억 원의 손해는 7년 반 만에 3조 원이라는 이익으로 되돌아왔다. 그는 이른바 '창조적 파괴'를 통해 군자는 한정된 그릇이 아니라는 '군자불기君子不器'의 진면목을 보여준 셈이다.

주지하다시피 원래 삼성은 소니의 하청업체에서 출발했다. 당시의 기준으로 볼 때 실로 볼품이 없었다. 그러나 이내 이건희 회장이 주도한 '창조적 파괴'를 통해 문득 하드웨어 분야의 세계 최강자가 됐다. '타도 소니'를 실현한 덕분이다.

문제는 소프트웨어다. 이를 근원적으로 해결하지 못한 탓에 지금도 적잖은 위기에 봉착해 있다. 더 중요한 것은 한때 현실에 안주하려는 모습을 보인 점이다. 아이폰이 미국 등지에서 선풍적인 인기를 끌 당시 삼성은 '왜 다들 아이폰에 그토록 열광하는지 모르겠다!'며 시큰둥한 반응을 보였다. 이건희 회장이 경영일선에서 물러났을 때의 일이다.

아편전쟁 당시 중국이 양이洋夷 운운하며 자만심에 빠졌다가 서구 열강의 함포에 놀라 이내 반식민지의 길로 내달은 것과 닮았다. 원래 중국은 화약과 총포, 나침반, 비단, 도자기 등을 가장 먼저 발명한 나라다. 이는 자랑할 만한 일이기는 하나 이게 중요한 게 아니다. 나라의 흥망을 가르는 건 과연 이를 어떻게 활용하는가의 여부에 달려 있다. 지금 삼성은 위기이다. 이건희 회장이 병으로 쓰러진 후 그리됐다. '카리스마 리더십의 공백'으로 볼 수 있다. 지휘봉을 잡은 이재용 리더십의 실체가 아직 뚜렷한 성과를 거두지 못하고 있다. 자칫 소니의 전철을 밟을지도 모른다.

일찍이 경제학자 슘페터는 경제발전의 원동력을 기업가의 '창조적 파괴'에서 찾은 바 있다. 기존의 틀을 바꾸고 발전시켜야 기업의 미래를 예약할 수 있다고 본 것이다. 이는 인도의 힌두교가 '창조'와 '파괴'를 일원적으로 파악하고 있는 것과 닮았다.

힌두교에는 불의 신 '아그니'와 태양의 신 '수리야' 등 모두 3억 3천만의 신이 있다고 하나, 가장 주목할 만한 신은 '브라흐마'와 '시바', '비슈누' 셋이다. 브라흐마는 창조, 시바는 파괴, 비슈누는 보호의 신이다. 힌두교 교리에 따르면 현상유지, 파괴, 창조는 처음과 끝이 없는 상태로 계속 이어지고 있다. 현상을 유지하면서 창조적 파괴를 해나간다는 게 어려울 수밖에 없는 이유다.

〈하버드 비즈니스 리뷰〉는 현상유지, 파괴, 창조의 사이클에 지혜롭게 올라타 기업의 지속적인 발전을 꾀하는 내용의 논문을 실은 바 있다. 기업의 역사를 이 사이클에 넣어 분석하면 매우 의미 있는 사실을 찾아낼 수 있다. 예컨대 소니는 자신들을 성공으로 이끌어준 과거의 '워크맨' 성공에 지나치게 함몰된 나머지 현상의 유지에 주력하다가 파괴와 창조의 사이클에 올라타는 것을 거부했다. 이내 자신의 하청업체였던 삼성에게 추월을 허용한 게 그 증거다.

모든 기업과 경영에는 장단長短이 있게 마련이다. 100퍼센트의 '장' 또는 100퍼센트의 '단'만 있을 리 없다. 모든 싸움은 상대가 있게 마련이다. 21세기 경제전이 사방의 적을 동시에 맞닥뜨려 승리를 움켜쥐어야 하는 양상으로 전개되고 있는 것이다. 그만큼 힘들지만 이런 힘든 역경에서 승리를 거둘 경우 그에 대한 보상은 대단히 크다. '승자독식 구조' 때문이다. 그렇기에 기업 CEO들의 분발과 심기일전의 각오가 절실한 상황이다.

유린계
有隣計

06

덕은 적도 내 사람으로 만든다

공자가 말했다.
"덕은 외롭지 않으니 반드시 이웃이 있기 마련이다."
子曰, "德不孤, 必有隣."

_「논어」「이인」제25장

공자가 「이인」 제25장에서 인덕仁德을 강조한 것은 치국평천하에 성공하려면 주변의 원군援軍 세력이 존재해야 하고, 이는 덕정을 통해서만 가능하다는 사실을 밝히기 위한 것이다. 사서를 통해 확인할 수 있듯이 결정적인 순간에 이웃의 도움이 없으면 이내 고립무원에 빠져 끝내 패망하고 만다. 공자가 '덕불고德不孤'를 역설한 것도 이런 맥락에서 이해할 수 있다. 반드시 이웃을 두어야 하는 계책은 치국평천하의 기본방략이다.

절체절명 위기의 순간에 나를 도울 이웃을 만들어라

「이인」 제25장이 역설하고 있는 '덕불고'의 '유린계'를 통해 치국평천하에 성공한 대표적인 인물로 주나라의 건국시조인 주문왕周文王과 주무왕周武王을 들 수 있다.

『사기』「은본기」 및 「주본기」에 따르면 은나라 말기 27대 왕 무을武乙은 즉위한 뒤 우상을 만들고 이를 천신天神으로 불렀다. 그는 우상과 도박을 하면서 다른 사람으로 하여금 심판을 보게 했다. 가죽 주머니를 만들어 피를 가득 채운 뒤 높이 매달고 활로 쏘는 식이다. 이를 사천射天으로 칭했다. 천신이 지면 천신을 크게 모욕했다. 무을은 황하와 위수 사이로 수렵을 떠났다가 갑자기 벼락을 맞아 죽고 말았다.

아들 태정太丁이 28대 왕으로 즉위했고, 태정이 죽자 아들 을乙이 29대 왕인 을제乙帝로 즉위했다. 을제의 큰아들은 정실에게서 낳은 아들이 아니었기 때문에, 정실에게서 낳은 작은 아들이 즉위했고 그가 30대 왕이자 마지막 왕인 신제辛帝다. 세상에서는 그를 의로움과 선함을 해친다는 뜻의 주紂로 불렀다. 주는 타고난 바탕이 총명하고 말재간이 뛰어났다. 일처리도 신속하고 힘 또한 출중해 맨손으로 맹수와 싸울 정도였다. 그의 지혜는 신하의 간언이 필요치 않을 정도로 뛰어났고, 말재주는 자신의 허물을 교묘히 감출 수 있을 정도였다. 그는 자신의 재능을 자부해 천하에 명성을 떨치고자 했다. 다른 사람들이 모두 자신보다 못하다고 여겼기 때문이다.

주는 술과 음악을 지나치게 즐겼다. 여색도 크게 밝혔다. 특히 달기妲己를 총애해서 그녀의 말은 무엇이든 들어주었다. 그는 악사인 사연師涓에게 음탕한 음악을 작곡하게 하고, 도성 조가朝歌 인근의 기녀원인 북리北里에서 추는 저속한 춤과 음탕한 음악을 새로 만들게 했다. 또 세금을 무겁게 매겨 녹대鹿臺라는 거대한 단을 세워 돈과 재화를 가득 올리고, 궁중 창고인 거교鉅橋를 곡물로 가득 채우게 했다. 게다가 사방에서 개와 말, 기이한 애완물을 두루 수집해 궁실을 가득 메웠다. 지금의 하북성 광종현인 사구沙丘에 있는 원림園林과 대臺를 크게 확장한 뒤 사방에서 수집한 야수와 새들을 이곳에 방사했다.

　은나라 마지막 왕 주는 귀신도 우습게 알았다. 사구에 수많은 악공을 불러들이고 술로 연못을 만들어 즐기는 주지육림酒池肉林을 꾸미는 만행을 저질렀다. 빽빽하게 들어선 나무들처럼 고기를 매달아 놓고 벌거벗은 남녀들이 그 안에서 서로 쫓아다니는 식의 놀이를 즐기면서 밤이 새도록 음주가무로 질탕하게 즐겼다. 백성의 원성이 치솟고 제후들의 배신이 잇따르자 그는 형벌을 강화했다. 기름을 칠한 기둥 아래 불을 피워놓고 기둥 위를 걷게 하는 포락지형炮烙之刑까지 만들어냈다.

　이 와중에 그는 서백西伯으로 있던 주문왕 희창姬昌을 비롯해 구후九侯와 악후鄂侯 등을 삼공三公으로 삼았다. 원래 주문왕 희창의 조부 고공단보古公亶父는 장남 태백太伯과 차남 우중虞仲을 제치고 막내아들 계력季歷을 후임으로 삼았다. 계력의 부인 태임太任이 희창을 낳을 때 붉은 새가 단서丹書를 물고 방 안으로 날아오는 성스러운 길조가 있었다. 고공단보가 말했다.

"나의 대에 나라를 흥하게 만들 자가 나올 것이라고 했다. 이는 창에게 해당하는 것인가?"

태백과 우중은 고공단보가 계력을 후계자로 세우려는 것을 알고 형만荊蠻으로 달아난 뒤 문신을 하고 단발을 했다. 계력에게 보위를 양보하고자 한 것이다. 고공단보가 죽자 계력이 즉위했다. 그는 고공단보가 남긴 법도를 잘 닦고 성심껏 의를 행했다. 제후들이 그를 좇았다. 「이인」 제25장에 나오는 '덕불고'를 실천한 셈이다. 주나라의 창건은 이때부터 시작된 셈이다.

계력이 죽고 아들 희창이 즉위했다. 그가 주문왕이다. 희창은 즉위 후 고공단보와 계력의 법도를 본받았다. 어진 정사를 펼쳐 늙은이를 공경하고 어린 사람에게 사랑을 베풀었다. 낮에는 식사할 겨를도 없이 재사才士를 접대했다. 재사들이 대거 그에게 귀순했다. 부친 계력의 유지를 이어 '덕불고'의 행보를 이어나간 덕분이다.

이때 구후가 자신의 아름다운 딸을 은나라 왕 주에게 바쳤다. 구후의 딸이 음탕한 짓을 싫어하자 크게 노한 주가 그녀를 죽이고, 구후는 산 채로 포를 떠서 소금에 절였다. 악후가 강하게 만류하자 악후까지 포를 떠서 죽였다. 희창이 이 소식을 듣고는 몰래 탄식했는데, 숭후崇侯 호虎가 은나라 주에게 희창을 무함했다.

"서백이 선행을 행하며 덕을 쌓자 제후들이 그에게 기울어지고 있습니다. 장차 군주에게 이롭지 못할 것입니다."

주가 이내 구실을 붙여 서백을 유리羑里에 가뒀다. 희창의 신하 굉요閎夭 등이 유신씨有莘氏의 미녀, 여융驪戎의 아름다운 준마, 유웅씨

劉熊氏의 수레 9대를 끄는 36필의 명마, 그밖에 진기한 보물 등을 구한 뒤 주의 총애를 입는 비중費仲을 통해 주에게 바쳤다. 주가 크게 기뻐했다.

"이 가운데 하나만으로도 서백을 풀어주기에 충분한데, 하물며 이토록 많은 경우이겠는가!"

서백을 사면하면서 동시에 궁시弓矢와 부월斧鉞 등을 내렸다. 주변 제후국에 대한 토벌 권한을 부여한 것이다. 희창이 '서백'에 봉해진 이유다. 당시 주는 비중을 신임해 정사를 맡겼다. 비중은 아첨으로 사적인 이익을 챙겼다. 그는 이런 방면에 탁월한 재능을 지녔다. 은나라 백성이 그를 멀리한 이유다. 주는 여기서 한 걸음 더 나아가 다른 사람을 헐뜯기로 악명 높은 오래惡來를 기용했다. 제후들이 은나라와 더욱 멀어졌다.

희창이 귀국한 뒤 드러나지 않게 덕을 베풀고 선정을 행하자 많은 제후들이 주를 등지고 희창을 좇았다. 그의 세력이 점차 강해지면서 주의 위세는 점차 줄어들게 됐다.

상용商容은 현자였기에 백성이 그를 기꺼이 좇았다. 그러나 주는 그를 발탁하지 않았다. 이때 희창이 주에게 충성을 바치는 기국飢國을 쳐 멸망시켰다. 주의 신하인 조이祖伊는 주나라가 강성해지는 것을 근심한 나머지 곧 주에게 달려가 이같이 간했다.

"하늘이 이미 우리 은나라의 운명을 끊으려 하기에 혜안을 지닌 사람에게 물어보고, 거북점을 쳐 봐도 감히 앞으로 길하게 될 것인지 그 여부를 알 수 없습니다. 이는 선왕들이 우리 후손을 보우하지 않는 게 아니라, 군주가 음란하고 포학한 까닭에 스스로 하늘과의 관계를 끊은 탓입니다. 하늘이 우리를 버린 것이나 다름없습니다. 우리는 백성이 편히 먹지도 못하게 했고, 하늘의 뜻을 헤아리거나 이해하지도 못했고, 법도를 따르지도 않았습니다.

지금 우리 백성 가운데 군주의 멸망을 원치 않는 사람이 없습니다. 입을 모아 말하기를, '하늘은 어찌하여 재앙을 내리지 않고, 대명大命은 어찌하여 아직 나타나지 않는 것인가?'라고 합니다. 장차 군주는 어찌할 생각입니까?"

주가 반문했다.

"내가 태어나 보위에 오른 것이 어찌 천명에 따른 게 아니겠소?"

조이가 돌아오며 탄식했다.

"주에게는 간할 수 없다!"

희창이 사망한 후 아들 희발姬發이 주무왕周武王으로 즉위했다. 주무왕 희발은 즉위 후 태공망太公望 여상呂尚을 군사 및 용병 등의 자문에 응하는 군사軍師로 삼고, 동생인 주공周公 단旦을 곁에 머물며 국정자문에 응하는 보국輔國에 임명했다. 소공召公과 필공畢公 등은 보좌하며 주문왕이 남긴 유업을 배워 널리 펼치는 일을 했다.

주무왕 9년, 주무왕이 부왕인 주문왕의 능묘가 있는 필원畢原에서 제사를 올린 뒤 동쪽으로 가 군대를 사열하고 맹진盟津에 이르렀다. 이때 은나라에 등을 돌리고 주나라를 좇은 제후가 800명이나 됐다.

당시 주는 더욱 음란한 모습을 보였다. 미자 계가 누차 간했으나 듣지 않았다. 그는 천자를 보좌하는 대신인 태사大師 및 소사少師와

상의한 뒤 은나라를 떠났다. 이때 비간比干은 설령 죽을지라도 군주에게 간하지 않을 수 없다며 계속 주에게 강력히 간했다. 주가 크게 노했다.

"성인의 심장에는 일곱 개의 구멍이 있다고 들었다!"

그러고는 비간의 배를 갈라 그의 심장을 꺼내 보였다. 기자箕子가 크게 두려워해 미친 척하며 남의 노비가 되고자 했으나 주가 그를 잡아 가뒀다. 은나라 태사와 소사는 제기祭器와 악기樂器를 들고 주나라로 달아났다. 주무왕이 마침내 제후들에게 격문檄文을 돌렸다.

"은나라가 무거운 죄를 지었으니 이제는 정벌하지 않을 수 없다!"

주문왕의 위패를 받든 채 병거 3백 승乘, 정예병인 호본虎賁 3천 명, 갑옷으로 무장한 갑사甲士 4만 5천 명을 이끌고 동쪽으로 은나라 주를 토벌하러 나섰다. 주무왕 11년 12월 무오일, 주무왕의 군사가 맹진을 넘자 제후들의 군사가 모두 모였다. 주무왕이 말했다.

"모두 부지런히 힘쓰고, 게으름을 피우지 마라!"

곧 「태서太誓」를 지어 병사들에게 고했다.

"지금 은나라 주는 자기 부인의 말만 듣고 스스로 천명을 끊었다. 천지의 바른 도인 삼정三正을 훼손하고 부모 형제를 멀리했다. 또 선조의 음악을 버리고 음란한 노래를 만들어 바른 소리를 어지럽히며 부인만 기쁘게 만들었다. 이제 내가 삼가 다 함께 천벌을 집행하려고 한다. 모두 힘을 내라! 두 번 다시 기다릴 수 없고, 세 번 다시 기다릴 수는 없다!"

2월 갑자일, 동이 틀 무렵 주무왕이 아침 일찍 상商의 교외 목야牧

野에 이르러 맹서했다. 왼손에 누런 도끼, 오른손에 백색의 깃발을 들고 휘두르며 말했다.

"멀리서 와 주었소, 서쪽의 병사들이여!"

이어 말했다.

"아, 나의 제후들이여! 사도司徒, 사마司馬, 사공司空, 아려亞旅, 사씨師氏, 천부장千夫長, 백부장百夫長, 그리고 용庸, 촉蜀, 강羌, 모髳, 미微, 노纑, 팽彭, 복濮의 병사들이여! 창을 높이 들고, 방패를 나란히 하고, 창을 치켜드시오! 내가 맹서하겠소."

그러고는 이같이 맹서했다.

"옛말에 이르기를, '암탉은 새벽에 울지 않으니 암탉이 새벽에 울면 집안이 망한다'고 했소. 지금 은나라 주는 오직 부인의 말만 듣고 스스로 선조에게 지내는 제사를 그만두고 나라를 어지럽혔소. 또한 친족은 발탁하지 않으면서 오히려 죄를 많이 짓고 도망쳐온 자들을 존중하고 대우했소. 이들은 백성에게 포학하게 대하고 은나라에서 온갖 악행을 저질렀소. 지금 나는 하늘의 징벌을 그대들과 함께 집행할 것이오.

오늘 싸움에서는 예닐곱 걸음을 나갈 때마다 곧바로 멈춰 대열을 맞추시오. 그대들은 이 군령을 지키도록 노력하시오! 4번, 5번, 6번, 7번 공격한 뒤 곧바로 멈춰 정렬하도록 하시오! 이 명을 반드시 지키도록 노력하시오! 그대들이여, 용맹스럽기가 호랑이 같고, 곰 같고, 승냥이 같고, 이무기 같아야 하오! 은나라 도성의 교외에서 항복하는 자는 거부하거나 죽이거나 하지 마시오. 이들을 서쪽으로 데려갈 것이니 애써 주시오. 그대들이여, 애쓰지 않으면 오히려 그대들에게 화가 미칠 것이오!"

맹서가 끝나자 집결한 제후들의 병거兵車 4천 승乘이 교외의 넓은 들에 도열했다. 은나라 주는 주무왕이 왔다는 소리를 듣고는 70만 대군을 보내 이들의 진격을 막았다. 주무왕이 여상에게 명해 100명의 용사를 이끌고 가서 싸움을 걸게 했다.

당시 은나라 군사는 숫자만 많았을 뿐 싸울 마음이 없었다. 내심 주무왕의 군사가 속히 쳐들어오기를 바랐기 때문에 무기를 거꾸로 돌려 싸우면서 길을 열어주기까지 했다. 주무왕이 돌격하자 주의 군사가 일거에 무너지며 주를 배신했다. 주가 황급히 달아나 녹대 위로 올라가 보석으로 치장한 옷을 뒤집어쓰고는 불 속으로 뛰어들어 자진했다. 주무왕이 신하들로 하여금 은나라 백성에게 이같이 말하게 했다.

"하늘이 복을 내렸다!"

은나라 백성 모두 두 번 절하며 머리를 조아리자 주무왕이 답례했다. 마침내 성으로 들어가 주가 죽은 장소에 이르렀다. 주무왕이 직접 주의 시신을 향해 화살을 세 번 쏜 뒤 마차에서 내려 가벼운 검으로 시신을 내리쳤다. 이어 누런 도끼로 주의 머리를 베어 커다란 백기에 매달았다. 또 은나라 주가 총애한 두 명의 애첩을 찾았다. 두 애첩은 이미 목을 매 자진한 뒤였다. 주무왕이 화살을 세 번 쏘고 검으로 내리친 뒤 흑색 도끼로 목을 베어 작은 백기에 매달았다. 주무왕이 성을 나와 다시 군진으로 돌아갔다.

위태로울 때 아무도 돕지 않으면 결국 패망한다

이튿날 도로를 정비하고 사당과 궁궐을 수리하게 했다. 때가 되자 100명의 용사가 큰 깃발을 메고 앞서서 나갔고, 주무왕의 동생 숙진탁叔振鐸은 수레를 진열하고, 주공 단은 큰 도끼를 쥐고, 필공畢公은 작은 도끼를 쥐고서 주무왕의 좌우에 섰다. 산의생, 태전, 굉요 모두 검을 들고 호위했다. 주무왕이 성 안으로 들어가 사당의 남쪽을 향해 부대의 왼쪽에 서자 좌우 모두 이를 좇았다. 주문왕의 아들 모숙정毛叔鄭은 정화수를 받쳐 들고, 주무왕의 막내 동생 위강숙衛康叔 봉封은 자리를 깔고, 소공 석奭은 비단 예물의 봉헌을 돕고, 여상은 제물祭物로 사용할 희생을 이끌었다. 재상 윤일尹佚이 축문을 읽었다.

"은나라 마지막 후손 주는 선왕의 밝은 덕을 모두 없애고, 신령을 모욕해 제사를 지내지 않고, 은나라 백성을 어리석고 난폭하게 다루었습니다. 그 죄악을 상제에게 명백히 고합니다."

주무왕이 말했다.

"신은 천명을 받고 은나라를 변혁했습니다. 이제 하늘의 영명하신 명을 받들도록 하겠습니다."

다시 두 번 절하고 머리를 조아린 후 떠났다. 주무왕은 주의 아들 무경에게 봉지를 내리며 은나라 유민을 다스리게 했다. 또 은나라가 막 평정돼 아직 안정되지 못했기에 자신의 동생 관숙管叔 선鮮과 채숙蔡叔 탁度에게 명해 무경을 돕게 했다. 이어 소공 석에게 명해 기자를 석방하도록 하고, 필공에게는 감옥에 갇혀 있는 백성을 석방하도록 했다. 상용이 살던 마을에도 상을 내렸다.

남궁괄南宮括에게 녹대의 재물과 거교의 곡식을 풀어서 가난하고 무력한 백성을 구제하도록 했다. 남궁괄과 사일史佚에게 명해 구정九鼎과 보옥을 진열하도록 하고, 굉요에게 비간의 묘에 봉분을 올리도록 했다. 제사를 관장하는 종축宗祝에게는 전사한 병사를 위해 제사를 올리게 했다. 그러고는 마침내 전쟁의 종식을 선언한 뒤 서쪽으로 철군했다.

주무왕은 선대 성군들 기리기 위해 신농의 후손을 초焦, 황제의 후손을 축祝, 요의 후손을 계薊, 순의 후손을 진陳, 우의 후손을 기杞에 봉했다. 이어 공신과 모사謀士에 대한 논공행상을 했다. 군사軍師 여상이 가장 먼저 제후에 봉해졌다. 여상을 영구營丘에 도읍한 제나라, 동생 주공 단을 곡부曲阜에 도읍한 노나라, 소공 석을 계薊에 도읍한 연나라에 봉했다. 또 동생 숙선을 관管, 동생 숙탁을 채蔡에 봉했다. 나머지 사람도 세운 공의 등급을 좇아 차례로 각지에 봉했다.

이상이 『논어』「은본기」와 「주본기」에 나온 주나라의 건국 배경이다. 「이인」 제25장이 역설한 '덕불고'에 기초한 '유린계'를 구사한 덕분이다. 주나라와 동맹을 맺은 나라들은 주나라가 위기를 겪을 때마다 적극 돕고 나섰고, 마침내는 주나라의 역성혁명易姓革命에 결정적인 도움을 주었다. 「이인」 제25장이 역설한 '유린계' 덕분으로 해석할 수 있다.

미국과 중국이 치열한 각축을 벌이고 있는 21세기 G2 시대는 주나라 건국 당시의 혼란을 방불케 한다. '유린계'의 중요성이 더욱 커지고 있다.

02

01 스스로에겐 엄하되 남에겐 관대하라 _엄관계 嚴寬計
02 상대의 마음을 깊이 헤아려라 _지인계 知人計
03 신뢰는 위기 속에서 드러난다 _세한계 歲寒計
04 과감하게 몸을 던져 목적을 이루어라 _살신계 殺身計
05 지나간 일을 염두에 두지 마라 _기왕계 旣往計
06 먼 앞날을 보고 대비하라 _원려계 遠慮計

의술

의(義)로
큰 뜻을 이루는
경영술

義
術

엄관계
嚴寬計

07

스스로에겐 엄하되 남에겐 관대하라

공자가 말했다.
"몸소 자책하기를 두텁게 하고, 남을 책망하기를 가볍게 하면 곧 다른 사람의 원망을 멀리 할 수 있다."

子曰, "躬自厚而薄責於人, 則遠怨矣."

_「논어」「위령공」제14장

「위령공」제14장은 자책하는 것을 두텁게 하는 궁자후躬自厚와 남에 대한 책망을 가볍게 하는 박책어인薄責於人을 역설하고 있다. 이를 흔히 엄기관인嚴己寬仁이라고 한다. 이는 제왕을 포함한 모든 리더들의 기본 덕목이다. 이와 반대되는 것이 자신과 주변 사람에게는 관대하고 남에게는 엄한 관기엄인寬己嚴人이다. 자신과 주변 사람에게 관대하고 남에게 엄하게 대하는 자는 이내 사람을 잃고 만다. 사람이 달아나면 끝내 패망에 이르게 된다. 21세기 G2 시대처럼 한 치의 양보도 없이 치열한 인재경쟁이 벌어지는 상황에서 이런 일이 빚어지면 이는 곧 패망을 자초하는 게 된다.

인재에게 관대함을 베풀어 곁에 두라

나에게 관대하고 남에게 엄한 '관기엄인'으로 인해 패망한 역사상 대표적인 인물로 초한전 당시의 항우를 들 수 있다. 당대 최고의 병법가인 한신韓信과 당대 최고의 책사인 진평陳平을 '라이벌' 유방에게 잃은 게 그렇다. 당초 한중왕漢中王에 봉해진 유방은 항우의 눈을 피하기 위해 장량의 계책을 좇아 관중關中에서 한중漢中으로 들어가는 잔도棧道를 불태워 없애는 등의 궤도詭道를 구사한 바 있다. 이 사이 소하蕭何는 관중 진공에 대비해 배후지인 촉 땅으로 연결된 도로를 정비하고 군수물자를 비축하는 등 만반의 준비를 갖춰 놓았다. 얼마 후 전영田嬰이 제나라 땅에서 항우에게 반기를 들고 조나라 땅의 진여陳餘 및 팽월彭越 등과 손을 잡았다는 소식이 들려왔다. 이내 항우를 성토하는 전영의 격문이 도착했다. 여러 제후왕들이 하나로 합쳐 무도한 항우와 싸우자는 내용이었다.

유방이 곧 휘하 참모들을 모아놓고 대책을 논의했다. 당시 항우는 유방의 관중 진출을 원천 봉쇄하기 위해 관중을 셋으로 쪼갠 뒤 투항한 진나라 장수 장함, 사마흔司馬欣, 동예董翳를 각각 옹왕, 새왕塞王, 적왕翟王에 봉했다. 이를 삼진三秦이라고 한다. 말할 것도 없이 '한중'이라는 산속으로 들어간 유방이 밖으로 튀어나오는 것을 막기 위해 일종의 포위작전을 구사한 것이다.

당시 장량을 비롯한 유방의 휘하 참모들은 호시탐탐 관중으로 진출하고자 했다. 중원으로 나가기 위해서는 먼저 관중을 손에 넣어야만 했다. 그러는 와중에 전영의 격문이 도착한 것이다. 모두 절호의 기회가 온 만큼 속히 관중으로 진출할 것을 건의했다.

그러나 고양이 목에 과연 누가 방울을 달 것인가 하는 게 문제였다. 더구나 당시 유방이 처한 상황도 그리 좋지 못했다. 이때 소하가 항우의 무리에서 빠져 나온 한신을 천거했다. 처음에는 유방도 항우와 별반 다를 게 없었다. 인재를 제대로 알아보지 못한 것이다. 「고조본기」의 다음 기록이 이를 뒷받침한다.

"당초 한고조가 남정南鄭에 이르렀을 때 여러 장수와 병사들 가운데 행군 도중 달아난 자가 매우 많았다. 이들 모두 고향 노래를 부르며 동쪽으로 돌아가고자 했다."

이 상황에서 관중의 탈환은 사실상 불가능했다. 더욱 놀라운 일은 승상으로 임명된 소하까지 갑자기 사라진 것이다. 소하의 도주는 유방 집단의 궤멸을 의미했다. 어떤 사람이 이를 유방에게 보고했다.

"승상인 소하가 달아났습니다."

유방이 크게 노했다. 이틀 뒤 소하가 돌아와 유방을 알현했다. 유방은 화도 나고 기쁘기도 해서 소하에게 꾸짖듯 물었다.

"그대가 도망치다니 어찌된 일인가?"

"신이 감히 도망칠 리 있겠습니까? 신은 단지 도망치는 사람을 쫓아갔을 뿐입니다."

유방이 물었.

"그대가 쫓아간 사람이 누구인가?"

소하가 대답했다.

"한신韓信입니다."

유방이 크게 화를 내며 욕을 해댔다.

"제장들 가운데 도망친 자가 지금까지 십여 명에 달하나 그대는 한 번도 쫓아간 적이 없다. 한신 같은 자를 쫓아갔다는 것은 나를 속이려는 짓이 아닌가?"

소하가 말했다.

"지금까지 도망친 장수들은 어디서나 쉽게 얻을 수 있는 자들뿐입니다. 그러나 한신 같은 자는 나라에 둘도 없는 인재입니다. 군왕이 한중에서만 오랫동안 왕을 칭하고자 한다면 한신을 쓸 일이 없습니다. 그러나 반드시 천하를 쟁취하고자 하면 한신이 아니고는 함께 대계大計를 꾀할 사람이 없습니다. 신은 단지 군왕의 계책이 어떻게 결정되느냐를 보고자 할 따름입니다."

유방이 말했다.

"나 또한 동쪽으로 진출하고 싶은 생각뿐이오. 어찌 답답하게 여기에 오래 머물 수 있겠소?"

소하가 말했다.

"반드시 동쪽으로 진출할 생각으로 한신을 중용하고자 하면 한신은 곧 이곳에 머물 것입니다. 그러나 중용하지 않으면 그는 끝내 도망치고 말 것입니다."

유방이 흔쾌히 말했다.

"과인이 공의 천거를 좇아 그를 장군으로 삼겠소."

"비록 장군으로 삼을지라도 한신은 머물지 않을 것입니다."

"그러면 그를 대장으로 삼겠소."

유방이 곧바로 한신을 대장군에 임명하려고 하자 소하가 말했다.

"대왕은 오만하고 무례합니다. 지금 그를 대장에 임명하고자 하면서 마치 어린애를 부르듯 합니다. 이것이 바로 그가 달아난 이유입니다. 대왕이 꼭 그를 부르고자 하면 길일을 택해 목욕재계하고 단을 만들어 예를 갖추십시오. 그래야만 가능할 것입니다."

유방이 이를 허락했다. 제장들이 모두 기뻐했다. 저마다 내심 자신이 대장이 될 것으로 생각했다. 그러나 막상 대장을 제수할 때에 이르러 당사자가 한신인 것을 알고는 전군이 크게 놀랐다.

용맹함과 인자함으로 인재를 모으라

『사기』「회음후열전」에는 당시 한신이 항우를 비판한 내용이 실려 있다. 이에 따르면 유방이 소하의 건의를 받아들여 정중한 예로 한신을 대장에 임명한 뒤 이같이 물었다.

"승상이 수차례 장군에 관해 말했소. 장군은 과인에게 어떤 계책을 가르쳐 줄 생각이오?"

한신이 반문했다.

"지금 동쪽으로 가서 천하를 놓고 다툰다면 그 상대가 어찌 항우가 아니겠습니까?"

"그야 물론이오."

"대왕은 스스로 헤아려 보십시오. 용감하고, 사납고, 어질고, 강한 면에서 항우와 대왕 중 누가 더 낫습니까?"

유방이 한참 있다가 입을 열었다.

"내가 그만 못하오!"

한신이 두 번 절하며 축하했다.

"신 또한 대왕이 그보다 못하다고 생각합니다. 그러나 신은 일찍이 그를 섬긴 적이 있습니다. 청컨대 항우의 사람됨을 말씀드리도록 하겠습니다. 항우가 말소리조차 내지 못할 정도로 노기를 가득 품고 소리를 내지를 때는 1천 명이 입을 다물고 두려워하며 복종합니다. 그러나 그는 똑똑한 장수에게 믿고 맡기지 못합니다. 이는 단지 '필부지용匹夫之勇'일 뿐입니다.

또한 항우는 사람을 대할 때 공경하고 자애로운 자세로 말하는데 그것이 화기애애하고, 다른 사람이 질병에 걸리면 울면서 음식을 나눠 먹습니다. 그러나 사람에게 일을 시켰으면 공을 세운 자에게 응당 작위 등을 내려 포상해야 하는데도 인장을 만들어 놓고는 만지작거리며 모서리를 닳아빠지게 할 뿐 차마 수여하지 못합니다. 이는 '부인지인婦人之仁'일 뿐입니다.

항우는 비록 천하를 거머쥔 뒤 제후들을 신하로 삼고 있으나 관중이 아닌 동쪽 끝의 팽성에 도읍하고 있습니다. 또한 초회왕을 의제義帝로 높인 뒤 전에 그와 맺은 약속을 어기고 친애하는 사람만 왕으로 봉했으니 이는 불공평한 처사입니다. 백성들은 그의 위엄과 강압에 겁을 먹고 있을 뿐입니다. 그는 명목상 패왕霸王을 칭하고 있으나 백성들의 마음을 잃었으므로 그의 강대함은 이내 쇠해질 것입니다."

역사는 한신의 예측대로 흘러갔다. 항우의 패망은 한신을 놓친 데서 시작됐다고 해도 과언이 아니다. 주목할 것은 한신이 항우의 결정적인 약점으로 두 가지 사항을 지적한 점이다. 똑똑한 장수에게 전투를 믿고 맡기지 못하는 '필부지용匹夫之勇'과, 작위 등의 인장을 만들어 놓고 만지작거리며 모서리를 닳아빠지게 할 뿐 차마 수여하지 못하는 '부인지인婦人之仁'이 그것이다. 천하를 놓고 다투면서 '필부지용'과 '부인지인'을 내보이는 것은 패망의 길이다.

『논어』「위령공」 제14장에서 자신과 주변에 엄하고, 남에게 관대할 것을 주문한 이유가 바로 여기에 있다. '필부지용'과 '부인지인'의 위험성을 경고한 것이다. 이런 위험에 빠지는 자들은 하나같이 스스로를 높이며 남을 업신여기는 자고자대自高自大의 인물이다. 항우는 뛰어난 점이 너무 많았음에도 '자고자대'의 덫에 걸려 있었다. 한신과 진평 같은 천하의 인재를 놓친 게 그 증거다.

진평을 놓친 것도 그에게는 치명타로 작용했다. 진평은 당대의 책사였다. 그는 젊었을 때부터 꾀주머니라는 의미인 '지낭智囊'으로 명성이 높았다. 진평분육陳平分肉이라는 성어가 그 증거다. 하루는 마을에서 토지신 제사인 사제社祭를 지낼 때 진평이 마침 사재社宰가 되어 제사고기를 나누게 됐다. '사재'는 사제에 사용된 제사고기를 분배하는 자를 말한다. 그가 제사고기를 공평히 나누자 부로들이 입을 모아 칭송했다.

"고기를 참 잘 나눴다. 진씨 집 소년을 사재로 삼기를 잘했다!"

그러자 진평은 오히려 이같이 탄식했다.

"아! 나에게 천하의 부귀를 나눠주도록 하면 이 고기를 나누듯 할 터인데!"

'진평분육' 성어가 나온 배경이다. 이 성어는 이후 사안을 공평하게 처리해 칭송을 받는 사람과 행위를 지칭하는 말로 전용되었다. 이 일화에서 주목할 것은 진평이 '천하의 부귀' 운운하며 탄식한 대목이다. 천하의 부귀를 나눌 수 있는 자는 황제밖에 없다. 그도 유방이나 항우처럼 황제가 되고자 한 것일까? 사서의 기록을 토대로 보면 그는 생장하는 과정에서 자신의 자질이 2인자에 적합하다는 사실을 깨달은 것으로 보인다. 그가 유방과 항우가 천하를 놓고 다투는 이른바 초한지제楚漢之際의 난세에 시종 2인자의 길로 나아간 게 그렇다. 제갈량이 융중隆中에서 농사를 지으면서 스스로를 관중管仲 및 악의樂毅에 비유한 것과 맥을 같이한다. 진평과 제갈량의 이런 행보는 진시황 척살을 꾀한 장량이 유방에게 몸을 굽히고 들어가 참모의 길을 걸으면서도 시종 '1인자의 스승'을 자부한 것과 대비된다.

난세에는 진평이나 제갈량처럼 공부를 많이 할 경우 1인자보다 2인자에 잘 어울린다. 항우가 설령 한신을 잃었을지라도 진평을 곁에 데리고 있었다면 결코 천하를 그토록 허무하게 유방에게 상납하지는 않았을 것이다. 이는 진평의 계략이 그만큼 간교했다는 의미이다. 실제로 그가 구사한 반간계는 항우를 벼랑으로 몰아넣고 말았다.

유방이 관중을 공략한 뒤 다시 동쪽으로 진출하고자 할 때 전에 조나라 장군으로 있다가 은왕殷王에 책봉된 사마앙이 항우에게 반기를 들었다. 항우가 진평의 능력을 시험할 요량으로 속히 군사를 이끌고 가 그를 치게 했다. 진평이 곧바로 사마아司馬雅의 항복을 받고 의기양양하게 개선했다. 항우가 크게 기뻐하며 장군將軍 다음의 고위 무관 자리인 도위都尉에 제수하고, 부상으로 금 20일鎰을 내렸다. 황금 20일은 400량兩으로, 1량이 50그램이니 약 20킬로그램에 달한다. 조나라의 경우는 장군과 도위 사이에 국위国尉를 두기도 했다.

진평이 항우 곁을 떠나게 된 것은 '도위' 자리를 맡은 지 얼마 안 돼 유방이 은왕 사마앙의 영지를 공격해 이내 손에 넣은 데서 비롯됐다. 당시 항우는 이런 보고를 접하고 크게 노했다. 평정에 나섰던 장군과 관원들이 일을 대충 처리한 뒤 포상을 받은 것으로 오해한 것이다. 주살 대상 1순위는 군사를 지휘했던 진평이었다. 진평은 크게 두려워한 나머지 이내 하사받은 금과 인장을 봉인해 사람을 시켜 항우에게 돌려준 뒤 칼 한 자루만 지닌 채 황급히 몸을 빼내 샛길로 달아났다. 마침 이때는 유방이 5국 제후왕의 군사를 이끌고 항우의 본거지인 팽성을 치기 위해 진격하던 때였다.

진평이 유방과 조우한 곳은 지금의 하남성 수무현修武縣이었다. 공교롭게도 그곳에서 옛 친구 위무지魏無知를 만나게 됐다. 위무지는 성씨가 '위'인 점에 비춰 위나라 왕족의 일원이었을 공산이 크다. 곧 그를 통해 유방을 알현했다. 유방은 위무지의 천거에 귀가 솔깃해져 곧 진평을 만나 보았는데, 결과는 실망스러웠다. 먹을 것을 내린 뒤 객사에서 쉬게 하자 진평이 물러나지 않고 간절히 청했다.
"신은 일로 온 까닭에 오늘을 넘기면 말씀드릴 수가 없습니다."
유방은 전에 천하제일의 전략가인 한신을 제대로 알아보지 못하고 홀대했다가 소하 덕분에 간신히 끌어들인 적이 있었기 때문에 진평의 청을 물리치지 못했다. 과연 더불어 이야기를 나눠보니 진평은 보기 드문 당대의 지낭이었다. 유방이 크게 기뻐하며 물었다.
"그대는 초나라에 있을 때 어떤 관직에 있었소?"
"도위로 있었습니다."

유방은 그날로 진평을 도위에 제수하면서 자신의 수레에 함께 타는 배승陪乘을 허락하며 장령을 감찰하는 호군도위護軍都尉의 벼슬까지 내렸다. 지금의 청와대 경호실장에 해당하는 '봉거도위'와 수도경비사령관에 준하는 '호군도위' 자리를 겸한 셈이다. 한신이 유방과 대화를 나눈 뒤 문득 대장군에 제수된 것과 닮았다. 항우는 이런 식의 파격적인 인사를 할 줄 몰랐다.

그러나 늘 외부 영입 인물인 '굴러온 돌'에 대한 파격적인 인사는 '박힌 돌'의 불만을 불러오기 마련이다. 기존의 장수들이 유방의 파격 인사에 하나같이 입을 삐죽 내밀며 불만을 터뜨렸다.

"대왕이 어느 날 문득 초나라의 탈주병 하나를 얻더니 그 재능의 고하도 모르면서 곧바로 수레를 같이 타게 하고, 오히려 공을 세운 우리들을 감독하게 했다."

「진승상세가」는 유방이 이 얘기를 듣고 더욱 진평을 가까이 했다고 기록해 놓았다. 사람을 알아보는 그의 지감知鑑이 간단하지 않았음을 방증한다. 사서의 기록을 보면 유방은 평소 휘하 장상의 건의를 기꺼이 받아들이는 모습을 보였지만 확신이 선 경우 누구의 의견도 듣지 않고 독단적으로 일을 처리했다. 진평의 능력에 대한 확신이 들었기에 제장들의 불만에도 불구하고 이런 인사를 한 것이다.

기원전 204년 봄, 유방이 항우에게 형양滎陽을 기준으로 천하를 둘로 나눠 그 동쪽을 갖고 잠시 싸움을 멈추자고 제의했다. 이른바 형양강화滎陽講和이다. 장차 한신의 군사를 끌어들여 항우를 격파하는 데 적극 활용하고자 한 것이다. 기만술로 이뤄진 홍구강화鴻溝講和가 이뤄지기 1년 전의 일이다. 「진승상세가」에 따르면 당시 유방은 문득 진평을 불러 이같이 물었다.

"천하가 분분하니 언제나 안정되겠소?"

진평이 대답했다.

"항우의 강직한 신하는 범증范曾과 종리매鍾離昧, 사마용저司馬龍且, 주은周殷 등 몇 사람에 지나지 않습니다. 대왕은 실로 수만 근의 황금을 내어 반간계反間計를 구사하면 항우의 군신을 이간시켜 서로 그 마음을 의심하도록 만들 수 있습니다. 항우는 시기가 많고 참소하는 말을 잘 믿는 인물입니다. 반드시 안에서 서로 죽이는 일이 빚어질 것입니다. 한나라가 이 틈에 거병하여 공격하면 초나라를 격파하는 것은 의심의 여지가 없습니다."

"참으로 좋은 계책이오."

그러고는 이내 진평에게 황금 4만 근을 내주며 마음대로 사용하게 하고, 지출내역을 전혀 묻지 않았다. 전국시대 말기 진나라가 천하통일의 걸림돌로 작용하고 있는 위魏나라 공자 신릉군信陵君 위무기魏無忌를 낙마시키기 위해 반간계를 구사한 바 있다. 당시 진나라가 유세객들에게 사용한 황금이 1만 근이었다. 이를 통해 유방이 진평에게 내린 4만 근이 얼마나 큰 액수인지 쉽게 알 수 있다. 당시 진평은 황금을 이용해 초나라 군영 내에서 반간계를 구사하면서 공개적으로 이런 말을 퍼뜨렸다.

"종리매 등은 항우를 위해 많은 공을 세웠는데도 끝내 분봉의 포상을 받지 못했다. 장차 한나라와 연합해 항씨를 멸망시킨 뒤 그 땅을 나눠 가지려 할 것이다."

「진승상세가」는 이를 계기로 항우가 속으로 종리매 등을 의심하기 시작했다고 기록해 놓았지만, 액면 그대로 믿기 어렵다. 이해 4월에 항우가 직접 군사를 지휘하며 형양에서 유방을 더욱 급박하게 공격했기 때문이다. 종리매 등이 형양에 대한 공격을 만류했을 리도 없다. 실제로 항우가 종리매를 의심한 나머지 공격의 고삐를 푼 적도 없다. 이는 종리매 등을 구실로 한 반간계가 제대로 먹히지 않았음을 방증하며,「고조본기」의 다음 기록이 이를 뒷받침한다.

"한왕이 강화를 청하면서 형양의 서쪽 지역을 베어내 그곳만 갖겠다고 제안했다. 항왕이 받아들이지 않았다. 한왕이 이를 크게 우려해 이내 진평의 계책을 사용했다."

유방의 입장에서 볼 때 당시의 강화 방안은 1년여 뒤에 이뤄진 홍구강화 때보다 훨씬 서쪽으로 치우친 것이다. 경계선이 관중 쪽에 훨씬 가깝다. 유방이 비세非勢에 처해 있었음을 방증한다. 범증이 항우에게 형양에 대한 맹공을 강력히 권한 근본 배경이 여기에 있다. 당시 항우는 유방이 강화방안을 제시한 속셈을 정확히 파악하기 위해 사자를 보냈다.「고조본기」에서 '진평의 계책을 사용했다'는 것은 바로 이즈음의 상황을 언급한 것이다.

당시 진평이 구사한 반간계가 빛을 발하는 것은 항우가 유방의 속셈을 알아보기 위해 보낸 사자를 역이용한 데 있다. 일종의 장계취계將計就計이다. '장계취계'는 상대편의 계교를 미리 알아채고 그것을 역이용하는 것을 말한다. 고단수의 속임수인 것이다.

「진승상세가」에 따르면 당시 진평은 유방의 사자가 도착할 즈음 좌우에 명해 이른바 태뢰太牢를 갖춰 놓게 했다. '태뢰'는 제사나 연회 때 소와 양, 돼지 등 세 가지 희생犧牲을 모두 갖추는 것을 말한다. 돼지와 양만을 갖춘 것은 소뢰小牢라고 한다. 음식을 올림이 진행되던 중 진평이 나타나 초나라 사자를 보고 짐짓 놀라는 체했다.

"아부亞父의 사자인 줄 알았는데, 이 사람은 항우의 사자가 아닌가!"

'아부'는 항우가 범증을 높여 부른 말이다. 자신을 낳아준 생부生父에 준하는 인물이라는 뜻으로 극존칭이다. 그러고는 그 음식을 내간 뒤 조악한 음식을 초나라 사자에게 올리게 했다. 초나라 사자가 귀환해 이를 상세히 보고했다. 「고조본기」는 이때 항우가 범증을 크게 의심하기 시작했다고 기록해 놓았다. 이는 사실에 부합한 듯한데, 이후 의견 충돌로 인해 당대의 책사인 범증이 항우 곁을 떠났기 때문이다. 진평이 구사한 장계취계의 반간계가 그만큼 뛰어났음을 반증한다.

범증은 귀향 도중 화를 참지 못해 등창이 나 객사하고 말았다. 범증 말고는 항우 곁에는 내로라하는 책사가 없었다. 범증이 떠난 후 항우는 이내 기만적인 '홍구강화'에 넘어가 패망의 늪으로 빠져들고 말았다. 근본 배경을 따지고 보면 진평을 잃은 것이 화근이었다.

21세기 G2 시대는 천하의 중심축이 이동하는 격변기이다. 이런 시기에 자신과 측근에게는 관대하고 남에게는 엄한 모습을 보이는 것은 곧 항우의 전철을 밟는 짓이다. 패망을 자초하는 것이나 다름없다. 「위령공」 제14장의 '엄관계'를 적극 활용해야 하는 이유다.

지인계
知人計

08

상대의 마음을 깊이 헤아려라

공자가 말했다.
"남이 자신을 알아주지 않는 것을 걱정하지 말고, 자신이 남을 알지 못하는 것을 걱정해야 한다."

子曰, "不患人之不己知, 患不知人也."

_「논어」「학이」 제16장

공자 밑에서 공부한 제자들의 궁극적인 목표는 군자君子가 되는 것이다. 군자는 원래 위정자爲政者가 되는 것을 의미한다. 그러나 공자가 활약하던 춘추시대 말기만 하더라도 신분세습의 봉건질서가 엄존하던 시기였다. 세습귀족이 아니고는 사실상 위정자가 되는 길이 봉쇄되어 있었다.

그러나 시대가 변하고 있었다. 공자는 오래지 않아 신분세습의 봉건질서를 대신하는, 능력 중심의 새로운 시대가 닥쳐올 것을 확신했다. 실제로 공자 밑에서 학문을 익힌 제자들은 비록 현실에서는 신분의 장벽에 막혀 위정자가 되지 못했을지라도 조만간 새로운 세상이 닥쳐오면 커다란 위정자가 될 사람들이었다. 실제로 공자가 숨을 거둘 즈음 그런 시기가 닥쳐왔다. 그게 바로 전국시대戰國時代이다. 너도 나도 '왕'을 칭하며 힘으로 상대를 제압하는 약육강식의 전국시대가 되자 한가하게 신분을 따질 여유가 없게 됐다.

먹느냐 먹히느냐의 살벌한 '정글의 법칙'이 작용하는 시대에는 능력만 뛰어나면 오직 세 치 혀만으로도 문득 정승의 자리도 꿰어 찰 수 있었다. 살벌한 경쟁이 능력 위주의 시대를 만들어낸 셈이다. 중국의 전 역사를 통틀어 사상적으로 가장 활발했던 제자백가諸子百家의 사상논쟁인 이른바 백가쟁명百家爭鳴도 이때 활짝 꽃을 피웠다. 난세가 영웅을 만들 듯이 뛰어난 사상가들을 대거 배출한 셈이다.

군주가 되기 전에 먼저 군자가 되라

공자가 바로 제자백가의 백가쟁명을 여는 단초가 됐다. 제자백가 모두 공자를 끌어들여 자신들의 주장을 뒷받침한 게 그렇다. 유가도 예외가 아니었다. 공자의 사상적 제자를 자임한 맹자가 출처를 확인할 길이 없는 공자의 말을 멋대로 인용하며 왕도설王道說 및 사단설四端說 등을 주장한 게 대표적이다. 백가쟁명이 공자 언급의 진위眞僞를 가리는 논쟁의 성격을 띠게 된 근본 배경이 여기에 있다.

공자 언급의 진위를 가리는 작업은 남송 이후 주희가 집대성한 성리학이 유일무이한 통치 이데올로기로 작동하는 와중에도 18세기까지 지속적으로 전개됐다. 그게 바로 고학古學 및 고문사학古文辭學

이다. 공자가 활약한 춘추시대 말기의 시대로 거슬러 올라가 공자가 진정으로 하고자 한 말이 무엇인지 탐구하는 학문의 흐름을 말한다.

시작은 중국에서 했지만 꽃은 일본에서 피웠다. 18세기 중엽 에도 시대의 오규 소라이荻生徂徠가 명대 말기 이반룡李攀龍이 제창한 '고문사학'을 끌어들여 이른바 '일본 제왕학'을 만들어낸 게 그렇다. 이반룡은 '고문사학'을 문학 비평의 활용에 그쳤으나 오규 소라이는 제자백가 이래의 모든 통치사상에 대입해 '일본 제왕학'을 만들어낸 것이다. 주희가 집대성한 성리학을 완전 해체한 뒤 공자 시대의 언어로 『논어』를 비롯한 모든 유가경전을 새롭게 해석했다. 일본이 이후 19세기 들어와 동아시아 3국 가운데 유일하게 메이지 유신에 성공해 조선을 병탄한 뒤 근 200년 가까이 동아시아를 호령한 근본 배경이 여기에 있다.

21세기 G2 시대는 '고문사학'의 재조명이 절실한 시대이다. 지난 세기 후반 대륙에서 공자를 보수반동의 괴수로 몰아간 문화대혁명의 광풍이 휘몰아쳤기에 더욱 그렇다. 덩샤오핑의 개혁개방 이후 공자가 다시 부활하기는 했으나 이반룡과 오규 소라이 등이 '고문사학'을 제창할 당시의 열기와 취지를 좇아가지 못하고 있다. 특히 한국의 경우는 아직도 성균관을 중심으로 고리타분한 성리학적 해석이 횡행하고 있기에 더욱 그렇다. 공자가 원래 말하고자 한 바를 정확히 파악해 21세기 G2 시대에 적극 활용할 필요가 있다.

「학이」 제16장에 나와 있듯이 공자는 늘 제자들에게 군자君子가 될 것을 당부하면서 남이 자신을 알아주지 않는 것을 걱정하지 말고, 자신이 남을 알지 못하는 것을 걱정해야 한다고 역설했다. 그게 바로 '불환불기지不患不己知'이고 '환부지인患不知人'이다. 위정자를 목표로 하되 위정자 이전에 먼저 군자가 될 것을 당부하며 군자학을 연마하라고 독려한 것이다.

이는 21세기에도 그대로 적용된다. 열심히 공부해 고위공직자나 판검사가 되는 것을 뭐라고 할 것은 아니나 그 이전에 나라와 국민을 위해 헌신하고자 하는 공복公僕의 자세가 필요한 것과 같다. 공자가 제자들에게 위정자가 되기 이전에 군자가 될 것을 주문한 것도 바로 이 때문이다. 나라와 백성을 위해 헌신하는 위국위민爲國爲民의 인재가 절실히 필요했기 때문이다. 천하를 호령하며 새 왕조를 여는 창업주도 바로 이런 군자의 무리 속에서 출현하기를 기대했던 것이다.

그러나 중국의 전 역사가 증명하듯이 이런 군자가 새 왕조를 창업한 적은 거의 없다. 진시황이 사상 처음으로 천하를 통일한 이후 역대 창업주의 면면을 보면 이를 쉽게 확인할 수 있다. 사상 최초의 평민 출신 황제인 한고조 유방은 원래 시정잡배인 '건달' 출신에 지나지 않았다. 100년에 걸친 삼국시대의 난세를 종식시키고 재차 천하를 통일한 진무제 사마염은 중국의 전 역사를 통틀어 가장 사치스럽고 음란한 인물이었다. 300년에 걸친 위진남북조시대를 매듭짓고 또 다시 천하를 통일한 수양제 양광은 폭군으로 악명을 떨치다가 무리한 고구려 침공의 후유증으로 자멸하고 말았다. 송나라를 건국한 송태조 조광조는 원래 일개 무부武夫에 지나지 않았다. 명나라를 건국한 명태조 주원장은 탁발승으로 지내다가 홍건적의 무리에 몸을 담은 뒤 천하대란의 흐름 속에 문득 창업주가 된 인물에 지나지 않는다. 이들 모두 공자가 기대한 군자와는 거리가 먼 인물들이었다.

중국의 역사뿐만 아니라 왕조의 수명이 중국보다 2배나 긴 한국의 역대 왕조도 별반 다를 게 없다. 고려조와 조선조를 개창한 왕건과 이성계 역시 일개 무부 출신에 지나지 않았다. 고려 및 조선조의 개창 초기에 반란이 잇달아 일어난 것도 이런 배경과 무관할 수 없다. 천하의 인심을 모두 그러모으지 못한 탓이다. 공자가 제자들에게 위정자가 되기 이전에 군자가 될 것을 당부한 것도 같은 맥락이다. 치국평천하를 자임하기에 앞서 수신제가를 당부한 셈이다. 그게 바로 「학이」 제16장에서 역설한 '불환불기지'와 '환부지인'의 정신이다.

역사상 '불환불기지'와 '환부지인'의 정신을 발휘한 대표적인 인물로 삼국시대의 조조曹操를 들 수 있다. 조조가 활약한 삼국시대는 춘추전국시대 더불어 대표적인 난세다. 당시 세상은 마치 실타래가 마구 뒤엉킨 것과 같았다. 근원적인 해결은 군웅할거라는 엉킨 실타래를 단칼에 베어버리는 길밖에 없었다. 백성들에게는 지옥이었다.

조조가 제폭구민除暴救民을 기치로 내걸고 자웅을 겨룬 이유 또한 같은 맥락에서 나왔다. 원래 조조는 경서와 사서를 두루 꿴 당대 최고의 문인 가운데 한 사람이다. 험한 산과 깊은 물을 건널 때 시흥이 일면 곧바로 시를 지었다. 이른바 건안문학建安文學을 창도한 배경이다. 당시 조조가 보여준 리더십은 매우 다양하다. 기존의 가치와 관행에 얽매이지 않는 창조적인 발상, 능력 위주의 인재등용과 적재적소 활용, 파격적인 포상과 일벌백계의 신상필벌, 때가 왔을 때 우물

쭈물하지 않는 과감한 결단 등의 그렇다. 21세기 G2 시대의 관점에서 볼지라도 모두 높이 평가할 만한 것들이다.

주목할 것은 그가 보여준 이런 다양한 리더십 모두 결국은 인재를 얻어 적재적소에 배치하는 득인得人 및 용인用人 리더십으로 요약할 수 있다는 점이다. 인재를 얻을 때마다 마친 천하를 얻은 것인 양 크게 기뻐한 게 그렇다. 그만큼 인재를 아꼈고 사랑했다. 그의 휘하에 뛰어난 영웅호걸이 운집한 배경이다.

그는 뛰어난 인재가 있다는 얘기를 들으면 해당 인재를 얻기 위해 노심초사했다. 적의 참모와 장수를 가리지 않았다. 온갖 수단과 방법을 동원해 기필코 자신의 사람으로 만드는 집요한 모습을 보였다. 중국의 전 역사를 통틀어 위무제 조조만큼 인재를 얻기 위해 노심초사한 인물은 없었다고 해도 과언이 아니다. 「학이」 제16장이 역설한 '불환불기지' 내지 '환부지인' 정신을 구현한 결과로 볼 수 있다.

최고의 자리에 오르기 전에 최고의 인재를 붙잡으라

당시 조조가 보여준 이런 리더십은 국가 총력전 양상을 띠고 있는 21세기 경제전 시대에 더욱 절실히 요구된다. 눈부신 과학기술 발전으로 인해 모든 것이 초스피드로 바뀌고 있기에 그렇다. 어제의 1등이 내일의 1등이 되리라는 것을 장담할 수 없게 된 것이다. 21세기에 들어와 소니가 자사의 하청업체에서 출발한 삼성에게 추월당하고, 세계 최대의 휴대폰 제조업체인 노키아가 애플의 스마트폰 대공세에 초토화된 게 그렇다. 그러나 현재 세계 IT업계를 호령하고 있는 애플은 승승장구하고 있다. '스마트 혁명 시대'를 이끌어낸 창업주 스티브 잡스가 생전에 기반을 단단히 다져놓은 덕분이다.

일찍이 사마천은 『사기』 「화식열전」에서 제왕에 필적하는 부상富商을 소봉素封으로 표현했다. 비록 책봉을 받지는 못했지만 사실상의 왕후王侯나 다름없다는 뜻이다. 소후素侯와 소왕素王이 그것이다. 원래 '소왕'은 공자, '소후'는 현사賢士를 지칭한 말이다. 21세기에 들어와 '소후'와 '소왕'을 뛰어넘는 소제素帝가 출현했다. 잡스가 바로 그 주인공이다. 과학기술의 발전으로 세계가 하나의 거대한 단일시장으로 통합되고, 소프트웨어와 하드웨어가 하나로 융합된 '스마트 혁명 시대'가 열린 덕분이다.

현재 잡스가 세운 애플 제국은 세계 최강국인 미국의 오바마 대통령보다 더 큰 위세를 떨치고 있다. 애플이 만성적자에 시달리는 미국 정부보다 더 많은 현금을 보유하고 있는 게 그 증거다. 장차 애플을 이기지 못할 경우 한국의 IT 산업은 애플이나 구글 또는 무섭게 성장하고 있는 중국업체 샤오미의 하청업체로 전락할 수밖에 없다.

'패스트 팔로워'에서 '퍼스트 무버'로의 신속한 변신이 절실한 상황이다. 발상의 전환이 필요하다. 타산지석으로 삼을 만한 뼈아픈 사례가 있다. 지난 2004년 '안드로이드의 아버지'로 불리는 루빈이 안드로이드 시제품을 팔기 위해 삼성을 찾아왔다가 퇴짜를 맞은 적이 있다. 훗날 루빈은 당시를 이같이 회상했다.

"동료와 둘이서 청바지 차림으로 거대한 회의실로 갔을 때 정장 차림의 간부 20명이 벽을 따라 도열해 있다가 본부장이 들어오자 일제히 착석했다. 프레젠테이션을 지켜본 본부장은 너털웃음을 터뜨리며 '당신 회사는 겨우 8명이 일하고 있소? 우리는 이미 그쪽에 2천 명을 투입하고 있소'라고 말했다."

이듬해에 구글은 안드로이드를 5천만 달러에 인수했다. 이후 아이폰 대공습에 놀란 삼성이 구글에 목을 매게 된 것은 자업자득의 측면이 강하다. 원래 삼성은 세계 최고의 기술을 자랑하는 일본의 경쟁업체를 따라잡기 위해 모든 역량을 기울여왔다. 이 전략은 나름 성공했다. 그러나 혼신의 노력 끝에 정상을 차지한 순간 세상은 문득 소프트웨어가 하드웨어를 지배하는 '스마트 시대'로 바뀌어져 있었다. 산 넘어 산이 나타난 꼴이다.

주목할 점은 잡스가 매우 자유분방하며 창의적인 사고를 지닌 동시에 강력한 카리스마를 배경으로 한 동양 전래의 제왕 리더십을 발휘한 점이다. 삼국시대 당시 천하를 호령한 조조의 리더십과 닮았다. 군웅들 가운데 뒤늦게 일어선 조조가 가장 먼저 천하통일의 가능성을 연 것은 '제폭구민除暴救民'을 전면에 내세워 백성들의 지지를 얻은 덕분이다. 잡스가 '기술기업을 넘어선 예술기업'을 기치로 내걸고 '스마트 시대'를 연 것과 유사하다.

'일본의 피터 드러커'로 불리는 노나카 이쿠지로野中郁次郎는 한 언론과의 인터뷰에서 잡스의 리더십을 이같이 분석했다.

"미국은 경제의 축이 제조업에서 금융업으로 옮겨가면서 투철한 장인정신을 잃고 금융공학에 몰두하다가 위기를 맞았다. 그러나 잡스와 같은 기업가가 있기에 아직 희망이 있다. 애플은 기술과 인문학의 접점에 서 있다. 좋은 문화를 온 세상에 퍼뜨리기 위해 좋은 제품을 만든다. 그게 애플의 비전이자 그들이 추구하는 공동선共同善이다. 기술과 예술이 함께 존재하는 지식창조 경영의 전형이다. 공동체 속에서 탁월성을 추구하면서 기업의 존재 의미를 완성하는 것이 21세기 경영의 요체이다."

기업이 국가사회 전체를 위하는 존재가 돼야 대중의 참신한 아이디어와 지지를 토대로 혁신의 가능성을 키울 수 있고, 결과적으로 더 큰 이익을 창출해 낼 수 있다는 주장이다. 안방과 문밖의 구별이 사라진 21세기 상황에서는 작게는 국가사회 발전, 크게는 인류공영의 기치를 내걸어야만 '소제'가 될 수 있다고 주장한 셈이다.

크게 보면 조조와 잡스 모두 '개똥밭' 출신이지만, 두 사람 모두 당대 최고 영웅이 됐다. 그런 점에서 조조는 잡스 리더십의 원형이다.

조조가 삼국시대라는 난세 속에서 인간관계에 대해 남다른 통찰력을 지닌 것도 이런 여러 조건이 절묘하게 맞아떨어진 결과로 볼 수 있다. 천지만물이 끊임없이 순환하듯 세상에 영원한 1등이란 없는 법이다. 천하를 염두에 둔 높은 이상과 치밀한 계책, 단호한 결단, 불퇴전의 추진력 등이 결합하면 우리도 얼마든지 애플 같은 초일류 기업을 만들어낼 수 있다.

공자가 「학이」 제16장에서 역설했듯이 최고 통치권자 등의 위정자가 되기 이전에 인재를 알아보지 못할까 노심초사하는 군자가 먼저 되는 게 관건이다. 그러면 자연히 천하도 따라오게 된다. '손 안의 세계'를 만들기 위해 노심초사한 잡스가 그런 길을 걸었다. 천하의 부를 거머쥐게 된 것은 부수적인 일에 지나지 않는다.

세한계
歲寒計

09

신뢰는 위기 속에서 드러난다

공자가 말했다.
"시절이 추워진 연후에야 송백松柏이 뒤늦게 시드는 것을 알 수 있다."
子曰, "歲寒然後知松柏之後彫也."

_「논어」「자한」 제27장

추워진 뒤에야 송백松柏의 절개를 알 수 있다는 공자의 언급은 흔히 난세의 충신을 비유할 때 자주 인용되고 있다. 선비는 궁할 때 그 절의를 볼 수 있다는 뜻의 '사궁견절의士窮見節義', 세상이 어지러울 때 충신을 알 수 있다는 뜻의 '세란식충신世亂識忠臣' 등도 같은 의미이다. 남송 때 화가 마원馬遠의 그림 가운데 「세한삼우도岁寒三友图」가 있다. 소나무, 대나무, 매화를 그린 그림이다. 겨울이 되면 모든 나무가 낙엽을 떨어뜨리지만 유독 소나무와 대나무, 매화는 추운 겨울에도 원래의 자태를 잃지 않는다. 세인들이 이를 높이 기려 '세한삼우'

로 칭한 것이다. 우정이 변치 않고 오래도록 이어지는 것을 비유할 때 사용한다.

「자한」 제27장은 『사기』 「위세가」에 나오는 '국란사량신國亂思良臣, 가빈사량처家貧思良妻' 구절과 취지를 같이한다. 나라가 어려워지면 양신良臣을 필요로 하고, 집안이 어려워지면 양처良妻를 필요로 한다는 뜻이다. 임진왜란 때 이순신 장군과 같은 '양신'이 출현해 풍전등화의 위기에 처한 나라를 구하는 것 등이 바로 대표적인 사례에 속한다.

남을 교만하게 대하면 인재를 얻지 못한다

전국시대 초기 위魏나라에서 이순신과 같은 역할을 한 인물이 바로 서문표西門豹와 이극李克이었다. 『사기』 「위세가」에 따르면 위문후魏文侯는 당대의 명군이었다. 위문후 17년인 기원전 408년, 중산中山을 친 뒤 훗날 위무후魏武侯로 즉위하는 태자 격擊으로 하여금 이를 지키게 했다. 조창당趙倉唐으로 하여금 태자를 보좌하게 했다. 태자 격이 조가朝歌에서 위문후의 사부 전자방田子方을 만났다. 태자 격이 수레를 비키게 하고, 수레에서 내려 그를 배견했다. 전자방이 답례를 하지 않자 화가 난 태자 격이 물었다.

"부귀한 사람이 남을 교만하게 대합니까? 아니면 빈천한 사람이 남을 교만하게 대합니까?"

전자방이 대답했다.

"원래는 빈천한 사람만이 남을 교만하게 대할 뿐입니다. 무릇 제후가 남을 교만하게 대하면 나라를 잃고, 대부가 남을 교만하게 대하면 집을 잃습니다. 빈천한 사람은 행동할 때 군주의 뜻에 합치하지 못하고, 진언할 때 군주의 발탁을 받지 못합니다. 군주를 떠나 초나라나 월나라로 가기를 마치 신을 벗듯이 할 것입니다. 그러니 어떻게 이들을 같게 볼 수 있겠습니까!"

태자 격이 아무 말도 하지 못했다. 위문후 25년인 기원전 400년, 위문후가 공자의 제자 자하子夏로부터 경서를 수학했다. 또 은자인 단간목段干木을 객경客卿으로 대접하면서, 그의 고을을 지날 때면 목례를 하지 않은 적이 없었다.

진나라가 위나라를 치려고 하자 어떤 자가 말했다.
"위나라의 왕은 예로써 현인賢人을 영접해 백성들 모두 어질다고 합니다. 또 윗사람과 아랫사람이 서로 잘 화합해 있어 함부로 칠 수 없습니다."

위문후가 명성을 떨친 배경을 짐작하게 해준다. 당시 위문후는 대부 서문표로 하여금 업鄴 땅을 다스리게 했다. 덕분에 하내河內가 잘 다스려졌다. 서문표는 삼국시대 당시 조조가 위나라의 도성으로 삼은 지금의 하남성 안양시 북쪽인 업성鄴城을 개척한 인물이다. 『사기』「골계열전」에 그와 관련한 유명한 일화가 실려 있다.

위문후가 서문표를 업현鄴縣 현령에 제수하자 서문표는 업현에 이르자마자 곧바로 장로들을 모아놓고 백성들이 괴로워하는 바를 물었다. 장로들이 입을 모아 대답했다.
"황하의 신인 하백河伯에게 아내를 바치는 일로 인해 큰 고통을 당하고 있습니다. 그로 인해 가난을 면치 못하고 있습니다."

서문표가 그 까닭을 묻자 이같이 대답했다.

"업현의 삼로三老와 아전이 해마다 백성에게 세금을 부과해 수백만 전을 거둡니다. 그 가운데 하백에게 여자를 바치는 데 20~30만 전을 쓰고, 나머지는 무당들과 나눠 갖고 돌아갑니다. 그 시기가 되면 무당이 마을을 돌아다니면서 가난한 집 가운데 예쁜 처녀를 보고 '이 애가 하백의 아내가 될 것이다'라고 말하고는 이내 폐백을 주고 데려갑니다. 목욕시킨 뒤 촘촘하게 짠 비단으로 옷을 지어주고, 조용한 곳에 머물며 재계齋戒시킵니다. 재계하는 재궁齋宮을 물가에 만들고, 붉은 비단으로 만든 장막을 두르고, 처녀를 그 안에 있게 합니다. 쇠고기와 술과 밥을 갖춰 먹이고, 10여 일을 보냅니다.

이어 화장을 시킨 뒤 시집가는 여인처럼 이부자리나 방석 같은 것을 만들고 그 위에 처녀를 태워 물 위로 띄워 보냅니다. 처음에는 떠 있지만 수십 리를 가면 곧 물에 가라앉습니다. 예쁜 딸을 가진 집은 무당이 하백을 위해 딸을 데려갈까 두려운 나머지 딸을 데리고 멀리 달아나는 자가 많습니다. 성 안이 더욱 비고, 사람이 줄고, 마을이 빈곤해지는 이유입니다.

이런 일이 있은 지 실로 오래됐습니다. 민간에도 '하백에게 아내를 얻어주지 않으면 물이 범람해 백성을 익사시킬 것이다'라는 말이 있습니다."

서문표가 말했다.

"하백을 위해 아내를 얻어 줄 생각으로 삼로를 비롯해 무당과 부로父老가 처녀를 물 위로 보내려 하거든 와서 알려주기 바라오. 나도 가서 처녀를 전송하겠소."

모두 입을 모아 말했다.

"잘 알았습니다."

마침내 그때가 되자 서문표가 물가로 가 이들을 만났다. 삼로와 아전, 호족, 마을의 부로가 모두 모였다. 구경 나온 백성도 2천~3천 명에 달했다. 무당은 70세가 넘은 노파로 여자 제자 10여 명이 수행했다. 모두 비단으로 만든 홑옷을 걸친 채 큰 무당 뒤에 섰다. 서문표가 말했다.

"하백의 아내를 불러라. 내가 그 처녀의 미추美醜를 살필 것이다."

장막 안에서 처녀를 데리고 나와 서문표 앞으로 왔다. 서문표가 이를 처녀를 본 뒤 삼로와 무당 및 부로를 돌아보며 이같이 말했다.

"이 처녀는 아름답지 않소. 무당 할멈이 황하 속으로 들어가 하백에게 '아름다운 처녀를 다시 구해 다음에 보내 드리겠습니다'라고 직접 고해 주시오."

그러고는 곧 이졸吏卒을 시켜 큰 무당 할멈을 안아서 황하에 던져 버렸다. 그러고는 시간이 조금 지난 뒤에 말했다.

"무당 할멈이 어찌 이토록 오래 머무는 것인가? 제자가 가서 알아보도록 하라."

무당의 제자 한 명을 물속에 던졌다. 다시 조금 있다가 말했다.

"제자도 어찌 이토록 오래 있는 것인가? 다시 한 사람을 보내 재촉하게 하라."

제자 한 명을 더 물속에 던졌다. 서문표는 이같이 모두 제자 세 명을 던져 버리고 말했다.

"무당과 그 제자들은 모두 여자인 까닭에 일을 고하기가 어려울 것이다. 수고스럽지만 삼로가 들어가서 하백에게 고하도록 하라."

다시 삼로를 물속에 던졌다. 서문표가 붓을 관冠에 꽂고 허리를 경쇠처럼 굽힌 자세로 물을 향해 꽤 오랫동안 서 있었다. 곁에서 지켜보던 장로와 아전들 모두 크게 놀라고 두려워했다. 서문표가 돌아보며 물었다.

"무당과 삼로 모두 돌아오지 않고 있소. 이를 어찌하면 좋겠소?"

다시 아전과 호족에게 한 사람씩 차례로 물속으로 들어가 재촉하도록 했다. 모두 머리를 땅에 대고 조아렸다. 이마가 깨져 피가 땅 위에 흐르고, 안색이 잿빛으로 변했다. 서문표가 말했다.

"좋다. 잠시 머물도록 하라. 잠시 더 기다려 보기로 하자."

그러고는 잠시 후 이같이 말했다.

"아전들은 일어나라. 하백이 손님들을 오래 머물게 하는 듯하다. 너희들은 모두 돌아가도록 하라."

업현의 아전과 백성 모두 크게 놀라고 두려워했다. 이후 그 누구도 감히 다시는 하백의 아내로 처녀를 바치자는 말을 하지 못했다.

서문표가 오래도록 목민관牧民官의 표상으로 받들어진 배경을 짐작할 수 있다. 명군 밑에 뛰어난 장상將相이 나온다는 말을 상기시켜 주는 대목이다.

사람을 살피는 다섯 가지를 명심하라

당시 위문후가 발탁한 인물 가운데 서문표 못지않게 뛰어난 인물로 이극을 들 수 있다. 하루는 위문후가 대부 이극李克에게 이같이 말했다.

"선생은 일찍이 과인을 가르치며 말하기를, '집안이 가난하면 양처를 생각하게 되고, 나라가 혼란하면 훌륭한 재상을 생각하게 된다'고 했소. 지금 위나라 재상을 임명하고자 하는데 위성자魏成子 아니면 척황翟璜인 듯하오. 어찌 생각하시오?"

이극이 대답했다.

"제가 듣건대 비천한 자가 존귀한 사람을 평하지 않고, 소원한 사람이 가까운 사람을 평하지 않는다고 합니다. 저는 궐문 밖에 있습니다. 감히 왕의 명을 받들 수 없습니다."

위문후가 말했다.

"선생은 일에 임해 사양하지 마시오."

그제야 이극이 말했다.

"왕이 사람을 세밀히 관찰하지 않으신 까닭입니다. 다섯 가지 경우를 나눠 살피면 됩니다.

첫째, 평소 지낼 때는 그의 가까운 사람들을 살핍니다. 둘째, 부귀할 때는 그와 왕래가 있는 사람을 살핍니다. 셋째, 관직에 있을 때는 그가 천거한 사람을 살핍니다. 넷째, 곤궁한 상황일 때는 그가 하지 않는 일을 살핍니다. 다섯째, 어려운 처지일 때는 그가 취하지 않는 것을 살핍니다.

이 다섯 가지 경우를 살피면 족히 뛰어난 인선人選을 하실 수 있습니다. 어찌 저의 조언을 기다릴 필요가 있겠습니까!"

위문후가 말했다.

"선생은 관부로 돌아가시오. 과인의 재상은 이미 정해졌소."

이극이 급히 나와 척황의 집을 방문했다. 척황이 물었다.

"지금 듣자하니 대왕이 선생을 불러 재상 선임 문제를 물었다고 하오. 도대체 누구를 재상으로 정한 것이오?"

이극이 대답했다.

"위성자魏成子가 재상이 됐소."

척황이 노기를 띤 채 말했다.

"귀로 듣고 눈으로 볼 때 내가 어찌 위성자보다 못하오? 서하西河의 군수는 제가 천거했소. 대왕이 내심 업 땅으로 인해 근심할 때 내가 서문표를 천거했소. 대왕이 중산을 정벌하려고 할 때 내가 악양樂羊을 천거했소. 중산을 토벌한 후 이를 지킬 사람을 찾지 못했을 때는 내가 선생을 천거했소. 태자가 사부를 얻지 못했을 때는 내가 굴후부屈侯鮒을 천거했소. 내가 어찌 위성자만 못하단 말이오!"

이극이 말했다.

"그대가 그대의 군주에게 나를 천거한 것이 어찌 장차 큰 벼슬을 구하기 위한 것이겠소? 대왕이 재상 정하는 문제에 관해 물으시기를, '위성자 아니면 척황인 듯하오. 어찌 생각하오?'라고 했소. 내가 대답하기를, '군주가 세밀히 관찰하지 않으신 까닭입니다. 평소에 지낼 때는 그의 가까운 사람들을 살피고, 부귀할 때는 그와 왕래가 있는 사람을 살피고, 관직에 있을 때는 그가 천거한 사람을 살피고, 곤궁한 상황에서는 그가 하지 않는 일을 살피고, 어려울 때는 그가 취하지 않는 것을 살피십시오. 이 다섯 가지만 살피면 족히 인선을 할 수 있습니다. 어찌 신의 조언을 기다리십니까!'라고 했소. 그래서 위성자가 재상이 될 줄 알았소.

그대가 어찌 위성자와 견줄 만하다고 말하는 것이오? 위성자는 식록이 1천 종鍾인데 10분의 9는 밖에서 쓰고, 10분의 1만 집에서 사용했소. 동쪽에서 복자하卜子夏, 전자방田子方, 단간목段干木 등 세 사람을 얻었소. 이들 셋 모두 대왕이 스승으로 삼았소. 그러나 그대가 천거한 다섯은 대왕이 모두 신하로 삼았소. 그대가 어찌 위성자와 비교할 수 있다는 말이오?"

척황이 멈칫거리다 이극에게 절을 두 번 올리며 사죄했다.

"제가 비천한 사람입니다. 선생에 관한 대답이 부당했습니다. 원컨대 평생토록 선생님의 제자가 되겠습니다."

'양신'과 '양처'는 나라와 집안이 어려울 때 그 진면목을 드러내기 마련이다. 한마디로 난세가 도래해야 적토마와 같은 천리마가 제 몫을 하게 된다는 뜻이다. 21세기 경제전 시대는 난세의 전형이다. 조만간 그 진면목을 드러낼 '양신'이 속출할 것이다. 천하를 종횡으로 누비며 해당 분야에서 세계 시장을 석권하는 뛰어난 기업 CEO가 바로 서문표 내지 이극과 같은 '양신'이다.

『논어』「자한」 제27장이 시절이 추워진 연후에야 송백松柏의 절개를 알 수 있다며 '세한계'를 역설한 기본 취지가 여기에 있다.

살신계
殺身計

10

과감하게 몸을 던져 목적을 이루어라

공자가 말했다.
"지사志士와 인인仁人은 삶을 구하여 인을 해치는 구생해인求生害仁을 하지 않고, 몸을 던져 인을 이루는 살신성인殺身成仁을 한다."

子曰, "志士仁人, 無求生以害仁, 有殺身以成仁."

_「논어」「위령공」 제8장

여기서 유명한 살신성인殺身成仁이라는 성어가 나왔다. 목숨을 걸고 인을 이루는 것을 의미한다. 주희는 '살신성인'을 이같이 풀이했다.

"의리상 마땅히 죽어야 할 때에 살고자 한다면 그 마음에 불안한 바가 있을 것이다. 이는 마음의 덕을 해치는 것이다. 마땅히 죽어야 할 때 죽는다면 마음이 편안하고 덕이 온전할 것이다."

공자가 말한 지사志士와 인인仁人을 의인義人으로 일원화한 뒤 '살신성인'으로 풀이한 셈이다. 난세에는 영웅호걸도 많이 나오지만 의

인 또한 속출하게 마련이다. 대표적인 인물로 『사기』 「자객열전」에 나오는 예양豫襄과 섭정聶政을 들 수 있다.

먼저 큰 뜻을 이룰 인재를 찾아라

예양은 원래 진晉나라 출신이다. 전국시대 초기 진나라의 권신인 범씨范氏과 중항씨中行氏을 섬겼으나 자신을 알아주는 지우知遇의 은혜를 입지 못했다. 이내 이들을 떠나 지백智伯을 섬긴 이유다. 지백은 범씨 및 중항씨와 달리 예양을 매우 존중하며 총애했다.

이후 지백이 조양자趙襄子을 공격했다가 한씨韓氏 및 위씨魏氏의 배반으로 인해 자멸하고 말았다. 조양자가 한씨 및 위씨와 더불어 지백의 땅을 3분해 나눠가졌다. 이어 지백을 극도로 원망한 나머지 그의 두개골에 옻칠을 하여 커다란 술잔인 음기飮器로 사용했다. 『한비자』 「유로」는 요강인 수기溲器로 사용했다고 기록했다. 예양이 산속으로 달아나며 탄식했다.

"아! 선비는 자신을 알아주는 사람을 위해 죽고, 여인은 자신을 좋아하는 사람을 위해 얼굴을 아름답게 단장한다고 했다. 이제 지백이 나를 알아주었으니 내가 기필코 원수를 갚고 죽겠다. 이같이 하여 지백에게 보답하면 내 혼백이 부끄럽지 않을 것이다."

그는 이름을 바꾸고 죄수로 변장한 뒤 조양자의 궁으로 들어가 뒷간의 벽을 발랐다. 몸에 비수를 품고 있다가 기회를 보아 조양자를 척살하고자 한 것이다. 하루는 조양자가 뒷간에 갔다가 자신도 모르게 가슴이 두근거렸다. 뒷간의 벽을 바르는 죄수를 잡아다 심문해보니 예양이었고, 그의 품속에 비수가 숨겨 있었다. 예양이 말했다.

"지백을 위해 원수를 갚으려 했는가!"

좌우가 그를 죽이려고 하자 조양자가 만류했다.

"그는 의인義人이다. 내가 조심해 피하면 그만이다. 지백이 죽고 후 사조차 없는 상황에서 그 가신이 주군을 위해 원수를 갚겠다고 하니, 이자야말로 천하의 현인賢人이다."

그러고는 그를 풀어주어 가게 했다.

얼마 후 예양은 다시 몸에다 옻칠을 해 문둥이로 꾸미고, 숯을 삼켜 목을 쉬게 만들었다. 자신의 모습을 아무도 몰라보게 만든 뒤 거리에 나가 구걸을 했다. 그의 아내까지도 그를 알아보지 못했다. 친구를 찾아가 만나 보니 그는 예양을 알아보았다.

"자네는 예양이 아닌가?"

예양이 말했다.

"바로 나일세."

친구가 울면서 말했다.

"자네의 재능으로 예물을 바치고 충성을 서약하는 위질委質을 한 뒤 조양자를 섬기면 조양자는 반드시 자네를 가까이하고 총애할 것이다. 그가 자네를 가까이하고 사랑하게 만든 뒤 비로소 자네가 하고 싶은 일을 하면 오히려 쉽지 않겠는가? 자기 몸을 해치고 모습을 추하게 만들어 조양자에게 설욕하고자 하니 이 어찌 어렵지 않겠는가!"

예양이 말했다.

"이미 '위질'을 하여 남의 신하가 돼 섬기면서 그를 죽이려 들면 이는 두 마음을 품고 주인을 섬기는 게 된다. 지금 내가 하고자 하는 바는 지극히 어려운 일이다. 그럼에도 이를 행하는 것은 이후 남의 신하가 돼 두 마음을 품고 주인을 섬기려는 자들이 부끄러움을 느끼도록 만들려는 것이다."

예양은 이같이 말하고 가버렸다.

얼마 후 조양자가 외출할 때 예양이 조양자가 지나는 다리 밑에 숨어 있었다. 조양자가 다리에 이르자 말이 돌연 놀랐다. 조양자가 말했다.

"이는 필시 예양일 것이다."

사람을 시켜 찾도록 하자 과연 예양이었다. 조양자가 꾸짖었다.

"그대는 일찍이 범씨와 중항씨를 섬기지 않았는가? 지백이 이들을 모두 멸망시켰다. 그대는 범씨와 중항씨를 위해 원수를 갚기는커녕 오히려 '위질'을 한 뒤 지백의 신하가 됐다. 이제는 지백도 죽었다. 그대는 어찌하여 유독 그를 위한 복수를 이토록 끈질기게 시도하는 것인가?"

예양이 대답했다.

"신이 범씨와 중항씨를 섬길 때 그들은 저를 일반 사람인 중인衆人으로 대우했습니다. 그래서 저 또한 중인으로서 보답했을 뿐입니다. 그러나 지백은 저를 국사國士로 대우했습니다. 그래서 저도 국사로서 보답하려는 것입니다."

조양자는 길게 탄식한 뒤 울면서 말했다.

"아, 예자豫子여! 그대가 지백을 위해 충절을 다했다는 명성은 이미 이뤄졌다. 과인이 그대를 용서한 것도 이미 충분했다. 그대는 응당 각오해야만 한다. 과인은 그대를 다시 놓아주지 않을 것이다!"

그러고는 병사에게 명해 그를 포위하게 했다. 예양이 말했다.

"신이 듣건대 '명주는 남의 명성을 덮어 가리지 않고, 충신은 명예를 위해 죽는 의리가 있다'고 합니다. 전에 군주가 이미 신을 관대히 용서해 천하에 그 현덕賢德을 칭송하지 않는 자가 없습니다. 오늘 일을 말하면 신은 죽어야 마땅합니다. 원컨대 군주의 옷을 얻은 뒤 이를 칼로 쳐 원수를 갚으려는 뜻을 이루게 해주십시오. 그러면 죽어도 여한이 없겠습니다. 신이 감히 바랄 수 없는 일이나 다만 신의 심중을 털어놓았을 뿐입니다."

조양자는 예양의 의기를 크게 칭송하고, 사람을 시켜 자기 옷을 예양에게 갖다 주게 했다. 예양이 칼을 뽑아들고 세 번을 뛰어 그 옷을 내리치면서 말했다.

"내가 비로소 지하의 지백에게 보답할 수 있게 됐다."

그러고는 이내 칼에 엎어져 자진했다. 사마천은 그가 죽던 날 조나라의 지사志士들은 이 소식을 듣고 모두 그를 위해 눈물을 흘렸다고 기록해 놓았다.

「자객열전」에서 예형과 유사한 행보를 보인 인물로 자객 섭정을 들 수 있다. 예양 사건이 일어난 지 40여 년 뒤 한韓나라에 섭정聶政 사건이 빚어졌다.

섭정은 지軹 땅의 심정리深井里 출신이다. 그는 사람을 죽인 뒤 원수를 피해 모친 그리고 누이와 함께 제나라로 망명해 백정으로 살았다. 오랜 세월이 흐른 뒤 복양濮陽 출신 엄중자嚴仲子가 한애후韓哀侯를 섬겼다. 그는 한나라 재상 협루俠累와 사이가 매우 나빴다. 엄중자는 죽음을 당할까 두려운 나머지 그곳에서 달아나 여러 곳을 돌아다니며 협루에게 원수를 갚아줄 사람을 구했다. 제나라에 이르자 어떤 제나라 출신 사람이 말했다.

"섭정이라는 용감한 사나이가 있소. 원수를 피해서 백정들 사이에 숨어 살고 있소."

엄중자가 그의 집으로 찾아가 교제를 청했다. 자주 왕래한 뒤 술자리를 마련해 손수 섭정의 모친에게 술잔을 올렸다. 술자리가 한창 무르익자 엄중자는 무게 100킬로그램에 달하는 황금 100일鎰을 받쳐 들고 섭정의 모친 앞으로 나아가 장수를 축원했다. 섭정이 너무 후한 예물에 깜짝 놀라 이상하게 여기며 극구 사양했다. 엄중자가 굳이 바치려고 하자 섭정이 이같이 사양했다.

"저에게는 요행히 늙은 모친이 있고, 집은 비록 가난하고 객지를 떠돌며 개백정 노릇을 하여 조석으로 달고 부드러운 음식을 얻어 모친을 봉양합니다. 모친에게 봉양할 음식을 마련할 수 있으니 당신의 예물은 감히 받을 수 없습니다."

엄중자가 사람들을 물리친 뒤 섭정에게 말했다.

"내게 원수가 있소. 그 원수를 갚아줄 사람을 찾아 열국을 두루 돌아다녔소. 제나라에 와서 그대의 의기가 매우 높다는 얘기를 들었소. 황금 100일을 바쳐 모친의 음식 비용에나 쓰게 해서 더욱 친하게 지내자는 뜻이었소. 어찌 감히 다른 뜻이 있어 그리했겠소?"

섭정이 말했다.

"제가 뜻을 굽히고 몸을 욕되게 하며 시장에서 백정 노릇을 하는 것은 단지 늙으신 모친을 봉양하기 위해서입니다. 노모가 살아 계신

동안에는 제 몸을 감히 남에게 허락할 수 없습니다."

엄중자가 아무리 권해도 섭정은 끝내 받지 않았다. 엄중자는 끝까지 빈객과 주인의 예를 다하고 떠났다. 오랜 시간이 흐른 뒤 섭정의 모친이 죽었다. 섭정이 장례를 마치고 상복을 벗은 뒤 이같이 말했다.

"아, 나는 시장 바닥에서 칼을 들고 짐승을 잡는 백정일 뿐이다. 엄중자는 제후의 경상卿相이다. 그런 분이 불원천리不遠千里하여 수레를 몰고 찾아와 나와 사귀었다. 그러나 그에 대한 나의 대우는 지극히 조촐했다. 아직 그를 위해 이렇다 할 공도 세우지 못했다. 그런데도 엄중자는 황금 100일로 나의 모친의 장수를 기원했다. 내가 비록 받지는 않았지만 그렇게까지 한 것은 오로지 나를 깊이 알아주었기 때문이다. 그런 현자가 격분해 원수를 흘겨보며 나 같은 시골뜨기를 가까이하고 믿어주었다. 내가 어찌 가만히 있을 수 있겠는가! 게다가 지난번 그가 나를 필요로 했으나 나는 오직 노모를 핑계로 사양했다. 노모가 이제 장수를 누리고 세상을 떠났으니 나는 지금부터 나를 알아주는 자를 위해 일할 것이다."

혼란스러운 시대에 인의는 더욱 빛을 발한다

마침내 서쪽 복양으로 가 엄중자를 만났다.

"전에 그대에게 제 몸을 허락지 않은 것은 노모가 살아 계셨기 때문입니다. 이제 불행히도 노모가 천수를 다하고 돌아가셨습니다. 그대가 원수를 갚고자 하는 자가 누구입니까? 청컨대 저에게 그 일을 맡겨주십시오."

엄중자가 상세하게 말해주었다.

"나의 원수는 한나라 재상 협루요. 협루는 한나라 군주의 숙부이기도 하오. 일족이 크게 번성해 그 수가 많소. 거처의 경비가 매우 엄중하오. 내가 사람을 시켜 그를 척살하고자 했지만 끝내 성공하지 못했소. 지금 그대가 다행히도 마다하지 않으니 그대에게 도움이 될 만한 거마車馬와 장사壯士들을 보태주겠소."

섭정이 말했다.

"한나라와 위衛나라는 그다지 멀리 떨어져 있지 않습니다. 지금 한나라 재상을 죽이려고 하는데, 그가 한나라 군주의 친족이라면 이런 형세에서는 많은 사람을 쓰면 안 됩니다. 사람이 많으면 생각을 달리하는 자가 나오고, 그러면 말이 새어 나가고, 말이 새어 나가면 한나라 전체가 그대를 원수로 여기게 됩니다. 이 어찌 위험하지 않겠습니까?"

섭정은 거마와 장사를 모두 사양한 뒤 엄중자와 헤어져 홀로 떠났다. 칼을 차고 한나라에 이르자 한나라 재상 협루가 마침 재상부의 당상에 앉아 있었다. 무기를 들고 호위하는 자들이 매우 많았다. 섭정이 바로 들어가 단상에 올라간 뒤 협루를 찔러 죽였다. 좌우의 부하들이 커다란 혼란에 빠졌다. 섭정이 고함을 지르며 쳐 죽인 자가 수십 명에 달했다.

그런 뒤 그는 스스로 자신의 얼굴 가죽을 벗기고, 눈을 도려내고, 배를 갈라 창자를 끄집어내고 숨을 거뒀다. 한나라 조정이 섭정의 시체를 거리에 드러내놓고 누구인지 물었으나 아는 사람이 없었다. 공개적으로 상금을 내걸고, 재상 협루를 죽인 자가 누구인가 말해주는 사람에게 1천금을 주겠다고 약속했다. 오랜 시간이 지나도록 그를 아는 사람이 나타나지 않았다.

당시 섭정의 누나 섭영聶榮도 어떤 사람이 한나라 재상을 찔러 죽였다는 얘기를 들었다. 그녀는 조정에서 범인의 신원을 알지 못해 시체를 거리에 내놓고 1천금의 상금을 걸었다는 얘기를 듣고는 이내 소리 내어 울며 이같이 말했다.

"그는 내 동생일 것이다. 아, 엄중자가 내 동생을 알아주었구나!"

그러고는 곧바로 한나라 시장으로 갔다. 죽은 자는 과연 섭정이었다. 그녀는 시체 위에 엎드려 매우 슬피 울며 이같이 말했다.

"이 사람은 지 땅의 심정리에 살던 섭정입니다."

시장을 오가던 사람들이 입을 모아 말했다.

"이자는 재상을 죽인 까닭에 군주가 그 신원을 알고자 1천금을 내 걸었소. 부인은 이를 듣지 못한 것이오? 어찌 감히 이자를 안다고 말하는 것이오?"

섭영이 말했다.

"그 말은 들었습니다. 섭정이 오욕을 무릅쓰고 백정 노릇을 한 것은 노모가 건재하고, 나도 아직 시집을 가지 않았기 때문이었습니다. 이제는 모친도 천수를 누리다 돌아가시고, 나 또한 시집을 갔습니다. 일찍이 엄중자는 내 동생의 인물됨을 알고는 곤궁하고 천한 위치에 있는 동생과 교제했습니다. 그 은덕이 두터우니 어찌하겠습니까? 선비는 원래 자신을 알아주는 사람을 위해 죽는다고 합니다. 섭정은 제가 살아 있기에 자신의 몸을 훼손해 이 일에 연루시키지 않으려 한 것입니다. 내 어찌 죽음이 두려워 동생의 장한 이름을 없앨 수 있겠습니까?"

섭영의 말에 한나라 백성들 모두 크게 놀랐다. 그녀는 마침내 하늘을 향해 큰소리로 세 번 외친 뒤 몹시 슬퍼하다가 섭정 곁에서 숨을 거뒀다. 열국의 백성 모두 이 소문을 듣고 입을 모아 이같이 말했다.

"섭정만 장한 게 아니라 그 누이도 열녀烈女이다. 섭정이 실로 자신의 누이가 참고 견디는 성격이 아니라 해골을 드러내는 고난을 두려워하지 않고, 천리의 험한 길을 달려와 이름을 나란히 하며 동생과 함께 시장 바닥에 죽을 사람이라는 것을 알았으면 감히 엄중자에게 몸을 허락지는 않았을 것이다. 엄중자 역시 사람을 보는 안목이 있어 용사를 얻었다고 할 수 있다."

예양과 섭정은 예로부터 의인의 상징으로 거론된 인물이다. 사마천이 이들의 사적을 「자객열전」에 실은 것은 자신을 알아준 주군을 위해 자신의 몸을 던진 이들의 행보를 일종의 살신성의殺身成義로 평가한 결과다. '살신성의'는 「위령공」 제8장에서 역설한 '살신성인'과 약간의 차이가 있기는 하나 맹자를 비롯한 후대의 제자백가 모두 묵자처럼 '인'과 '의'를 하나로 묶어 인의仁義로 표현한 만큼 본질적인 차이가 있는 것은 아니다.

의리를 헌신짝처럼 여기는 현대의 염량세태炎凉世態에 비춰볼 때 '살신성인' 내지 '살신성의'을 추구하는 인물을 만나기가 쉽지 않다. 그러나 그럴수록 더욱 빛나게 마련이다. 조직이 우뚝 서고자 할 경우 회사를 위해 과감히 몸을 던질 수 있는 이런 인물들이 대거 필요하다. 기업 CEO들 모두 인선할 때 주의 깊게 살펴야 할 대목이다.

기왕계
既往計

11

지나간 일을 염두에 두지 마라

공자가 말했다.
"이뤄진 일은 다시 설명하지 않고, 끝난 일은 간하지 않고, 지나간 일은 탓하지 않는다."

子曰, "成事不說, 遂事不諫, 既往不咎."

_「논어」「팔일」제21장

공자는 성패를 막론하고 지나간 일에 얽매이지 말고 계속 전진하라고 말한다. 지난 일에 연연하면 그것이 성공이든 실패이든 정신을 한 곳에 집중시킬 수 없다. 과거의 성공에 얽매이면 새로운 흐름을 놓칠 우려가 크고, 과거의 실패에 얽매이면 새로운 사업을 열정적으로 시행하기 어렵게 된다. 양쪽 모두 성공을 기약하기 어렵다.

의술 | 의(義)로 큰 뜻을 이루는 경영술

성공에 대한 애착이 실패보다 더 위험하다

동서고금을 막론하고 큰일을 하고자 하면 힘을 한 곳에 쏟아 부어야 한다. 달마대사처럼 면벽수도面壁修道를 중시하는 선가禪家에서는 이를 용맹정진勇猛精進이라고 표현한다. 모든 잡념을 제거한 가운데 화두話頭에 몰두하며 궁극적인 깨달음을 찾고자 하는 행보를 가리킨다. 「팔일」제21장의 취지와 통한다. 마키아벨리도 『군주론』 제25장에서 유사한 언급을 한 바 있다.

"흥망성쇠가 거듭되는 이유를 보면, 신중하고 끈기 있게 접근하고 시대상황 또한 이에 부합하는 쪽으로 진행하면 성공한다. 그러나 시대상황이 재차 바뀌고 있는데도 성공을 거뒀을 때의 기존 방식을 고집하면 이내 패망한다. 시대상황의 변화에 맞춰 스스로를 유연하게 바꿀 줄 아는 지혜로운 자는 거의 없다. 타고난 성향을 벗어나기 어렵기 때문이다. 특히 외길을 걸어 늘 성공을 거둔 경우는 더욱 심해 기존의 방식을 바꾸는 게 불가능에 가깝다. 예컨대 신중한 행보를 기조로 삼은 자가 과감히 행동해야 할 때 어찌할 바를 몰라 우왕좌왕하다가 이내 파국을 맞는 게 그렇다. 시대상황의 변화를 좇아 기왕의 성공 방식을 과감히 변화시킬 줄 알게 되면 운도 바뀌지 않을 것이다."

그는 과거의 실패에 대한 미련보다 과거의 성공에 대한 애착이 위험하다는 점을 경고한 것이다. 사실 실패에 대한 미련은 '용맹정진'의 밑거름으로 사용할 수 있지만 성공에 대한 애착은 백해무익하다. 마키아벨리가 지적했듯이 오히려 패배의 나락으로 떨어질 소지가 크다. 작은 성공에 안주한 까닭에 도도히 밀려드는 천하대세의 거대한 '쓰나미'에 그대로 휩쓸려 사라질 소지가 크다. 기업의 수명이 30년을 넘지 못하는 것도 이와 무관하지 않을 것이다. 끊임없이 스스로를 채찍질하며 앞으로 나아가지 않는 한 이내 후발주자에게 추월당하게 마련이다. 세상만사의 이치가 모두 이와 같다. 계속 번영하는 가문과 영원한 1등이 존재하기 어려운 이유가 여기에 있다. 말 그대로 세상만사가 돌고 도는 셈이다.

반면교사로 삼을 만한 게 바로 병자호란 당시 조선조의 군신君臣이 취한 황당한 행보이다. 당시 조선의 군신은 오랫동안 오랑캐로 업신여긴 후금이 국호를 청淸으로 바꾼 뒤 명明을 치고 중원의 새 주인이 되려고 하자, 이를 비웃었다. 천하대세가 바뀌어 바야흐로 새로운 주인의 등장이 절실히 요구되는 상황에서 한족이 세운 명나라가 영원히 존속될 것으로 보았다. 오랑캐는 죽었다 깨어나도 오랑캐밖에 안 된다는 고루한 생각에 갇혀 있었던 것이다. 이런 생각은 남한산성에 갇혀 스스로 '독안의 쥐' 신세가 된 뒤에도 지속됐다. 청태종 홍타이지皇太極 역시 조선의 군신이 보여주는 이런 황당한 모습에 어이없어 했다. 그는 1637년 1월 2일 항복을 협상하기 위해 온 홍서봉洪瑞鳳에게 건넨 투항을 권하는 서신에서 이같이 충고하고 나섰다.

"우리 군사가 지난해에 동쪽 우량하이를 칠 때 너희가 군사를 일으켜 요격을 한 뒤에 또 명나라와 협조하여 우리를 해쳤다. 우리가 요동을 얻게 되자 너희는 다시 우리 백성을 불러다가 명나라에 바쳤다. 이에 정묘년에 군사를 일으켜 너희를 친 것이다. 이후 너희는 어찌하여 우리의 변경을 소란하게 하고, 산삼을 캐는 자와 사냥을 하는 자를 잡아다가 명나라에 바치고, 짐의 군사가 귀순하는 명나라 장수를 응접하려 할 때 대포를 쏘아 방해한 것인가. 전단의 실마리를 또다시 너희가 연 것이다.

짐이 이미 너희 나라를 아우로 대접했는데 너는 더욱더 배역背逆하여 스스로 원수를 만들어 백성을 도탄에 빠트리고 있다. 겨우 한 몸이 산성으로 달아나 비록 천년을 산들 무슨 이익이 있겠는가. 정묘년의 치욕을 씻으려 생각했다면 어찌하여 목을 움츠려 나오지 않고 여인의 처소에 들어앉아 있는 것을 달게 여기는 것인가.

짐이 칭제稱帝했다는 말을 듣고 네가 말하기를, '이런 말을 조선의 군신이 어찌 차마 들을 수 있느냐'고 한 것은 무엇 때문인가. 황제를 일컫는 것이 옳고 그름은 너에게 달려 있는 것이 아니다. 하늘이 도우면 필부라도 천자가 될 수 있고, 하늘이 화를 내리면 천자라도 외로운 필부가 되는 것이다. 네가 그런 말을 한 것 또한 매우 망령된 소리이다. 이제 짐이 대군을 이끌고 와 너희 8도를 소탕할 것이다. 너희가 어버이로 섬기는 명나라가 장차 어떻게 너희를 구원하는지 두고 볼 것이다. 자식에게 위험이 절박했는데 어찌 구원해 주지 않는 어버이가 있겠느냐. 그렇지 않으면 이는 스스로 백성을 물불 속에 빠트리는 짓이니 억조億兆 중생이 어찌 너에게 원한을 품지 않겠는가. 네가 할 말이 있거든 분명히 고하라. 결코 막지 않을 것이다."

당시 인조를 비롯한 조선의 군신은 만주족이 중원의 주인이 되는 것은 하늘이 무너져도 인정할 수 없다는 황당한 생각을 갖고 있었다. 청태종은 이런 생각을 갖고 있는 조선의 군신을 싸잡아 질타한 것이다. 사실 조선의 군신은 청태종이 갈파한 바대로 '하늘이 도우면 필부라도 천자가 될 수 있고, 하늘이 화를 내리면 천자라도 외로운 필부가 될 수 있다'라는 유가 사상의 기본 이치조차 모르고 있었다. 천하를 가슴에 품은 자와 우물 안의 개구리처럼 허황된 소중화小中華의 미몽에 사로잡힌 자의 그릇이 얼마나 큰 차이가 나는지 극명하게 보여주는 사례이다.

미래를 위해 변화하려면 과거의 성공을 잊어라

국가 총력전의 양상을 보이는 21세기 경제전 현장은 살벌하다. 해당 분야에서 천하를 호령하는 주인이 수시로 바뀌는 게 그렇다. 대표적인 예로 한때 세계의 게임업계를 석권한 닌텐도의 부침을 들 수 있다. 현재로서는 닌텐도의 앞날을 전망하기가 쉽지 않다. 오르막길과 내리막길을 마구 오르내리고 있기 때문이다.

한때 닌텐도는 '파괴'와 '창조'의 사이클에 성공적으로 올라탄 대표적인 사례로 칭송을 받았다. 매번 기존 상품과는 완전히 다른 혁신적인 제품을 끊임없이 출시한 덕분이다. 그러나 30년 만에 적자로 돌아선 지난 2011년부터 악몽이 시작됐다. 3년이 지나도록 적자 수렁에서 빠져나오지 못했다. '창사 이래 최대 위기'라는 말이 떠돌았다. 일본의 대표적인 국민 기업이자 최대 게임사가 흔들리기 시작한 것이다. 2015년 상반기 4년만에 흑자 전환에 성공하긴 했으나 아직 불안하다는 게 중론이다.

원래 닌텐도는 130년 가까운 역사를 지닌 게임사다. 1980년대에 비디오게임 사업에 뛰어들면서 폭발적으로 성장했다. 당시 일본과 미국에서는 3가구 가운데 1가구는 반드시 닌텐도 게임기를 가지고 있을 정도였다. 닌텐도 게임 '슈퍼마리오 브라더스'는 세계에서 가장 많이 팔린 게임으로 기네스북에 올라 있다.

일본 게임업계는 쉽게 말해 시대 변화에 적응하지 못했다. 주류 플랫폼이 급격히 바뀌면서 모바일 퍼스트 시대가 열렸는데 일본 게임사들은 옛날 방식을 그대로 유지했다. 글로벌 게임시장 중심에서 멀어지는 것은 시간 문제였다. '모바일 패러다임'이라는 거대한 변화 속에서 과거의 게임 플랫폼에 대한 미련을 버리지 못한 탓이다.

그렇다고 닌텐도의 몰락을 점치는 것은 아직 시기상조이다. 오히려 강력한 반등의 조짐이 보인다는 분석도 있다. 최근 글로벌 게임시장 최대 화두로 떠오른 지식재산권intellectual property, 즉 IP가 그것이다. 그간 구축한 막강한 IP 경쟁력을 바탕으로 멀티채널 전략을 구사하면 '화려한 부활'이 가능하다는 지적이다. 닌텐도의 '슈퍼마리오'와 '포켓몬스터' 등이 대표적이다. 최근 중국 시장에서 일고 있는 거대한 IP 수요가 이를 뒷받침한다.

정작 문제가 되는 것은 한국의 게임업계이다. '게임 한류'에 대한 환상이 아직 남아 있지만 한국의 게임 산업은 사실상 절체절명의 위기에 빠졌다는 게 중론이다. 일부 국내 게임사는 닌텐도와 마찬가지로 IP가 위기 극복의 핵심 키워드가 될 수 있다고 믿고 있다. 물론 성공 사례도 있다. 웹젠이 대표적이다. 중국에서 정식 서비스를 시작한 지 13시간 만에 매출 47억 원을 달성했고, 3일 만에 앱 마켓 매출 기준 1위에 오른 게 그렇다.

그간 웹젠도 닌텐도와 유사한 모습을 보였다. 모바일 시대에 제대로 적응하지 못해 하락세를 보인 게 그렇다. 한때 전 세계의 PC 온라인 게임 시장을 호령했던 국내 게임사들이 유사한 성공을 거두고자 한다. 실제로도 많은 중국 업체가 러브콜을 보내고 있다.

그러나 한국 게임업체는 결정적인 약점을 지니고 있다. IP 콘텐츠 파워가 일본에 비해 상대적으로 약하다는 점이다. 오랜 세월 콘텐츠를 축적한 일본 게임업체의 브랜드 파워를 단시간에 따라잡기는 역부족이다.

이에 반해 창립 5년밖에 안 된 샤오미小米는 미국 MIT가 꼽은 세상에서 가장 스마트한 50대 기업에 2014~2015년 2년 연속 선정되었다. MIT는 샤오미를 2014년에 30위, 2015년에는 무려 2위로 꼽았다. 샤오미가 창출해낸 '고객 참여 개발'의 의미를 높이 평가한 결과다. 이 평가에서 한때 '손안의 세상'으로 스마트 시대를 선도한 애플은 2015년 16위로 선정됐고, 삼성은 50위권 순위에조차 들지 못했다. 세계 최고의 하드웨어를 자랑하는 삼성은 샤오미처럼 전혀 새로운 패러다임으로 판 자체를 바꾸는 능력은 없다는 게 이유였다.

하지만 해법을 찾는 게 그리 어려운 일은 아니다. 우리의 상황에 맞는 해법을 찾으면 된다. '신 중화질서'로 요약되는 새로운 중국 G1 시대의 전 단계로 다가온 G2 시대의 난세에, 우리가 궁극적으로 지향할 목표는 바로 '팍스 시니카'의 흐름에 적극 편승한 '팍스 코레아나'다. 이는 소프트웨어로 전 세계를 제패하는 것을 뜻한다. 하드에

어는 '팍스 시니카'를 이용하면서 그 알맹이에 해당하는 소프트웨어는 '한류문화' 내지 '한류상품'으로 채워 넣는 것을 말한다.

그런데도 현실은 거꾸로 가고 있다. 샤오미가 애플과 삼성을 제치고 소프트웨어와 하드웨어를 모두 거머쥐는 쪽으로 진행하는 양상이 그렇다. 「위정」 제12장이 '군자불기'를 역설한 것은 이제 안방과 문밖의 구별이 의미가 없는 만큼 시작할 때부터 전 세계를 대상으로 제품을 만들라고 주문한 것이나 다름없다. 천하를 가슴에 품은 자만이 승리를 거머쥘 수 있는 시대로 가고 있다.

미국 다트머스 대학의 다베니D'Aveni는 이를 '초超경쟁'으로 규정했다. 그는 '초경쟁'의 특징을 크게 세 가지로 요약한 바 있다. 첫째, 승부가 순식간에 결정된다. 둘째, 승자가 모든 것을 거머쥐는 승자독식 구도이다. 셋째, 법은 국가 챔피언 기업을 육성하는 방향으로 바뀌고 있다는 것 등이다.

'초경쟁'의 이런 특징은 공자가 「팔일」 제21장에서 이미 이뤄진 일은 다시 설명하지 않고, 끝난 일은 간하지 않고, 지나간 일은 탓하지 않아야 한다고 주문한 것과 취지를 같이한다. 과학기술의 급속한 발전으로 모든 것이 변하는 상황에서 잠시라도 작은 성공에 만족해 안주하려는 기미를 보이는 순간 해당 기업은 이내 위기에 휩싸이게 된다.

21세기 G2 시대의 경쟁구도 자체가 잠시라도 편히 쉴 수 있는 구도가 아니다. 과거의 그것이 아무리 화려한 성공일지라도 그것은 지난 일에 불과하다. 「팔일」 제21장이 성공이든 실패든 과거에 얽매이지 말고 희망찬 미래를 향해 '용맹정진'하라고 주문한 이유다.

원려계
遠慮計

12

먼 앞날을 보고 대비하라

공자가 말했다.
"사람이 모든 상황을 고려하며 멀리 내다보는 원려遠慮가 없으면 반드시 가까운 미래에 닥치는 근심인 근우近憂가 있게 된다."

子曰, "人無遠慮, 必有近憂."

_「논어」「위령공」제11장

공자는 여기서 먼 앞날을 내다보고 사는 원려遠慮를 주문하고 있다. '원려'를 하지 못할 경우 가까운 미래에 우환이 닥치는 근우近憂를 당하게 된다고 경고한 이유다. 사람이 널리 내다보지 못하면 스스로 밟고 있는 땅조차 발을 딛는 것 이외에는 하등 쓸모없는 것이 될 수밖에 없다는 취지를 담고 있다. 깊은 꾀와 먼 장래를 내다보는 생각인 이른바 심모원려深謀遠慮를 적극 권장한 셈이다.

'심모원려'를 제대로 하지 못한다는 것은 곧 눈앞의 이익에 혹해

대사를 그르치는 것을 말한다. 흔히 말하는 '근시안적 시각' 내지 '평면적 접근'이다. 이와 반대되는 것이 멀리 내다보는 '원시안적 시각' 내지 사물을 총체적으로 파악하는 '입체적 접근'이다. 바로 '심모원려'를 의미한다.

멀리 내다보고 넓게 바라보라

『사기』는 진시황 말기 비슷한 시기에 똑같이 '심모원려'를 행한 두 사람의 엇갈린 삶을 극적으로 묘사해 놓았다. 바로 「고조본기」의 유방과 「항우본기」의 항우다. 먼저 「고조본기」의 해당 대목이다.

"고조가 일찍이 함양에서 요역徭役할 때 한번은 황제의 행차를 구경한 적이 있었다. 진시황의 행차를 보고는 위연喟然히 탄식하기를, '아, 대장부라면 마땅히 저러해야 할 것이다!'라고 했다."

이 대목은 유방이 젊었을 때 요역차 함양에 갔고, 이때 진시황의 행차를 허락받아 관람했을 것이다. 전후 맥락에 비춰 대략 진시황 31년인 기원전 216년의 일이다. 20세 때 요즘으로 치면 기차역장과 파출소장을 겸한 정장亭長에 임명된 유방의 당시 나이는 22세였다. 함양에 간 명목은 강제노동에 징발된 인부의 인솔과 감독이었다.

당시 함양은 연일 토목공사가 진행되고 있었다. 『사기』는 아방궁과 수릉의 수축에 동원된 죄수가 70만 명에 달한다고 기록해 놓았다. 당시의 총인구가 약 600만 가구, 3000만 명 가량이었던 점을 감안하면 엄청난 인원이 동원된 셈이다. 유방이 죄수 출신 인부를 이끌고 패현沛縣에서 함양까지 갈 경우 800킬로미터에 달한다. 왕복 1600킬로미터, 서울서 부산까지 두 번 왕복하는 거리다. 중간에 휴식을 취하는 것을 생각하면 두 달 이상 걸렸다고 보아야 한다.

「고조본기」의 기록에 비춰볼 때 당시 유방은 인솔해온 인부들의 현장감독을 동료에게 맡기고 함양을 두루 관람했을 공산이 크다. 이때 여섯 마리 말이 이끄는 황금 장식 수레 위에 앉아 있는 진시황의 장려한 모습을 처음으로 목도했을 것으로 짐작된다. 포부가 큰 건달 출신 촌뜨기 정장 유방의 입에서 절로 감탄이 터져 나왔음직하다. '아, 대장부라면 마땅히 저러해야 할 것이다!'라고 찬탄한 대목이 이를 뒷받침한다.

천하가 일거에 혼란의 소용돌이 빠지고 이에 편승해 진승과 오광이 반기를 들었을 때 덩달아 시골 출신의 '건달' 유방도 반진의 깃발을 들고 나선 배경을 대략 짐작할 수 있다. 당시 유방은 내심 '진승과 오광 같은 인물도 왕후장상의 씨가 따로 있느냐고 말했는데 내가 그들보다 못한 게 무엇인가?'라는 식으로 자문했을 공산이 크다. 이런 포부가 한낱 꿈에 지나지 않았다면 세인의 웃음거리에 지나지 않았을 것이다. 그러나 유방은 중국 역사에서 사상 최초로 평민 출신 황제가 된 인물이다. 그의 어렸을 적 꿈이 현실화한 것이다. '심모원려'의 소산으로 평할 수 있다.

유방은 반기를 들 당시 고향인 패현의 풍읍豐邑 서쪽 못 가운데 있는 정亭에 이르러 술을 들이켰다. 밤이 되자 호송하던 죄수들을 풀어주며 이같이 말했다.

"그대들은 모두 떠나도록 하시오. 나 또한 여기서 떠날 것이오!"

대부분 크게 사례하며 갈 길을 떠났고 오갈 데 없는 장정들만이 그대로 남았다. 진승이 반기를 든 지 2달 뒤인 기원전 209년 9월의 일이다. 유방은 이후 패현 일대의 늪지대에 이들과 함께 몸을 숨긴 채 때가 오기를 기다렸다. 비록 짧은 기간이기는 했으나 자신을 좇는 죄수 출신 장정들과 함께 도적 무리인 군도群盜와 다를 바 없는 시간을 보냈다. 『사기』를 비롯한 사서 모두 '군도'가 아닌 지역 군벌인 이른바 토패土霸처럼 묘사해 놓았으나 이는 '역사의 승리자'를 미화한 것에 지나지 않는다. 원래 군도와 지역의 군소군벌인 토패는 종이 한 장 차이에 불과하다. 결과가 모든 평가를 좌우한다.

원래 유방이 진시황의 행차를 보고 부러워할 당시, 유방보다 훨씬 적극적인 표현을 사용하며 황제의 자리에 대한 강한 의지를 드러낸 인물이 있었다. 바로 항우였다.「항우본기」에 따르면 한번은 항우가 숙부인 항량項梁을 좇아 회계산을 유람하고 돌아오다가 지금의 전단강인 절강浙江을 지나는 진시황의 행차를 보게 됐다. 장려한 행렬을 유심히 바라보던 항우가 문득 이같이 말했다.
"저 자리는 가히 빼앗아 대신할 만하다!"
깜작 놀란 항량이 황급히 조카의 입을 막았다.
"삼족이 멸하게 되느니 만큼 경망스러운 말을 입 밖에도 꺼내지 마라!"
그러면서도 항량은 내심 조카 항우를 기재奇才로 여겼다는 게 「고조본기」의 기록이다. '아, 대장부라면 마땅히 저러해야 할 것이다!' 라며 부러움을 표시한 데 그친 유방과 비교할 때 항우의 포부와 기개가 얼마나 대단했는지 대략 짐작할 수 있다. 실제로 최후의 결전에서 패해 손에 넣은 강산을 유방에게 상납하기는 했으나 항우는 진시황 사후 이런 포부를 바탕으로 천하를 손에 넣고 제후들을 호령했다. 이 또한 '심모원려'의 소산으로 볼 수 있다.

항우의 원래 이름은 적籍이다. 우羽는 자字이다. 그는 어렸을 때부터 문文보다 무武를 좋아했다. 그의 호무好武 행보는 단순히 검이나 배워 무예를 뽐내는 식의 용부勇夫와 커다란 차이가 있다. 그는 숙부 항량이 자신의 '호무' 행보에 대해 노여워하는 모습을 보이자 이같이 항변했다.

"글이란 원래 사람의 이름을 쓰는 것만으로도 충분합니다. 검 또한 한 사람만을 대적할 수 있을 뿐이니 족히 배울 만한 게 못됩니다. 저는 만인을 대적하는 것을 배울 생각입니다!"

'무武'는 원래 글자의 생성 원리에서 볼 때 전쟁을 그치게 한다는 뜻을 지니고 있다. '만인을 대적하는 것을 배우다'의 원문은 학만인적學萬人敵이다. 이는 항우가 어린 나이에 '무'의 기본 취지를 통찰했음을 보여준다. 실제로『사기』의 기록을 보면 항우의 용병술이 매우 뛰어났음을 알 수 있다. '병법의 뜻을 알고는 또한 끝까지 배우려고 하지 않았다'는「항우본기」의 구절도 이런 맥락에서 접근해야 한다. 병법을 공부하다 중단했다는 의미가 아니라 세세한 전술보다는 기본 골자에 해당하는 전략의 의미를 깨닫는 데 치중했다는 뜻으로 풀이하는 게 옳다.

'글이란 원래 사람의 이름을 쓰는 것만으로도 충분하다'는 구절 역시 결코 항우가 독서를 멀리했다는 주장의 근거가 될 수 없다. 서

생書生 수준의 글 읽기는 의미가 없다는 취지로 풀이하는 게 문맥에 부합한다. 훗날 항우에 대한 마오쩌둥의 평이 이를 뒷받침한다.

"많은 사람들이 말하기를, '항우는 독서를 멀리했다'고 말한다. 그러나 이는 역사적 사실과 다르다."

후대에 항우를 두고 불학무식不學無識하다는 얘기가 나온 것은 한나라가 등장한 후 황실에 아첨하려는 자들이 의도적으로 퍼뜨린 유언비어일 공산이 크다. 「항우본기」는 항우의 재기才氣가 보통 사람을 뛰어넘은 탓에 오현吳縣의 자제子弟들이 모두 그를 두려워했다고 기록해 놓았다. '재기'는 재치를 뜻한다. 머리가 좋아야 가능한 일이다. 여기의 '자제'는 남의 아들이나 그 집안의 젊은이를 높여 부르는 말이다. 여러 모로 항우는 문무를 겸비한 타고난 무인이었음에 틀림없다. 불학무식한 데다 병법과 거리가 멀었던 유방과 대비된다.

주목할 것은 진시황의 행차를 보고는 '심모원려'의 일환으로 황제의 자리에 오르고자 한 이 두 사람의 엇갈린 삶이다. 최후의 승자는 유방이었다. 유방의 '심모원려'는 결실을 본 셈이다. 결과론적인 얘기지만 '성사된 심모원려'이다. 이에 반해 항우의 '심모원려'는 '유종有終의 미美'를 거두지 못했다. 일종의 '좌절된 심모원려'이다. 똑같은 '심모원려'가 이처럼 다른 모습을 보이게 된 배경은 무엇일까?

항우는 초나라의 명문 귀족 출신이다. 초나라 장수 항연項燕은 항우의 조부였고, 숙부 항량은 오현의 유력자였다. 반면에 유방은 그저 그런 평민의 한 사람에 지나지 않았다. 이런 신분상의 엄청난 차이가 "저 자리는 가히 빼앗아 대신할 만하다!"와 "아, 대장부라면 마땅히 저러해야 할 것이다!"라는 사뭇 다른 반응을 낳게 했다고 보인다. 문제는 이후의 행보이다. 항우는 유방과의 싸움에서 백전백승을 거뒀다. 그러나 최후의 결전에서 패했다. 여기서 기왕의 모든 공이 수포로 돌아가고 말았다.

마지막의 마지막까지 긴장을 늦추지 말라

최후의 승리를 거두기 위해서는 끝까지 신중하고 겸허한 자세를 견지할 필요가 있다. 『주역』이 부단히 스스로를 채찍질하며 정진하는 자강불식自强不息을 역설한 이유다. '자강불식'은 신중하고 겸허한 자세가 전제돼야 가능하다. 항우는 이런 자세를 견지하지 못했다. 바로 '지나친 자신감' 때문이었다. 그에게는 어려움을 겪지 않고 생장한 '고량자제'의 통폐가 남아 있었다. 초기에 욱일승천旭日昇天의 기세로 천하를 거머쥐었음에도 이를 계속 유지하지 못하고 이내 유방에게 천하를 '상납'한 이유가 여기에 있다.

달이 차면 기울게 돼 있다. 최고가 되고자 하면 먼저 그릇을 키우고, 늘 그릇의 한쪽을 비워놓는 훈련을 해야 하는 이유다. 『순자』 「왕패」에 이를 경계하는 구절이 나온다.

"군주는 관원의 임면을 자신의 능력으로 삼고, 필부는 스스로 할 수 있는 것을 능력으로 삼는다. 군주는 다른 사람을 시켜 일할 수 있으나, 필부는 그의 일을 떠맡길 사람이 없어 100무畝의 땅을 홀로 경작하다가 사업이 궁해질지라도 이를 딴 사람에게 맡길 수가 없다. 지금 한 사람이 천하의 일을 두루 처리하면서도 매일 여유가 있고 다스리면서 과실이 없는 것은 사람을 시켜 일을 하기 때문이다.

크게는 천하를 다스리고, 작게는 한 나라를 다스리면서 만일 모든 일을 반드시 자신이 직접 챙겨야 시행된다면 그 노고에 따른 피로와 초췌함이 막심할 것이다. 그렇다면 비록 남녀 노비라 할지라도 천자의 자리와 바꾸려 들지 않을 것이다. 천하를 다스리고 사해를 하나로 통일하는 일을 어찌 반드시 군주 자신만이 해야 하는가!"

천하를 거머쥐거나 다스리고자 하면 다른 사람의 지혜와 힘을 빌릴 수 있어야 한다는 얘기다. 본인이 아무리 출중한 인물일지라도 천하는 넓다. 결코 혼자의 힘으로 얻을 수도, 다스릴 수도 없다. 모두 천하 인재들의 도움을 얻어야 가능한 일이다.

그러기 위해서는 늘 스스로 겸양한 자세로 인재를 그러모으고, 최후의 승리를 거둘 때까지 긴장을 늦춰서는 안 된다. 항우는 자신의 능력과 스펙에 도취한 나머지 남들의 지혜와 용기를 빌릴 생각을 하지 못했다.

진시황 사후 처음으로 반기를 든 진승 역시 장초張楚라는 나라를 세우고 승승장구했으나, 자고자대自高自大했다가 이내 몰락했다. 그 뒤를 이어 반진 세력의 우두머리가 된 항량도 천하를 거의 다 손에 넣을 무렵 자고자대하다가 패망했다. 항우는 나름 자신의 뛰어난 능력을 최대한 활용해 실제로 천하를 거머쥐었다. 그러나 이게 오래가지 못했다. 최대 정적인 유방을 '건달' 출신이라고 얕본 게 화근이었다. 가장 큰 문제는 역시 천하의 인재를 두루 끌어들이기는커녕 제 발로 휘하에 들어온 인재를 놓친 데 있다. 당대 최고의 전략가인 책사인 한신과 진평을 잃은 게 치명타였다.

후대의 사가들 내에서 유방은 천하를 '어부지리'로 얻었다는 평가가 나오는 이유다. 바꿔 말하면 항우가 인재를 제대로 관리하지 못해 손에 넣은 천하를 천하의 건달인 유방에게 거저 상납한 꼴이 됐다는 지적이다. 이와 관련해 아들 소식蘇軾, 소철蘇轍과 더불어 당송팔대가唐宋八大家의 일원으로 활약한 북송 때의 문인 소순蘇洵은 항우의 패배를 이같이 지적한 바 있다.

"항우에게는 천하를 가질 재능은 있었으나 천하를 가질 사려는 없었다."

항우에게는 '심모원려'와는 정반대되는 천모근려淺謀近慮밖에 없었다고 비판한 것이다. '좌절된 심모원려'는 '심모원려'의 범주에 들어갈 수 없다는 지적이나 다름없다. 동서고금을 막론하고 천하를 놓고 다투는 건곤일척乾坤一擲의 싸움에서 패하면 모든 것이 추화醜化되고, 이기면 모든 것이 미화美化되게 마련이다. 항우가 패했다고 하여 '천모근려'로 몰아간 것은 아무래도 지나쳤다.

객관적으로 보았을 때 항우의 포부와 기개는 유방에 비해 훨씬 크고 웅장했다. 그의 꿈과 행보가 결코 '천모근려'는 아니었음을 방증한다. 그러나 그는 결국 싸움에 패했다. 그의 '심모원려'도 빛이 바랠 수밖에 없었다. 결과적으로 항우는 '심모원려'가 빛을 발하기 위해서는 반드시 결과도 좋아야 한다는 교훈을 몸으로 보여준 셈이다.

03

01 덕으로 이끌고 예로 다스려라 _예치계 禮治計
02 자신과의 전쟁에서 반드시 승리하라 _복례계 復禮計
03 앞장서서 올바르게 이끌어라 _정수계 正帥計
04 작은 허물은 서로 덮어줘라 _상은계 相隱計
05 군신 모두 본분을 다하라 _군신계 君臣計
06 지난 일로 앞일을 예측하라 _왕래계 往來計

예술

예(禮)로
기강을 세우는
경영술

禮
術

예치계
禮治計

13

덕으로 이끌고 예로 다스려라

공자가 말했다.
"정령政令으로 인도하고, 형벌로써 가지런히 하고자 하면 백성들이 이를 면하려고만 하여 이내 부끄러움을 모르게 된다. 그러나 덕으로 인도하고 예로써 가지런히 하면 부끄러움을 알고 선행에 이르는 마음인 이른바 격심格心을 갖게 될 것이다."

子曰, "道之以政, 齊之以刑, 民免而無恥. 道之以德, 齊之以禮, 有恥且格."

_「논어」「위정」 제3장

공자가 말하는 위정자로서의 군자가 취해야 할 기본 입장은 바로 예치禮治이다. 이는 공자의 사상과 학문을 하나로 녹인 이른바 인학仁學 내지 인치仁治의 다른 이름이기도 하다. '예치'는 『순자』를 관통하는 키워드다. 순자를 공자 사상의 정맥을 이은 춘추전국시대 최후의 거유巨儒로 평하는 이유다. 당나라 때까지만 해도 아성亞聖은 맹자가 아닌 순자를 가리킨 말이었다. 북송대 최고의 명유^{名儒} 사마광이 『자치통감』을 저술하면서 오직 순자만을 인용한 사실이 이를 뒷받침한다. 맹자를 인용한 대목은 단 하나도 없다. 공자 사상의 정맥이 어디로 흘러갔는지를 여실히 보여주는 대표적인 사례다.

진정한 리더는 인의로 다스린다

『논어』 전편을 통해 쉽게 확인할 수 있듯이 인仁과 예禮는 동전의 양면 관계를 이루고 있다. 『논어』를 보면 오히려 '인'을 예禮와 대비해 설명한 대목이 많다. 대표적인 경우가 『논어』 「안연」의 첫머리에 나오는 극기복례克己復禮 구절이다. 물론 공자는 인仁과 더불어 의義도 매우 중시했다. 그러나 '인'과 '의'를 결합한 인의仁義 개념은 한 번도 사용한 적이 없다. 맹자가 '인의'를 역설한 것은 전적으로 묵자의 주장을 베낀 것으로 공자의 기본 입장과는 동떨어진 것이다. 원래 '의'는 리利와 대립되는 개념으로 사용된 것이다. 이를 뒷받침하는 『논어』 「자장」 제1장의 해당 대목이다.

"선비는 나라의 위기를 보면 몸을 바치고, 이득을 보면 의를 생각한다."

원문은 견득사의見得思義이다. 「계씨」 제10장에도 '견득사의'로 나온다. 그러나 「헌문」 제13장에는 '견리사의見利思義'로 표현돼 있다. 이게 공자가 언급한 것과 일치한다. 「이인」 제16장에 이를 뒷받침하는 공자의 언급이 나온다.

"군자는 의義에 밝고, 소인은 리利에 밝다."

학자들은 '의'와 '리'에 관한 논의를 통상 의리지변義利之辨으로 표현한다. 왕도와 패도를 둘러싼 논쟁을 왕패지변王覇之辨으로 표현하는 것과 같다. '의리지변'은 '인'과 '예'를 동전의 양면 관계로 파악한 공자의 주장이 묵자 및 맹자에 의해 '인'과 '의'의 양면 관계로 왜곡된 배경을 밝히는 데 매우 중요한 논쟁이다.

『논어』에는 맹자가 그토록 역설한 '인의'가 단 한 마디도 나오지 않지만 『묵자』에는 무려 29회, 『맹자』에는 27회나 언급돼 있다. 묵자는 사상 최초로 '인'에 '의'를 덧붙인 '인의' 개념을 창안했다. 맹자가 '인의'를 자신의 독창적인 견해인 양 내세운 것은 표절을 호도하기 위한 것에 지나지 않는다. 묵자와 맹자 모두 '인의' 가운데 '의'에 방점을 찍고 있는 사실이 이를 뒷받침한다.

'의'를 판정하는 기준은 하늘의 뜻이다. 그게 바로 인격신에 가까운 천의天意 내지 천지天志 개념이다. 묵자는 예수가 '카이사르의 것은 카이사르에게, 하느님의 것은 하느님에게'를 언급한 것과 달리 천의 내지 천지를 세속의 정치에 그대로 적용할 것을 주문했다. 그가 의정義政을 제창하며, 힘에 근거한 역정力政을 질타한 이유다. 훗날 맹자는 '의정'을 왕도王道, '역정'을 패도覇道로 바꿔 표현하며 '인의'를 자신의 창견創見인 양 내세웠다. 명백한 표절이다. 훗날 남송대의 주희가 선불교禪佛敎 교리에서 많은 것을 차용해 성리학을 집대성했음에도 유교의 수호자를 자처하며 불교를 질타한 것과 닮았다. 사상사적으로 볼 때 맹자는 묵가로 분류하는 게 옳다.

묵자는 공자 사상의 세례를 받은 까닭에 '인'을 직접 비판하지는 않았으나 그리 호의적이지도 않았다. 유가의 '인'이 세습귀족의 통치를 합리화하고 있는 점에 주목한 결과다. 그가 볼 때 유가의 '인'은 별애別愛를 달리 표현한 것에 지나지 않았다. 그는 내심 공자의 '인'을 빈부귀천을 막론하고 모든 사람에게 확대 적용하고자 했다. 그가 유가의 '별애'와 대비되는 겸애兼愛를 주장한 이유다.

사실 유가의 '별애'는 주나라 존립의 기반인 종법宗法을 합리화한 빈부귀천의 차별에 지나지 않았다. '겸애'는 이런 차별을 근원적으로 부인한다. 유가와 묵가가 갈리는 대목이다. '겸애'는 자신과 남을 구별하지 않는 데서 출발한다. 그게 바로 천하에 남은 존재하지 않는다는 이른바 '천하무인天下無人' 사상이다. 자신의 부모를 사랑하듯 남의 부모도 사랑하여 자신과 남 사이에 어떠한 차별도 두지 않는 것을 말한다. 이를 실천하면 남과 다툴 일이 없게 된다. 세상이 혼란스러운 것은 사람들이 이를 실천하지 않기 때문이라는 게 묵자의 확고한 생각이었다.

'겸애'는 친소의 구별을 완전히 무시하고 있다는 점에서 일종의 인류애人類愛라고 볼 수 있다. 그의 이런 주장은 대부분의 세계 종교가 내세우는 주장과 서로 통한다. 당시 묵가의 주장이 끊임없는 전쟁으로 고통받는 서민들로부터 폭발적인 지지를 얻은 이유다. 기댈 곳은 물로 하소연할 곳도 없는 서민들로서는 형제애兄弟愛를 통한 화목한 인간관계를 기치로 내세운 묵가의 주장에 크게 공명했다.

묵자의 '겸애'는 일종의 '이기적 애타愛他'라고 할 수 있다. 원수를 사랑하라고 주문한 예수의 '무조건적 애타'와 다르다. 기독교에서는 이를 아가페라고 한다. 자신을 희생함으로써 이루는 인간의 신과 이

옷에 대한 무조건적 사랑을 말한다. '겸애'는 아가페와 달리 부모에 대한 사랑을 완벽하게 실현하기 위한 수단으로 나온 것이다. 일종의 조건부적 사랑이다.

당초 공자는 친소에 따른 차별적인 사랑을 '인'의 출발로 보았다. 그는 부모에 대한 사랑과 이웃을 대하는 사랑에는 차등이 있어야 하고, 이웃과 먼 곳의 사람 사이에도 차별이 있어야 한다고 생각했다. 유가의 친친형형親親兄兄 사상이 바로 그것이다. 내용상 묵자의 '겸애'는 유가의 '친친형형'과 하등 다를 게 없다. 오히려 이를 보다 철저히 구현하기 위한 수단으로 나왔다고 보는 게 옳다. 묵자가 공자의 '인'을 제대로 구현하기 위해 '인'과 '의'를 결합한 '인의' 개념을 사상 처음으로 제시한 배경이 여기에 있다. 일각에서 묵가를 유가에 뿌리를 둔 '공자좌파'로 보는 것도 바로 이 때문이다.

그럼에도 묵가 사상에서 '인의'를 차용한 맹자는 묵가의 '겸애'를 인간관계의 핵심인 윤리질서를 파괴하는 근원이라고 판단했다. 이를 뒷받침하는 『맹자』 「등문공 하」의 해당 대목이다.

"성왕이 나오지 않자 제후들이 방자하게 굴고 초야의 선비들은 제멋대로 떠들어댔다. 양주楊朱와 묵적墨翟의 말이 천하에 가득하여 천하의 말이 양주에게 돌아가지 않으면 묵적에게 돌아가게 되었다. 양주는 자신만을 위하는 위아爲我를 주장했다. 이는 군주의 존재를 부정하는 무군無君의 학설이다. 묵적은 겸애를 주장했다. 이는 어버이를 부정하는 무부無父의 학설이다. '무부무군'을 주장하는 것은 짐승과 같은 짓이다.

양주와 묵적의 학설이 사라지지 않으면 공자의 도가 드러나지 못할 것이다. 이는 사설邪說로 백성을 속이고 인의를 가로막는 것이다. 인의가 막히면 짐승을 내몰아 사람을 잡아먹게 하다가 끝내는 사람들이 서로 잡아먹는 지경에 이를 것이다. 나는 이를 두려워해 선성先聖의 도를 보호하고, 양주와 묵적의 학설을 막고, 음란한 언설을 몰아냄으로써 사설을 주장하는 자가 생겨나지 않도록 했다. 음란한 언설과 사설은 그 마음에서 시작돼 일에 해를 끼치고, 일에서 시작돼 다시 정사에 해를 끼친다. 성인이 다시 살아 나와도 내 말을 따를 것이다."

맹자는 공자의 사상적 후계자를 자처하며 묵가를 양주와 더불어 사람을 잡아먹는 사설의 교주로 몰아세운 것이다. 묵자 사상으로부터 '인의'와 '왕도' 등의 개념을 차용한 것을 감안하면 이는 자신의 '표절'을 감추기 위한 과장된 몸짓에 가깝다.

원래 묵자는 하늘의 뜻을 천지天志와 천의天意로 표현해 놓았다. 이는 크게 두 가지 의미를 함축하고 있다. 첫째, 하늘은 지극히 공평무사하고, 인간처럼 의지를 지니고 있다. 일각에서 묵가를 인격신을 인정하는 유신론有神論으로 간주하는 이유다. 둘째, 하늘의 뜻은 서민의 뜻을 반영하고 있다. 천지와 천의를 민의民意 내지 민지民志의 반영으로 본 것이다. 서민이 곧 하늘이라고 간주한 셈이다.

현실정치와 거리를 둔 기독교의 예수와 달리 묵자는 매우 적극적이다. 묵자가 볼 때 인의에 입각한 의정義政은 반드시 나라와 백성의 이익에 부합해야 했다. 나라와 백성의 이익은 곧 하늘의 뜻에서 유출된 것이다. 따라서 하늘의 뜻인 천지와 천의가 모든 사물을 판단하는 최종 기준이 되지 않으면 안 된다. 묵자의 입장에서 볼 때 하늘이 만물을 창조한 데 이어 천자와 제후, 백관을 두어 정치를 관장하게 한 것은 모두 일반 서민의 이익을 증진시키기 위한 것이다. 따라서 이들 위정자들은 반드시 세 가지 원칙을 지켜야 했다.

첫째, 천자를 위시한 위정자들은 반드시 하늘의 뜻을 받들어야 한다. 하늘은 지극히 공평한 입장에서 위정자들을 감시한다. 천자 위에 하늘이 있는 까닭에 위정자의 우두머리인 천자는 말 그대로 하늘의 뜻을 정확히 집행해야만 한다. 그게 '의정'이다. 맹자는 이를 '왕도'로 표현했다.

둘째, 위정자는 늘 민생의 안정과 일반 백성의 복리를 증진을 꾀하는 데 매진해야 한다. 전쟁 등을 일으켜 일반 서민의 민생과 이익을 해쳐서는 안 되는 이유다. 묵자가 '겸애'와 비공非攻을 기치로 내건 근본 배경이 여기에 있다. 보병전으로 치러지는 당시의 전쟁 상황에서 피해를 입는 것은 결국 서민밖에 없다는 사실을 통찰한 결과다.

셋째, 위정자가 하늘의 뜻을 저버릴 경우 천벌을 받게 된다. 하늘은 상벌의 권능을 관장하고 있어 의를 행하면 상을 주고 불의를 저지르면 벌을 내린다. 위정자의 우두머리 격인 천자를 위시해 그 어떤 관원도 예외가 될 수 없다. 하늘의 뜻을 어기면 하늘은 천하를 두루 굽어 살피는 까닭에 달아날 곳조차 없게 된다. 이는 공자가 『논어』「팔일」에서 말한 가르침을 그대로 좇은 것이다.

이에 따르면 하루는 위령공衛靈公을 모시는 위나라 대부 왕손 가賈가 공자에게 물었다.

"속담에 이르기를, '안방 신인 오신奧神에게 잘 보이기보다는 차라리 부엌 신인 조신竈神에게 잘 보이는 것이 낫다'고 했습니다. 이는 무엇을 말한 것입니까?"

'오신'은 위령공, '조신'은 왕손 가를 상징한 말이다. 자신에게 빌붙어 벼슬할 생각이 없는지 여부를 물은 것이다. 왕손 가의 속셈을 꿴 공자가 이같이 대답했다.

"그렇지 않소. 하늘에 죄를 지으면 빌 곳조차 없게 되오."

공자는 왕손 가에게 아첨하여 벼슬하는 것을 하늘에 죄를 짓는 획죄어천獲罪於天으로 표현한 것이다. 군자는 의롭지 않은 방법으로 부귀를 추구해서는 안 된다는 것을 역설한 셈이다. 묵자가 하늘을 인간처럼 뚜렷한 의지를 지닌 인격신의 모습으로 그린 이유다. 이상을 추구하는 '공자좌파'의 기원이 묵자에게 있음을 방증하는 대목이다.

묵자의 주장에 따르면 하늘이 좋아하는 것은 '의'이고, 싫어하는 것은 '불의'이다. 하늘은 백성을 포함해 만물을 낳은 당사자이다. 자신의 소생인 만물과 백성을 애틋하게 여겨 안녕을 바라는 것은 당연한 일이다. 천자를 위시한 위정자는 하늘을 대신해 백성을 보듬는 자들이다. 이를 제대로 이행하지 않는 것은 곧 하늘의 뜻을 어기는 게 된다. 하늘은 이를 좌시하지 않는다. 묵가가 인격신에 가까운 유신론을 펼친 배경이 여기에 있다.

묵자가 하늘의 뜻과 더불어 조상신을 포함한 모든 귀신의 뜻인 귀지鬼志를 받들 것을 주장한 것도 이런 맥락에서 이해할 수 있다. 그가 말하는 귀신은 크게 천신天神과 지기地祇, 인귀人鬼로 나뉜다. 이들 모두 하늘의 수하에 속해 있으면서 하늘과 더불어 독자적인 상벌의 권능을 지니고 있다. 이들 귀신들의 권능 행사 역시 하늘과 마찬가지로 지극히 공평무사하다.

진정한 리더의 아홉 가지 특징에 주목하라

『묵자』에는 하늘에 관한 언급이 모두 300여 차례에 걸쳐 나온다. 「법의」와 「천지」, 「겸애」, 「비공」 등 4개 편에 집중돼 있는데, 그 부분에만 모두 206번이다. 학자들의 견해를 종합하면 그 특징은 모두 아홉 가지다.

첫째, 의지를 지니고 있기 때문에 인격신에 가깝다. 둘째, 백성을 어여삐 여기는 만물의 창조주다. 셋째, 천자보다 더 높은 지극히 존귀한 존재다. 천자는 하늘의 뜻을 집행하는 자에 불과하다. 넷째, 만물을 굽어 살피며 주재한다. 다섯째, 하늘 앞에서는 천자와 서민의 구별이 없이 모든 사람을 평등하게 대한다. 여섯째, 백성을 관원의 착취와 억압에서 해방시키는 구세제민救世濟民의 상징으로서 농공상 등의 서민을 가장 사랑한다. 일곱째, 상벌의 시행으로 인간 세상에 적극 관여하며, 의를 기준으로 상벌을 내린다. 여덟째, 하늘의 수족 역할을 수행하는 많은 귀신을 수하에 거느리고 있다. 아홉째, 성실한 자세로 제사에 임하는 자에게만 복을 내리고, 거짓으로 하는 참배를 멀리한다.

묵자의 '겸애'가 지상에 실현된 이상국은 『예기』 「예운」에 나오는 대동大同의 세계와 별반 다를 게 없다. 물론 거기에 이르는 과정에는 약간의 차이가 있다. 공자는 각자의 덕을 널리 확충해 먼저 소강小康 세상을 만든 뒤 최후 단계로 대동 세계를 건설하고자 했다. 이에 대해 묵자는 직설적이면서 간단명료한 방법을 제시했다. 모든 사람이 서로 남을 자신의 몸처럼 사랑하기만 하면 일거에 태평한 세상을 이룰 수 있다고 주장한 게 그렇다. 묵자의 겸애는 기독교의 박애와 비교할 때 훨씬 적극적이면서도 현실적이다. '아가페 사랑'은 성직자조차 제대로 수행하기가 힘들다. 일반인의 경우는 더 말할 게 없다. 이를 섣불리 흉내 낼 경우 위선적인 사랑에 빠지게 된다.

그러나 묵자의 '겸애'는 '교리'를 전제로 삼고 있는 까닭에 비록 세속적이기는 하나 이런 위선적인 사랑에 빠질 이유가 없다. 천자를 위시한 위정자가 천하의 이익을 두루 나눌 생각을 하지 않을 경우 이를 그대로 수용할 이유가 없기 때문이다. 묵자는 비록 맹자처럼 폭군은 신하들이 합세해 몰아내야 한다는 폭군방벌론暴君放伐論을 주장하지는 않았으나 신하들 대신 하늘이 내친다는 폭군천벌론暴君天伐論을 언급했다. 『묵자』「법의」의 해당 대목이다.

"옛 성왕인 우왕, 탕왕, 문왕과 무왕 등은 천하의 백성을 두루 사랑했고, 백성을 이끌고 하늘을 높이며 귀신을 섬겼다. 사람들을 크게 이롭게 한 덕분에 하늘이 그들에게 복을 내려 천자 자리에 오르게 했다. 천하의 제후들이 모두 그들을 공경히 섬긴 이유다. 폭군인 걸, 주, 유왕, 여왕 등은 천하의 백성을 두루 미워했고, 백성을 이끌고 하늘을 욕하며 귀신들을 업신여겼다. 사람들을 크게 해친 까닭에 하늘이 그들에게 화를 내려 나라를 잃게 했다. 자신들 또한 천하 사람들의 지탄 속에 죽임을 당하고 말았다. 후대인도 그들의 처신을 비난했으니 지금까지도 그런 비난이 그치지 않고 있다. 선하지 못한 일을 행해 화를 입은 자로 걸과 주, 유왕, 여왕을 드는 이유다.

정반대로 사람들을 사랑하고 이롭게 해 복을 받은 사람으로는 우왕과 탕왕, 문왕과 무왕을 들 수 있다. 그래서 세상에는 사람들을 두루 사랑하고 이롭게 해 복을 받는 사람이 있는가 하면, 사람들을 두루 미워하고 해침으로써 화를 입는 자도 존재하는 것이다."

당시의 기준에서 볼 때 묵자의 '폭군천벌론'은, 군자의 행보를 보이지 않는 군주는 위정자 자격이 없다고 설파한 공자의 주장만큼이나 혁명적이다. 폭군의 모습을 보이는 군주는 신하들이 합세해 제거할 수 있다고 주장한 맹자의 '폭군방벌론'보다는 약하지만 공자의 '군자론'보다는 수위가 훨씬 높다. 묵자의 '폭군천벌론'은 겸애와 더불어 묵가 사상의 키워드로 통하는 비공의 논리에도 그래도 적용된다. 이 또한 말할 것도 없이 교리의 토대 위에 서 있는 것이다.

이를 통해 알 수 있듯이 맹자는 생전에 공자 사상의 수호자를 자처하며 묵가를 '짐승의 도'로 비난했지만 그 내막을 보면 사실 묵자의 사상적 후계자나 다름없었다. 맹자보다 1세대 뒤에 태어난 순자가 공자 사상을 왜곡한 장본인인 맹자를 질타한 이유다. 명나라 때에 들어와 순자는 이 일로 인해 문묘에서 쫓겨나기는 했으나 객관적으로 볼 때 그의 이런 지적은 정확한 것이었다.

실제로 『논어』에는 단 한 구절도 나오지 않는 인의仁義라는 표현이 『묵자』와 『맹자』에만 수십 번 나온다. 맹자가 사상 최초로 언급한

'왕도'와 '패도' 개념 역시 『묵자』에 나오는 의정義政과 역정力政을 살짝 돌려 표현한 것이다. 동서고금을 통틀어 맹자가 사상 최초로 주장한 것으로 알려진 폭군방벌론暴君放伐論 역시 묵자가 역설한 폭군천벌론暴君天伐論 내지 폭군천벌론暴君天罰論을 윤색한 것에 지나지 않는다. 공자 사상의 수호자를 외치며 묵자를 비판한 맹자의 속셈을 의심하게 만드는 대목이 아닐 수 없다. 맹자를 묵자의 사상적 후계자로 간주하는 이유가 여기에 있다.

공자가 「위정」 제3장에서 덕으로 이끌고 예로써 가지런히 하라고 언급한 것은 곧 공자 사상을 한마디로 요약한 인덕仁德으로 이끌고 예치禮治로 다스리라고 주문한 것이나 다름없다. '인덕'은 목적론, '덕치'는 방법론이다. '예치'는 순자 사상의 키워드다. 맹자는 '예치'가 아닌 의치義治를 역설했다. 이는 묵자의 주장이다. 공자 사상의 정맥이 맹자가 아닌 순자로 흘러갔다고 주장하는 이유다. 이를 제대로 파악해야만 과거 문화혁명 때처럼 공자를 반동의 괴수로 몰아가는 우를 범하지 않게 된다. 21세기 G2 시대는 공자 사상에 대한 정확한 이해가 전제돼야 한다. 중국이 조만간 거추장스러운 '공산주의'의 겉옷을 내던지고 '공자주의'의 옷으로 갈아입을 것이라는 전망이 나오고 있기에 더욱 그렇다.

복례계
復禮計

14

자신과의 전쟁에서 반드시 승리하라

안연이 인仁에 대해 물었다. 공자가 대답했다.
"스스로 절제하며 예로 돌아가는 극기복례克己復禮를 행하는 것이 곧 인을 이루는 것이다. 하루 만이라도 극기복례를 행하면 천하가 인으로 돌아갈 수 있다. 이는 자신에게서 비롯되는 것으로 어찌 다른 사람에게서 비롯될 수 있겠는가."
顏淵問仁. 子曰, "克己復禮爲仁, 一日克己復禮, 天下歸仁焉. 爲仁由己, 而由人乎哉."
顏淵曰, "請問其目."

_「논어」「안연」제1장

공자 사상을 상징하는 인仁의 구체적인 방안이 바로 예禮라는 사실을 뒷받침하는 게 바로 「안연」 제1장에 나오는 극기복례克己復禮 구절이다. 이는 공자 사상의 핵심이다. 훗날 주희는 여기의 '극기복례'를 두고 이같이 풀이했다.

"극克은 이기는 것이고, 기己 는 일신의 사욕私欲을 이른다. 복復은 돌아가는 것이고, 예禮는 천리天理의 규범이다. 위인爲仁은 그 마음의 덕을 온전히 하는 것이다. 마음의 온전한 덕은 천리가 아닌 것이 없으나 또한 인욕에 의해 파괴되지 않을 수 없다. 인을 이루고자 하는 자는 반드시 사욕을 이겨 예로 돌아가야 한다. 일마다 모두 천리인 까닭에 그같이 해야만 본심의 덕이 내 몸에 온전하게 된다."

일견 그럴 듯하나 공론공담空論空談에 가까운 이기론理氣論의 '천리인욕설天理人欲說'에 입각한 번잡한 해석에 지나지 않는다. 공자가 말한 기본 취지와도 사뭇 다르다. '극기복례'는 복잡하게 생각할 게 없으며, 원래 『춘추좌전』 「노소공 12년」조에 나오는 말이다.

스스로를 절제해서 예를 행하라

기원전 529년 공자가 노나라에서 벼슬할 당시 초영왕楚靈王이 멋대로 정치를 펼치다가 신하들에 의해 쫓겨나 객사하는 일이 빚어졌다. 공자는 이 얘기를 듣고는 이같이 평했다.

"옛 책에 이르기를, '극기복례를 인이라고 한다'고 했다. 참으로 좋은 말이다. 만일 초영왕이 이같이 했다면 어찌 치욕을 당할 리 있었겠는가."

이를 통해 알 수 있듯이 『논어』에 나오는 '극기복례'는 공자가 『춘추좌전』 등의 고서에 나오는 격언을 인용한 것이다. '극기'는 주희가 말한 것과 같은 형이상학적인 개념이 아니다. 말 그대로 스스로를 절제해서 예를 행하는 것을 말한다. '극기'는 스스로 절제하는 '자극自克', '복례'는 『춘추좌전』에 나오듯이 인을 행하는 '복인復仁'을 말한다.

맹자가 '인의仁義'를 강조한 이래 마치 '의'가 '인'의 핵심 요소인 것처럼 여겨지고 있으나 이는 앞서 살펴본 바와 같이 묵자 사상의 핵심이다. 공자는 '인의'가 아닌 '인례仁禮'를 역설했다. 인정仁政을 펼치는 게 궁극적인 목적이고, 예치禮治를 행하는 게 구체적인 방법론이다. '극기복례'를 후대의 주희처럼 형이상학적으로 해석하는 것은 공자가 말한 본래의 뜻을 왜곡하는 짓이다.

역사상 '극기복례'를 통해 공자가 역설한 인정仁政을 실현한 대표적인 인물로 중국 역대 황제 가운데 최고의 성군으로 일컬어지는 청조 강희제康熙帝를 들 수 있다. 그가 최고의 성군으로 꼽힌 데는 강남을 중심으로 한 신사紳士들을 압도하는 탁월한 학식과 식견을 자랑한 사실과 무관하지 않다. 그는 만이蠻夷 출신이 중화中華의 상징이 될 수 있다는 것을 몸으로 보여준 셈이다. 중국의 전 역사를 통틀어 '만이' 출신으로 화이일체華夷一體를 실현한 인물을 고르라면 단연 그를 꼽을 수 있는 이유가 여기에 있다. 그의 재위기간은 중국 역사상 최장기에 속하는 61년에 달한다.

강희제와 옹정제, 건륭제로 이어지는 이른바 강건성세康建盛世는 무려 130년간이나 이어졌다. 중국의 전 역사를 통틀어 가장 융성하고 오랫동안 이어진 최고의 성세다. 모두 강희제가 단초를 연 것이다. 이웃한 조선이 실학의 꽃을 피울 수 있었던 것도 '강건성세'의 영향이 컸다. 청조 고유의 고증학적 방법과 서양의 과학기술을 바탕으로 역사학과 지리학, 언어학, 금석학, 천문학 등 학문의 전 분야에 걸쳐 엄밀한 과학적 분석과 논증이 전개되었다. 이는 21세기의 최신 연구방법론과 별반 차이가 없는 것이었다.

그러나 조선조는 순조가 즉위하는 19세기 들어오면서 영조와 정조 때 개화된 실학정신을 더 이상 이어가지 못했다. 오직 박지원의 손자인 박규수朴珪壽에 의해 간신히 맥이 이어져 김윤식과 김옥균 등 소수의 개화사상가에게만 전수되었을 뿐이다. 조선조가 19세기에 후반에 들어와 일제를 포함한 서구열강의 동아시아 침탈에 제대로 대응치 못해 끝내 패망하게 된 것도 이와 무관하지 않다. 일본이 비슷한 시기에 '강건성세'의 영향을 받아 이른바 고쿠가쿠國學와 고분지가쿠古文辭學을 발전시켜 메이지 유신의 사상적 기반으로 삼은 것과 대비된다.

강희제는 9세의 어린 나이에 즉위했다. 당시 두 가지 흐름이 병존하고 있었다. 만주 귀족으로 구성된 보정대신輔政大臣들이 통치 권력을 행사한 보정기輔政期에는 '민족주의' 흐름이 주조를 이뤘다. 그러나 강희제가 성년이 돼 친정에 나서면서 '세계주의' 흐름이 전면으로 부상하기 시작했다. 강희제의 치세는 두 노선을 하나로 융합한 데서 시작됐다. 그의 출현을 계기로 장성 안팎을 하나로 아우르는 명실상부한 '황제-칸'이 등장하게 되었다고 해도 과언이 아니다.

사실 명실상부한 '황제-칸'의 등장은 세계 국가가 번영할 수 있는 기본 전제조건이기도 했다. 그의 치세 때 만주족과 몽골족, 한족, 티베트족, 위구르족 등이 주축이 된 이른바 5족협화五族協和의 세계 국가 형태가 갖춰졌다. 현재의 중국도 한족이 만주족을 대신해 대표가 되기는 했으나 '5족협화'의 기본이념 만큼은 그대로 유지되고 있다. 이는 청태종인 홍타이지가 처음으로 구체화한 만·몽·한의 '3족협화' 이념이 강희제 때에 들어와 '5족협화'로 확대된 결과다. '5족협화'는 중국의 전 역사를 통틀어 처음 있는 일이었다.

한漢나라와 당唐나라는 비록 세계 제국을 자처하며 일시적으로 장성 밖의 몽골과 티베트 및 위구르 지역으로 세력을 확대하기는 했으나 이들 이민족을 제국의 판도 안으로 끌어들인 것은 아니었다. 당시에도 화華와 이夷는 엄격히 구분되었다. 쿠빌라이의 원元나라는 비록 장성을 허물기는 했으나 한족에 대한 차별을 강화해 오히려 '화'와 '이'를 더욱 분리시키는 역설을 낳았다.

이로 인해 만주지역은 고구려와 발해의 후신인 금나라가 패망한 후 청조가 들어서기 전까지 중원의 세계에서 배제되어 있었다. 명나라가 일시 산해관에서 조선의 압록강에 이르는 지역까지 이른바 요동변장遼東邊牆을 경계로 삼아 만주를 명목상의 지배 영역에 포함시켰으나 이는 간접 지배 형식에 불과한 것으로 청조와는 비교할 수조차 없는 것이다. 결과적으로 강희제는 문무 두 차원에서 사상 유례가 없는 세계 제국의 기틀을 만든 셈이다. 이는 공자가 「안연」 제1장에서 역설한 '극기복례'를 차질 없이 실천한 결과로 해석할 수 있다. 그가 중국의 전 역사를 통틀어 가장 위대한 황제로 칭송받는 것도 이와 무관하지 않을 것이다.

그가 행한 '극기복례'의 대표적인 조치로는 한인을 포섭하기 위해 실시한 일련의 문화정책을 들 수 있다. 강희 17년인 1678년에 학문과 문장에 탁월한 재능을 갖춘 사람을 추천에 의해 선발하는 현량賢良제도를 만든 게 대표적인 사례이다. 전통적인 과거제도로는 한인을 포섭하는 데 일정한 한계가 있었기에 이런 조치를 취한 것이다.

당시 이런 방식으로 발탁된 50명의 한림원 학사들이 『명사』 편찬을 주도했다. 그들 중에는 당대의 명유인 주이존朱彝尊도 끼어 있었다.

당시 그는 농민들의 지지를 얻어내기 위해 많은 신경을 썼다. 만주족의 한인토지에 대한 약탈을 금지하고 황하 등에 대한 치수를 강화해 증산을 독려했다. 그가 재위기간 동안 민생안정과 관련해 가장 신경을 쓴 부분은 치수治水였다. 강희 16년인 1677년에 근보靳輔를 하도총독河道總督에 임명해 치수사업을 총괄하게 했다. 근보의 헌신적인 노력 덕분에 남쪽 곡창에서 생산된 막대한 규모의 곡물이 빠른 속도로 북경을 비롯한 화북지역으로 수송되었다. 이는 사가들로부터 남북의 경제권을 하나로 통합돼 제국의 통치기반을 확고히 다졌다는 평을 받고 있다.

강희제는 치수사업의 성과를 검열하고 강남의 신사들과 친교를 맺을 목적으로 강희 23년인 1684년 이래 23년에 걸쳐 장강 이남의 지역을 모두 6회 방문했다. 그때마다 여비는 황제의 사재를 털어 충당했다. 시종 근검한 행보로 일관한 까닭에 그의 남순南巡에는 궁녀와 환관 역시 시중을 들기 위한 최소한의 인원으로 제한되었다.

그는 재위기간 동안 세수稅收를 한 번도 증대시킨 적이 없다. 전시 때조차 세수를 늘리지 않았다. 오히려 그의 재위기간 중 수차례에 걸쳐 감면되었다. 강희 50년인 1711년부터 3년 동안 모든 성省은 도합 3천만 은량이 넘는 세금을 감면받았다. 그는 재위 50년을 기념해 생존해 있는 남자에게만 인두세를 부과하는 정액제를 시행하면서 이후에 태어나는 사람에게는 이를 부과하지 않는 이른바 '성세자

생인정盛世滋生人丁'의 덕정을 펼쳤다. 인두세로 고통을 받던 농민들이 전폭적인 성원을 보낸 것은 말할 것도 없다. 이는 인구의 폭발적인 증가를 불러오고, 인구의 증가는 생산과 소비를 진작시켜 비약적인 경제성장을 견인하는 배경이 되었다.

그는 교육에도 많은 힘을 쏟았다. 그의 치세 때 새로 건립된 서원이 500여 개나 되고, 복원되거나 중건된 서원이 근 300개나 되었다. 이는 강남을 중심으로 한 한인 신사들로부터 커다란 호응을 얻었다. 일반 백성들의 교육에 소홀했던 것도 아니다. 강희 8년인 1669년에 선포된 16개조의 교육칙어가 그 증거이다. 청대 말기까지 250여 년 동안 일반 농민들의 도덕적 지침이 된 것은 바로 강희제가 선포한 이 교육칙어였다.

이런 일련의 혁신정책 덕분에 경제발전의 성과는 놀라운 바가 있었다. 그는 대만 정벌 이후 연안무역의 규제를 해제하고 광동성 등 4개성에 해관을 설치해 관세를 징수하도록 했다. 대외무역항을 외국 선박들에게 개방하자 외국 상선들이 차와 비단, 도자기 등의 중국 제품을 사기 위해 물밀 듯이 밀려들었다. 멕시코에서 생산되는 은이 거의 전량 중국으로 쏟아져 들어왔다. 이는 강남의 산업을 비약적으로 발전시켰다. '강건성세'의 기틀이 그의 치세 때 확고히 마련된 셈이다. 당시 청조가 최강의 세계 제국으로 군림한 근본 배경이 여기에 있다. '5족협화'가 그 요체였다.

검소함과 소박함은 리더의 가장 중요한 덕목이다

주목할 것은 그가 죽을 때까지 검박한 생활을 영위한 점이다. '극기복례'의 대표적인 사례. 한족문화의 근간을 이루고 있는 유가의 전통에서 볼 때 '검박'은 통치자의 중요한 덕목이다. 사민士民 모두 그에게 경복敬服하는 모습을 보인 이유다. 당시 청나라에 와 있던 프랑스 선교사 부베가 루이 14세에게 올린 보고서에 따르면 그가 사용한 일용품은 서민과 별반 차이가 없었다.

대표적인 예로 그는 황궁의 지출을 최대한 줄이기 위해 모든 노력을 기울였다. 명나라 때 황궁이 지출한 내용과 비교하면 이를 쉽게 알 수 있다. 1년 동안 사용한 장작은 명나라 때의 40분의 1로 약 600~700만 근, 석탄은 10분의 1인 100근으로 줄어들었다. 황궁의 침상과 바닥깔개 등의 비용의 경우는 명나라 때 대략 3만 냥이 지출되었으나 강희제 때는 전무했다. 그는 그 이유를 늘 좌우에 이같이 설명했다.

"모든 비용은 백성의 고혈로 이뤄지는 것이다. 주인이 된 황제로서 절제하는 것은 당연한 이치가 아니겠는가."

궁녀의 경우도 마찬가지이다. 당시 건청궁에는 궁녀의 수가 100여 명밖에 되지 않았다. 이는 역대 황제 중 가장 적은 숫자다. 그는 선물을 바치는 신하를 보면 이같이 힐난했다.

"천하는 제왕 한 사람을 받들기 위해 존재하는 게 아니다."

그가 신하들이 올리는 존호尊號를 뿌리친 것도 동일한 맥락이다. 그는 3번에 걸쳐 존호를 거절했다. 강희 20년인 1681년에 삼번三藩의 난이 평정되었을 때, 강희 36년인 1697년에 오이라트 족의 중가르부를 평정했을 때, 강희 60년인 1721년에 역사상 처음으로 재위 60년이 되는 뜻 깊은 해를 맞았을 때 신하들이 이구동성으로 존호를 올리고자 했다. 그러나 그는 매번 존호 자체가 허명虛名에 불과하다며 단호히 거절했다.

그의 이런 검박한 삶은 경건하고 신중한 경신敬愼의 자세로 치국평천하에 임해야 한다는 철저한 신념에서 나온 것이었다. 마음과 지혜를 함께 닦는 심지쌍수心智雙修와 즐기되 과도하게 흐르지 않는 낙이불음樂而不淫 등이 구체적인 실천지침이었다. 그가 평생을 쉬지 않고 공부하며 정사에 매진한 배경이 여기에 있었다. 그는 늘 좌우에 이같이 말했다.

"짐은 하늘의 종복인 까닭에 어떤 일 하나도 결코 소홀히 할 수 없다. 군왕은 죽을 때까지 쉴 수가 없는 것이다."

그의 치세는 바로 이런 자세 위에서 가능했던 것이었다. 사상사적으로 보면 그가 취한 일련의 정책은 민족주의와 세계주의의 절묘한 조화와 균형 위에 서 있었다. 이는 1천여 년에 걸친 중국의 정복왕조가 찾아내지 못해 절묘한 해결책이기도 했다.

강희제는 61년에 달하는 재위기간 동안 문무를 진흥시켜 청조의 황금시대를 열었다고 할 수 있다. 130여 년의 '강건성세'가 그의 치세 때부터 시작된 것이다. 그가 재위기간 중 '강건성세'의 기틀을 단단히 다져 놓았기에 가능했던 일이다. 21세기 현재 중국 내에서 역대 제왕 가운데 「안연」 제1장이 역설한 '극기복례'의 정신을 가장 잘 구현한 최고의 인물을 꼽으라는 설문에 단연 그가 꼽히는 게 그 증거다.

정수계
正帥計

15

앞장서서 올바르게 이끌어라

계강자가 공자에게 정치에 관해 물었다. 공자가 대답했다.
"정치는 바로잡는 것이오. 그대가 바르게 이끌면 누가 감히 바르지 않을 리 있겠소."

季康子問政於孔子. 孔子對曰, "政者正也. 子帥以正, 孰敢不正."

_「논어」「안연」 제17장

공자는 「안연」 제17장에서 인구에 회자하는 '정자정야政者正也'를 역설했다. 천고의 금언이다. 이는 노나라의 집정대부 계강자가 천하유세를 마치고 귀국한 공자를 국로國老로 대접하면서 자문을 구할 때 나온 말이다. 당시 공자는 계강자에게 거침없이 질책 섞인 충고를 했다. 마치 전장의 장수처럼 솔선수범해 정사를 바르게 이끌라고 주문한 게 그렇다. '장수'의 수帥는 '솔선수범'의 솔率과 같은 뜻이다.

리더는 언제나 가장 앞에 나서야 한다

역대 제왕 가운데 '정자정야'의 정신을 유감없이 발휘한 대표적인 인물로 당태종 이세민을 들 수 있다. 그의 '정자정야' 행보는 창업創業과 수성守成에 관한 그의 기본자세에 잘 나타나 있다. 그의 사적을 그린 『정관정요貞觀政要』「논군論君」의 일화에 따르면 정관 10년인 636년, 당태종은 신하들에게 창업과 수성 가운데 어느 게 더 어려운지를 물은 적이 있다. 무장 출신으로서 당태종과 함께 숱한 전장을 누빈 방현령房玄齡이 대답했다.

"창업 당시는 천하가 혼란스러워 군웅이 일거에 다투어 일어납니다. 적을 격파해야 적이 항복하고 싸움에서 이겨야 적을 제압할 수 있습니다. 이로써 말하면 창업이 어렵다고 할 것입니다."

그러자 위징은 이같이 대답했다.

"제왕이 병사를 일으키는 것은 반드시 세상의 도가 쇠잔해져 혼란스러워진 뒤입니다. 마침내 무력으로 흉포하고 간악한 자들을 뒤엎어버리면 백성들은 기꺼이 천자로 추대하고, 천하의 인심도 곧바로 귀부합니다. 창업은 하늘이 명을 내리고, 백성들이 받들어 자연스럽게 이뤄지는 것이기에 그리 어려운 일이 아닙니다. 그러나 이미 제왕의 자리를 얻은 후에는 뜻이 교만하고 방자해집니다. 백성들은 휴식을 바라지만 각종 요역徭役이 그칠 줄 모릅니다. 백성들이 크게 피폐해졌는데도 사치한 토목 사업은 잠시도 멈출 줄 모릅니다. 나라가 쇠약하고 피폐해지는 것은 늘 여기서 비롯됩니다. 이로써 말하면 수성이 어렵다고 할 것입니다."

창업은 하늘의 뜻을 받아 백성의 지지를 얻는 일이기에 어쩌면 당연한 일이지만 수성은 군주가 창업 이후 교만하고 방자해져 백성과 괴리되기 십상이므로 더 힘들다는 게 위징의 논지이다. 쉬지 않고 스스로를 채찍질하는 군주의 자강불식自强不息을 역설한 것이다. 이에 당태종이 이같이 정리했다.

"방현령은 옛 짐을 따라 천하를 평정하면서 갖은 고생을 다하며 누차 죽을 고비를 넘겨 간신히 살아남은 까닭에 창업의 어려움을 아는 것이오. 위징은 짐과 더불어 천하를 안정시키며 교만과 방종의 병폐가 생길까 우려했고, 그로 인해 위망危亡의 길로 들어설까 염려한 까닭에 수성의 어려움을 아는 것이오. 지금 창업의 어려움은 이미 지나갔소. 앞으로 수성의 어려움은 응당 공들과 함께 신중히 대처해 나갈 생각이오."

위징의 주장을 전폭 수용하면서 이제 '창업'의 시기가 지났으니 앞으로는 군신들과 함께 다스리는 군신공치君臣共治의 자세로 '수성'을 착실히 해나가겠다고 다짐했다. '군신공치' 개념을 통해 창업과 수성의 이치를 하나로 녹인 셈이다. 공자가 치국평천하와 관련해 『논어』 전편을 통해 역설한 것은 군주와 신하가 서로 도움을 주면서 위민위국爲民爲國에 함께 매진하는 '군신공치'였다.

공자가 노나라 최고 권신인 계강자의 정치에 관한 질문에 대해 '정자정야'를 언급하며 질책성 충고를 한 이유가 여기에 있다. 군주를 업신여기며 권력을 농단해서는 안 된다는 취지에서 이같이 말한 것이다. 공자가 볼 때 군주가 신하의 존재를 무시한 채 독선적으로 이끌고 가는 군주전제君主專制도 위험하지만, 권신이 군주를 허수아

비로 만든 채 권력을 전횡하는 권신전제權臣專制 역시 위험하기는 마찬가지였다. '군신공치'의 대전제에 어긋나기 때문이다. 공자가 「안연」 제17장에서 언급한 '정자정야'는 사실 군주전제에 관한 게 아니라 권신에 대한 경고성 언급이다.

전국시대 말기에 들어와 공자 사상의 후계자를 자임한 맹자는 「안연」 제17장에 나오는 '정자정야'의 취지를 제대로 이해하지 못하고 오직 '군주전제'에 대한 언급으로 오해하는 우를 범했다. 신민臣民을 중시하면서 군주를 경시하는 이른바 중민경군重民輕君의 입장을 보인 이유다. 그가 동서고금을 통틀어 사상 최초로 폭군방벌론暴君放伐論을 역설한 배경이 여기에 있다.

왜곡된 공자 사상을 원래의 모습으로 되돌려 놓은 인물이 바로 맹자보다 1세대 가량 늦게 활동한 순자다. 그는 공자가 「안연」 제17장에서 '정자정야'를 언급한 것은 기본적으로 군주가 아닌 당대의 권신인 계강자에게 훈계하기 위한 것이라는 사실을 통찰했다. 그가 신민을 중시하면서 군주를 존중하는 이른바 중민존군重民尊君의 입장을 피력한 이유다. 그의 제자 한비자는 여기서 한 발 더 나아가 권신의 존재 가능성을 아예 제거하기 위해 맹자와는 정반대로 군주를 높이면서 신하를 낮추는 중군경신重君輕臣의 입장을 보였다. 방대한 분량의 『한비자』 전편에 걸쳐 오직 '권신독재' 표현만 다섯 번 나오는 이유가 여기에 있다.

당태종은 그 취지를 통찰하고 있었다. 신하들을 군주의 스승 내지 친구로 간주하면서 수시로 자문을 구하며 그들의 건의를 정책에 반영하기 위해 노력한 것을 보면 알 수 있다. 그가 천하의 흐름을 위기의 난세와 그 이후의 치세로 구분한 뒤 창업과 수성의 논리로 '군신공치'의 이념을 구현하고자 한 배경이 여기에 있다. 역대 제왕 가운데 '정자정야' 정신을 가장 잘 구현한 인물로 그를 꼽은 이유다.

그가 볼 때 창업은 위기의 난세에 행하는 사업이고, 수성은 위기가 지난 이후의 치세에 행하는 사업에 해당했다. 춘추전국시대의 제자백가들은 창업과 수성을 각각 무력을 토대로 한 패도霸道와 덕치에 기초한 왕도王道의 논리로 설명했다. 난세에는 패도, 치세에는 왕도를 추구하는 게 타당하다는 게 논지이다. 그럼에도 맹자는 난세조차 왕도를 좇아야 한다고 주장한 것이다. 이상적이기는 하나 현실과 동떨어진 주장이다. 당시 열국의 군주들이 그의 말을 한 귀로 듣고 한 귀로 흘려보낸 이유가 여기에 있다.

리더는 이상과 현실을 파악해 조화시켜야 한다

이상과 현실의 조화는 동서고금을 막론하고 통치의 영원한 과제이다. 현실을 무시한 채 이상만을 추구하면 종교 내지 윤리 도덕이 정치를 지배하는 서양의 중세 내지 동양의 성리학 시대를 자초하게 된다.

그렇다고 이상을 포기한 채 현실에만 집착하면 정치가 삭막해져 이내 민심이반과 맞닥뜨리게 된다. 노동과 휴식이 동시에 필요하듯이 죄었다가 풀어주는 식으로 완급 조절이 필요하다. 그게 바로 상황에 따라 왕도와 패도를 적절히 섞어 쓰는 이른바 왕패병용王霸幷用의 통치술이다.

당태종은 원래 태자로 있던 친형 이건성을 죽이고 보위에 오른 인물이다. 권력을 잡기 위해 가차 없이 패도를 구사한 셈이다. 그럼에도 이건성의 참모로 있던 위징을 자신의 측근으로 끌어들이는 모습을 보였다. 직언을 서슴지 않는 그의 충성스러운 행보를 높이 산 것이다. 이는 왕도의 행보다. 당태종이 군웅을 제압하고 보위를 차지하는 난세의 과정에서 패도를 전면에 앞세웠음에도 인재를 발탁할 때는 과감히 왕도를 행한 이유가 여기에 있다. 그는 보위에 오른 뒤 천하를 다스리는 치세의 과정에서 유사한 모습을 보였다. 왕도를 전면에 내세웠음에도 상황에 따라서는 가차 없이 패도를 구사했다.

그의 이런 '왕패병용' 행보는 한겨울일지라도 날씨가 따뜻해지거나, 한여름일지라도 날씨가 서늘해질 때는 동복과 하복을 고집하지 않고 당일의 날씨에 맞춰 춘추복으로 갈아입는 것에 비유할 수 있다. 그를 두고 '왕패병용'의 묘리를 터득한 명군으로 호평하는 이유다. 그가 개국공신과 통치의 요체를 논하면서 각기 창업과 수성의 논리를 내세운 방현령과 위징의 주장을 하나로 녹인 배경이 여기에 있다.

객관적으로 볼 때 당태종 때 구현된 치세治世인 이른바 '정관지치 貞觀之治'는 기본적으로 당태종의 이런 겸허한 자세에서 비롯된 것이다. 그도 사람인 까닭에 때로는 필부처럼 희로喜怒의 감정에 마구 휩싸이곤 했다. 실수가 적지 않았던 이유다. 성급하게 신하의 목을 친 뒤 크게 후회하기도 했다. 그러나 그에게는 남다른 덕목이 있었다. 이게 '정관지치'의 배경이 됐다. 크게 세 가지다.

첫째, 신하들에게 역린逆鱗을 두려워하지 말고 과감히 직간할 것을 적극 권장했다. 위징이 그 역할을 전담하다시피 했다. 사람을 거울로 삼은 이유다. 둘째, 공자처럼 책을 손에서 놓지 않는 수불석권手不釋卷을 실천했다. 특히 역사를 통해 흥망의 이치를 터득하고자 했다. 사서를 거울로 삼은 이유다. 셋째, 자강불식自强不息의 자세로 최상의 통치를 이루기 위해 끊임없이 노력했다. 천하의 모든 사람에게 자문을 구하는 모습을 보인 이유다. 그가 희로의 감정에 휩싸이면서도 끝내 이를 절도 있게 극복한 배경이 여기에 있다.

많은 역사가들은 당태종을 두고 사상 최초로 명실상부한 세계제국을 세운 인물로 칭송하고 있다. 실제로 그의 공식 칭호는 장성 안팎을 아우른 최초의 제왕이라는 뜻의 '황제-칸'이다. 장성 안의 황제에 불과했던 진시황 이래의 역대 황제와 차원이 다르다. 그의 치세 때 동북방의 고구려와 서쪽의 토번吐蕃을 제외한 사방의 모든 나라가 무릎을 꿇었다. 가장 방대한 규모의 세계대제국을 세운 원세조 쿠빌라이도 그를 흉내 내 '황제-칸'을 칭했다. 강희제 이래의 역대 황제 역시 공식 칭호는 '황제-칸'이다. 명실상부한 천하의 주인인 '황제-칸'의 효시가 바로 당태종이었다.

주목할 점은 그의 사적을 기록한 『정관정요』가 그의 이런 눈부신 무공武功에도 불구하고 문치文治에 초점을 맞추고 있는 점이다. 『정관정요』는 총 40개 항목에 걸쳐 문치를 깊숙이 논하고 있다. 문치에 방점을 찍은 『정관정요』와 대비되는 고전이 오랫동안 『손자병법』 등과 더불어 무경7서의 하나로 손꼽힌 『당리문대唐李問對』이다. 『당리문대』의 명칭은 당태종이 자신의 경험을 토대로 위국공 이정李靖과 함께 역대 병서와 병법 및 전쟁사례 등을 깊숙이 논의했다는 취지에서 붙여진 명칭이다. 공식 명칭은 『당태종이위공문대唐太宗李衛公問對』이다. 이를 줄여 흔히 '당리문대', '이위공문대李衛公問對' 등으로 부른다. 크게 줄여 '문대'로 표현하기도 한다.

문제가 되는 명칭은 당태종을 쏙 뺀 채 이정만 부각시킨 '이위공문대'다. 이는 원래 송나라의 사대부들이 당나라를 '더러운 당나라'로 낮추면서 그 원흉으로 당태종을 지목한 데서 비롯됐다. 당태종은 친형을 죽인 데 이어 제수를 자신의 후궁으로 들인 바 있다. 명분을 중시했던 송나라 사대부들이 볼 때 이는 '패륜'의 극치였다. 병서의 명칭이 '이위공문대'로 전해진 배경이다.

그러나 당태종이 이른바 '현무문玄武門의 변'을 일으켜 친형인 이건성을 제거한 뒤 보위를 차지하게 된 데에는 나름의 사연이 있었다. 이런 배경을 생략한 채 드러난 것만 보고 '더러운 당나라' 운운한 것은 송대 성리학자들의 협량狹量을 드러낸 것이다.

객관적으로 볼 때 『당리문대』는 당태종이 뛰어난 병법을 발휘한 위국공 이정과 함께 만들어낸 작품이다. 이정 역시 위징과 마찬가지로 처음에는 당태종의 반대편에 서 있었다. 당고조 이연이 반역의 뜻을 품고 있는 것을 알고 이를 수나라 조정에 보고하려고 시도한 게 그렇다. 공교롭게도 수양제가 머물고 있는 지금의 강소성 양주시揚州市인 강도江都로 가는 도중 장안까지 이르렀다가 길이 막혀 중지하고 말았다. 이후 이연이 장안을 점령한 뒤 이정을 잡아 죽이려 하자 이정이 큰소리로 이같이 외쳤다.

"공이 의병을 일으킨 것은 난폭함을 제거하려는 취지입니다. 큰일을 하는 데로 나아가지 않고 사사로운 원한으로 장사壯士를 죽이려는 것입니까?"

이세민이 이 얘기를 듣고 이정을 구하는 데 앞장섰다. 이는 훗날 당나라가 돌궐을 제압하는 결정적인 배경으로 작용했다. 이연이 당나라를 건국할 때만 해도 돌궐의 위세가 당나라보다 컸다. 당나라는 돌궐에 조공을 바치는 나라에 지나지 않았다. 당태종이 즉위한 뒤 이정이 마침내 대군을 이끌고 가 돌궐을 토벌하는 데 성공했다. 이세민은 이정의 노고를 치하하며 대국공代國公에 봉했다. 당태종이 '황제-칸'의 자리에 오른 결정적인 배경이 여기에 있다. 이정의 돌궐 토벌 덕분이다.

『당리문대』는 구성이 문답식으로 되어 있어 추상적인 용어로 꾸며진 『손자병법』보다 이해하기 쉽다. 내용 또한 역대 병서의 장단점과 다양한 전법의 특징을 종합적으로 정리해 놓아 그 가치 또한 매우 높다. 『당리문대』는 '문치무공'으로 요약되는 정관지치의 또 다른 면을 엿보게 해준다. 『정관정요』를 읽을 때 『당리문대』를 겸해야 하는 이유다. 일각에서 『정관정요』를 '문덕文德의 제왕서', 『당리문대』를 '무덕武德의 제왕서'로 평하는 것도 같은 맥락이다. 모두 공자가 「안연」 제17장에서 언급한 '정자정야'의 기본 취지를 통찰한 결과로 해석할 수 있다.

상은계
相隱計

16

작은 허물은 서로 덮어줘라

초나라 대부 섭공葉公이 공자에게 말했다.
"우리 무리에 정직한 자가 있습니다. 아비가 남의 양을 몰래 끌고 가자 아들이 이를 증언했습니다."
공자가 대답했다.
"우리 무리의 정직한 자는 그와 다르오. 아비는 자식을 위해 숨기고, 자식은 아비를 위해 숨겨주니 정직함이 바로 그 안에 있는 것이오."

葉公語孔子曰, "吾黨有直躬者, 其父攘羊, 而子證之." 孔子曰, "吾黨之直者異於是. 父爲子隱, 子爲父隱, 直在其中矣."

_「논어」「자로」제18장

「자로」제18장은 공자가 64세가 되는 기원전 489년에 초나라 현자 섭공을 만났을 때의 일화를 기록한 것이다. 당시 공자는 천하유세 도중 잠시 초나라의 섭葉 땅에 머물게 됐다. 이곳을 다스리는 초나라 지방장관 섭공葉公 심제량沈諸梁은 현대부로 명성이 자자했다. 공자와 섭공 모두 상대방에 대한 얘기를 많이 들었으나 서로 만난 적은 없었다. 하루는 공자의 제자 자로가 공자에 앞서 먼저 섭공을 만나게 됐다. 섭공이 자로에게 공자에 관해 물었으나 자로가 제대로 대답치 못했다. 자로의 보고를 들은 공자가 힐난했다.

"너는 어찌하여 '저의 스승은 발분發憤하여 먹는 것조차 잊고, 즐거워하여 근심조차 잊은 까닭에 늙는 것이 장차 이르게 되는 것조차 모른다'라는 식으로 말하지 않았느냐?"

당시의 일화가 「술이」 제18장에 실려 있다. 결국 공자는 섭공을 만나게 됐다. 섭공이 먼저 정치에 대해 물었다. 공자가 대답했다.

"가까이 있는 자들은 기뻐하게 만들고, 먼 곳에 있는 자들은 가까이 다가오도록 만드는 것입니다."

당시의 일화가 「자로」 16장에 실려 있다. 문제는 그 다음이다. 섭공이 공자에게 말했다.

"우리 초나라에 직궁直躬이라는 자가 있습니다. 아비가 남의 양을 몰래 끌고 가자 아들이 이를 증언했습니다."

대개 '직궁'을 사람 이름으로 보나 단순히 정직한 자를 뜻하는 것으로 보는 견해도 있다. 섭공의 얘기를 들은 공자가 곧바로 반박했다.

"우리 무리에 있는 정직한 자는 그와 다릅니다. 아비는 자식을 위해 숨기고, 자식은 아비를 위해 숨겨줍니다. 정직함이 바로 그 안에 있습니다."

「자로」 제18장은 바로 이때의 일화를 수록한 것이다. 공자와 섭공에 관한 일화는 이게 전부이다. 「술이」 제18장과 「자로」 제16장 및

제18장 등 모두 3곳이다. 후대에 가장 큰 논란을 야기한 것은 「자로」 제18장의 이른바 부자상은父子相隱 문제이다. 부모와 자식이 서로의 죄를 감싸주는 것을 말한다.

상벌은 반드시 경중을 파악해서 행해야 한다

공자가 말한 '부자상은'은 크게 부모가 자식을 위해 허물을 감추는 '부위자은父爲子隱'과 자식이 부모를 위해 허물을 덮는 '자위부은子爲父隱'으로 나눌 수 있다. 방점은 '부위자은'보다 '자위부은'에 찍혀 있다. 이는 절도를 한 부친을 관에 고발하는 것을 정직하다고 간주한 초나라 현자 섭공 심제량沈諸梁의 주장과 정반대된다.

주목할 것은 '부자상은' 문제는 동서고금의 최대 난문難問 가운데 하나인 '공公과 사私의 구분' 문제를 정면으로 다루고 있다는 점이다. 공자 사상의 정확한 실체를 파악하기 위해서는 '부자상은' 문제를 둘러싼 섭공과 공자의 입장을 명확히 파악할 필요가 있다. 「자로」 제18장의 '부자상은'에 대한 정확한 이해는 공자 사상이 맹자와 주희에 의해 어떻게 왜곡됐는지를 밝히기 위해 매우 중요하다.

원래 공자가 말하는 '덕'은 맹자가 말한 인의예지仁義禮智 이외에도 효제충인孝悌忠信 등 매우 다양한 덕목을 모두 포함한 개념이다. 이런 여러 덕목 가운데 가장 중요한 것이 인仁이다. 모든 덕목은 '인'으로 수렴된다. 공자 사상에 관한 학문인 이른바 공학孔學을 두고 인학仁學으로 칭하는 이유다. 북송대의 도학자들은 '인'을 고정된 덕이 아니라 경우에 따라 적응할 수 있는 원융무애圓融無碍한 정신으로 파악했다. 정명도程明道가 공자 사상의 핵심인 '인'이 우주의 원리인 물아 일체物我一體와 통한다고 주장한 게 그 실례이다. 이는 불가에서 말하는 공空 사상을 공자 사상의 '인'의 개념 속에 끌어들인 결과다. 주희는 여기서 한 발 더 나아가 '인'을 천리와 인정의 문제로 풀이했다. 『논어집주』의 해당 대목이다.

"공자가 여기서 말한 '부자상은'은 천리와 인정의 극치를 언급한 것이다. 정직하기를 구하지 않아도 정직함이 그 안에 있다."

성리학자들은 이를 토대로 '효'가 '충'보다 앞서는 덕목으로 해석했다. 그러나 이는 공자가 말하고자 한 '부자상은'의 기본 취지와 어긋난다. 이 일화에서 문제가 된 것은 양 한 마리이다. 양 한 마리의 횡령에 대한 고발은 국가에 대한 '충'의 차원과 전혀 상관이 없는 것은 아니나 직접적인 관련이 있는 것이 아니다. 당대의 현자인 섭공 또한 이를 '충'의 문제로 물은 것도 아니다.

굳이 양 한 마리를 훔친 부친에 대한 자식의 고발을 '충'과 관련해 해석한다면 소충小忠에 불과할 뿐이다. 그러나 양 한 마리를 횡령한 부친을 관가에 고발하는 것은 '효' 자체를 허무는 대효大孝에 관한 문제이다. 만일 자식이 그런 일을 저질렀을 경우 그 자식은 가문으로부터 파문을 당하는 것은 물론 이웃의 손가락질을 받았을 것이다. 나아가 국가가 이를 권장할 경우 가정의 파탄을 통한 국가혼란을 야기할 수밖에 없다. '대효'와 '소충'이 충돌할 때 그 선택은 자명한 것이다. 공자가 '자위부은'을 언급한 진정한 취지가 바로 여기에 있다.

성리학자들이 '충'과 '효'의 양적인 크기를 무시한 채 무조건 '효'가 '충'보다 앞선다고 주장한 것은 본말이 뒤바뀐 것이다. 원래 나라에 충성하는 충국忠國은 치국평천하 차원의 덕목이고 부모에 효도하고 자식을 돌보는 자효친자子孝親慈는 수신제가 차원의 덕목이다. 공자가 학당을 열어 제자를 가르친 것은 기본적으로 치국평천하에 헌신하는 군자를 만들어내려는 취지였다. 결코 개인 및 가족공동체 차원의 '효'를 국가공동체 차원의 '충'보다 높인 적이 없다. 성리학자들의 '충'과 '효'에 관한 해석은 공자 사상에 대한 일대 왜곡이다.

서양이 낳은 20세기 최고의 정치철학자로 불리는 한나 아렌트는 이 문제에 대해 탁월한 해답을 제시한 바 있다. 그는 이 문제를 아리스토텔레스가 『정치학』 제7권 제1~2장에서 언급한 '철학적 삶'과 '정치적 삶'의 대립으로 파악했다. '철학적 삶'은 개인 및 가족공동체의 권익을 중시하고, '정치적 삶'은 국가공동체의 이익을 중시한다. 아렌트는 『인간의 조건』에서 서양의 정치사상사는 바로 아리스토텔레스가 언명한 이른바 '조온폴리티콘ζῷον πολιτικόν'의 해석을 둘러싼 논쟁으로 점철되었다고 파악했다.

그의 주장에 따르면 인간은 정치적 동물이라는 뜻의 '조온폴리티콘'에 대한 해석은 크게 '정치적 동물'로 해석하는 견해와 '사회적 동물'로 해석하는 견해로 대별돼 왔다. 과연 인간은 공동체 전체의 이익을 중시하는 '국가'를 앞세우는 '정치적 동물'인가, 아니면 개인 및 가족공동체의 권익의 총합인 '사회'를 앞세우는 '사회적 동물'인가? 아렌트의 해석은 다음과 같다.

로마의 사상가 세네카는 '조온폴리티콘'을 '아니말 소키알리스 animal socialis'로 번역함으로써 사상 최초로 인간을 '사회적 동물'로 해석하는 단초를 열었다. 세네카는 '조온폴리티콘'을 '사회적 동물'

로 번역함으로써 공동체 전체의 이익을 중시하는 국가보다 개인 및 가족공동체의 총합인 '사회'에 무게를 둔 셈이다. 이후 중세시대에 토마스 아퀴나스는 세네카의 정의를 보다 구체화해 이런 라틴어 표준 번역어를 만들어냈다.

"인간은 본성적으로 정치적, 즉 사회적이다."

이를 계기로 아리스토텔레스가 언급한 '조온폴리티콘'의 희랍어 '폴리티콘'은 라틴어 '폴리티쿠스politicus'와 '소키알리스socialis'의 두 가지 뜻을 겸유하게 되었다. 아퀴나스가 만들어낸 이런 라틴어 표준 번역어 기준은 21세기 현대에 이르기까지 전혀 변함이 없다.

실제로 영어의 '폴리틱스politics'를 비롯해 불어의 '라 뽈리띠끄 la politique'와 독어의 '디 폴리틱die Politik', 러시아어의 '뽈리찌까 Политика' 모두 '정치'와 '사회'의 의미를 동시에 지니고 있다. 원래 '사회'를 뜻하는 라틴어 소키에타스societas는 정치적 의미를 지니고 있기는 하나 매우 제한적이었다. 다른 사람을 지배하거나 범죄를 도모할 목적으로 사람들이 조직을 만드는 것처럼 일부 사람들이 특정한 목적을 이루기 위해 결속하는 것을 의미했다.

그리스어에는 라틴어 '소키알리스'에 대응하는 낱말이 존재하지 않았다는 사실에 주목할 필요가 있다. '폴리스'의 번역어는 '도시국가'이나, '도시'보다는 '국가'에 방점이 찍혀 있는 것이다. 인구 10만 명에서 30만 명 단위로 구성된 도시국가를 지칭한다. 이는 고대 그리스의 정치 체제가 여러 도시를 묶어 하나의 공화국을 구성한 로마공화국의 정치 체제를 구성한 적이 없다는 사실과 밀접한 관련이 있다. '국가'보다 '도시'에 무게를 둘 경우 '폴리티쿠수'보다 '소키알리스' 개념이 전면으로 튀어나올 수밖에 없다. 실제로 로마공화국은 외견상 그리스와 마찬가지로 '폴리스' 형태를 유지했지만 내면적으로는 '국가'보다 '도시' 개념을 앞세우는 공화국 체제로 유지되었다. 시민단체로 이뤄진 도시를 뜻하는 라틴어 '키비타스civitas'가 만들어진 배경이 바로 여기에 있다.

공화국은 공동의 재산을 뜻하는 '레스 푸블리카res publica'에서 나온 말이다. 로마의 공화정은 '키비타스'에 기초한 정치제제이다. 서양에서 '키비타스'를 중시하는 전통은 21세기 현재까지 아무런 변함이 없다. 18세기 이래 20세기 초반까지 세계를 주름잡은 대영제국은 물론 '21세기의 로마제국'으로 지칭되는 미국 역시 로마공화정을 복사한 '레스 푸블리카' 체제이다.

'레스 푸블리카'에 기초한 민주공화국에서 개인 및 가족공동체의 권익을 중시하는 '민주' 개념을 강조하면 할수록 '정치적 삶'보다는 '철학적 삶'을 중시하게 된다. 반대로 국가공동체 차원의 '공화' 개념을 강조하면 할수록 '철학적 삶'보다는 '정치적 삶'을 중시하게 된다. 서구의 민주공화정 체제가 프랑스혁명 이래 현재에 이르기까지 '사회'를 강조하는 '민주' 개념과 '국가'를 강조하는 '공화' 개념의 대립으로 끝없는 갈등을 겪고 있는 이유다. 아렌트는 바로 이 점에 주목했다. 『인간의 조건』에서 개인 차원의 '철학적 삶'도 중요하지만 국가공동체 차원의 '정치적 삶'이 배제될 경우 결국 '철학적 삶'도 상실될 수밖에 없다고 주장한 이유가 여기에 있다.

조직원의 가정이 무너지면 조직도 패망하기 마련이다

아렌트의 이런 해석은 「자로」 제18장에 나오는 '부자상은'의 딜레마를 나름 합리적으로 해결할 수 있는 단초를 제공하고 있다. 양을 훔친 부친의 절도 행위를 자식이 고발하지 않는 것은 가족공동체를 유지하기 위해 필요하다. '철학적 삶'이다. '철학적 삶'은 '윤리적 삶'과 같은 뜻이다. 그러나 이보다 더 심한 살인강도 내지 모반 등의 범죄행위가 이뤄질 때는 고발하는 게 옳다. 이를 방치하면 국가공동체가 무너지기 때문이다. 이는 '정치적 삶'이다. 아렌트가『인간의 조건』에서 개인 차원의 '철학적 삶'도 중요하지만 국가공동체 차원의 '정치적 삶'이 배제될 경우 결국 '철학적 삶'도 상실될 수밖에 없다고 주장한 근본이유가 여기에 있다. 공자가 「자로」 제18장에서 '부위자은'을 언급한 것도 이런 차원에서 이뤄졌다고 보는 게 옳다.

섭공 심제량과 공자의 문답은 결국 같은 곡을 달리 연주한 것에 지나지 않는다. 양 한 마리를 훔치는 일종의 경범죄輕犯罪에 대해 섭공은 '정치적 삶'에 방점을 찍은 데 반해 공자는 '윤리적 삶'에 무게를 둔 것이 약간 다를 뿐이다. 살인강도와 모반 등의 중범죄重犯罪에 대해서는 공자와 섭공의 해석이 하등 다를 리 없다. 아렌트가 지적했듯이 국가공동체 차원의 '정치적 삶'이 배제될 경우 결국 개인 및 가족공동체 차원의 '철학적 삶'도 상실될 수밖에 없기 때문이다. '부자상은'의 문제를 주희를 비롯한 성리학자들처럼 '효'가 '충'보다 앞선다는 식으로 해석해서는 안 되는 이유가 여기에 있다.

원래 동양은 춘추전국시대 당시부터 이 사안을 국가공동체 차원의 '충'과 개인 및 가족공동체 차원의 '효'의 충돌 문제로 접근해 왔다. '충'에 기초한 치국평천하治國平天下와 '효'에 기초한 수신제가修身齊家 간의 우선순위 문제로 단순화시킨 게 그렇다. 맹자는 윤리 도덕의 상징어인 인의仁義를 앞세운 까닭에 〈수신제가 → 치국평천하〉의 도식에 서 있었다. 수신제가에 충실하지 않으면 결코 치국평천하에 성공할 수 없다는 입장이다. '부자상은'의 사례에 대해서도 같은 논리를 적용할 경우 경범죄는 말할 것도 없고 중범죄에 대해서도 고발해서는 안 된다는 주장을 펴게 된다. 실제로 맹자는 그런 입장에 서 있었다. 난세의 시기에 이를 관철할 경우 이는 국가의 붕괴를 의미한다. 법가 사상을 집대성한 한비자가 맹자를 질타한 이유다.

엄격한 법치를 역설한 한비자를 비롯한 법가는 이와 정반대의 입장에 서 있었다. 어떤 경우든 국가공동체의 기강을 훼손해서는 안 된다는 입장에서 맹자와 정반대되는 〈치국평천하 → 수신제가〉의 도식을 역설한 이유다. '부자상은' 사례에 대해서도 같은 논리를 적용할 경우 중범죄는 말할 것도 없고 경범죄에 대해서도 가차 없이 고발해야 한다는 논리가 성립된다. 『한비자』「오두」에 이를 뒷받침하는 대목이 나온다.

"초나라 사람으로 직궁이라는 자가 있었다. 그는 부친이 양을 훔치자 그 사실을 관원에게 고발했다. 영윤令尹이 그를 죽이게 했다. 군주에게는 정직한 것이나 부친에게는 패륜이라고 생각해 벌을 준 것이다. 이로써 보면 군주의 정직한 신하는 부친에게 난폭한 아들이 되는 셈이다. 노나라 사람이 군주를 좇아 전쟁터에 나갔지만 세 차례나 도주했다. 공자가 그 까닭을 묻자 대답하기를, '저에게 늙은 부친이 있습니다. 제가 없으면 봉양할 사람이 없습니다'라고 했다. 공자는 효성스럽다고 생각해 그를 천거해 높은 자리에 앉게 했다. 이로써 보면 부친의 효성스러운 자식은 군주에게 불충한 백성이 되는 셈이다.

초나라 영윤이 직궁을 사형시킨 뒤 간사한 일이 군주에게 들리지 않고, 공자가 효자를 포상해 벼슬을 얻게 한 뒤 노나라 백성은 전쟁에 나가 쉽게 항복하거나 달아나게 됐다. 위아래의 이해는 이처럼 서로 다를 수 있다. 군주가 백성의 덕행을 존중하며 나라의 복을 구하고자 하면 거의 이루지 못할 것이다!"

「오두」에 나온 초나라 영윤은 맹자처럼 중범죄에 대해서도 '부자상은'의 논리를 확대 적용해야 한다는 입장을 보인 인물이다. 한비자는 직궁을 처벌한 영윤을 강도 높게 비판하면서 난세에 이런 논리를 고집할 경우 결국 국가 패망으로 이어질 수밖에 없다고 경고하고 있다. 난세에는 한비자의 논리가 타당하다. 군법이 일반 형법보다 엄한 이유를 상기하면 쉽게 이해할 수 있을 것이다.

그러나 부모가 중범죄를 저질렀을지라도 선뜻 고발하기는 쉽지 않다. 『사기』 「순리열전」에 이에 관한 일화가 나온다. 석사石奢는 춘추시대 말기 초소왕楚昭王 때의 재상이다. 성품이 곧고 정직해 아부하거나 책임을 회피하는 일이 없었다. 하루는 한 현縣을 시찰하다가 도중에 살인사건을 보게 되었다. 범인을 추적해 잡고 보니 자기의 부친이었다. 석사는 부친을 달아나게 한 뒤 관청에 돌아와서는 좌우에 명해 곧바로 자신을 구속하게 했다. 이어 사람을 시켜 초소왕에게 이같이 보고했다.

"살인자는 저의 부친입니다. 부친을 처형해 정치를 바로 하는 것은 불효이고, 법을 무시하고 부친을 사면하는 것은 불충입니다. 신의 죄는 죽어 마땅합니다."

초소왕이 위로했다.

"추적했는데도 잡지 못한 셈이니 벌을 받을 필요는 없소. 속히 직무로 돌아가도록 하시오."

석사가 사양했다.

"자신의 부친에게 사정私情을 베풀지 못하면 효자가 아니고, 군주의 법을 받들지 못하면 충신이 아닙니다. 대왕이 신의 죄를 용서하는 것은 군주의 은혜이고, 죽을죄를 지어 죽는 것은 신하의 직분입니다."

그러고는 끝내 초소왕의 명령을 따르지 않고 스스로 목숨을 끊었다. 부친을 석방함으로써 '효'를 실현한 뒤 자신의 '불충'을 스스로 벌한 것이다. 공자의 가르침을 좇으면서도 한비자의 주장을 전폭 수용한 셈이다. 일종의 절충설이다.

「순리열전」에는 또 하나의 유사한 사례가 나온다. 이리李離는 춘추시대 두 번째 패자霸者인 진문공晉文公 때의 법관이다. 공정한 재판으로 명성이 높았다. 그러던 중 고소인의 거짓에 속아 넘어가 오판을 하여 무고한 자를 죽이게 됐다. 뒤늦게 이 사실을 알고는 스스로 감옥에 들어간 뒤 사형을 판결했다. 진문공이 이 얘기를 듣고는 이같이 말했다.

"관직에는 고하가 있고, 형벌에는 경중이 있소. 이는 부하 관원들이 제대로 보좌하지 못한 탓이지 결코 그대의 잘못이 아니오."

이리가 말했다.

"신은 상관으로서 부하 관원에게 자리를 양보하지 않았고, 많은 녹봉을 받으면서 부하 관원에게 그 이익을 나누어주지 않았습니다. 오판을 하여 무고한 사람을 죽였는데 그 죄를 부하 관원에게 떠넘긴다는 말은 아직 들어본 적이 없습니다."

진문공이 말했다.

"그대의 말대로 그대에게 죄가 있다면, 나라를 다스리는 과인도 궁극적인 책임을 져야 하는 게 아니겠소?"

이리가 대답했다.

"법관에게는 법도가 있습니다. 법을 잘못 적용해 형벌을 내리면 자신이 형벌을 받아야 하고, 오판하여 사형을 내리면 자신이 죽어야 합니다. 군주는 신이 능히 미세한 것까지 의혹을 풀 수 있을 것으로 생각해 신을 법관으로 삼았습니다. 그런데도 지금 고소인의 거짓을 사실로 믿고 무고한 사람을 죽였으니, 그 죄는 사형에 해당합니다."

그러고는 결국 진문공의 명을 듣지 않고 스스로 목숨을 끊었다. 『논어』를 관통하는 기본 이치에 비춰볼 때 공자도 섭공과 마찬가지로 국가공동체의 존속을 가족공동체 위에 올려놓았다. 사상 최초로 패업을 이룬 관중管仲을 두고 중원과 이적夷狄을 대비시키며 최고의 인인仁人으로 평한 게 그 실례다. 성리학자들이 '충'과 '효'의 덕목이 충돌할 때 해당 사안의 '충'과 '효'가 지니고 있는 질적인 차이를 무시한 채 무턱대고 '효'가 '충'보다 앞선다고 주장한 것은 본말이 뒤집힌 것이다.

『대학』의 논리에서 볼 때 충국忠國은 치국평천하, 효친孝親은 수신제가 차원의 덕목이다. 공자가 학당을 열어 제자들을 열심히 가르친 것은 치국평천하에 헌신하는 군자를 만들어내려는 취지였다. 결코 개인 차원의 '효친'을 국가안위 차원의 '충국'보다 높인 적이 없다.

공자는 '충'과 '효'의 유기적인 결합을 추구했다. 공자 사상의 가장 큰 특징이 여기에 있다. 국가안위를 치국평천하의 기본요건으로 삼은 점에서 섭공과 공자는 같은 입장이다. 다만 섭공은 '효친'을 강조해 '부자상은'을 지나치게 넓게 허용할 경우 법치가 훼손될까 우려했고, 공자는 '충국'을 중시한 나머지 '부자상은'마저 수용하지 않을 경우 가족공동체의 기반이 무너질까 염려했을 뿐이다. 두 사람의 이견은 치국평천하의 방법론을 둘러싼 입장 차이에 지나지 않는다.

기업도 하나의 공동체로, 가족공동체보다는 크고 국가공동체보다는 작다. 「자로」 제18장에서 얘기한 '부자상은'의 이치를 적극 적용할 필요가 있다. 상사와 하사의 작은 실수는 너그러이 덮어주며 기업공동체의 발전을 위해 서로 분발을 다짐할 필요가 있다.

그러나 맹자처럼 '부자상은'의 이치를 지나치게 확장하는 것은 문제가 있다. 상사 및 하사의 중범죄마저 묵인하는 사태가 빚어질 수 있기 때문이다. 이는 공동체의 붕괴를 의미한다. 사안의 경중을 가려 대응할 필요가 있다.

군신계
君臣計

17

군신 모두 본분을 다하라

제경공齊景公이 공자에게 정치에 관해 물었다. 공자가 대답했다.
"군주는 군주답고, 신하는 신하답고, 아비는 아비답고, 자식은 자식다워야 합니다."
제경공이 말했다.
"좋은 말이오. 실로 군주가 군주답지 못하고, 신하가 신하답지 못하고, 아비가 아비답지 못하고, 자식이 자식답지 못하면 비록 곡식이 있을지라도 내가 어찌 그것을 먹을 수 있겠소."

齊景公問政於孔子. 孔子對曰, "君君, 臣臣, 父父, 子子." 公曰, "善哉. 信如君不君, 臣不臣, 父不父, 子不子, 雖有粟, 吾得而食諸."

_「논어」「안연」제11장

공자가 「안연」제11장에서 말한 '군군君君, 신신臣臣, 부부父父, 자자子子'는 국가공동체 및 가족공동체의 기본 질서를 언급한 것이다. 공자는 맹자처럼 폭군을 방벌하라고 주장하지 않았다. 그의 기본 입장은 어디까지나 군군신신君君臣臣이었다. 설령 군주가 불인不仁할지라도 신하들이 멋대로 쫓아내는 것을 인정하지 않은 것이다. 공자는 기본적으로 신하된 자는 오직 진퇴進退를 통해서만 의사를 표시해야 한다고 강조했다. 이를 뒷받침하는 일화가 「안연」제19장에 나온다. 하루는 계강자가 공자에게 정치에 관해 물었다.

"만일 무도한 자를 죽여 도가 있는 곳으로 나아가면 어떻겠습니까?"

내용상 허수아비 군주를 무도한 자로 몰아 내친 뒤 보위를 차지할 가능성이 있는지 물은 것이나 다름없다. 공자가 그 속셈을 읽고 이같이 대답했다.

"그대가 정치를 하면서 어찌 죽이는 일을 능사로 삼으려는 것이오? 그대가 선을 행하고자 하면 백성들을 저절로 선해질 것이오. 군자의 덕은 바람과 같고, 소인의 덕은 풀과 같소. 풀 위에 바람이 불면 풀은 반드시 쓰러지기 마련이오."

설령 '불인'한 군주를 만나 무도無道한 세상에 처하게 될지라도 오직 초야로 숨어드는 것만을 인정할 뿐 탈위奪位와 시군弑君 등의 극단적인 방안을 적극 배격한 것이다. 맹자의 '폭군방벌론'과 천양지차가 있다.

후대에 군주가 군주답지 않을지라도 신하는 신하답지 않으면 안 된다는 취지의 '군불군君不君, 신불가불신臣不可不臣' 표현이 나온 배경이다. 아비가 아비답지 않을지라도 자식은 자식답지 않으면 안 된다는 취지의 '부불부父不父, 자불가불자子不可不子' 표현도 취지는 같다. 공자의 저작으로 알려진 『효경』의 주석에 나오는 『고문효경공씨전古文孝經孔氏傳에서 나온 말이다. 이는 기원전 2세기의 전한제국의 공안국孔安國이 쓴 것으로 알려졌으나 중국에서는 일찍이 실전되었다. 그러나 일본에 전해져 커다란 영향을 끼쳤다. 이로 인해 일본에서는 오래도록 '군군신신, 부부자자'와 함께 '군불군, 신불가불신' 및 '부불부, 자불가불자' 구절이 널리 통용되었다.

리더와 조직원 모두 자신의 사회적 역할을 다해야 한다

전국시대 말기에 들어와 순자는 「안연」 제11장의 '군군신신, 부부자자'에 '형형제제兄兄弟弟' 말고도 '사사士士, 농농農農, 공공工工, 상상商商'의 4민론四民論을 덧붙였다. 이로써 유가에서 말하는 국가공동체의 기본 질서가 더욱 명확해졌다. 『순자』「왕제」의 해당 대목이다.

"천지는 생生의 시작이고, 예의는 치治의 시작이고, 군자는 예의禮義의 시작이다. 예의를 만들고, 통용하게 하고, 무겁게 쌓이게 하고, 완미完美의 경지에 이르게 하는 것은 군자의 근본이다. 그래서 천지는 군자를 낳고, 군자는 천지를 다스리는 것이다. 군자는 천지의 변화에 참여하고, 만물을 총괄한다. 그래서 백성의 부모가 되는 것이다. 군자가 없으면 천지는 다스려지지 않고, 예의는 법통이 없게 되고, 위로는 군주와 스승인 군사君師가 없고, 아래로는 부자父子가 없게 된다. 이를 일컬어 '지란至亂'이라고 한다. 군신·부자·형제·부부는 시작되어서 끝나고, 끝나면 시작되고, 천지와 더불어 같이 다스려지고, 만세하도록 같이 오래간다. 이를 일컬어 '대본大本'이라고 한다. 군군君君, 신신臣臣, 부부父父, 자자子子, 형형兄兄, 제제弟弟도 같은 원리이다. 농농農農, 사사士士, 공공工工, 상상商商도 마찬가지 원리이다."

21세기 경제전의 관점에서 볼 때 순자가 덧붙인 '농농, 사사, 공공,

'상상'의 국가공동체 기본 질서는 애덤 스미스가 『국부론』 제1편에서 언급한 분업론分業論과 취지를 같이한다. 순자가 말한 4민론은 사상 최초의 분업론이다. 여기서 가장 눈에 띄는 것은 '상상商商'이다. '장사꾼은 장사꾼다워야 한다'는 뜻이다. 철저한 상인정신을 의미한다.

이는 적자투성이인 JAL을 흑자로 전환시킨 이나모리 가즈오稻盛和夫 교세라 명예회장이 언급한 것이기도 하다. 21세기 현재 이나모리처럼 철두철미한 '상인정신'을 역설하는 기업 CEO는 찾아보기 힘들다.

원래 그는 마쓰시타 고노스케, 혼다 쇼이치로와 더불어 일본에서 가장 존경받는 3대 기업가로 손꼽히며 '경영의 신神'이라는 칭송을 받고 있다. 한국의 많은 기업 CEO들도 그를 가장 존경하는 사람으로 꼽고 있다. 1932년 규슈 가고시마 현鹿兒島縣의 가난한 시골 집안에서 태어나 가고시마대학 공학부를 졸업한 그는 작은 회사에서 기술자로 일하던 중 1959년 자본금 300만 엔에 28명의 종업원으로 교토세라믹주식회사를 설립했다. 파인세라믹스라는 새로운 분야를 개척한 덕분에 교세라는 출범 첫해에 매출 2600만 엔을 달성했다. 이후 불모지였던 미국 시장에까지 진출해 2015년 현재 연매출 5조 엔이 넘는 세계 최고의 세라믹 회사를 만들어냈다.

1980년에 결성한 연구모임 '세이와주쿠盛和塾'는 현재 전 세계 50여 개 지역에 설치되어 운영되고 있다. 또 지난 1984년 사재 200억 엔을 기반으로 설립한 '이나모리 재단'은 매년 인류사회의 진보발전에 공적이 있는 사람들을 표창해 오고 있다. 그는 한국농업의 근대화를 이끈 고 우장춘 박사의 넷째 사위이다. 아마추어 유망주 박지성을 스타로 키워낸 교토퍼플상가의 구단주를 지내는 등 우리나라와도 깊은 인연을 맺고 있다. 독실한 불교신자인 그는 전 사원의 행복과 인류사회의 발전에 공헌한다는 경영이념으로 살아오고 있다.

그는 여러 모로 사상 최초의 정치경제학파인 상가商家의 시조 관중管仲과 닮았다. 관중 역시 춘추전국시대의 제자백가 가운데 사농공상 가운데 상인의 역할을 극히 중시한 유일무이한 사상가다. 그의 중상주의 입장을 가장 잘 드러내고 있는 게 바로『관자』「경중輕重」이다. 원래 '경중'은 재화와 화폐 등을 관장하는 부서를 뜻한다.『사기』「화식열전」의 경중9부輕重九府라는 명칭은 여기서 나온 것이다.

고금을 막론하고 모든 유형의 전쟁은 결국 경제력에 의해 판가름난다. 나라가 부유해야만 우수한 무기를 확보할 수 있고, 우수한 무기를 확보해야만 승리를 거둘 수 있다는 논리 위에 서 있다.『관자』「치국治國」의 다음 대목은 부국강병 논리의 탄생배경을 잘 보여준다.

"백성이 농사를 지으면 농토가 개간되고, 농토가 개간되면 곡식이 많아지고, 곡식이 많아지면 나라가 부유해지고, 나라가 부유하면 군사가 강해지고, 군사가 강해지면 전쟁에서 승리하고, 전쟁에서 승리하면 영토가 넓어진다."

부민富民을 통한 부국강병의 논리가 일목요연하게 정리돼 있다. 지속적으로 부국강병을 유지하기 위해 민생 안정에 힘쓰고 생산을 지속적으로 늘려야 한다는 게 요지이다.『관자』에 나타난 군사사상의 핵심이 여기에 있다. 부민부국을 용병 및 전쟁승리의 근본 배경으로 간주한 탓이다.『관자』「칠법七法」의 다음 대목이 이를 뒷받침한다.

"백성을 제대로 다스리지도 못하면서 능히 군사를 강하게 한 경우는 일찍이 없었다. 백성을 능히 다스리면서도 군사운영의 책략에 밝지 못하면 역시 그리 할 수 없다. 군사운영에 밝지 못한데도 반드시 적국을 이긴 경우는 일찍이 없었다. 군사운용에 밝을지라도 적국을 이기는 책략에 밝지 못하면 역시 적국을 이기지 못한다. 군사력으로 반드시 적국을 제압하지 못하는데도 능히 천하를 바로잡은 경우는 일찍이 없었다. 군사력으로 반드시 적국을 제압할 수 있을지라도 천하를 바로잡는 명분을 분명히 하지 않으면 역시 그리 할 수 없다."

복잡한 대외문제를 일거에 해결하는 또 다른 형태의 정치수단으로 전쟁을 상정한 결과다. 『관자』가 명분을 중시하며 군대의 출동을 자제하는 신중한 태도를 견지한 이유가 여기에 있다. 『손자병법』의 군사사상과 정확히 일치한다.

객관적으로 볼 때 관중을 사상적 시조로 삼고 있는 상가는 제자백가 가운데 매우 특이한 위치에 서 있다. 치세와 난세의 중간에 해당하는 용세庸世에 가장 위력을 발휘하고 있는 게 그렇다. 흔히 말하는 소강세小康世가 바로 용세다.

원래 도가와 유가 등의 통치이론은 난세에 작동하기가 어렵다. 오히려 패망을 자초할 공산이 크다. 지극히 이상적이기 때문이다. 마찬가지로 법가와 병가 역시 성세에는 효용성이 상대적으로 떨어진다. 무武보다는 문文이 더욱 중시되기 때문이다. 이와 달리 상가의 부민부국 사상은 난세와 치세를 막론하고 두루 통할 수 있다는 점에서 여타 제자백가 사상과 구별된다.

문화와 경제 모두가 융성해야 강한 조직을 만들 수 있다

관중이 『관자』 「목민」에서 제시한 '예의염치禮義廉恥의 문화대국'은 동서고금을 막론하고 가장 뛰어난 국가목표다. 이는 하드웨어와 소프트웨어에서 세계 최고 수준을 이룰 때 가능하다. 미국이 대영제국을 누르고 G1으로 성장한 배경이 이를 잘 보여주고 있다. 궁극적인 목표는 문화대국의 건설이다. 비록 과거보다 위세가 떨어지기는 했으나 아직도 미국이 세계 최강의 무력을 보유한 가운데 최고 수준의 지식정보 인프라를 갖추고 있는 사실이 이를 방증한다.

미국발 금융위기 이후 G2의 일원이 된 중국이 경제대국으로 부상하는 시점에 부응해 공자를 중국문명의 아이콘으로 내세우며 세계 각지에 공자학원을 세우고 있는 것도 같은 맥락이다. 말할 것도 없이 미국처럼 문화제국文化帝國을 건설하고자 한 것이다. 미국과 러시아가 주춤하는 사이 과학기술의 꽃인 우주정거장 건설과 화성탐사 프로젝트를 야심차게 진행하고 있는 현실이 이를 뒷받침한다. 미국을 제압하고 21세기의 새로운 G1으로 부상하기 위해서는 반드시 지식정보산업에서 우위를 점해야 한다는 사실을 통찰한 결과다.

중국의 역대 왕조는 수천 년에 걸쳐 '농자천하대본農者天下大本'을 역설했다. 그러나 덩샤오핑의 개혁개방 선언 이후 상인을 천시하는 중농억상重農抑商의 정책기조가 완전히 폐기됐다. 실제로 21세기의 중국은 상해 등 해안가 주변의 도시민은 말할 것도 없고 낙양과 서안 등 내륙의 도시민에 이르기까지 너 나 할 것 없이 돈이 모이는 곳이라면 남녀노소 모두 미친 듯이 몰려드는 모습을 보이고 있다. 중농주의에 입각한 유가 사상을 유일한 통치 이데올로기로 삼았던 역대 왕조가 가장 꺼렸던 모습이 전개되고 있는 셈이다.

이는 21세기에 들어와 G2로 우뚝 일어선 '신 중화제국'을 이해하는 데 매우 중요한 전제에 해당하다. 기본적으로 G2의 일원이 된 것은 바로 춘추전국시대를 화려하게 수놓은 이들 제자백가의 학문을 발견한 데서 시작됐기 때문이다. 자금성의 수뇌부를 비롯해 기업 CEO들이 중국문명의 아이콘으로 부상한 공자의 학문인 공학孔學보다 부국강병의 기본원리를 제시한 관자의 학문인 관학管學에 열광하고 있는 현실이 그 증거다.

지난 2014년 여름 중국금융을 전공한 전병서가 펴낸 『한국의 신국부론, 중국에 있다』도 같은 관점에서 중국을 해부하고 있다. 중국을 제대로 이해하려면 중국의 고전을 읽어야 한다고 역설한 게 그렇다. 중국의 기업 CEO들 모두 기업경영의 지혜가 중국의 고전에 있다는 사실을 뒤늦게 깨닫고 고전 공부에 열을 올리고 있다는 것이다.

실제로 베이징대를 비롯한 유수 대학의 경영대학원과 중국의 기업 CEO들은 구미의 경제경영 이론 대신 『관자』와 「화식열전」, 『손자병법』, 『논어』 등을 열심히 공부하고 있다. 『관자』를 공부하면 천하대세의 흐름을 파악하는 데 유용하고, 「화식열전」을 읽으면 투자의 타이밍을 잡는 안목을 키울 수 있고, 『손자병법』을 공부하면 복잡한 세계경제에서 살아남는 방략을 찾아낼 수 있고, 『논어』를 읽으면 신용을 근본으로 삼아야 국민기업으로 우뚝 설 수 있다는 것을 알 수 있기 때문이다.

주목할 것은 마오쩌둥을 창업주로 하는 '신 중화제국'이 지난 1949년 출범 때부터 시종 궁극적으로는 미국을 제압하고 천하를 호령하는 '신 중화질서'의 구축에 사활을 건 점이다. '사회주의 시장경제'도 이런 맥락에서 이해할 수 있다.

G1 등극을 위해 잰걸음을 걷고 있는 중국을 서구의 발전모델을 잣대로 들이대 '중국위기론'을 제기하는 것은 지나치다. '사회주의 시장경제'를 채택한 G2 중국은 전인미답의 길을 걷고 있는 것이나 다름없다. 현재까지는 성공적이다. 앞으로도 낙관적이다. 지난 2013년을 기점으로 출범한 '시진핑 호'의 항로와 항속이 예상을 뛰어넘는 호조를 보이고 있는 게 그렇다. 관건은 현재 속도를 더하고 있는 '반부패 전쟁'의 성패에 달려 있다. 이 관문을 넘어설 경우 G1 등극의 시점은 더욱 앞당겨질 것이다.

시진핑의 처지는 호랑이 등에 올라탄 기호지세騎虎之勢에 비유할 수 있다. 내려오는 순간 호랑이에게 잡아먹힌다. 반드시 소기의 성과를 내야만 자신은 물론 중국도 살아남을 수 있다. 이를 계기로 G2 중국이 과연 G1으로 등극하느냐, 아니면 과거의 일본처럼 그저 그런 G2 내지 G3로 주저앉느냐 하는 중대한 기로에 서 있다.

시진핑의 입장에서 볼 때 위기이자 기회이다. '반부패 전쟁'에서 승리할 경우 그는 마오쩌둥과 덩샤오핑에 이어 '신 중화제국'의 청사에 그 이름을 남길 수 있다. 그가 이를 모를 리 없다. '반부패 전쟁'에 국가와 당의 존망이 걸려 있다는 절박감을 여과 없이 표출하고 있는 게 그렇다.

중국은 청나라 강희제 때 나타난 성세盛世가 옹정제를 거쳐 건륭제 때에 이르기까지 무려 130년간에 걸쳐 중국의 전 역사를 통틀어 가장 흥성한 강건성세康建盛世를 경험한 바 있다. 당시 중국은 세계 GDP의 3할을 차지했다. 미국이 '팍스 아메리카나'의 전성기 때 이룬 것보다 그 비중이 더 컸다.

시진핑의 '반부패 전쟁'은 '제2의 강건성세'를 실현시키겠다는 강력한 의지의 표현이기도 하다. 국가기강을 확고히 다잡은 '옹정제'와 유사한 역할을 자임한 것이나 다름없다. 그의 '반부패 전쟁'이 부정부패를 원천봉쇄하는 법제도로 이어질 경우 G1 등극 시간은 더욱 짧아질 것이다.

중국 내 유수 대학의 경영대학원과 내로라하는 기업 CEO들이 구미의 비즈니스 스쿨이 기본 텍스트로 삼고 있는 교재 대신 중국고전을 탐독하는 것도 이와 무관하지 않다. 중국 전래의 역사문화 속에서 새로운 모델과 이론을 찾고자 하는 것이다. 새로운 G1 시대에 대비한 패러다임을 찾아내 전 세계에 확산시키려는 속셈이다.

「안연」 제11장이 역설한 '군군신신'과 '부부자자'의 정신은 곧 국가공동체 및 가족공동체의 기본 질서다. 각자 맡은 바 역할에 충실히 임하는 게 관건이다. 시진핑의 '반부패 전쟁'이 성공을 거두고 한 걸음 더 나아가 '군군신신'과 '부부자자'의 공동체 질서를 생활화할 경우 중국의 G1 등극 시점은 훨씬 빨리 다가올 것이다. 우리도 서둘러 이에 대비할 필요가 있다. 『논어』를 비롯한 제자백가서에 대한 깊이 있는 탐사가 절실한 시점이다.

왕래계
往來計

18

지난 일로 앞일을 예측하라

자공이 물었다.
"가난해도 아첨하지 않고, 부유해도 교만하지 않으면 어떠합니까."
공자가 대답했다.
"가하다. 그러나 가난해도 즐거워하고, 부유해도 예를 좋아하는 사람만 못하다."
자공이 또 물었다.
"『시』에 이르기를, '자르는 듯하고, 미는 듯하고, 쪼는 듯하고, 가는 듯하다'고 했으니 이를 말하는 것입니까?"
공자가 크게 칭송했다.
"사賜는 이제 비로소 더불어 『시』를 얘기할 만하다. 지난 일을 말해주자 다가올 일을 미리 아는구나!"

子貢曰, "貧而無諂, 富而無驕, 何如." 子曰, "可也, 未若貧而樂, 富而好禮者也." 子貢曰, "詩云, '如切如磋, 如琢如磨', 其斯之謂與." 子曰, "賜也, 始可與言詩已矣. 告諸往而知來者."

_「논어」「학이」 제15장

공자가 「학이」 제15장에서 언급한 '절차탁마切磋琢磨'는 원래 『시경』 「위풍·기오淇奧」에서 인용한 것이다. 원래 '절차탁마'는 뼈와 뿔, 옥, 돌을 다듬는 것으로 군자가 되기 위한 일련의 연마과정을 상징한다. 이를 두고 주희는 〈절 → 차, 탁 → 마〉로 간주해 '절'과 '탁'이 이뤄져야 '차'와 '마'가 이뤄지는 것으로 해석했다. 그러나 절차탁마에는 우선순위가 없다. 오히려 동시에 진행되는 것으로 보는 게 낫다.

공자의 제자 가운데 절차탁마의 군자수행 과정을 제대로 실천한 인물은 자공이다. 그는 이재理財와 언변言辯에서 탁월한 재능을 보였다. 21세기에 들어와 상가商家의 이론을 몸으로 실천한 유상儒商의 효시이자, 사실상 세 치 혀로 천하를 호령한 종횡가의 시조라는 평을 받는 게 그렇다. 자공이 주희의 주장처럼 〈절 → 차, 탁 → 마〉의 순서를 밟았을 리 없다. 그는 공자가 '더불어 『시』를 얘기할 만하다'고 언급한 점에 비춰 문학에도 뛰어난 재주를 보인 게 확실하다.

자공은 공자의 직계 제자들 가운데 자공은 가장 총명한 인물이었다. 사마천이 『사기』「중니제자열전」을 편제하면서 절반 이상을 자공에게 할애한 사실이 이를 방증한다. 『논어』도 마찬가지다. 「학이」 제15장에서 공자의 말을 듣고 그 뜻을 미리 헤아림으로써 공자로부터 "지난 일을 말해주자 다가올 일을 미리 아는구나!"라는 칭송을 들은 게 그렇다.

과거를 통해 미래를 예측하는 이런 능력은 난세의 시기에 더욱 필요하다. 21세기 G2 시대는 미중이 한 치의 양보도 없이 치열하게 다투는 난세의 전형이다. 한반도가 그 한복판에 있다. 그 어느 때보다 앞날에 대한 정확한 진단 능력이 절실히 필요하다.

주목할 것은 「학이」 제15장이 역설하고 있는 '왕래계'가 21세기에 들어와 새로운 화두로 등장한 이른바 '빅 데이터'의 흐름과 정확히 맞아떨어지고 있는 점이다. 현재 IT 기술의 급속한 발전으로 인해 지식정보의 생산과 소비 패턴에 일대 격변이 일어나고 있다. 그게 바로 '빅 데이터 혁명'이다.

빅 데이터로 미래를 예측하라

대표적인 예로 인터넷 서점 아마존의 사례를 들 수 있다. 아마존에는 1990년대 말까지만 해도 리뷰를 쓰고 새로운 책을 추천하는 도서 비평가와 편집자가 여러 명 있었다. 이들이 하는 일은 아마존 홈페이지에 등재될 책을 평가하고 선별하는 일이었다. 이들은 아마존의 보물로 여겨졌다. 실제로 〈월스트리트저널〉은 이들을 미국에서 가장 영향력 있는 도서 비평가로 선정한 바 있다.

그러나 아마존의 창업자이자 최고 경영자인 제프 베조스는 달리 생각하기 시작했다. 개개인이 어떤 책을 샀는지, 또는 보기만 하고 사지는 않았는지를 담은 데이터를 활용, 개인 취향에 맞춰 책을 추천하고자 한 것이다. 시행착오 끝에 프로그램이 완성됐다. 아마존은 편집자의 추천 목록에 따른 판매량과 컴퓨터 생성 콘텐츠가 만든 추천 목록에 따른 판매량을 비교해봤다. 데이터에서 나온 추천 리스트의 책들이 훨씬 더 잘 팔렸다. 이 시스템은 아마존 매출의 3분의 1을 차지하게 됐다. 결국 아마존의 보물로 여겨진 편집팀은 해체됐다. 이는 '빅 데이터 혁명'의 시작을 알리는 서곡에 해당한다.

아마존의 빅 데이터 기술로 많은 경쟁자가 문을 닫았다. 대형 서점과 레코드 가게뿐만 아니라 자신들은 변화의 바람에서 안전하리라고 믿었던 동네 서점들까지 밀려났다. 아마존에 이어 인터넷 사이트 수천 곳이 고객들에게 상품, 콘텐츠, 친구, 집단을 추천할 수 있게 됐다. 옥스퍼드대 인터넷규제학 교수 쇤베르거는 '빅 데이터 혁명'을 이같이 요약해 표현했다.

"빅 데이터는 새로운 시각으로 세상을 보게 해주는 도구이다. 현미경을 통해 사물을 보면 우리의 육안으로 보이지 않는 미생물 등 작은 세상을 볼 수 있다. 이전에 미생물이 존재하지 않았던 건 아니다. 다만 육안으로 볼 수 없었을 뿐이다. 빅 데이터는 우리가 그동안 보지 못했던 세상을 보게끔 해주는 데 의미가 있다. 세상을 더 잘 이해할 수 있는 새로운 방식이라고 할 수 있다. 실제로 빅 데이터는 모든 기업의 중요 자산이자 경제의 필수 원천, 새로운 비즈니스 모델의 기반이 되고 있다."

빅 데이터의 대가인 그는 빅 데이터가 단순한 기술이 아니라 인간의 사고방식 자체를 바꿀 것으로 전망한다. 향후 경제 활동은 빅 데이터를 중심으로 발전하고, 빅 데이터가 기업 재무제표에 표시되는 것도 시간문제로 보고 있다. 2015년 초 방한한 그는 국내 유수 일간지와의 인터뷰에서 빅 데이터의 활용 가능성을 이같이 전망했다.

"과거의 CEO들은 직관에 기반을 둔 결정을 내렸다. 그 직관이 맞을 경우 성공했지만, 틀리면 큰 실패를 겪기도 했다. 이제 빅 데이터를 기반으로 결정을 내리면 성공할 확률을 크게 높일 수 있다. 앞으로 많은 회사에 빅 데이터가 경쟁 우위의 원천이 되면서 전체 산업의 구조가 재편될 것이다. 모든 CEO는 지금부터라도 데이터에 대한 전략을 짜야 한다. 자신의 회사만이 생성할 수 있는 데이터가 무엇이고, 이 데이터로 어떤 비즈니스 모델을 구현할 것인지 등에 관해 고민해야 한다. 그렇지 못할 경우 경쟁에서 패하고 말 것이다."

실제로 산업현장에서 빅 데이터는 혁명을 일으키고 있다. 최근 비행기 엔진 제조업체인 영국의 롤스로이스는 자사 제품에서 얻은 데이터를 분석해 획기적 애프터서비스를 구축했다. 고장이 일어나기 전에 미리 문제를 감지해서 교체해주는 서비스다. 영국 더비에 있는 운용 본부에서 전 세계에 산재한 3700여 개 제트엔진 성능을 지속적으로 모니터하고 있다. 수십 년 동안 모인 데이터를 기반으로 어떤 엔진이 고장 날지를 미리 알 수 있게 된 것이다. 이 엔진 모니터링 서비스는 현재 민간 항공기 엔진 부문 연간 매출의 70%를 차지하고 있다. 쉰베르거는 빅 데이터 혁명의 앞날과 관련해 단순히 비즈니스 모델의 혁신에 그치는 게 아니라 아예 인간의 사고방식까지 바꾸게 될 것임을 예고하고 있다.

"빅 데이터를 활용하기 위해서는 인과관계라는 오래된 습관에서 멀어져야 한다. 인과성causality에 대한 집착을 포기하고 상관성correlation에 만족해야 한다는 뜻이다. 우리는 지금까지 원인을 찾도록 길들여져 있다. 그러나 빅 데이터 세상에서는 인과관계에 얽매일 필요가 없다. 그 대신 패턴이나 상관성을 찾아내는 데 집중해야 한다. 그래야 새로운 이해와 귀중한 통찰을 얻을 수 있다."

빅 데이터에서 중요한 것은 결론이지 이유가 아니라는 주장이다. 동기와 배경 등을 중시한 기존의 사고방식에 일대 반기를 든 셈이다. 사상사적으로 보면 동기와 배경을 중시한 맹자와 플라톤을 버리고 결과를 중시한 한비자와 마키아벨리에 초점을 맞추라고 주문한 것이나 다름없다. 쉰베르거의 다음 주장이 이를 뒷받침한다.

"수세대 동안 과학자들은 천체 위치나 현미경 위 물체의 크기를 확정할 때 좀 더 정확한 측정을 원했고 이에 맞게 장비들을 최적화해 왔다. 수치 몇 개를 뽑아 통계를 내는 스몰 데이터는 정밀성을 고수하는 게 매우 중요하다. 작은 오류도 증폭돼 전체 결과의 정확성을 떨어뜨릴 수 있기 때문이다.

그러나 빅 데이터는 이와 정반대다. 데이터 측정에 관한 전통적 사고방식으로 21세기 디지털 세상을 바라보면 결정적 부분을 놓치게 된다. 21세기 디지털 시대는 어느 현상의 작은 조각이 아니라 전체를 포착할 수 있다. 옛날처럼 개별 데이터가 전체 분석을 망치지 않을까 노심초사할 필요는 없다."

빅 데이터 혁명이 인류 역사의 새로운 변곡점이 될 것이라고 주장한 이유다. 그의 이런 주장은 확률 이론과 매우 닮아 있다. 개개인이 동전을 던질 때 앞면과 뒷면이 어떻게 나올지에 대한 결과는 가지각색이다. 극단적으로 말해 100번까지 앞면만 나올 수도 있고, 정반대의 경우도 가능하다. 그러나 수많은 사람을 동시에 관찰하면 결국 앞면과 뒷면이 나올 확률은 2분의 1이라는 사실이 드러나게 된다. 빅 데이터가 이를 가능하게 해주고 있는 것이다.

과거의 확률 이론은 한 사람이 동전을 던지는 경우만 가정했다. 극단적인 경우로 죽을 때까지 던질 경우 결국 확률은 2분의 1에 수렴

한다. 그러나 인간의 수명은 한정돼 있다. '시간적 제약' 때문에 더 이상 실험을 진행시킬 수 없다. 이때 2분의 1로 수렴되는 통계를 토대로 시간을 무한대로 확장할 경우 정확히 2분의 1이라는 확률을 얻어낼 수 있다.

주목할 것은 과거의 확률이론은 미적분의 수렴과 발산 이론을 통해 '시간적 제약'을 극복했으나 '공간적 제약'은 넘지 못했다는 점이다. 빅 데이터가 바로 '공간적 제약'을 넘을 수 있는 단초를 제공하고 있다. 이제는 비약적인 IT 기술 발전 덕분에 지구상의 모든 사람이 동전을 동시에 던졌을 때의 확률을 구하는 게 가능해졌다는 얘기다. 빅 데이터 분석에서는 개별 내지 소수 집단을 대상으로 분석할 때 빚어지는 작은 오류에 신경 쓸 필요가 전혀 없다. 전체 차원에서 보면 언제나 2분의 1의 확률로 수렴되기 때문이다.

빅 데이터 시대에는 인과관계의 틀에서 벗어나 상관관계에 주목해야 한다는 쇤베르거의 주장은 사실 동양 전래의 사고방식에 부합한다. 실제로 춘추시대 말기 공자가 유가를 창립한 이래 제자백가를 위시한 동양의 모든 사상가는 인간의 상호관계에 늘 초점을 맞춰왔다. 자아에 초점을 맞춘 서양과 극명하게 대비된다. 빅 데이터 시대 이전의 스몰 데이터 시대에는 쇤베르거가 지적했듯이 인과관계의 분석틀이 전가의 보도로 작용했다. 과학의 모든 것이라고 해도 과언이 아니었다. 덕분에 '시간의 제약'을 극복할 수 있었다.

역사문화 차원에서 볼 때 서양은 인과관계의 분석에 뛰어난 면모를 보여주었다. 특이하게도 동양의 일본은 서양과 유사한 모습을 보이고 있다. 21세기 현재까지도 독일과 더불어 아날로그 시대의 강자로 군림하고 있는 게 그렇다. 동양의 강점은 상관관계의 분석에 뛰어난 데 있다. 빅 데이터 시대가 찾아하면서 상관관계에 뛰어난 면모를 보인 한국과 중국 등이 새로운 과학의 강자로 부상할 가능성이 높아진 것이다.

과거를 통해 미래를 준비하라

지난 2015년 6월 6일 미국 캘리포니아에서 열린 세계 재난로봇대회에서 카이스트의 오준호 교수가 만든 한국 최초의 인간형 로봇 휴보가 우승을 차지한 사실이 이를 뒷받침한다. 휴보는 미 국방부 산하 방위고등연구계획국 주최로 열린 이 대회에서 여덟 가지 재난구조 과제를 가장 신속하고 완벽하게 수행해냈다. 로봇에서 세계 최강국을 자부하는 미국과 일본의 쟁쟁한 경쟁자들을 물리치고 거둔 성과라 더욱 놀랍기만 하다.

'휴보 아버지'로 불리는 오 교수는 지난 1997년 일본의 혼다가 선보인 '아시모'를 보고 2001년부터 로봇 개발에 뛰어들어 3년 만인 2004년 휴보를 만들어냈다. 휴보가 한국의 첫 인간형 로봇으로 알려졌을 때만 해도 일본의 아시모와 자주 비교됐다. 당시 아시모는 시속 3킬로미터로 걷고 골프 퍼팅까지 하는 반면 휴보는 기본적인 보행만 가능한 초보적인 수준의 로봇이었다. 일본은 아시모를 선두로 세계 최고의 로봇 강국으로 꼽혔다. 오 교수는 제자들과 함께 휴보의 개선에 매진했다.

마침내 2014년 예선에서 휴보는 안정적으로 걷는 능력에서 세계 최고 수준을 인정받았다. 하드웨어의 개가였다. 다만 사물을 인식하는 능력은 미국과 일본 기업들에 다소 뒤지는 것으로 나타났다. 이를 개선하기 위해 오 교수는 이미지 전문가인 권인소 교수에게 도움을 청했다. 권 교수의 참여로 휴보는 주변 사물을 좀 더 구체적이고 명확하게 인지할 수 있게 됐다. 드릴을 잡고 스위치를 켜거나 밸브를 정확히 잡아 돌릴 수 있는 수준으로 향상됐다.

아시모에 비하면 웃음거리에 지나지 않았던 휴보가 11년 뒤 최고수준의 재난구호용 로봇으로 우뚝 선 배경이다. 빅 데이터 기술을 접목한 덕분이다. 극히 열악한 상황에서 거둔 이번 성과는 '로봇 한국'의 저력과 가능성을 유감없이 보여준 셈이다. 빅 데이터 시대에는 인과관계가 아닌 상관관계에 대한 안목이 성패를 좌우하게 된다는 사실을 뒷받침하고 있다. 휴보가 바로 그 생생한 증거다.

빅 데이터 시대는 새로운 시대를 예고하고 있다. 수백 년 동안 비현실적인 성리학의 사변론에 찌들어 망국의 참변을 당한 한국이 이제 21세기 디지털 시대의 명실상부한 '허브국가'로 우뚝 설 날이 멀지 않았다. 휴보가 이를 웅변한다.

심기일전의 자세로 현재에 안주하지 않고 부단히 스스로를 채찍질하며 앞으로 나아가는 자강불식의 자세가 관건이다. 공자가 「학이」 제15장에서 자공을 두고 '지난 일을 말해주자 다가올 일을 미리 아는구나!'라고 칭송한 것도 이런 맥락에서 이해할 수 있다. 총명한 자는 오동잎이 떨어지는 것만 보아도 가을이 성큼 다가왔다는 사실을 몸으로 느낀다. '빅 데이터' 시대에는 지난 일을 통해 다가올 일을 예측하는 능력이 성패를 좌우할 수밖에 없다.

04

01 쓸모없는 일에 시간을 투자하지 마라 _불어계 不語計
02 마지막까지 긴장을 놓지 마라 _위산계 爲山計
03 늘 배움의 자세를 유지하라 _구사계 求師計
04 자신의 한계를 파악하라 _불모계 不謀計
05 처음부터 다시 시작하라 _후소계 後素計
06 망설이지 말고 질문하라 _불치계 不恥計

지술

지(知)로
난관을 헤치는
경영술

知
術

불어계
不語計

19

쓸모없는 일에 시간을 투자하지 마라

공자는 생전에 괴이하거나, 초인적이거나, 어지럽거나, 신령스럽거나 한 것에 관해서는 말하지 않았다.

子不語 '怪力亂神.'

_「논어」「술이」제20장

「술이」제20장에 나오는 괴력난신怪力亂神은 21세기의 용어로 풀이하면 거짓되고 미덥지 않은 허탄虛誕한 얘기와 비현실적인 형이상形而上의 논의를 표현한 말이다. 여기의 '괴'는 괴이한 것, '력'은 초인적인 것, '난'은 어지러운 것, '신'은 귀신을 뜻한다. 공자가 '괴력난신'을 언급한 것은 제자들의 학문 연마를 격려하려는 취지에서 나온 것이다. 공자가 내심 제자들이 쓸모없는 일로 인해 시간과 정력을 낭비할까 우려했음을 알 수 있다. 이를 뒷받침하는 일화가 「선진」제11장에 나온다. 이에 따르면 하루는 자로가 귀신 섬기는 것을 물었다. 공자가 이같이 대답했다.

"사람을 제대로 섬기지 못하는데 어찌 능히 귀신을 섬길 수 있겠는가?"

자로가 또 물었다.

"감히 죽음에 대해 묻고자 합니다."

공자가 대답했다.

"삶도 제대로 알지 못하는데 어찌 죽음을 알 수 있겠는가!"

사후의 세계 등을 탐구하느라 시간과 정력을 낭비하지 말라고 주문한 것이다. 「술이」 제20장은 공자의 이런 입장을 한 구절로 압축해 표현한 것이다. '자불어子不語' 표현은 남송 때 등장한 성리학이 공학의 기본 취지에서 크게 벗어나 있다는 사실을 증명하는 매우 중요한 구절이다. 이는 '괴력난신'에 대한 주희의 해석을 보면 쉽게 알 수 있다.

"귀신은 조화의 자취이다. 그 이치를 속속들이 파고들어 깊이 연구하지 않으면 쉽사리 밝힐 수 없다. 공자가 가벼이 사람들에게 말하지 않은 이유다."

공자는 '괴력난신'에 대해 깊이 알고 있었으나 말로 설명하기 어려워 입을 다물었다는 식으로 풀이한 것이다. 공자의 기본 취지를 멋대로 왜곡한 대표적인 사례다. 공자는 생전에 훗날 성리학에서 말하는 사단칠정四端七情의 성性과 천리인욕설天理人欲說의 '천리' 등에 관해 전혀 언급한 바가 없다. 이는 그가 '괴력난신'에 대한 언급을 꺼린 사실과 무관하지 않다.

과학적이고 이성적인 자세로 판단하라

공자는 인간의 이지理智에 무한한 신뢰를 보내면서 인간의 개인 및 공동체에 관한 상호관계 및 질서를 탐구하는 데 모든 노력을 기울였다. '괴력난신'에 관한 연구로 시간과 정력을 낭비하는 것을 극도로 꺼린 것이다. 공자 사상의 위대한 면이 바로 여기에 있다. 그럼에도 주희는 오히려 '괴력난신'에 대한 연구를 부추기는 듯한 풀이를 한 것이다. 조화의 자취인 '괴력난신'에 대해 깊이 알고 있음에도 이를 쉽사리 털어놓을 수 없어 사람들에게 말하지 않았다는 식으로 풀이한 게 그렇다. 이는 공자를 점복占卜을 믿는 사람으로 몰아간 것이나 다름없다.

점복을 맹신한 사람은 공자가 아니라 오히려 주희였다. 그는 조정에 들어갈 때마다 매번 점을 친 뒤 불길한 괘사가 나오면 온갖 핑계를 대고 입조入朝를 거부했다. '괴력난신'을 꺼린 공자의 입장과 정반대의 행보를 보인 것이다.

「공야장」 제12장에 나오는 자공의 다음 증언은 성리학의 뼈대를 이루는 천리인욕설이 공자 사상과 얼마나 동떨어진 것인지를 극명하게 보여준다.

"나는 스승이 생전에 말씀하신 것 가운데 문장文章에 관해서는 가히 들을 수 있었다. 그러나 성性과 천도天道에 관해서는 전혀 들은 적이 없다."

그럼에도 주희는 이 대목을 이처럼 멋대로 왜곡해 놓았다.

"자공은 이때에 이르러 비로소 '성'과 '천도'에 관한 얘기를 얻어 듣고 그 훌륭함에 감탄한 것이다."

더 황당한 것은 조선조 사대부들이 주희의 이런 엉터리 주장을 금과옥조처럼 받들며 치국평천하에 임한 점이다. 그 폐해는 심각했다. '천리인욕설'에 찌든 조선조의 사대부들은 일본이 메이지 유신을 계기로 부국강병에 박차를 가하고 있을 때 도이島夷들을 능히 '천리인욕설'에 입각한 왕도로 설복할 수 있다고 구두선처럼 뇌까렸다. 그 결과는 나라의 패망이었다. 백성들은 모두 어육魚肉이 돼 식민지 노예로 전락하고 말았다.

남송과 조선조의 패망이 증명하듯 성리학과 같은 '사이비 철학'을 통치이념으로 삼을 경우 이는 패망을 자초하는 길이다. 명대 말기 이탁오李卓吾는 『분서焚書』에서 공자 사상을 결정적으로 왜곡한 두 명의 '사이비 철학자'로 맹자와 주희를 꼽았다. 실제로 많은 학자들은 중국의 전 역사를 통틀어 공자 사상을 왜곡한 3대 장본인으로 맹자와 주희 및 한무제 때의 동중서董仲舒를 꼽고 있다.

맹자는 묵자 사상을 표절해 왕도설王道說 등을 주장했고, 동중서 역시 묵자처럼 하늘이 벌을 내리는 미신적인 재이설災異說을 주장했고, 주희는 비과학적인 이기론理氣論을 동원해 선가禪家의 불교 교리를 짜깁기한 '천리인욕설'을 주장했다. 이들 세 사람이 주장한 학설은 공자가 그토록 꺼린 '괴력난신'의 대표적인 사례다.

실제로 주희의 삶 자체가 '괴력난신'과 닮아 있다. 당시 그가 사대부들에 의해 위군자僞君子로 몰린 사실이 이를 뒷받침한다. 역사적으로 볼 때 위군자의 모습을 보인 인물이 매우 많다. 청대 말기 이종오李宗吾는 『후흑학厚黑學』에서 삼국시대 당시 조조 및 손권과 자웅을 겨룬 유비를 '위군자'의 전형으로 꼽은 바 있다. 조조를 비롯해 여포

와 유표, 손권, 원소 등에게 붙으면서 이쪽저쪽을 오가는 반복무상反覆無常의 모습을 보였다는 게 논거다.

실제로 정사 『삼국지』에 나오는 유비의 행보는 얼굴이 뻔뻔한 이른바 면후面厚의 달인으로 꼽을 만하다. 그러나 역사적으로 볼 때 '위군자'의 전형은 사실 성리학을 집대성한 주희이다. 그는 후대 성리학자들로부터 공자에 준하는 성인이라는 취지에서 주자朱子라는 칭호를 얻었으나 사서에 기록된 그의 삶을 보면 '위군자'의 전형이다.

당초 주희는 성리학을 집대성하면서 인간의 자연스러운 욕정을 이욕에 얽매인 더러운 인욕人欲으로 간주하며 마치 뱀이나 전갈을 보듯 멸시했다. '천리天理를 보전하고 인욕을 멸하자!'는 취지의 멸욕설滅欲說을 주장한 배경이 여기에 있다. 이는 그의 사상적 스승인 정이천程伊川에서 비롯됐다. 정이천은 이같이 주장한 바 있다.

"굶어죽는 것은 작은 일이고, 절개를 잃는 것은 큰일이다."

그는 모든 과부에게 수절을 강요했다. 황당한 것은 주희가 수절하던 제수씨를 억지로 개가시킨 뒤 그 재산을 빼앗은 점이다. '위군자'로 낙인찍힌 결정적인 이유가 여기에 있다.

비과학적인 논리는 부작용을 낳기 마련이다

『송사』에 따르면 경원 2년인 1196년 12월 감찰어사 심계조沈繼祖가 주희의 10대 죄상을 열거했다. 군주에게 불경스러운 행동을 보인 불경어군不敬於君, 나라에 충성을 다하지 않은 불충어국不忠於國, 조정을 농락하고 모욕한 완모조정玩侮朝廷, 선량한 풍속과 가르침을 해친 위해풍교爲害風敎 등이 그것이다. '위해풍교'의 목록에는 사적으로 재산을 그러모으고, 며느리가 남편이 없는데도 임신을 하고, 비구승 두 명을 유인하여 첩으로 삼은 납니위첩納尼爲妾 등이 나열돼 있다. 심계조는 이를 근거로 주희의 목을 베어야 한다고 주장했다. 사가들이 말하는 이른바 '경원慶元의 당금黨禁'이 바로 이것이다.

예로부터 '경원의 당금'을 놓고 이론이 분분했는데, 그 진상이 제대로 가려지지 않은 결과다. 영종이 즉위할 당시 최고의 실세는 외척세력인 한탁주韓侂冑였다. 그는 영종을 옹립하는 데 큰 공을 세워 조정을 좌지우지했다. 그의 부친은 남송을 세운 고종 조구趙構의 아랫동서이다. 당시 주희의 가까운 친구이자 재상으로 있던 조여우趙汝愚는 한탁주의 정적이었다. 한탁주는 조여우를 치고 싶었으나 그의 제자들이 대거 조정에 진출해 있었던 까닭에 쉽사리 손을 쓰지 못했다.

마침내 그는 변죽을 쳐 중심을 흔드는 수법을 구사했다. 대상으로 선정된 인물이 바로 주희였다. 도학道學으로 불리는 거짓학문인 이른바 위학僞學을 만들어 세상을 어지럽게 만들고 있다는 게 심계조가 올린 탄핵 상소문의 요지였다. 원래 이 상소문 초안은 감찰어사로 있던 호굉胡紘이 만든 것이었다. 호굉이 태상소경으로 승진하면서 상소를 잠시 보류했다.

한탁주는 마침 심계조가 감찰어사로 승진하자 호굉의 상소문 초안을 넘겨주었다. 결국 심계조의 상소문을 받아본 영종이 이를 받아들여 조여우를 영주로 귀양 보내고, 주희의 모든 관직을 삭탈하는 조서를 내렸다. 이로써 도학은 '위학'으로 선포되고 전파가 금지됐다. 도학을 배우는 자들 모두 역당逆黨으로 몰리게 되자 주희의 문하생들이 일시에 사방으로 뿔뿔이 흩어져 몸을 숨기거나 다른 문하로 들어갔다.

얼핏 보면 주희는 한탁주와 조여우의 권력투쟁 희생양이 된 것처럼 보인다. 문제는 영종이 무슨 이유로 자신의 스승인 주희에게 이토록 심한 조치를 내렸는가 하는 점이다. 우선 주희의 편협한 행보에서 그 원인을 찾을 수 있다. 남송 효종 순희 8년인 1181년 12월, 주희는 잇달아 여섯 번이나 상소를 올린 적이 있다. 조정의 실력자인 재상 왕회王淮의 인척인 대주지부臺州知府 당중우唐仲友를 탄핵하기 위한 것이었다. 그러나 실은 당중우가 주희의 학설과 정면으로 맞선 게 가장 큰 이유였다. 당시 그는 관기로 있던 엄예嚴蕊에게 혹형을 가하며 당중우와 남녀관계가 있었다는 얘기를 실토하도록 강요했다. 당시만 해도 관기는 기예만 팔고 몸은 팔지 않는 게 원칙이었다. 엄예는 혹형을 당하면서도 이같이 항변했다.

"저는 천한 관기입니다. 설령 태수와 관계를 가졌다 할지라도 이것이 죽을죄는 아닐 것입니다. 더구나 그런 일도 없는데 어찌 함부로 망언을 하여 사대부의 명예를 더럽힐 수 있겠습니까? 설령 죽을지라도 그리 할 수는 없습니다!"

엄예는 비록 천한 신분이기는 했으나 기절氣節이 있는 여인이었다. 이 사건은 결국 엄예가 거짓 자백을 거부하는 바람에 흐지부지되고 말았다.

영종은 탄핵 상소가 올라오자 곧바로 주희의 관직을 모두 박탈했다. 주목할 것은 당시 주희가 스스로 글을 올려 '납니위첩' 등의 죄목을 모두 인정한 점이다. 『송사』 「주희전」의 해당 기록이다.

"지난날의 잘못을 깊이 반성하고, 이제부터 옳은 일을 세심히 찾아서 일하도록 하겠습니다."

이 일로 인해 주희의 명성이 일거에 바닥에 떨어지고 말았다. 주희는 '경원의 당금' 사건이 빚어진 지 4년 뒤인 경원 6년인 1200년에 세상을 떠났다. 한때 커다란 명성을 날렸던 점을 감안할 때 그의 죽음은 비참했다고 평할 수밖에 없다. 후대의 성리학자들은 주희가 '납니위첩' 등의 비리를 스스로 인정한 것을 두고 한탁주 등의 무함에 의한 것이라며 주희를 적극 옹호하고 나섰다. 그러나 이는 『송사』의 기록을 무시한 억지 추론에 지나지 않는다. 객관적으로 볼 때 주희가 '납니위첩' 등의 비리를 스스로 인정한 것은 명백한 증거가 드러난 까닭에 부득불 인정할 수밖에 없었다고 보는 게 합리적이다. 당대의 거유로 명성을 떨친 그가 터무니없는 무함을 그대로 수용해 오명을 뒤집어 쓸 가능성은 거의 전무했다.

이탁오가 『분서』에서 성리학을 두고 '인간의 자연스러운 성정을 훼손시키는 사학邪學'으로 비판한 것도 이런 맥락에서 이해할 수 있다. 말할 것도 없이 『송사』의 기록을 역사적 사실로 간주한 결과다. 이종오가 『후흑학』에서 주희를 비롯한 성리학자들을 두고 '한 뙈기도 안 되는 밭처럼 좁디좁은 협량狹量의 소인배에 지나지 않는다'고 질타한 것도 같은 맥락이다. 지난 2009년 역사전문가 장슈펑张秀枫은 '역사는 누구를 위해 얼굴을 바꾸는가?'라는 제목의 『역사위수변렴历史为谁变脸』을 통해 주희의 '위군자' 행보를 통렬히 비판한 바 있다. 성리학을 현실의 치국평천하와 동떨어진 허학虛學으로 간주한 이탁오와 이종오의 관점을 그대로 이어받은 것이다. 객관적으로 볼 때 주희는 성리학이 치국평천하와 직결된 실학實學이라고 떠벌렸으나 사실 성리학은 '허학'의 전형이다.

일본도 이미 에도시대 때 성리학이 '허학'이라는 사실을 통찰했다. 메이지 유신의 사상적 뿌리가 된 오규 소라이荻生徂徠가 대표적이다. 이탁오 및 이종오처럼 순자와 한비자 사상을 깊숙이 연구한 그는 18세기 초에 펴낸『독한비讀韓非』를 통해 외유내법外儒內法을 역설한 바 있다. 겉으로는 덕정에 입각한 왕도를 내세울지라도 속으로는 강력한 법치에 기초한 패도를 구사해야 한다고 주장했다. 다산 정약용도 찬탄을 금치 못한『논어징論語徵』을 펴낸 그는 유가경전에 대한 숱한 주석서를 펴내면서도 자신의 학당에 법학연구실을 따로 둘 정도로 법가 사상에 조예가 깊었다. 그가 한비자에 대한 주석서를 내게 된 것은 말할 것도 없이 통치의 요체가 바로 '외유내법'에 있음을 통찰했기 때문이다.

그럼에도 동아3국 가운데 유독 한국만 아직도 유림을 중심으로 주희를 높이 떠받드는 폐풍이 잔존하고 있다. 21세기 현재도 주희의 해설을 위주로 한 두꺼운『논어』주석서를 펴내면서 '주희 이후에는 더 이상 배울 게 없다'는 식의 주장을 펼치는 자까지 나왔다. '천리인욕설'이 아직 횡행하고 있는 것은 심각한 문제다. 21세기 경제전 시대의 유일한 생존방안인 부국강병 노선에 커다란 걸림돌로 작용할 수밖에 없다. 공자가「술이」제20장에서 '괴력난신'을 언급한 기본 취지를 정확히 파악해야 하는 이유다.

위산계
爲山計

20

마지막까지 긴장을 놓지 마라

공자가 말했다.
"중도에서 포기하는 것은 산을 쌓는 것에 비유하면 마지막 남은 흙 한 삼태기를 더하지 못하고 그만두는 것과 같다. 그만두는 것은 결국 내가 그만두는 것이다. 일을 성취하는 것은 땅을 고르는 것에 비유하면 비록 흙 한 삼태기일지라도 날라다 부어 마침내 완성하는 것과 같다. 나아가는 것은 결국 내가 나아가는 것이다."
子曰, "譬如爲山, 未成一簣, 止, 吾止也. 譬如平地, 雖覆一簣, 進, 吾往也."

_「논어」「자한」 제18장

공자는 「자한」 제18장에서 마지막 순간까지 방심하지 말고 당초의 계획을 관철하라고 주문하고 있다. 방심하다가 대사를 그르치는 것을 경계한 것이다. 그는 어떤 일을 이루고자 하는 것을 산을 쌓는 일에 비유하면서 마지막 남은 흙 한 삼태기인 일궤一簣에 방점을 찍었다. 원래 이 구절은 『서경』「주서周書, 여오旅獒」에서 따온 것이다. 해당 대목이다.

"아, 밤낮으로 부지런하지 않은 때가 없도록 하십시오. 사소한 일에 조심하지 않으면 마침내 큰 덕에 누를 끼치게 됩니다. 9인仞 높이의 산을 만들면서 마지막 단계에서 흙 한 삼태기를 더하지 못해 그간의 공을 무너뜨리는 공휴일궤功虧一簣의 우를 범하지 마십시오. 실로 이런 자세를 견지하면 생민生民 모두 자신들이 사는 곳을 지킬 수 있고, 군주 또한 대대로 왕업을 이어나갈 수 있을 것입니다."

여기서 '위산구인爲山九仞, 공휴일궤功虧一簣' 성어가 나왔다. 공자는 「자한」제18장에서 이 구절을 인용하면서 중도 포기를 경계한 것이다. 제자들에게 고생을 무릅쓰고 몸과 마음을 다해 마침내 성과를 거두는 각고면려刻苦勉勵를 당부하려는 취지에서 나온 말이다.

최후의 순간까지 긴장을 늦추지 마라

역사상 마지막 순간까지 긴장을 늦추지 않고 최선의 노력을 다해 바라던 바를 이룬 대표적인 인물로 춘추시대 중엽 제환공에 이어 두 번째로 패업을 이룬 진문공晉文公 중이重耳를 들 수 있다. 『사기』「진세가」는 오랫동안 중원의 패권국으로 군림한 진晉나라의 전 역사를 다루면서 절반가량을 진문공에 할애했다. 그의 사적이 그만큼 귀감이 될 만하다고 판단한 결과다.

원래 진문공은 보위에 오르기 직전 무려 19년 동안 망명생활을 한 것으로 유명하다. 진나라가 춘추시대 말까지 오랫동안 중원의 패권국으로 군림하게 된 것도 그의 이런 행보와 무관하지 않다.

주목할 것은 진문공에 대한 평가에서도 공자와 사마천은 관중管仲과 안영晏嬰을 평할 때와 마찬가지로 서로의 입장이 극명하게 엇갈리고 있는 점이다. 공자는 제환공을 높이 평가했다. 올바른 방향의 패업을 의미하는 정패正霸를 이뤘다고 평한 게 그렇다. 반면 진문공에 대해서는 올바르지 못한 패업을 의미하는 휼패譎霸를 이뤘다고 비판했다. 이에 대해 사마천은 제환공을 그다지 높게 평가하지 않은 반면 진문공에 대해서는 우호적인 입장을 보였다. 19년간에 걸친 망명생활 끝에 마침내 보위에 올라 천하를 호령한 점을 높이 평가한 결과다. 자신의 소신을 지키다가 궁형宮刑을 당한 데 따른 동병상련同病相憐을 느꼈기 때문일지도 모른다.

당초 진문공의 부친 진헌공晉獻公은 공자 시절 가賈나라에서 정실부인을 맞이했으나 불행히도 둘 사이에는 아들이 없었다. 이때 진헌공은 부친 진무공晉武公의 애첩인 제강齊姜과 은밀히 사통해 아들 신생申生과 훗날 진목공의 부인이 된 진목희秦穆姬를 낳았다. 진헌공은 즉위 직후 제강을 정실로 삼으면서 신생도 궁 안으로 불러들여 태자로 삼았다. 이때 원래의 정실인 가희賈姬는 이미 죽고 없었다.

이에 앞서 진헌공은 신생을 얻기 전에 이미 융국戎國의 두 여인을 첩으로 맞아들여 두 아들을 두고 있었다. 대융大戎 출신 호희狐姬가 낳은 아들이 바로 진문공의 생모였다. 소융小戎 출신 여인도 이에 앞서 이오夷吾를 낳았다. 이오는 중이에 앞서 보위에 올랐다가 이내 인심을 잃어 그의 아들 진회공晉懷公과 더불어 비명에 횡사하는 불운의 주인공 진혜공晉惠公이다. 중이는 신생보다 나이가 3살이 많았고, 이오는 중이보다도 나이가 더 많았다.

중이가 어렸을 때 진헌공은 다시 군사를 일으켜 지금의 섬서 임동현 동쪽에 살던 여융驪戎을 쳤다. 융족의 일종인 여융은 남작의 작위를 받고 진나라 부근에 둥지를 튼 소국이었다. 여융의 군주는 두 딸을 바치며 강화를 청했다. 장녀의 이름은 여희驪姬, 차녀는 소희小姬였다. 여희는 미인이었다. 사서는 진헌공이 여희를 총해한 나머지 그녀의 말을 모두 들어주었다는 식으로 기록해 놓았다.

여희 소생은 해제奚齊이고, 소희 소생은 탁자卓子이다. 여희는 이내 자신의 소생을 후계자로 세우고자 했다. 먼저 진헌공을 졸라 정실이 되었다. 기원전 666년, 여희가 무함으로 태자 신생을 자진하게 만들었다. 중이와 이오 등 나머지 공자들 역시 변경으로 쫓겨났다. 도성인 강도絳都에는 여희 소생 해제와 소희 소생 탁자만 남게 됐다. 해제가 새로운 태자가 됐다.

기원전 655년 봄 1월, 진헌공이 군주를 곁에서 돕는 시인寺人 발제에게 명하여 군사를 이끌고 가 포 땅의 중이를 치게 했다. 대부 호돌狐突이 둘째 아들 호언狐偃을 불렀다.

"태자가 세상을 떠났으니 응당 중이가 보위에 올라야 한다. 지금은 상황이 여의치 않으니 우선 형 호모狐毛과 함께 공자 중이를 도와 망명하도록 해라."

중이가 두 형제로부터 연락을 받고 떠나려는 순간 발제의 군사가 성 밖에 당도했다. 중이가 담을 뛰어넘는 순간 발제가 칼로 내리쳤다. 간발의 차이로 옷소매만 잘렸다. 호언이 건의했다.

"제나라와 초나라로 가는 길은 매우 멀고 험합니다. 차라리 적인狄人의 땅으로 가느니만 못합니다."

중이가 이를 좇았다. 얼마 후 조최趙衰를 비롯해 위주魏犨과 호역고狐射姑, 전힐顚頡, 개자추介子推, 선진先軫 등의 대부들이 수레를 몰고 척 땅으로 왔다. 조최가 말했다.

"공자가 관후하다는 사실을 알고 장차 공자를 모시기 위해 고국을 떠나왔습니다."

중이가 감격해했다.

"우리는 형제나 다름없소. 내가 어찌 그대들의 은덕을 잊을 수 있 겠소!"

이를 계기로 중이 일행은 무려 19년에 걸친 망명길에 오르게 됐다. 중이가 망명한 해인 기원전 655년 가을 9월, 진헌공이 괵虢나라 토벌에 들어간 지 석 달 만에 괵나라를 손에 넣었다. 이때 길을 빌려준 우虞나라까지 병탄했다. 여기서 나온 성어가 바로 가도멸괵假道滅虢과 순망치한脣亡齒寒이다. 진헌공은 여색으로 인한 문제만 없었다면 명군으로 명성을 떨칠 만한 인물이었다.

이로부터 4년 뒤인 기원전 651년 여름, 진헌공이 세상을 떠났다. 대부 순식荀息이 진헌공의 유언을 좇아 여희 소생 해제를 상주로 모셨다. 해제는 겨우 11세였다. 이때 대부 이극里克이 역사力士를 동원해 해제를 척살했다. 여희의 생질 탁자가 뒤를 이어 상주가 되자 곧바로 탁자마저 척살됐다. 대부 순식은 역사들과 싸우다 죽고, 여희는 후원의 연못에 몸을 던졌다. 이극이 곧 사람을 적인狄人의 땅으로 보내 공자 중이에게 이를 보고했다. 중이가 호언을 불렀다.

"이극이 나를 옹립하고자 하오."

"선공이 죽었는데 애도도 하지 않고 오히려 나라를 취하고자 하는 것은 도리에 어긋납니다."

"내란이 일어나지 않았으면 누가 나를 영접하고자 했겠소?"

"부모가 죽는 것이 대상大喪이고, 형제간에 싸우는 소리가 담장 밖으로 넘어가는 것이 대란大亂입니다. 지금 일거에 대상대란이 일어났는데 이를 틈 타 보위에 올라서는 안 됩니다."

중이가 이를 좇았다. 이극이 다시 사람을 양梁나라에 망명 중인 이오에게 보냈다. 이오는 이미 양나라 군주의 딸과 결혼해 아들까지 하나 두고 있었다. 이오가 제의를 받아들였다. 이오를 옹립하기 위해 제후들이 군사를 이끌고 고량高梁에 모였다. 제환공은 대부 습붕을 시켜 군사를 이끌고 가 진秦나라 및 왕실의 군사와 합세하게 했다. 기원전 651년 겨울 11월, 공자 이오가 곧 즉위했다. 그가 진혜공晉惠公이다. 진헌공이 숨을 거둔 지 두 달만의 일이었다. 진혜공은 왕실을 포함해 중원의 패자인 제환공과 서쪽에서 막강한 세력을 구축한 진목공秦穆公 등으로부터 고루 승인을 얻어 즉위한 셈이다. 진문공 중이가 19년에 걸친 망명생활을 해야 했던 이유가 여기에 있다.

춘추전국시대는 말할 것도 없고 중국의 역대 왕조를 통틀어 19년간에 걸친 망명 끝에 보위에 오른 인물은 진문공이 유일하다. 수치와 굴욕을 참아낸 세월이 그만큼 길고 험난했음을 암시한다. 그가 사상 두 번째로 패업을 이뤄 제환공과 어깨를 나란히 하게 된 것도 이런 맥락에서 이해할 수 있다. 『맹자』「양혜왕 상」에서 제환공과 진문공을 통틀어 이른바 환문桓文으로 통칭한 사실이 이를 뒷받침한다.

당초 진목공이 이오를 택한 것은 이오가 땅을 떼어주기로 약속했기 때문이다. 이오는 이극을 포함한 진나라 대부들에게도 유사한 약속을 했다. 이들이 하나로 뭉쳐 이오의 즉위를 도운 이유다. 주왕실과 제환공은 명분을 중시한 까닭에 이런 약속과 무관했다. 이오가 주왕실과 제환공에게는 땅을 떼어준다는 약속을 하지 않은 이유다.

그러나 진혜공 이오는 즉위 후 자신의 약속을 지키지 않았다. 가장 치명적인 것은 진목공과의 약속을 어긴 것이다. 이는 치명타로 작용했다. 기원전 645년 가을, 진목공이 진혜공을 치기 위해 대대적으로 군사를 일으켰다. 진혜공의 '배은망덕'을 응징하고자 한 것이다. 결국 진혜공은 대패해 포로가 되고 말았다. 진목공의 부인 진목희秦穆姬는 이복동생인 진혜공이 포로가 되어 도성으로 끌려온다는 소식을 듣고 크게 놀랐다. 곧 태자 앵罃을 이끌고 대臺 위에 땔나무를 쌓아 그 위에 올라가 앉았다. 진목희의 사자가 급히 진목공이 있는 곳으로 달려가 그녀의 말을 전하자 진목공이 진혜공을 돌려보냈다.

이때 진목공은 진晉나라의 황하 이동 땅인 하동河東을 차지했다. 진목공 사후 다시 진晉나라에 빼앗겼다. 진秦나라가 이 땅을 되찾은 것은 전국시대 중기 진효공秦孝公 때이다. 상앙商鞅의 계책을 좇은 덕분이었다. '하동'은 전략적으로 커다란 의미를 지니고 있었다. 진나라가 동쪽으로 진출하기 위해서는 반드시 이 지역을 차지해야만 했다. 진목공은 바로 그 가능성을 처음으로 연 것이다.

기원전 641년 가을, 진목공이 대군을 보내 진혜공의 장인 나라인 양나라를 병탄했다. 이 와중에 양나라 군주가 전사했다. 진秦나라에 인질로 와 있던 진혜공의 태자 어圉가 원한을 품었다. 기원전 638년 가을, 진혜공이 병이 나 자리에 누웠다. 태자 어가 진나라에 인질로 잡혀온 지 7년이 지난 시점이었다. 달아나기 직전 진목공의 딸인 부인 회영懷嬴에게 물었다.

"그대와 함께 고국으로 돌아갈까 하오."

회영이 말했다.

"그대는 진나라 태자로 이곳에 와 곤욕을 당하고 있으니 돌아가고자 하는 것은 당연한 일입니다. 그러나 그대를 따라가면 부친의 명을 버리는 일이 됩니다. 이를 결코 발설하지는 않을 것입니다."

마침내 태자 어는 변복을 한 뒤 달아났다. 뒤늦게 이 소식을 들은 진목공이 크게 노했다. 곧 초나라에 머물던 진문공을 불러들인 뒤 회영을 시집보냈다. 진晉나라의 정권교체를 꾀한 것이다. 이듬해인 기원전 637년 9월, 태자 어가 진회공晉懷公으로 즉위한 뒤 공자 중이 일행의 귀국을 강요했는데, 공자 중이의 외조부이자 원로대신인 호돌이 이를 거부했다가 죽임을 당했다. 이는 진회공의 목숨을 재촉하는 결과를 낳았다.

기원전 636년 봄 1월, 중이를 진晉나라로 들여보내기 위한 성대한 송별연이 황하 강변에서 베풀었다. 장인이 된 진목공이 문득 황하를 굽어보다가 사위인 중이에게 부탁했다.

"귀국 후 부디 과인을 잊지 마시오!"

"군주의 은덕으로 귀국하게 되었는데 어찌 잊을 리 있겠습니까?"

대부들이 대거 중이에게 투항하자 진회공이 황급히 고량高粱으로 도주했다. 진목공은 공자 중이가 무사히 진나라 군사를 접수했다는 소식을 듣고서야 비로소 도성인 옹성雍城으로 돌아갔다. 중이 일행이 곡옥으로 들어가 조상의 사당에 참배하며 귀국을 고하자 소식을 들은 30여 명의 대부들이 곡옥 땅으로 황급히 달려왔다. 중이는 그날로 도성인 강도絳都에 입성에 곧바로 보위에 올랐다. 당시 진문공의 나이는 이미 62세였다. 당시의 평균수명보다 20년 이상 많았다. 43세에 망명길에 올라 19년 만에 즉위한 탓이다. 패업을 이루기에는 시간이 얼마 남지 않았다.

진문공도 서둘렀다. 먼저 사람을 고량으로 보내 숨어 있던 진회공을 척살하게 했다. 이후 일련의 개혁조치를 통해 진나라의 피폐한 기풍을 완전히 새롭게 바꿔놓았다. 기원전 632년 4월, 지금의 하남 진류현인 성복城濮에서 남방의 강국인 초나라를 격파했다. 보위에 오른 후 4년 만의 일이었다. 이를 성복지역城濮之役이라고 한다.

기원전 628년 겨울, 68세의 진문공이 병이 나 자리에 누운 뒤 이내 숨을 거두었다. 61세에 즉위해 8년 동안 천하를 호령하다가 숨을 거둔 것이다. 원래 사상 첫 패자인 제환공은 춘추시대의 첫 패자라는 칭호를 받았어도 한 번도 초나라를 굴복시킨 적이 없지만, 두 번째 패자인 진문공은 초나라를 힘으로 제압하고 중원의 패권을 확고히 장악했다. 한비자 등의 일부 제자백가가 진문공의 패업을 더 높이 평가한 이유다. 사마천이 진문공에 대해 호의적인 평가를 내린 데는 제자백가의 이런 평가가 적잖이 영향을 미쳤을 것으로 보인다.

고난을 견디고 때를 기다려라

진문공의 삶은 몸을 굽히고 수치를 참는다는 이른바 굴신인욕屈身忍辱의 전형이다. 삼국시대 당시 촉한의 유비가 관우의 원수를 갚기 위해 동오를 치려고 하자 손권이 위나라 조비와 촉한 유비의 협공을 피하기 위해 조비에게 신하를 자처한 데서 나온 말이다. 때가 오기를 기다리며 여러 고난을 감수하는 것을 지칭할 때 주로 사용한다.

사마천이 「진세가」에서 진문공의 사적을 상세히 소개한 것은 손권처럼 '굴신인욕'을 행한 점을 높이 평가한 결과다. 실제로 역대 제왕 가운데 19년에 걸친 망명생활을 한 뒤에 보위에 오른 사람은 오직 진문공밖에 없다. 온갖 고난과 역경을 딛고 당초의 계책을 관철한 셈이다. 공자가 「자한」 제18장에서 공휴일궤功虧一簣를 언급하며 중도포기를 경계한 취지에 부합한다. 마키아벨리는 『군주론』 제25장에서 운명의 여신은 운명과 맞서 싸우는 자를 좋아한다고 역설했다. "운명의 여신은 냉정하게 접근하는 남자보다 열정적으로 접근하는 남자에게 더 큰 매력을 느낀다. 운명의 여신 역시 여성인 까닭에 여느 여성들처럼 젊은이에게 이끌리게 마련이다. 젊은이는 상대적으로 덜 신중하고, 더 거칠고, 더 대담한 자세로 그녀를 제압하려 들기 때문이다."

동서고금을 막론하고 끝까지 포기하지 않고 초지일관하여 마침내 뜻하는 바를 이루는 것은 '인간승리'다. 이런 이치가 21세기 G2 시대라고 달라질 리 없다. 마키아벨리가 운명의 여신을 끌어들여 과감한 도전을 부추기고 나선 것도 이 맥락으로 이해할 수 있다.

구사계
求師計

21

늘 배움의 자세를 유지하라

공자가 말했다.
"세 사람이 길을 갈지라도 거기에는 반드시 나의 스승이 있다. 그 선한 것을 가려서 따르고, 그 불선한 것을 가려서 고친다."
子曰, "三人行, 必有我師焉. 擇其善者而從之, 其不善者而改之."

_「논어」「술이」제21장

공자는 「술이」 제21장에서 나를 포함한 세 사람의 동행을 예로 들어 스스로를 되돌아보는 이른바 내자성內自省의 성찰방안을 제시하고 있다. 나머지 두 사람 가운데 반드시 스승을 두는 게 관건이다. 배울 바가 없으면 반면교사反面教師로 삼으면 된다. 어느 경우든 스스로를 연마하는 계기로 삼을 수 있기 때문이다. 그게 바로 「술이」 제21장이 역설하는 '구사계'이다. 늘 스승을 곁에 두고 부단히 연마해야 한다는 취지이다.

타인의 성공에서도, 실패에서도 모두 배워라

공자가 제시한 '내자성'의 방안은 두 사람의 동행일 경우에도 예외 없이 적용되는 것임은 말할 것도 없다. 두 사람 동행의 대표적인 경우로 '부부의 동행'을 들 수 있다. 대다수 사람들은 '부부의 동행'이 '구사계'를 구사할 수 있는 매우 중요한 경우라는 사실을 제대로 읽지 못하고 있다. 늘 가까이 지내기 때문에 무시 내지 간과하고 있는 것이다. '부부의 동행'의 유형을 「술이」 제21장의 '구사계'에 넣어 해석하면 크게 두 가지 종류로 나눌 수 있다.

하나는 반면교사, 다른 하나는 정면正面교사의 경우이다. 남자 가장을 예로 들어 설명하면 이른바 우처愚妻 내지 악처惡妻는 반면교사, 현처賢妻 내지 양처良妻는 정면교사로 삼으면 된다. 우처 내지 악처를 반면교사로 삼아 커다란 성공을 거둔 경우로 흔히 소크라테스를 들고 있다. 악처 크산티페를 둔 덕분에 위대한 철학자가 됐다는 식이다. 소크라테스가 이런 말을 한 것으로 알려져 있다.

"나중에 후회하더라도 결혼은 하는 것이 좋다. 양처를 만나면 행복해질 터이고, 악처를 만나면 철학자가 될 터이니 말이다."

그러나 이는 의문이다. 소크라테스의 제자인 플라톤이 쓴 작품에는 전혀 나오지 않는 것이다. 소크라테스의 형이 집행되는 과정을 기술한 플라톤의 『파이돈』에는 오히려 현처 내지 양처의 모습에 가깝다. 이를 뒷받침하는 해당 대목이다.

"제자들이 감옥을 찾아갔을 때 소크라테스는 막 족쇄에서 풀려 있었고, 옆에는 크산티페가 어린 아들을 안고 앉아 있었다. 크산티페가 제자들을 보더니 울음을 터뜨리며 말하기를, '여보 소크라테스, 당신이 친구들에게 말하는 것도, 친구들이 당신에게 말하는 것도 이제 마지막이 되겠구려!'라고 했다. 소크라테스가 친구이자 제자인 크리토를 쳐다보고 말하기를, '크리토여, 누굴 시켜서 저 사람을 집으로 좀 보내다오'라고 했다. 크리토의 하인들이 가슴을 치며 통곡하는 크산티페를 밖으로 데리고 나갔다."

크산티페를 악처로 묘사한 것은 아리스토파네스를 비롯해 훗날 소크라테스를 조롱하는 사람들의 작품을 통해 나온 것이지 당시 상황을 직접 목도한 제자들의 기록에는 전혀 나오지 않는 것이다. 크산티페를 악처로 묘사한 것은 의도적으로 왜곡 내지 과장한 결과로 보는 게 타당하다.

동양에도 유사한 얘기가 있다. 강태공 여상呂尙에 관한 얘기가 그렇다. 강태공은 주문왕을 만나기 전까지 매일 낚시만 다니고 집안일은 전혀 돌보지 않았다. 부인은 불만이 쌓여갈 수밖에 없었다. 하루는 부인이 멍석에 널어놓은 곡식을 잘 살피도록 강태공에게 신신당부한 뒤 집 밖으로 나갔다. 마침 소나기가 내려 멍석 위의 곡식을 모두 쓸어갔다. 부인이 돌아와 보니 강태공은 방에서 책만 읽고 있었다. 격분한 아내가 이내 강태공을 버리고 집을 나가고 말았다. 이후 주문왕이 강태공을 만나 군사軍師로 모셔갔다. 은나라를 멸하는 데 결정적인 공을 세우고 주나라의 건국공신이 된 강태공은 제나라 제후에 봉해졌다.

강태공이 금의환향해 돌아오자 한 여인이 강태공을 찾아와 자신의 잘못을 용서해 달라면서 머리를 조아리고 있었다. 바로 강태공을 버리고 떠난 부인이었다. 강태공이 그녀에게 물을 한 바가지 떠 오게 했다. 부인이 급하게 물을 한 바가지 떠서 바치자 강태공이 즉시 땅에 부으면서 이같이 말했다.

"엎어진 물을 다시 주워 담을 수 있으면 부인으로 인정하겠소!"

여기서 엎어진 물은 다시 주워 담을 수 없다는 뜻의 복수불수覆水不收 성어가 나왔다. 엎어진 물은 다시 담을 수 없다는 뜻이다. 요즘의 기준으로 보면 있을 수 없는 일이나 당시 기준에서는 모든 비난이 강태공의 부인에게 쏟아졌다. 많은 사람들이 강태공의 부인을 우처愚妻로 간주한 이유다.

주목할 것은 악처 내지 현처 등에 대한 평가는 두 사람이 동행할지라도 스승이 존재한다는 차원에서 언급한 것이고, 공자가 「술이」 제21장에서 언급하고자 한 것은 세 사람 이상이 동행할 경우라는 점이다. 세 사람 이상이 동행할 경우 반드시 스승이 있는 경우를 언급한 고전이 바로 당태종 이세민의 일화를 기록한 『정관정요』이다. 『정관정요』는 그 요체를 이른바 사우師友 정신에서 찾았다. 주변에 스승 내지 친구와 같은 자문관을 두고 수시로 조언을 얻으라는 취지이다. 「술이」 제21장이 역서란 '구사계'의 구체적인 방안으로 이보다 뛰어난 것은 없다.

원래 정관貞觀은 당태종이 재위할 당시의 연호이다. 그는 특이하게도 23년의 재위기간 동안 단 하나의 연호만 사용한 점이다. 그게 바로 '정관'이다. '정관' 연호에 대한 자부심을 엿볼 수 있다. 측천무후가 당나라를 찬탈해 주나라를 세운 뒤 똑같이 23년에 걸쳐 재위하는 동안 무려 18개의 연호를 사용한 것과 극명히 대비된다.

'정관'은 『주역』 「계사전」에 나오는 '천하를 다스리는 도가 바로 정관이다'라는 구절에서 따온 것이다. 그의 치세는 '정관'의 연호가 결코 허언이 아니었음을 보여준다. 『정관정요』는 당나라 사관 오긍吳兢이 편찬한 것이다. 『신당서』 「오긍전」에 따르면 당고종 때 지금의 하남성 개봉에서 태어난 그는 죽을 때까지 역사 기술과 관련한 벼슬을 살았다. 당현종 때 80세의 나이로 사서 편찬 작업을 하던 중 노환으로 집에서 숨을 거둔 게 그 증거다. 그는 『정관정요』를 집필하면서 모든 역사적 사실을 있는 그대로 기술하는 춘추필법春秋筆法을 고수했다.

이를 뒷받침하는 일화가 있다. 당현종 개원 9년인 서기 721년에 『측천실록』을 편찬하게 됐다. 재상 장열張說이 자신에 관한 기록을 바꿔줄 것을 강력 요청했다. 측천무후 때 보여준 행보를 가감 없이 그대로 기록한 탓이다. 오긍이 정중히 거절했다.

"내가 만일 인정에 흔들린다면 어찌 직필直筆이라는 명성을 얻을 수 있겠습니까?"

『정관정요』가 수천 년에 걸쳐 제왕학의 기본 텍스트로 널리 읽히게 된 배경이 여기에 있다. 『정관정요』에는 당태종 이세민의 장점과 단점이 적나라하게 기술돼 있다. '직필'을 고집한 덕분이다. 오긍은 최고 통치권자인 제왕의 잘못된 행동이 백성은 물론 나라에 엄청난 재앙을 초래한다는 사실을 통찰하고 있었다. 『정관정요』 「임현論任

賢」에 따르면 당태종은 자신에게 늘 바른 말을 해주던 위징魏徵이 죽자 이같이 탄식했다.

"구리로 거울을 만들면 가히 의관을 단정하게 할 수 있고, 역사를 거울로 삼으면 천하의 흥망성쇠와 왕조교체의 원인을 알 수 있고, 사람을 거울로 삼으면 자신의 득실을 분명히 알 수 있다. 짐은 일찍이 이들 세 가지 거울을 구비한 덕에 허물을 범하는 것을 막을 수 있었다. 지금 위징이 세상을 떠나는 바람에 마침내 거울 하나를 잃고 말았다!"

여기에 언급된 동경銅鏡과 사경史鏡, 인경人鏡을 흔히 '3경三鏡'이라고 한다. 원래 경鏡은 감鑑을 바꿔 표현한 것이다. 동감, 사감, 인감을 '3감'이라고 한다. 군주가 3감을 통해 스스로 경계하며 제왕의 덕을 쌓는 것이 바로 3감지계三鑑之戒이다. 줄여서 감계鑑戒라고 한다. '감계'를 최초로 언급한 고전은 『춘추좌전春秋左傳』을 쓴 좌구명의 『국어国语』이다. 좌구명은 공자와 비슷한 시기를 산 노나라 사관이다. 춘추시대를 다루고 있는 까닭에 『춘추좌전』과 『국어』는 상호 보완관계를 이룬다. 『춘추좌전』을 '춘추내전', 『국어』를 '춘추외전'으로 부르는 이유다.

『국어』「초어楚语」에 따르면 춘추시대 말기 초나라 재상 자서子西가 오자서와 함께 오나라로 망명한 초평왕의 손자를 부르려고 하자 섭공葉公 자고子高가 자서를 만나 이같이 말했다.

"사람은 늘 역사상 존재했던 수많은 흥망성세에 관한 교훈을 가슴 깊이 새겨 자신을 성찰하고 경계하는 '감계'로 삼고자 하오. 그런데 지금 그대는 좋은 얘기를 듣고도 받아들일 생각을 하지 않으니 이는 귀를 막고 듣지 않는 것과 같소."

당태종이 언급한 '3감'은 「초어」에 나오는 전래의 '감계' 개념을 세 가지로 나눠 정리한 최초의 사례다. 『정관정요』의 키워드는 '3감 지계'에 있다고 해도 과언이 아니다. 오긍이 『정관정요』를 쓰게 된 것도 이 때문이다. 당태종의 '3감지계'에 감동을 받은 결과다.

당태종이 '사감'과 '인감'을 역설한 것은 말할 것도 없이 새 왕조를 이끌 유능한 인재의 필요성 때문이었다. 그는 인재를 얻기 위해 노심초사했다. 정관 2년인 628년 신하들에게 이같이 말했다.

"나라를 다스리면서 가장 중요한 것은 인재를 얻는 것이오. 만일 기용한 사람이 재능을 갖추지 못했다면 나라는 반드시 다스리는 일이 곤란해 질 것이오."

그러고는 군신들에게 인재의 천거를 적극 권장했다. 실제로 그는 천거의 내용을 보고 해당 관원의 능력을 평가했다. 이를 게을리 하는 신하는 엄하게 꾸짖었다.

성공에 안주하지 말고 시대의 변화에 대비하라

사실 우리나라도 고려 때까지는 경연經筵 자리에서 사서삼경 대신 『정관정요』를 놓고 국정을 논하면서 '사우'의 정신을 깊이 새겼다. 문제는 그 이후이다. 조선조가 성리학을 통치이념으로 받아들이면서 『정관정요』를 멀리하고 사서삼경의 상징인 『맹자』를 가까이 한 것은 치명타였다. 구한 말 조선의 사대부들이 도이島夷를 인의에 입각한 맹자의 왕도로 능히 설복시킬 수 있다고 떠벌리다가 백성을 어육魚肉으로 만든 게 그렇다. '칼'을 들고 쳐들어오는 사무라이 앞에 '붓'을 들고 나선 꼴이다. 21세기 현재까지도 유사한 행태가 지속되고 있다. 일본에서는 이미 100년 전에 끝난 '대정 데모크라시' 열풍의 재연이 그렇다. 서구의 민주주의를 맹종할 경우 과거 성리학자들의 전철을 밟을 소지가 크다.

성리학 이론의 토대가 된 『맹자』의 가장 큰 폐단은 난세에도 '붓'을 들고 천하에 임할 것을 주장한 데 있다. 난세에는 반드시 '칼'로 폭력을 제압해야 한다고 역설한 『정관정요』와 정반대이다. 일본이 에도막부 이래 조선에서 수입한 성리학을 관학으로 삼았음에도 『정관정요』를 최고의 제왕학 텍스트로 삼은 것과 대비된다. 에도막부를 연 도쿠가와 이에야스는 『정관정요』의 애독자였다. 그는 막부의 기틀을 다지기 위해 『정관정요』를 대거 참조했다. 일본에서는 지금도 황족의 교육기관인 가쿠슈인學習院 대학이 『정관정요』를 교양필수 과목으로 정해 놓고 있다. 시오노 나나미가 『로마인 이야기』를 집필하게 된 것도 본인이 밝혔듯이 모교에서 『정관정요』를 통해 '사우'의 논리를 통찰한 결과로 보인다.

당태종은 자신의 성공신화에 지나치게 도취하는 데 따른 폐해를 통찰했다. 이를 뒷받침하는 『정관정요』 「구간」의 해당 구절이다.

"수양제는 허물을 지적해 주는 말을 듣지 않은 탓에 악행이 날로 쌓이고 재앙이 날로 가득 차 마침내 나라가 패망하고 자신 또한 죽임을 당하는 화를 입게 된 것이다. 군주의 행동이 옳지 못한데도 신하가 바로잡아 주지 않은 채 구차하게 아첨이나 하며 하는 일마다 칭송만 하면 군주는 이내 어리석어진다. 군주가 어리석고 신하가 아첨을 일삼으면 패망은 결코 멀리 있지 않다."

'사우'의 중요성을 역설한 것이다. 『정관정요』가 21세기까지 제왕학의 으뜸으로 손꼽히는 이유가 여기에 있다. 군주가 신하들의 간언을 적극 받아들여 스스로를 끊임없이 연마하며 겸양하는 자세로 천하에 임하도록 권한 덕분이다. 이는 '사우'를 곁에 두어야만 가능한 일이다. 그런 점에서 이세민은 '사우' 개념을 통해 난세의 리더십이 어떤 것인지를 몸으로 보여준 명군이다.

그 요체가 바로 '사우' 정신에 있다. 제왕 스스로 자만에 빠지는 것을 부단히 경계해야만 가능한 일이다. 제왕 스스로 정치9단 내지 '내가 좀 아는데' 식의 자만심을 지닐 경우 이는 정권의 실패뿐만 아니라 민생을 도탄에 빠뜨리게 된다. 국가 총력전 양상으로 치닫고 있는 21세기 경제전 상황에서는 '사우' 정신의 확립이 그 어느 때보다 더욱 절실하다. 최고 통치권자나 기업 CEO의 자고자대自高自大가 나라와 기업을 일거에 위기에 빠뜨릴 수 있기에 그렇다.

불모계
不謀計

22

자신의 한계를 파악하라

공자가 말했다.
"그 자리에 있지 않으면 그 자리에 있는 사람이 해야 할 정무政務를 꾀하지 않는다."

子曰, "不在其位, 不謀其政."

_「논어」「태백」제14장

「태백」제14장의 구절은 「헌문」제27장의 구절과 완전히 일치한다. 「헌문」제27장을 이어받고 있는 제28장은 '증자왈'로 시작되고 있다. 똑같은 구절이 두 곳에 걸쳐 나온 것은 증자의 제자가 『논어』「태백」편의 편제에 깊숙이 개입했음을 암시한다. 「헌문」제28장은 이같이 되어 있다.

"증자가 말하기를, '군자는 그 생각이 그 지위를 벗어나지 않는다'고 했다."

원문은 '군자사불출기위君子思不出其位'이다. 이는 바로 앞 장에 나온 공자의 '월권'에 대한 언급을 증자가 부연해 놓은 것이다. 주목할 것은 「헌문」 제28장에 나오는 증자의 풀이가 『주역』 「간괘艮卦」에 대한 괘사와 일치하고 있는 점이다.

"상전象傳에 이르기를, '산이 겹쳐 있는 겸산兼山이 간艮이다'라고 했다. 군자는 이를 본받아 생각하는 바가 본분을 넘어서지 않는 불출기위不出其位의 행보를 해야 한다."

증자의 문인이 스승인 증자의 이름으로 「간괘」의 괘사를 끼워 넣었을 공산이 크다. 일각에서는 「태백」 제14장과 「헌문」 제27장을 두고 공자가 관직에 있지 않은 사람의 정책 비판을 힐난한 것으로 풀이하고 있다. 이에 대해 미국의 저명한 중국학자 크릴Creel은 『공자, 인간과 신화Confucius, The Man and the Myth』에서 이 구절은 지금은 전해지지 않는 어떤 내용과의 특별한 관련 아래에서 나온 것으로 추정했다. 그러나 굳이 크릴과 같이 무리하게 해석할 필요는 없다. 공자가 이 장에서 경계한 것은 월권越權이다.

자신의 그릇에 맞는 야망을 가져라

실제로 공자는 춘추시대 말기의 하극상에 대해 크게 개탄한 바 있다. 공자의 '월권'에 대한 발언은 바로 이런 하극상에 대한 개탄에서 비롯된 것으로 보면 된다. 하극상은 아랫사람의 '월권'에서 비롯됐다는 게 공자의 확고한 생각이었다. 실제로 공자가 활약하는 춘추시대 말기의 상황을 보면 아랫사람의 '월권'으로 인한 시군찬위弑君簒位가 빈발하고 있었다.

대표적인 예로 제나라의 전씨田氏가 주군인 강태공 여상의 후예를 내쫓고 제나라를 찬탈한 사건을 들 수 있다. 『사기』 「전경중완세가田敬仲完世家」에 따르면 전씨는 원래 진씨陳氏로 제환공 때 제나라로 망명한 진陳나라 공자 진완陳完이 조상이다. 그의 시호가 '경중'이다. '전경중완세가'라는 기다란 명칭이 나오게 된 배경이다.

공자 진완은 진선공陳宣公의 태자 어구禦寇와 가까웠다. 진선공 11년인 기원전 682년, 진선공이 태자 어구를 죽이자 진완은 화가 자신에게 미칠까 두려워해 제나라로 달아났다. 제환공이 그를 경卿으로 삼으려고 하자 사양했다.

"떠돌이 객이 된 신이 요행히 경제적인 부담을 면한 것도 군주의 은혜입니다. 감히 높은 직책을 맡을 수 없습니다."

제환공이 그를 공정工正으로 삼았다. 장인匠人들을 지휘하는 자리이다. 제나라 대부 의중懿仲이 딸을 진완에게 아내로 주려고 점을 쳤다. 이런 점괘가 나왔다.

"봉황이 비상하는 듯하고, 화음이 조화를 이뤄서 내는 기쁨의 소리이다. 5대 이후 창성해 경卿의 지위에 이를 것이다. 8대 이후에는 그보다 더 높은 지위가 없을 것이다."

결국 의중은 자신의 딸을 진완에게 시집보냈다. 진완이 제나라로 도망한 게 제환공 14년 기원전 672년의 일이다. 진완이 죽자 경중敬仲이라는 시호가 내려졌다. 경중의 성씨는 그가 제나라로 망명한 후 후손에 의해 진陳에서 전田으로 바뀌었다.

진晉나라 대부 난령欒逞이 진나라에서 난을 일으키고, 제나라로 달아나자 제장공이 그를 후히 대접했다. 재상인 안영晏嬰과 전수무가 간했으나 제장공이 듣지 않았다. 전수무의 아들 전무우田無宇도 제장공을 섬겼다. 힘이 세어 커다란 총애를 입었다. 전무우는 전개田開와 전기田乞를 낳았다. 전기는 제경공齊景公을 섬겼다. 백성들로부터 조세를 거둘 때는 소두小斗로 거두고, 백성에게 베풀 때는 대두大斗를 쓰며 은연 중 백성에게 덕을 베풀었다. 제경공도 이를 멈추게 하지 않았다. 기원전 539년 봄, 안영이 진나라를 방문하자 진평공晉平公이 안영을 위해 연회를 베풀었다. 이때 숙향이 참석해 안영과 장시간 얘기를 나눴다. 숙향이 먼저 물었다.

"제나라 사정은 요즘 어떻습니까?"

안영이 대답했다.

"제나라가 말세에 이르렀다는 것 이외에 나머지는 잘 모르겠습니다. 제나라는 아마도 전씨의 세상이 될 것입니다. 군주가 백성을 버리자 백성들이 전씨에게 귀부하고 있습니다. 제나라에는 원래 4종의 곡식을 세는 단위가 있는데 두豆, 구區, 부釜, 종鍾이 바로 그것입니다. 4승升이 1두가 되어 차례로 4배씩 더하여 1부가 되고 1부의 10배가 곧 1종이 됩니다. 전씨는 두, 구, 부 등 3가지 단위에 모두 하나씩을 더 붙임으로써 5승을 1두, 5두를 1구, 5구를 1부로 삼고 있습니다. 1종의 양은 공식적인 양보다 훨씬 많습니다. 그는 사람들에게 곡식을 빌려 줄 때는 사가私家의 단위로 빌려주고, 거두어들일 때는 공가公家의 단위를 사용하고 있습니다. 또 산에서 벌목한 나무를 시장에 가지고 나가도 벌목 당시보다 비싸지 않고, 어염魚鹽과 조개 등도 채취 당시의 가격보다 결코 비싸지 않습니다.

백성들은 자신들이 생산하는 것을 셋으로 나눠 그 둘은 군주에게 바치고 나머지 하나로 의식에 충당합니다. 군주가 거둬들인 생산물은 썩고 벌레가 먹고 있지만 백성은 빈곤하여 80세 이상의 노인들조차 기한飢寒에 떠는 형편입니다. 도성의 각 시장에서 파는 신발을 보더라도 일반 신발은 싸지만 발뒤꿈치를 자르는 월형刖刑을 받은 사람이 신는 왼쪽 신발은 비쌉니다. 백성이 질병 등으로 고통에 시달릴 때 전씨가 찾아가 위문하자 백성들을 마치 부모처럼 섬깁니다. 백성들이 그에게 귀부하는 것이 흐르는 물과 같습니다. 그가 백성들의 지지를 받지 않으려 할지라도 장차 이를 어찌 피할 수 있겠습니까?"

숙향이 맞장구쳤다.

"진나라 공실 또한 지금 말세에 이르렀습니다. 전마戰馬는 병거에 매어져 있지 않아 경卿들은 군사를 지휘할 수가 없습니다. 공실의 병거는 어자御者와 거우車右가 없어 몰지 못하고 보병부대에는 지휘자가 없는 형편입니다. 일반 백성은 지쳐 있는데 궁실은 더욱 사치스럽기만 합니다. 길거리에 굶어죽은 시체가 서로 쳐다보고 있을 정도로 많은데 총희를 배출한 집안은 재물을 쌓아둘 곳이 없는 상황입니다. 백성은 군주의 명령을 들으면 마치 외적을 피하듯이 하고 진나라 전래의 호족인 난欒, 극郤, 서胥, 원原, 호狐, 속續, 경慶, 백伯 등은 모두 천한 신분으로 전락했습니다. 정권이 일부 권문의 손에 떨어지자 백성은 의지할 곳이 없게 되었습니다. 그런데도 군주는 반성하는 날이 없고 환락으로 근심을 잊고 있습니다. 공실의 위세가 이같이 추락한 적이 과연 이전에 있었습니까? 그러고도 회개할 생각을 하지 않으니 어찌 오래 갈 수 있겠습니까?"

안영이 물었다.

"그대는 장차 어찌할 생각입니까?"

숙향이 대답했다.

"진나라의 공족은 끝났습니다. 내가 듣건대 '공실이 장차 쇠약해지게 되면 먼저 일족이 몰락하고 공실도 뒤따라 몰락한다'고 했습니다. 우리 종족은 원래 1종宗 11족族이었으나 지금은 오직 우리 양설씨羊舌氏만 남아 있을 뿐입니다. 나 또한 똑똑한 자식을 두지 못했습니다. 공실에 법도가 없으니 과연 수명대로 살기만 해도 다행일 것입니다. 죽은들 어찌 제사를 받을 수 있겠습니까?"

두 사람은 장차 천하 형세가 어찌 전개될 것인지를 훤히 내다보고 있었던 셈이다. 춘추시대에 제나라가 장차 강씨의 나라에서 진씨의 나라로 바뀔 것이라는 것을 가장 먼저 예측한 사람은 제나라의 현대부 안영이다. 또한 자신의 일족은 물론 진나라의 공실 또한 권신들에 의해 패망하리라는 것을 최초로 예측한 사람은 진나라의 현대부 숙향이다.

당시 안영은 제나라의 진씨 일족이 백성들에게 은혜를 베풀고 있는 속셈을 읽고 있었다. 그는 이를 방치할 경우 제나라는 진씨의 나라로 바뀔 것이라는 사실도 이미 예측하고 있었다. 『춘추좌전』에 나오는 다음 일화가 그 증거다. 기원전 522년 겨울, 제경공이 술을 마시고 크게 즐거워하며 곁에 있는 안영에게 말했다.

"만일 사람이 죽는 일이 없었다면 그 즐거움이 과연 어떠했겠소?"

안영이 말했다.

"그랬다면 지금의 즐거움은 곧 옛 사람의 즐거움이 되는 셈이니 군주는 여기서 무엇을 얻을 수 있겠습니까? 옛날 상구씨爽鳩氏가 우리 제나라 땅에 살기 시작한 이래 하나라 때 계즉씨季荝氏, 은나라 때 봉백릉逢伯陵, 은나라 때 포고씨蒲姑氏가 차례로 그 뒤를 이었습니다. 주나라가 들어서면서 강태공姜太公이 우리 제나라 땅을 이어받았습니다. 만일 도중에 죽는 일이 없었다면 상구씨가 계속 제나라를 차지했을 터이니 이는 결코 군주가 바라는 바가 아닐 것입니다."

강씨의 제나라가 영원히 계속될 수 없는 만큼 만일 오랫동안 유지하려면 끊임없이 스스로를 채찍질하며 정사에 임해야 한다고 주문한 것이다. 실제로 이때 이미 실질적인 권력의 중심이 진씨에게 이동하고 있었다. 제경공은 이를 듣지 않았다.

안영이 죽은 뒤 진나라에서 범씨范氏와 중항씨中行氏 등이 반기를 들었다. 진나라 조정의 공격이 심해지자 범씨와 중항씨가 제나라에 군량을 청했다. 권신 전기가 제나라에 반기를 들 생각을 품었다. 이내 제후들과 결속해 제경공을 설득했다.

"범씨와 중항씨가 우리에게 수차례에 걸쳐서 덕을 행했습니다. 우리가 구해 주지 않으면 안 됩니다."

제나라는 전기로 하여금 이들을 돕게 해 식량을 보냈다. 제경공의 태자가 죽었을 때 제경공에게 예자芮子로 불린 총희가 있었다. 그녀가 아들 도茶를 낳았다. 제경공은 병이 들자 시호가 혜자惠子인 재상 국하國夏와 시호가 소자昭子인 고장高張에게 명해 '도'를 태자로 세우도록 했다. 제경공 사후 두 재상이 '도'를 즉위시켰다. 그가 바로 안

유자孺子이다. 전기는 이를 불쾌히 여겼다.

전기는 내심 자신과 사이가 좋은 제경공의 다른 아들 양생陽生을 옹립하고자 했다. 안유자가 즉위했을 때 양생은 노나라로 달아났다. 전기가 짐짓 고장과 국하를 섬겼다. 매번 입조할 때 이같이 말했다.

"처음에는 여러 대부들이 안유자를 옹립하려 하지 않았습니다. 안유자가 이미 즉위했고, 그대가 재상이 되니 대부들이 두려워한 나머지 모두 반기를 들려고 합니다."

그러고는 대부들에게 이같이 말했다.

"고장은 무서운 사람이다. 그가 움직이기 전에 우리가 먼저 그를 처치합시다."

여러 대부들이 그를 좇았다. 전기와 포목鮑牧을 비롯한 여러 대부들이 군사를 이끌고 공실公室로 쳐들어가 고장을 공격했다. 고장이 국하와 함께 안유자를 구하고자 했다. 그러나 공실의 군사가 패했다. 국하가 거莒나라로 달아났다. 전기의 무리가 다시 돌아와 고장을 죽였다. 안영의 아들 안어晏圉는 노나라로 달아났다. 전기가 곧 사람을 노나라로 보내 양생을 영접했다. 양생이 제나라로 돌아와 전기의 집에 숨어 있었다. 전기가 대부들에게 청했다.

"조촐하게 음식을 차렸으니 와서 드시면 영광이겠습니다!"

대부들이 전씨 집에 와서 회식을 했다. 전기가 양생을 자루에 넣어 회식 자리의 한가운데에 놓았다. 회식 도중 자루를 풀자 양생이 나왔다. 양생이 말했다.

"내가 바로 제나라 군주이다."

대부들이 모두 엎드려 조아리며 옹립하고자 했다. 전기가 말했다.

"나와 포목이 양생을 옹립하기로 이미 상의했소."
이는 거짓말이었다. 포숙아의 후손인 포목이 화를 냈다.
"대부는 선군인 경공의 명을 잊었소?"
여러 대부들이 멈칫하자 양생이 머리를 조아리며 말했다.
"가능하면 나를 옹립하고, 불가능하면 그만두시오."
포목은 자신에게 닥칠 화를 두려워해 다시 말했다.
"모두 경공의 아들이오. 어찌 안 되겠소!"

그러고는 모두 전기의 집에서 양생을 옹립했다. 그가 바로 제도공齊悼公이다. 사람을 시켜 안유자를 태駘 땅으로 보낸 뒤 이내 죽여 버렸다. 제도공이 즉위했다. 전기가 재상이 돼 제나라의 정권을 틀어쥐었다. 제도공 4년인 기원전 485년, 전기가 죽자 아들 전상田常이 뒤를 이었다. 그가 바로 전성자田成子다.

얼마 후 제도공이 제나라 사람에게 시해되자 제나라 군신들이 제도공의 아들 임壬을 옹립했다. 그가 제간공齊簡公이다. 전상과 감지監止가 좌우의 재상이 돼 제간공을 보필했다. 전상은 감지를 시기했으나 감지가 제간공의 총애를 입고 있어 쉽게 제거할 길이 없었다. 이에 전상이 다시 전기를 본받아 백성들에게 대두大斗로 대여하고, 소두小斗로 거둬들였다. 제나라 백성들이 노래를 지어 이를 기렸다.

할머니가 나물을 뜯어 오니　　嫗乎采芑
모두 전성자 집으로 들어가지　　歸乎田成子

백성들이 전상의 시혜施惠에 보답하기 위해 나물을 뜯어다가 바치며 고마움을 표시한 것이다. 민심이 이미 강씨의 제나라 공실을 떠나 전상에게 귀의하고 있음을 암시한다. 당시 전씨의 일족으로 제간공의 측근으로 있던 전앙田鞅이 건의했다.

"전상과 감지를 동시에 재상으로 두어서는 안 됩니다. 군주는 한 사람을 택해야 합니다."

제간공이 듣지 않았다. 결국 전상의 4형제가 제간공을 시해한 뒤 제간공의 동생 오驁를 옹립했다. 그가 제평공齊平公이다. 제평공이 즉위하자 전상이 재상이 됐다. 전상은 제간공을 죽인 일로 인해 제후들이 합세해 자신을 칠까 두려워했다. 이에 노魯나라와 위衛나라 등으로부터 빼앗은 땅을 모두 돌려주었다. 또 서쪽으로 중원의 진晉나라와 화약을 맺고, 남쪽으로는 오吳와 월越에 사절을 보내 우호를 다졌다. 이어 안으로는 논공행상을 시행해 백성에게 덕을 베풀었다. 제나라가 이내 안정을 찾았다. 전상이 제평공에게 건의했다.

"포상은 백성들이 바라는 것이니 이를 군주께서 행하십시오. 형벌은 백성이 싫어하는 것이니 이는 신이 집행하겠습니다."

제평공이 이를 받아들였다. 이같이 5년이 지나자 제나라의 정권은 모두 전상에게 귀속됐다. 공자가 「태백」 제14장과 「헌문」 제27장에서 거듭 '그 자리에 있지 않으면 그 자리에 있는 사람이 해야 할 정무政務를 꾀하지 않는다'며 신하의 월권을 경계한 이유가 바로 여기에 있다. 『한비자』에 따르면 군주가 전일적專一的으로 행해야 하는 권한이 두 가지이다. 하나는 포상권褒賞權이고, 다른 하나는 형벌권刑罰權이다. 형벌권을 빼앗아간 것은 곧 군권君權을 잠식한 것이다. 일제가 조선을 병탄할 때 전상이 쓴 수법을 그대로 좇았다. 통감부를 두고 경찰권과 사법권을 차례로 빼앗아간 뒤 시간이 되자 순종을 압박해 퇴위하게 한 뒤 이내 병탄한 게 그렇다.

당시 전상은 포씨鮑氏와 안씨晏氏 등 공족들 가운데 강자를 차례로 제거한 뒤 제나라 땅 가운데 안평安平의 동쪽에서 낭야郎邪에 이르는 가장 넓은 땅을 자신의 봉읍으로 삼았다. 이어 제나라 여인 가운데 키가 7척 이상 되는 여인을 후궁으로 삼았다. 모두 100여 명이나 됐다. 빈객과 친족이 후궁을 드나드는 것을 막지 않았다. 전상이 죽을 때 아들이 무려 70여 명이나 됐다. 전상이 죽자 아들 전반田盤이 재상이 됐다. 그가 바로 전양자田襄子이다.

월권을 경계하고 하극상을 방지하라

전양자田襄子가 제선공齊宣公의 재상으로 활약할 때 사실상 진晉나라를 3분한 한韓, 위魏, 조趙 등 이른바 삼진三晉이 지백知伯을 죽이고 그 땅을 나눠가졌다. 전양자는 그의 형제와 친족들로 하여금 제나라의 도시와 지방을 차지한 뒤 삼진과 서로 사신 왕래를 하도록 했다. 전양자가 죽자 아들 전백田白이 뒤를 이었다. 그가 바로 전장자田莊子이다. 전백이 부친의 뒤를 이어 제선공의 재상이 됐다. 전장자가 죽자 아들 전화田和가 뒤를 이었다.

전화 역시 제선공의 재상이 됐다. 제선공 51년인 기원전 405년, 제선공이 죽었다. 제선공의 아들 제강공齊康公 강대姜貸가 즉위했다. 제강공은 재위기간 동안 술과 여자에 빠져 정사를 돌보지 않았다. 제강공 14년인 기원전 391년, 전화가 제강공을 내쫓고, 성읍 하나를 식읍으로 주어 조상의 제사를 받들게 했다. 제강공 16년인 기원전

389년, 제태공 전화와 위문후魏文侯가 탁택濁澤에서 회맹했다. 위문후가 주나라 왕실 및 제후들에게 사자를 보내 제나라 재상 전화를 제후의 반열에 올릴 것을 청했고, 주나라 왕이 이를 허락했다. 제강공 19년인 기원전 386년, 주나라 왕실이 마침내 전화를 제나라의 제후로 봉했다. 그가 바로 제나라의 제1대 군주인 제태공齊太公이다.

이때 제태공 전화는 공식적으로 제후의 반열에 오른 것을 기념해 개원改元하고 이해를 원년으로 삼았다. 제태공 전화가 즉위한 지 2년 만에 죽자 아들 제환공齊桓公 전오田午가 즉위했다. 전오는 춘추시대 중엽 관중의 도움을 얻어 사상 최초로 패업을 이룬 제환공 강소백姜小白과 시호가 같다. 제환공 6년인 기원전 379년, 제환공 전오가 죽자 아들 전인제田因齊가 즉위했다. 그가 바로 전씨 제나라의 명군인 제위왕齊威王이다. 이해에 공교롭게도 강씨의 마지막 후손인 제강공 강대가 죽었다. 독살당했을 공산이 크다. 이로써 강태공 여상에 대한 제사가 모두 끊어졌다. 강씨 조상의 제사를 받들기 위해 남겨진 봉읍奉邑마저 모두 전씨 소유가 됐다.

전씨가 강씨의 제나라를 찬탈하는 과정은 이후 새 왕조가 들어설 때 빚어지는 모든 시군찬위弑君簒位 및 선양禪讓의 기본 모델이 되었다. 후한 말기 조씨曹氏가 한헌제로부터 보위를 선양받고, 사마씨가 조씨의 위나라를 찬탈하는 과정 등이 모두 전씨가 강씨의 제나라를 찬탈하는 과정을 흉내 냈다. 공자가 「태백」 제14장과 「헌문」 제27장에서 신하의 월권을 경계한 것도 바로 하극상을 미연에 방지하기 위한 계책의 일환으로 나온 것이다.

후소계
後素計

23

처음부터 다시 시작하라

자하가 물었다.
"시에 이르기를, '방긋 웃으면 어여쁜 보조개이고, 눈을 움직이면 황홀한 눈매라네! 흰 비단으로 채색을 하지!'라고 했습니다. 이는 무엇을 말한 것입니까?"
공자가 대답했다.
"그림 그리는 일은 흰 비단을 마련한 후에 하는 것이다."
자하가 또 물었다.
"예가 나중입니까?"
공자가 기뻐하며 대답했다.
"나를 일으키는 자는 상商이로구나. 비로소 더불어 『시』를 얘기할 만하다."

子夏問曰, "巧笑倩兮, 美目盼兮, 素以爲絢兮, 何謂也." 子曰, "繪事後素." 曰, "禮後乎."
子曰, "起予者, 商也. 始可與言詩已矣."

_「논어」「팔일」 제8장

「팔일」 제8장의 자하가 인용한 시구 가운데 '방긋 웃으면 어여쁜 보조개이고, 눈을 움직이면 황홀한 눈매라네!'라는 구절은 원래 『시경』 「국풍國風, 위풍衛風」에 실려 있는 「석인碩人」에서 따온 것이다. 주목할 것은 그 뒤에 나오는 '흰 비단으로 채색을 하지!' 구절이다. 이는 『주례』 「고공기考工記」에 인용한 것이다. 원문은 회사후소繪事後素이다. 기본적인 자질資質이 있은 뒤에야 문식文飾을 가한다는 뜻이다. 기본바탕인 질質과 문채文彩를 뜻하는 문文의 상호관계를 언급한 것이다. 「옹야」 제16장에 문질文質의 상호관계를 설명한 공자의 언급이 나온다.

"질質이 문文을 이기면 야野하고, '문'이 '질'을 이기면 겉만 사史하다. 문질이 빈빈彬彬한 연후에 가히 군자라고 이를 수 있다."

원문은 '질승문즉야質勝文則野, 문승질즉사文勝質則史'이다. 여기의 '야野'는 교양을 닦지 않은 거친 모습을 뜻한다. '사史'는 사관이 붓을 놀려 수식하듯 겉만 호화스러운 것을 지칭한다. '빈빈彬彬'은 잘 조화를 이룬 모습을 형용한 것이다. 본래 '질'이 없으면 '문'을 베풀 길이 없어 야인野人이 될 수밖에 없다. '문'을 언급하는 것 자체가 바로 '질'을 전제로 한 것이다. 마찬가지로 '문'이 없으면 '질'이 그 본연의 모습을 드러낼 길이 없어 겉만 번지르르한 사인史人에 그치게 된다.

기본을 바탕으로 발전을 도모하라

'질'과 '문'은 상호 불가분의 보완관계에 있는 까닭에 경중輕重이 있을 리 없다. 군자가 되고자 하면 당연히 '질' 위에 '문'을 덧씌워야 한다. 문채가 더해지지 않는 한 '야인'으로 머물 수밖에 없기 때문이다.

이게 공자가 「옹야」 제16장에서 언급한 '문질빈빈'의 본래 의미이다. 「팔일」 제8장에서 공자가 '회사후소'를 언급한 것과 취지를 같이한다. '문질빈빈'이 '문'과 '질'을 고루 얘기한 데 반해 '회사후소'는 '질'에 초점을 맞춘 게 약간 다를 뿐이다. 공자가 '회사후소'를 언급한 것은 기본적인 자질도 갖추지 못한 채 겉모습만 화려하게 꾸미는 것을 경계하려는 취지다.

'문질빈빈' 내지 '회사후소'의 이치는 악기를 연주하는 이치에 그대로 적용된다. 기본 음계를 정확히 익힌 뒤 장식음을 연주해야 멋과 맛이 나는 것과 같다. 기본 음계를 제대로 연주하지 못한 채 장식음부터 연주하고자 하면 겉만 번지르르하게 된다. 사실 이런 이치는 악기 연주에만 그치는 것도 아니다. 매사가 모두 그렇다. 기본적인 수리 계산도 잘 되지 않는데 풀이 방식만 배워 미적분 문제를 푸는 것과 같다.

그럼에도 성리학자들은 유사한 우를 범했다. '문'과 '질'을 이분법적으로 나눈 게 그렇다. 애초부터 은나라는 '질'을 숭상해 명命으로 삼고, 주나라는 '문'을 숭상해 법法으로 삼았다는 식으로 풀이한 것이다. 이는 '문질빈빈'과 '회사후소'의 취지에 반한다. 공자가 '문질빈빈'과 '회사후소'를 언급한 것은 '문'과 '질'은 결코 나눌 수 없고, 양자가 조화를 이뤄야만 비로소 군자의 문턱에 들어설 수 있다는 취지에서 나온 것이다.

이를 제대로 헤아린 사람이 바로 정조 때 활약한 조선조 최고의 학자 다산 정약용이다. 그는 『논어고금주』에서 주희를 비롯한 역대 성리학자들의 이분법적 해석을 통렬히 비판하면서 '질'은 인덕仁德, '문'은 예악禮樂을 뜻한다고 풀이했다. '인덕'과 '예악'은 본래 나누어 볼 수 없는 것으로, 성인이 후학들을 깨우치기 위해 편의상 나눠서 언급한 것에 불과하다고 주장했다. 공자가 '문질빈빈'과 '회사후소'를 언급한 취지에 정확히 부합하는 해석이다.

공자가 자하를 두고 "비로소 더불어 『시』를 얘기할 만하다"고 언급한 것도 바로 이런 관점에 입각해야만 제대로 이해할 수 있다. 『논어』 전편을 통틀어 공자가 더불어 『시』를 얘기할 만하다고 언급한 사람은 오직 두 사람밖에 없다. 바로 자공과 자하이다.

원래 은미隱微한 시어의 뜻을 파악하기 위해서는 총기가 필요하다. 공자가 두 사람을 두고 '시를 더불어 얘기할 만하다'고 언급한 것은 두 사람의 총기에 탄복했음을 암시한다. 원래 공자는 평소 제자들과 함께 마치 외교석상처럼 서로 시를 주고받으며 문답을 나눴다. 「양화」에 나오는 공자의 다음 언급이 그 증거이다.

"너희들은 어찌하여 『시』를 배우지 않는 것인가? 시를 배우면 가까이로는 어버이를 섬기고, 멀리는 군주를 제대로 섬길 수 있고 조수와 초목에 관해서도 많은 것을 알 수 있다."

기본에서부터 세상의 이치를 깨우쳐라

여기서 공자는 시를 배워야 수신제가와 치국평천하를 제대로 할 수 있다고 지적하고 있다. '조수와 초목에 관해서도 많은 것을 알 수 있다'는 언급은 시를 공부하는 시학詩學이 사물의 이치를 널리 탐구하는 박물학博物學의 일환으로 간주됐음을 시사한다. 실제로 공자는 세인들로부터 박식博識하다는 평을 받았다. '시학'에 통달한 덕분이다. 「위정」제2장에 나오는 공자의 다음 언급이 이를 뒷받침한다.

"『시삼백詩三百』의 뜻을 한마디로 말하면 생각에 간사함이 없는 사무사思無邪로 요약할 수 있다."

『시삼백』은 현존『시경』의 옛 이름이다. 공자가 제자들에게 가르친『시삼백』은 현존『시경』과 별반 차이가 없다. '사무사' 표현에 공자가 제자들에게『시삼백』을 교양 필수 과목으로 가르친 배경이 선명히 드러나고 있다.

원래『시삼백』은 시서예악詩書禮樂으로 불리는 이른바 4과四科의 가장 기본이 되는 과목이었다. 공자학당에서 가르친『시』, 즉『시삼백』은『서』와『예』및『악』등의 교재와 달리 거의 완벽한 모습을 갖췄다고 보는 게 중론이다.

『시경』에 나오는 각 시에 대한 해석은 시대별로 커다란 차이를 보였다. 가장 큰 분기점은 성리학의 성립하는 남송 때이다. 대표적인 예로『시경』「제풍齊風, 계명鷄鳴」을 들 수 있다. 이는 여인이 침실에서 정부情夫와 나눈 얘기를 토대로 남녀 간의 애정을 노래한 것이다. 그러나 성리학자들은 이 시에 나오는 여인을 게으른 남편을 깨워 속히 조정회의에 참석하도록 독촉한 현부賢婦로 만들어 놓았다. 본말이 뒤집힌 것이다.

사서삼경 가운데 하나인『시경』은 공자가 활약하는 춘추시대 말기 이전에 나온 '시가' 가운데 정품精品를 모아 놓은 것이다. 과거의 사대부들은 하나같이 『시경』을 엄숙한 유가 경전으로 받아들인 까닭에 『시경』에 수록된 305편의 시가 모두 도덕적인 교훈을 담고 있는 것으로 생각했다. 그러나 이는 공자가 『시경』을 편제한 취지를 거꾸로 해석한 것이다.

『시경』에 요즘으로 치면 각국의 유행가요에 해당하는 국풍國風이 절반 이상을 차지하고 있는 것은 치국평천하와 수신제가 모두 가족에서 출발하고, 가족은 남녀의 자연스러운 사랑에서 비롯된다는 판단에 따른 것이다. 『시경』에 수록된 305편의 시가 가운데 절반이 넘는 160편이 온통 국풍으로 채워진 이유가 여기에 있다. 국풍은 국가별 풍요風謠라는 뜻에서 나온 말이다. 『시경』의 나머지 145편은 아雅와 송頌의 노래 가사이다. '아'는 공식 연회 때 사용된 음악의 노래 가사로 요즘으로 치면 클래식 형식의 가곡에 가깝다. '송'은 종묘제례악의 노래 가사로 애국가를 비롯한 각종 경축일 기념 노래다.

공자가 전체의 절반이 넘는 분량을 온통 각 나라의 가요로 채운 이치는 매우 간단하면서도 엄중하다. 천하를 제대로 다스리기 위해서는 천하의 민심을 꿰어야 하고, 그러기 위해서는 각 나라의 풍속을 읊은 '국풍'을 두루 알아야 하고, '국풍' 습득의 가장 효과적인 방법은 『시경』을 탐독하는 데 있다는 주문이 그것이다. 공자가 제자들에게 『시경』을 깊이 학습할 것을 거듭 당부한 배경이 바로 여기에 있다.

문제는 수천 년 동안 『시경』에 대한 학습이 왜곡된 데 있다. 한나라 때의 유학자들은 『시경』에 수록된 '국풍'의 노래 가사를 역사적 사실과 억지로 꿰어 맞춰 도덕적 해석을 가했다. 주희로 상징되는 송나라 때의 유학자들은 '국풍'을 정통과 이단으로 나눈 뒤 이단을 음분시淫奔詩로 매도했다. 공자가 음란을 경계하기 위해 이런 음분시를 경건한 『시경』에 수록했다는 식으로 풀이한 것이다. 한나라와 송나라의 유학자 모두 공자가 『시경』을 편제한 의도를 크게 왜곡한 것이다. 그럼에도 주희가 집대성한 성리학의 만연으로 인해 수천 년 동안 이런 잘못된 해석이 마치 정설인 양 통용됐다.

이런 잘못된 관행을 타파한 최초의 인물은 외국인이었다. 20세기 초 프랑스의 저명한 중국학자 마르셀 그라네Marcel Granet가 당사자이다. 지난 1940년 작고한 그는 『중국의 고대 축제와 가요』에서 사회학과 민속학의 연구방법을 동원해 '국풍' 160편에 대한 정밀한 분석을 시도했다. 그는 그 의미를 이같이 설명했다.

"나는 사회학과 민속학의 연구방법을 통해 단순한 문학적 설명을 뛰어넘어 가요의 원래 의미까지 탐구할 수 있다는 것을 보여주고자 했다."

실제로 그는 중국 서남부 소수민족과 인도차이나 반도의 가요를 '국풍'과 비교했다. 고대 중국의 사회구조와 종교 신앙 및 생활 습속 등을 알아내고자 한 것이다. 연구 결과 '국풍'의 대다수 작품이 여러 유형의 계절별 축제 때 젊은 남녀가 축제 현장에서 서로 주고받은 즉흥적인 노래라는 사실이 드러났다. 주목할 것은 대다수 '국풍'이 농경 및 수렵의 풍요를 비는 주술呪術과 이상형의 짝을 찾는 구애求愛의 의미를 은유적으로 표현해 놓은 점이다. 일각에서 '국풍'을 두고 '은유와 절제 미학'의 백미白眉로 꼽는 이유다.

『시경』에 대한 그라네의 사회학 및 민속학적 접근방안은 수천 년 동안 한나라 때의 훈고학訓詁學과 송나라 때의 성리학적 접근방법밖에 몰랐던 전래의 시경학詩經學에 엄청난 충격을 안겨 주었다. 그라네의『중국의 고대 축제와 가요』가 1919년 프랑스에서 처음 출간된 뒤 1932년 영국과 미국에서 동시에 영어 번역본이 나왔고, 일본에서도 1938년 일어번역본이 출간됐다. 이 책이 미친 영향은 엄청났다. 중국에서 사회학과 민속학은 물론 문화인류학, 신화학, 비교종교학, 음운학, 갑골학甲骨學, 금문학金文學 등 주변의 모든 학문을 동원한 다양한 유형의 시경학이 등장한 게 그렇다. 이런 흐름을 대표한 인물이 갑골학을 비롯해 제자백가의 학문에 밝았던 문일다聞一多였다.

일본의 시경학도 대략 중국의 이런 추세를 좇아갔다. 시라카와 시즈카白川靜를 위시해 메가다 마코토目加田誠, 아카츠카 기요시赤塚忠 등이 대표적이다. 이들은『시경』에 수록된 시가의 기원에 관한 문제를 천착해 적잖은 성과를 거뒀다. 중국과 일본 두 민족의 종교 관념과 민속의 공통점에 주목해 일본의 고대 신화와 관련된 노래 등을『시경』과 비교해 얻은 결과다.

대표적인 인물이 갑골학과 금문학을 전공한 시라카와 시즈카이다. 그는『시경』을 일본에서 가장 오래된 시가집인 나라奈良시대 말기의『만엽집萬葉集』과 비교해 그 의미를 풀이했다.『시경』에 수록된 시들은 단순히 개인 차원의 서정시가 아니라 당시의 종교관념 및 예속禮俗과 관련된 작품이라는 게 그의 주장이다. 이들의 연구는 매우 체계적이고 깊이가 있어 중국에서도 번역본이 널리 읽히고 있다.

정작 문제가 되는 것은 우리나라다. 아직도 조선조 때 유행한 성리학적 해석이 횡행하고 있다. 이는 공자가 「옹야」 제16장에서 '문질빈빈'을 역설하고, 「팔일」 제8장에서 '회사후소'를 언급한 취지를 거스르는 것이다.

자질과 문채를 고루 갖춘 군자가 되기 위해서는 '비로소 더불어 『시』를 얘기할 만하다'는 칭송을 들을 필요가 있다. 중국에서는 이미 일반인도 시 몇 수 정도는 자연스레 읊조리는 일이 일상화돼 있는데, 그만큼 먹고사는 데 여유가 생겼다는 징표다.

중국을 상대로 사업을 하는 기업 CEO들은 이제 『시삼백』과 『당시삼백수』 등에 나오는 명시 몇십 수 정도는 암기해야 상담商談을 원활히 이끌어갈 수 있다는 얘기가 나오는 이유다.

불치계
不恥計

24

망설이지 말고 질문하라

자공이 공자에게 물었다.
"공문자孔文子는 어찌하여 시호를 문文이라고 한 것입니까?"
공자가 대답했다.
"민첩하면서 배우기를 좋아했고, 아랫사람에게 묻는 것을 부끄러워하지 않았다. 이에 '문'이라고 한 것이다."

子貢問曰, "孔文子, 何以謂之文也." 子曰, "敏而好學, 不恥下問. 是以謂之文也."

_「논어」「공야장」 제14장

공문자孔文子는 위衛나라의 현대부 공어孔圉를 말한다. '문'은 시호이다. 시호 '문'은 평소 글을 좋아하는 호문好文의 행보를 보였다는 취지에서 붙여지는 것이다. 주목할 것은 여기서 공자는 공어에 대한 평을 하면서 민첩하면서 배우기를 좋아하는 민이호학敏而好學과 아랫사람에게 묻는 것을 부끄러워하지 않는 불치하문不恥下問을 적극 권하고 있는 점이다.

'민이호학'은 '불치하문'과 동전의 양면관계를 이루고 있다. 배우기를 좋아하는 사람이 신분과 나이 등을 생각해 아랫사람에게 묻는 것을 수치로 여길 리 없기 때문이다. '민이호학'을 '불치하문'으로 녹일 수 있는 이유다. 사실 '불치하문'은 공자의 평소 행보이기도 했다. 『논어』「향당」에 이를 뒷받침하는 내용이 나온다.

"군주가 명을 내려 부르면 말에 멍에를 할 때를 기다리지 않고 곧바로 서둘러 갔다. 태묘에 들어가 일을 할 때는 매사를 물었다."

공자는 예제에 관한 한 당대 최고의 지식을 자랑하고 있었다. 그럼에도 불구하고 혹여 자그마한 실수라도 저지를까 두려운 나머지 종묘제사 등의 중요한 행사를 치를 때는 마치 아무것도 모르는 양 관계자에게 일일이 물었다. '불치하문'을 몸으로 보여준 것이다.

개미나 어린아이에게도 배워라

항간에 나도는 '공자천주孔子穿珠' 속담도 공자의 '불치하문' 행보를 상징하는 성어로 자주 인용되고 있다. 하루는 공자가 어떤 사람에게 진기한 구슬을 얻었다. 구멍이 모두 아홉 개나 되었다. 이것을 실로 꿰려고 온갖 방안을 다 구사했지만 모두 실패했다. 문득 바느질을 하는 아낙에게 그 방법을 물었다. 아낙이 말했다.

"차분히 생각해 보십시오."

공자는 그 말대로 차근차근 생각을 해보았다. 잠시 후 그녀가 한 말의 의미를 깨닫고 무릎을 탁 쳤다. 그러고는 나무 아래로 왔다 갔다 하는 개미를 한 마리 붙잡아 그 허리에 실을 매었다. 그러고는 개

미를 한쪽 구멍으로 밀어 넣고, 반대편 구멍에는 달콤한 꿀을 발라
놓았다. 그 개미는 꿀 냄새를 맡고 이쪽 구멍에서 저쪽 구멍으로 나
왔다. 마침내 구멍이 아홉 개나 되는 구슬에 실을 꿸 수 있게 됐다.

  특이한 것은 '공자천주'라는 말이 오직 우리나라에만 존재한다는
점이다. 사자성어 형식으로 되어 있어 마치 중국의 고전에서 나온
것처럼 보이지만 이 속담은 우리나라에서만 통용되고 있다. 출전 등
을 알 길이 없다. 명분을 극도로 중시한 조선조 성리학이 이런 사자
성어 형식의 속담까지 만들어낸 듯하다. '공자천주' 속담은 작가 최
인호의 『상도』에 나오는 거상 임상옥林尙沃이 언급하는 바람에 항간
에 널리 알려지게 됐다.
  중국에서는 '공자천주' 속담 대신 나무하는 아이에게도 묻는다는
뜻의 순우추요詢于芻蕘 표현을 쓴다.『시경』「대아, 판板」이 전거이다.
해당 대목이다.

내 말은 잘 들어야 하니	我言維服
비웃지 말기를	勿以爲笑
옛 사람 말씀에	先民有言
나무꾼에게도 일을 물으라 했지	詢于芻蕘

  '순우추요'와 '공자천주' 모두 정나라 재상 자산子産과 더불어 최고
의 지식을 자랑하며 박물군자博物君子의 칭송을 들은 공자 역시 자기
보다 못한 사람에게 묻는 것을 부끄럽게 여기지 않았다는 점을 역설

하고 있다. 사실 무엇인가를 배울 때는 연륜과 학식의 다소多少 내지 신분의 고하高下를 막론하고 해당 분야에서 오랫동안 일한 당사자에게 묻고 물어 이치를 깨치는 게 바른 길이다. 「공야장」 제14장이 공자의 '불치하문' 언급을 예로 든 이유다.

역사상 '불치하문'의 대표적인 사례로 춘추시대 중엽 관중이 제환공을 좇아 산융山戎 정벌에 나섰을 때 나온 노마지지老馬之智 일화를 들 수 있다. 『한비자』 「설림 상」에 따르면 기원전 664년 현재의 북경 인근에 도성을 두고 있는 연나라 사자가 제환공을 찾아와 산융의 침공 사실을 알리면서 급히 구원을 청했다. 당시 산융은 전략적 요충지인 영지永支에 나라를 세웠다. 그 서쪽에 연나라, 동쪽과 남쪽에 각각 제나라와 노나라가 있었다.

산융은 지세가 험한 것만 믿고 중원을 자주 침공했다. 이들은 제희공 때 제나라 경계를 침공했다가 전투에 참여한 정나라 공자 홀에게 대패한 적이 있었다. 마침내 이때에 이르러 제환공이 천하의 패권을 장악하려 한다는 이야기를 듣고 기병 1만 기騎를 이끌고 연나라로 쳐들어간 것이다. 제나라와 연나라의 통로를 끊고 장차 제나라가 산융을 도모하는 것을 미연에 방지하려는 속셈이었다. 산융의 강습强襲에 크게 놀란 연장공燕莊公이 황급히 사자를 제환공에게 보내 구원을 청하자 제환공이 관중에게 자문을 구했다. 관중이 대답했다.

"지금 제나라 남쪽에는 초나라, 북쪽에는 산융, 서쪽에는 적인狄人이 있습니다. 이는 모두 우리 중국의 우환입니다. 제후들의 맹주인 군주가 이를 해결해야 합니다. 이번에 산융이 연나라를 침공하지 않앉을지라도 오히려 그들을 응징해야만 합니다. 지금 그들이 침공하여 연나라가 구원을 청하고 있으니 이 기회를 놓쳐서는 안 됩니다. 군주가 장차 초나라를 치려면 반드시 산융부터 평정해야 합니다. 산융에 대한 후고지우後顧之憂가 없어야만 이후 전력을 다해 초나라를 도모할 수 있습니다."

제환공이 이를 좇았다. 곧 사자를 노나라로 보내 군사지원을 청했고, 노장공은 이를 받아들였다. 얼마 후 제환공이 산융을 치는 문제를 논의하기 위해 노장공과 두 나라 경계인 제수濟水에서 만났다. 제환공이 산융을 치는 방안을 논의하자 노장공이 직접 출병하고자 했다. 제환공이 만류했다.

"북방은 멀고도 험한 길이오. 과인은 군주를 고생시킬 수는 없소."

얼마 후 제환공이 친히 제로 두 나라 군사를 이끌고 서북쪽을 향해 나아갔다. 산융은 제나라 군사가 구원 차 온다는 것을 알고 이내 포위를 풀고 달아났다. 제환공이 연나라 도성인 계성薊城의 관문에 이르자 연장공이 영접했다. 관중이 제환공에게 간했다.

"산융이 아무런 병력 손실도 없이 물러갔으니 우리가 물러나면 다시 연나라를 칠 것입니다. 그러니 이 기회에 그들을 무찔러 우환을 아주 덜어 버리는 것이 좋을 것입니다."

제환공이 연나라 군사와 합세해 북진을 계속했다. 제환공이 이끄는 3국 연합군이 드디어 산융의 본거지까지 나아가자 산융은 험준한 요충지를 굳게 지키며 강하게 저항했다. 제환공의 군사가 더 이상 전진치 못하고 있는 틈을 타 산융은 골짜기의 물길을 막아 제환공의 군사를 곤경에 빠뜨렸다. 제환공이 군중軍中에 이같이 하령했다.

"산을 파서 물을 구하되 먼저 물을 구하는 자에게는 중상을 내리겠다!"

이때 함께 종군한 대부 습붕隰朋이 건의했다.

"신이 듣건대 개미구멍이 있으면 물이 있다고 합니다. 원래 개미는 겨울이면 따뜻한 곳을 좋아하기 때문에 볕 잘 드는 곳에 살고, 여름이면 시원한 곳을 좋아해 산그늘에 삽니다. 양지쪽을 살펴 땅을 파면 반드시 물을 얻을 수 있을 것입니다."

이에 군사들이 양지쪽의 개미구멍을 찾아 땅을 파자 과연 물이 솟아나왔다. 여기서 의양지수蟻壤之水 일화가 나왔다. 당시 산융은 제나라 군사가 습붕 덕분에 식수에 곤란을 받지 않는다는 소식을 듣고 크게 놀랐다. 제나라 군사가 산융의 영채에 이르러 기습을 감행하자 산융의 병사들이 모두 사방으로 달아났다. 제환공이 산융의 백성들을 다독인 뒤 항복한 융인을 불러 물었다.

"융주戎主는 어디로 도망쳤는가?"

"우리나라는 고죽국孤竹國과 이웃이어서 원래부터 친합니다. 얼마 전에 사람을 보내 구원병을 청했으나 아직 그들이 오지 않았습니다. 반드시 고죽국으로 갔을 것입니다."

이에 제환공이 다시 군사들을 이끌고 고죽국을 향해 나아갔다. 제나라 군사는 고죽국 군사를 격파하고 뒤를 추격하다가 잘못하여 깊은 계곡으로 둘러싸여 있는 사막까지 나아갔다. 그러다가 이내 방향을 잃고 말았다. 군사들이 크게 당황하자 관중이 제환공에게 말했다.

"신이 듣건대 늙은 말은 길을 안다고 합니다. 무종無終과 산융山戎

접경지대의 말은 거의 막북漠北에서 온 것입니다. 그러니 늙은 말 몇 필을 골라 그 말들이 가는 곳을 뒤따라가게 하십시오. 가히 길을 찾을 수 있을 것입니다."

제환공이 관중이 시키는 대로 늙은 말 몇 마리를 풀어 마음대로 가게 했다. 군사들이 모두 그 뒤를 따랐다. 제나라 군사들이 마침내 깊은 계곡을 빠져나올 수 있었다. 여기서 나온 성어가 '노마지지老馬之智'이다. 연륜이 깊으면 나름의 장점이 있다는 뜻이다. 『한비자』 「설림 상」은 관중이 말한 '노마지지'와 습붕이 말한 '의양지수' 일화를 특서해 놓았다.

"관중과 습붕은 자신들의 총명과 지혜로도 알지 못하는 지경에 이르면 늙은 말이나 개미를 스승으로 삼기를 거리끼지 않았다. 그런데 지금 사람들은 어리석은 마음을 가지고 있는데도 성인의 지혜를 스승으로 삼을 줄 모른다. 어찌 잘못된 일이 아닌가?"

관중과 습붕 모두 당대의 지낭智囊이다. 그럼에도 조금도 거리끼지 않고 늙은 말이나 개미를 스승으로 삼았다. 현명한 자는 이처럼 도움이 필요하면 하찮은 늙은 말이나 개미를 스승으로 삼을 줄 알아야 한다. 그게 바로 「공야장」 제14장이 역설한 '불치하문' 정신이다. 아는 것이 많다고 곧 지혜로운 게 아니다. 어려운 사안에 봉착했을 때 문제를 해결하는 능력이 바로 진정한 지혜이다. 이는 '불치하문'의 정신을 지녀야만 가능한 일이다.

어떤 정보를 선택하느냐가 성공의 관건이다

 흔히 21세기를 '정보 과잉의 시대'라고 한다. 인터넷의 발달 덕분이며 긍정적인 면이 많다. 과거의 수직적인 지식체계를 바꿔 놓았다. 지식의 축적보다 넘쳐나는 정보를 어떻게 선택하는가 하는 안목이 더 중요해졌다. 학습체계가 대폭 바뀌고 평생에 걸쳐 부단히 연마하는 평생교육의 시대가 열렸다. 이런 때 아랫사람에게 묻는 것을 꺼리면 이는 고립을 자초하는 길이다.

 학문을 하는 사람의 경우는 더욱 그렇다. '학문'은 원래 배우고 묻는다는 뜻에서 나온 말이다. 새로운 것을 찾아 배우다 보면 당연히 의문이 생기게 마련이다. 의문이 생긴 것을 확실하게 알려고 하지 않고 그냥 지나치면 영영 의문으로 남게 된다. 의문을 남기지 않기 위해서는 나이와 신분 등을 모두 떠나 반드시 나보다 더 많이 아는 사람에게 물어야 한다. '불치하문'이 필요한 이유다.

 주목할 것은 사람에게 약한 부분이 의외로 자신의 전문분야인 경우가 많다는 점이다. 자신이 잘 안다고 생각하면 통상 남의 도움을 청하지 않는다. 은행원은 돈에 관한 일로, 경영인은 경영에 관한 일로 사기를 당하는 이유다. 자기만큼 잘 아는 사람도 없다고 방심한 게 화근이다. 아무리 전문가라 할지라도 모든 것을 다 알 수는 없다. 모르면 그냥 물어 보는 것이 최선이다. 이들 전문가들이 사기를 당하는 것은 '불치하문'의 이치를 소홀히 한 탓이다.

 모든 것이 급변하는 21세기 G2 시대야말로 '불치하문' 정신이 절실히 필요한 때이다. 과학기술 발전이 하도 빠른 까닭에 요즈음의 전문가들은 자신의 전문분야를 따라가는 것이 매우 버거운 상황이다. 계속 연마하며 공부해야 하는 이유다. 특히 전문분야를 벗어나면 모르는 게 더 많아질 수밖에 없다. 지난 20세기의 아날로그 시대는 경험이 절대적으로 중요했다. 상사上司가 하사下司를 자신 있게 지도한 이유다. '구관이 명관이다'라는 얘기가 무리 없이 통한 것도 이 때문이다.

그러나 21세기 디지털 시대로 들어오면서 모든 게 바뀌었다. 아날로그 시대와 정반대로 가고 있다. 경험이 오히려 걸림돌로 작용하고 있는 현실이 그렇다. 모든 것이 급변하는 까닭에 디지털 시대는 젊은이에게 상대적으로 유리하다. '불치하문'의 정신이 더욱 필요한 이유다.

고금을 막론하고 어리석은 자는 그 누구에게도 배우려 하지 않는다. 자만과 독선에 빠진 결과다. 반면 현명한 자는 지위고하와 남녀노소를 막론하고 자신이 모르는 것이 있을 때는 모든 사람들로부터 배우려고 든다. 끊임없이 앞으로 나아가는 이유다.

앞서 살펴봤듯이 공자는 「위정」 제12장에서 군자불기君子不器를 역설했다. 그릇을 키워야 담을 게 많아지는 법이다. 능히 천하도 담을 수 있다. 그게 군자의 길이기도 하다. 공자가 「공야장」 제14장에서 '불치하문'을 역설한 것도 바로 이런 관점에서 이해할 수 있다.

05

01 미래에 대한 비전을 세워라 _정명계 正名計
02 신뢰받는 리더가 되라 _민신계 民信計
03 우선 신뢰부터 얻어라 _불삭계 不數計
04 두 마리의 토끼를 잡아라 _물방계 勿放計
05 사사로운 감정을 다스려라 _후사계 後私計
06 지나침은 모자란 것과 같다 _적실계 適實計

신술

신(信)으로
기반을 다지는
경영술

정명계
正名計

25

미래에 대한 비전을 세워라

자로가 물었다.
"위군衛君이 선생님을 맞이해 정치를 하려고 합니다. 선생님은 장차 무엇을 먼저 하려는 것입니까?"
공자가 대답했다.
"반드시 먼저 정명正名 명분의 확립부터 하겠다."
자로가 물었다.
"세상 사람들이 선생님을 절실하지 못하고 물정에 어두운 우원迂遠한 사람이라고 하더니 정말 그렇습니다. 무슨 명분을 바르게 한다는 것입니까?"
공자가 대답했다.
"정말 거칠구나, 유由야! 군자는 자신이 알지 못하는 것에 대해서는 대체로 가만히 있는 것이다. 명의가 바르지 못하면 말이 순조롭지 못하고, 말이 순조롭지 못하면 일이 이뤄지지 못하고, 일이 이뤄지지 못하면 예악이 일어나지 못하고, 예악이 일어나지 못하면 형벌이 형평을 잃고, 형벌이 형평을 잃으면 백성들이 몸을 의탁할 곳이 없게 된다. 그래서 군자는 명의를 정하면 반드시 이에 대해 언급하고, 언급할 때는 반드시 실행하는 것이다. 군자가 하는 말에 구차한 게 없는 이유다."

子路曰, "衛君待子而爲政, 子將奚先." 子曰, "必也正名乎." 子路曰, "有是哉, 子之迂也. 奚其正." 子曰, "野哉, 由也! 君子於其所不知, 蓋闕如也. 名不正則言不順, 言不順則事不成, 事不成則禮樂不興, 禮樂不興則刑罰不中, 刑罰不中則民無所措手足. 故君子名之必可言也, 言之必可行也. 君子於其言, 無所苟而已矣."

_「논어」「자로」 제3장

공자는 「자로」 제3장에 나오는 이 일화에서 명분名分의 중요성을 역설하고 있다. 주희는 이 일화에 나오는 위군衛君을 두고 위출공衛出公 첩輒으로 간주했다. 공자가 천하유세를 마치기 직전의 일로 파악한 것이다. 그 경우 이 일화는 노애공 10년인 기원전 485년의 일이 된다. 그러나 주희의 이런 분석은 역사적 사실과 동떨어진 것이다.

『논어』 및 『사기』 「공자세가」 등을 통해 확인할 수 있듯이 공자가 가까이 지낸 '위군'은 어디까지나 위영공衛靈公이었다. 그는 공자에게 정치를 맡길 생각도 했다. 반면 공자가 귀국할 즈음에 즉위한 위출공 첩은 공자에게 정치를 맡길 생각이 전혀 없었다. 공자 역시 그의 밑에서 정치를 맡을 생각도 없었다. 춘추전국시대에 대한 주희의 지식이 그다지 깊지 못했음을 보여준다.

공자가 이 일화에서 언급하고자 한 것은 바로 명분을 바로 하는 정명正名이다. 이는 비단 치국평천하 차원에서만 적용되는 게 아니다. 수신제가 차원에서도 명분은 반드시 필요하다. 이게 바로 서지 않으면 한 집안의 가장일지라도 자식들을 훈육하기 쉽지 않다. 가장 가까운 관계인 부부 사이도 예외가 아니다. 가족공동체 내에서도 명분이 없으면 설 자리를 잃는다.

명분부터 바로 세워라

역사상 '정명계'를 내세워 불리한 국면을 일거에 전환시켜 마침내 천하를 거머쥔 대표적인 사례로 초한지제楚漢之際 당시의 한고조 유방劉邦을 들 수 있다. 기원전 203년 겨울 10월, 한신이 제나라를 공략할 당시 항우는 이런 사실을 전혀 모르고 있었다. 근거지인 팽성彭城을 탈환한 후 제나라가 중립 쪽으로 선회하면서 유방을 직접 타격하는 일에 모든 힘을 경주한 결과다. 한신이 제나라를 급습할 당시 항우는 제나라 왕 전광田廣의 긴급구원 요청을 받고 크게 놀랐다. 삼면협공의 위협이 가시지 않은 상황에서 제나라마저 유방의 손에 넘어가면 동서남북 사방에서 사면협공을 받게 된다. 아무리 당대 최고의 전략가일지라도 이런 난국을 돌파해 나가기란 여간 어려운 일이 아니다. 그가 황급히 휘하장수 사마용저司馬龍且로 하여금 자칭 20만 대군을 이끌고 가 제나라를 구원하게 한 이유다.

자칭 20만 명이 정확히 얼마인지는 자세히 알 길이 없다. 사서에 기록된 '초한지제' 당시의 병력 숫자를 보면 가장 많은 것은 홍문의 연회 당시 항우가 거느린 군사는 자칭 100만 명이었다. 그 다음이 유방의 팽성 때 동원된 연합군 병력 56만 명이다. 그 뒤를 잇는 것은 항우와 유방이 최후의 결전을 벌일 때 한신이 이끈 30만 명이다. 이 밖에도 조나라의 진여가 한신의 군사를 막기 위해 동원한 20만 명과 제나라 전간이 역성에서 항우와 유방의 침공을 공히 대비하기 위해 동원한 20만 명이 있다. 팽성전투 당시 유방이 이끈 연합군의 경우를 제외하고 사서는 모두 이들 병력 숫자 앞에 칭稱 또는 호號를 덧붙여 놓았다. 숫자를 부풀렸다는 뜻을 담은 것이다. 학자들은 홍문의 연회 당시 항우가 거느린 병력은 40만 명가량이었을 것으로 본다.

항우와 유방이 최후의 결전을 벌일 때를 제외하면 대략 시간이 지날수록 동원한 병력 숫자가 점차 줄어들고 있는 점을 알 수 있다. 그러나 여러 정황에 비춰 항우는 최소한 10만 명 이상을 동원한 것으로 보인다. 이는 초나라의 거의 전 병력을 동원한 것이나 다름없다.

항우는 우선 팽월을 제압한 뒤 유방이 펼쳐 놓은 형양榮陽과 성고成皐의 저지선을 돌파해 화근의 뿌리인 관중關中을 석권한다는 원래의 계획을 계속 밀어붙이고자 했다. 문제는 자신의 부재중에 가까스로 탈환한 성고를 빼앗길 우려가 컸던 점이다. 그는 팽월을 치러가면서 대사마 조구曹咎에게 신신당부했다.

"모쪼록 성고를 굳게 지키도록 하시오. 유방이 도전할지라도 신중을 기해 결코 응해서는 안 되오. 대사마는 그가 동진하지 못하도록 막기만 하면 되오. 나는 보름 안에 기필코 위나라 땅을 평정한 뒤 다시 장군을 좇도록 하겠소."

그러나 조구는 병법에 무지했다. 초반에는 항우의 명을 좇아 성고를 굳게 지켰다. 한나라 군사들이 수차례 도전했으나 미동도 하지 않았다. 그러나 사람을 시켜 며칠 동안 심한 욕설을 퍼붓게 하자 마침내 조구가 화를 참지 못해 출병했다. 거짓으로 퇴각하는 한나라 군사를 정신없이 쫓아가던 초나라 군사가 사수汜水를 반쯤 건넜을 때 문득 좌우에서 공격을 가했다. 싸움은 초나라 군사의 참패로 끝났다. 조구 등은 항우의 질책이 두려운 나머지 사수 강변에서 스스로 목숨을 끊었다. 유방이 이 틈에 다시 황하를 건너 성고를 빼앗았다.

성고를 빼앗기는 한 설령 팽월의 무리를 완전 소탕할지라도 그 의미가 반감될 수밖에 없다. 당시 이런 사실을 알지 못한 항우는 팽월군을 진류陳留와 외황外黃에서 잇달아 격파하는 등 혁혁한 전공을 세우고 있었다. 단지 외황을 칠 당시 외황의 사람들이 며칠 동안 버티는 바람에 시간을 약간 지체했을 뿐이다. 크게 노한 항우가 후환을 미리 제거하기 위해 15세 이상의 남자를 모두 성의 동쪽으로 끌고 가 산 채로 묻으려고 했다. 이때 외황현 현령의 사인舍人으로 있는 13세의 어린 소년이 항우를 찾아와 설득했다.

"팽월이 외황을 겁략하자 외황 사람들 모두 크게 두려워해 부득불 항복하며 대왕이 오기를 기다렸습니다. 그런데 지금 대왕이 왔는데 사람들을 산 채로 묻고자 하면 백성들이 어찌 대왕에게 귀부할 수 있겠습니까? 그리하면 장차 외황이 동쪽에 있는 위나라 땅 10여개 성읍 모두 크게 두려워하며 결코 투항하려 들지 않을 것입니다."

명변이다. 안타깝게도 사서에는 이 소년의 이름이 실려 있지 않다. 당시 항우는 이 소년의 조리 있는 명변에 고개를 끄덕일 수밖에 없었다. 이내 외황의 남자들을 모두 사면했다. 그가 성고의 함락 소식을 들은 것은 동쪽으로 탕군碭郡의 핵심 지역인 수양睢陽에 이르렀을 때였다. 크게 놀란 그는 곧바로 방향을 틀어 형양 쪽을 향했다. 이때 한나라 군사들은 형양의 동쪽에서 초나라의 맹장 종리매鍾離昧를 포위하고 있었다. 조금만 더 밀어붙이면 초나라의 방어선을 돌파할 결정적인 순간이었다. 이때 항우가 나타난 것이다. 한나라 군사들이 혼비백산했다. 이들 모두 황급히 인근의 험준한 곳으로 달아났다.

항우가 이내 지금의 하남성 형양현 동북쪽에 있는 광무산 주변의 광무廣武를 탈환한 뒤 그곳에 주둔하면서 한나라 군사와 대치했다. 이후 전선은 다시 교착상태에 빠지게 됐다. 『사기』 「항우본기」는 당시 상황을 이같이 기록해 놓았다.

"항우가 팽월군의 소탕을 위해 동쪽으로 출정하자 유방이 군사를 이끌고 황하를 건너 다시 성고를 빼앗고 광무산에 진을 편 뒤 곡식 창고가 있는 오창敖倉을 관할권 내로 편입시켰다. 항우가 팽월을 격파하고 돌아오자 양측은 광무산을 동서로 나눠 포진하면서 몇 달 동안 서로 노려보며 대치했다."

광무산은 동광무산과 서광무산으로 나뉜다. 그 사이에 골짜기가 있다. 그 명칭이 특이하게도 홍구鴻溝이다. 유방과 항우가 천하를 양분하는 기준선으로 삼은 인공운하 '홍구'와는 다른 곳이다. 지금도 사람들은 동광무산의 성터를 패왕성霸王城, 서광무산의 성터를 한왕성漢王城이라고 부른다. 21세기 현재까지도 주변의 농민들은 철이나 동으로 만든 당시의 화살촉을 줍는 일이 자주 있다고 한다.

항우가 재차 성고와 형양 전선 쪽으로 물러나자 일시 뒤로 물러났던 팽월이 다시 전면으로 뛰쳐나와 항우의 후방을 집요하게 교란하기 시작했다. 항우의 입장에서 보면 거의 '찰거머리'와 같았다. 또다시 군량 보급로가 막히면서 초나라 군사가 어려움을 겪게 됐다.

광무산에서 유방과 항우가 대치하는 몇 달 동안 초나라의 군량이 점차 떨어지기 시작했다. 마침내 항우는 군량이 바닥날까 걱정해야 하는 상황에 몰리게 됐다. 그는 비상한 방안을 생각했다. 인질로 잡고 있는 유방의 부친 태공太公을 이용하는 방안이었다. 이내 고기를 자를 때 쓰는 널판을 만들어 그 위에 태공을 올려놓은 뒤 큰소리로 유방에게 고했다.

"지금 속히 항복하지 않으면 태공을 팽살할 것이다."

골짜기를 사이에 두고 있었던 까닭에 그의 목소리는 유방의 귀에도 쟁쟁하게 울렸다. 유방이 응답했다.

"나는 그대 항우와 함께 북면하고 초회왕의 명을 받았을 뿐 아니라 형제가 되기로 약속까지 했다. 나의 부친은 곧 그대의 부친이다. 기어이 그대의 부친을 삶고자 하면 나에게도 고기국물 한 그릇을 나눠 주도록 하라!"

항우가 화가 나 태공을 죽이려고 하자 항백項伯이 만류했다.

"천하대사는 아직 예측하기가 어렵습니다. 하물며 천하를 위하는 사람은 집안을 돌보지 않는 법이니 태공을 죽일지라도 아무 도움이 안 됩니다. 오직 화만 더할 뿐입니다."

항우가 다시 유방에게 전했다.

"천하가 흉흉한 지 이미 여러 해가 되었다. 이는 오직 우리 두 사람으로 인한 것이다. 나는 그대와 직접 부딪쳐 자웅을 결하고 싶다. 이는 천하의 백성들이 이유 없이 수고하는 일을 없게 하려는 것이다!"

유방이 웃으며 사양했다.

"나는 지혜로 다툼할지언정 힘으로 다툼할 수는 없다!"

항우가 3번이나 장사를 내보내 도전했다. 그러나 한나라에서는 말을 달리며 활을 잘 쏘는 누번樓煩이 번번이 이들을 바로 쏘아서 죽였다. 항우가 크게 노했다. 이내 스스로 갑옷을 입고 창을 잡고 도전했다. 누번이 또 활을 쏘려고 하자 항우가 눈을 부릅뜨고 질책했다. 누번이 눈으로는 감히 똑바로 쳐다보지 못하고, 손으로는 감히 활을 쏘지 못하다가 마침내 말머리를 돌려 영루 안으로 달려 들어간 뒤 감히 다시 나오지 못했다. 유방이 사람을 시켜 그가 누구인지를 여러 사람에게 묻게 했다. 그가 바로 항우라는 것을 알고 크게 놀랐다.

항우가 이내 유방에게 다가갔다. 마침내 두 사람이 광무의 산간 계곡을 사이에 두고 말하게 되었다. 당시 항우와 유방은 같은 광무지역에서 시내 하나를 두고 대치하고 있었다. 항우가 홀로 도전하려고 하자 유방이 항우의 죄상을 열거하는 것으로 응답을 대신했다.

"항우는 약속을 어기고 나를 촉, 한 지역에 봉한 것이 첫 번째 죄이다. 왕명을 멋대로 고쳐 경자관군 송의를 죽인 것이 두 번째 죄이다. 조나라를 구원한 뒤 돌아와 보고하지 않고 제후들의 군사를 멋대로 겁박해 입관한 것이 세 번째 죄이다. 진나라 궁실을 불태우고 시황제의 무덤을 파헤쳐 재물을 거두어 챙긴 것이 네 번째 죄이다. 진나라의 자영을 죽인 것이 다섯 번째 죄이다. 진나라 자제 20만 명을 신안新安에서 속여 생매장한 것이 여섯 번째 죄이다. 제장을 좋은 땅에 왕으로 봉하면서 옛 왕을 옮겨 내쫓은 것이 일곱 번째 죄이다. 의제를 내쫓고 팽성에 스스로 도읍한 뒤 한나라 왕의 땅을 빼앗고 양, 초 지역을 병탄하면서 스스로 많은 땅을 가진 것이 여덟 번째 죄이다. 사람을 시켜 의제를 강남에서 몰래 죽인 것이 아홉 번째 죄이다. 정사가 불공평하여 마침내 군주의 서약이 불신을 받아 천하가 수용하지 않는 대역무도를 범한 것이 열 번째 죄이다. 나는 의병으로 제후들을 좇아 잔적殘賊을 주멸하고, 수자리를 서는 병사들로 하여금 그대를 치게 한 것이다. 내가 어찌 고생스럽게 친히 그대에게 도전한단 말인가!"

명분에 대한 우위를 점하라

항우가 초회왕의 서약을 어겼다는 지적은 나름 수긍할 수 있으나 나머지는 억지에 가깝다. 항우가 송의宋義를 제거한 뒤 황하를 건너는 파부침주破釜沈舟의 결단을 내리고, 이어 군사를 이끌고 조나라 구원에 나서지 않았다면 초회왕과 유방 모두 진나라 군사에게 붙잡혀 목이 달아나고 말았을 것이다. 조나라를 구원한 후 초회왕에게 보고하지 않았다고 비판했으나 유방 자신도 함양 점령 후 초회왕에게 보고하지 않기는 매한가지였다. 항우가 전국시대 열국 군주들의 자손을 냉대했다고 하지만 몇 명은 옛 영토의 일부에 봉해졌다. 오히려 유방 자신이 분봉할 때 단 한 사람도 없었다. 항우가 포학한 모습을 보였다는 지적도 일부만 맞다. 이 또한 진나라 군사를 제압하는 과정에서 빚어진 것으로 불가피한 측면이 있었다.

당시 항우는 능히 이를 조리 있게 반박할 수 있었다. 그런데도 사서의 기록에는 오히려 화를 낸 모습만 나온다. 항우의 반박을 누락시켰을 공산이 크다. 후대인들이 자신도 모르는 사이 유방의 지적이 타당하다는 식으로 여기게 된 근본 배경이다.

다만 당시 항우가 유방의 성토에 크게 노한 것만은 분명하다. 그가 매복한 궁노수弓弩手에게 명하여 쇠뇌와 활을 쏘게 한 사실이 이를 뒷받침한다. 비겁한 모습이다. 그는 왜 이런 모습을 보인 것일까? 유방이 비겁한 수단을 취할지 모른다는 우려 때문이었을 것으로 짐작된다. 그러나 그는 노여운 나머지 조리 있게 반박하지 못하고 쇠뇌를 쏘는 바람에 결과적으로 비겁한 배역을 자임한 꼴이 됐다. 당시 유방은 가슴에 쇠뇌를 맞고 상처를 입었다. 순간 그는 발을 어루만

지며 짐짓 이같이 말했다.

"무뢰배 같은 놈들이 내 발가락을 맞추었다!"

휘하 장병들이 동요할까 재치를 발휘한 것이다. 그러나 쇠뇌는 화살과 달리 기구를 사용해 쏘는 까닭에 위력이 대단하다. 거리가 좀 더 가까웠으면 즉사할 수도 있었다. 유방이 진영으로 돌아와 병상에 눕자 장량이 찾아와 간곡히 청했다.

"대왕이 조금 힘이 들지라도 군영을 돌며 장병들의 노고를 치하하도록 하십시오. 장병들의 사기가 꺾이면 초나라 군사들의 침공을 막기 어렵습니다."

유방이 중상을 입었다는 사실을 적과 아군에게 알리고 싶지 않던 것이다. 유방이 장량의 건의를 좇아 영내를 순회하며 병사들을 위로했다. 이로 인해 상처가 더욱 심해졌다. 그는 광무산 영채로 돌아가지 않고 급히 본영이 있는 성고로 돌아갔다. 이로써 몇 달간에 걸쳐 광무산에서 벌어진 두 영웅의 대결은 끝나고 말았다.

여기서 주목할 것은 유방의 억지에 가까운 선전술이 먹힌 점이다. 이후 유방 측이 계속 똑같은 내용을 퍼뜨리며 민심이 항우로부터 멀어지도록 만드는 선전전을 전개한 게 그렇다. 명분을 둘러싼 선전전에서 우위를 점한 셈이다. 이게 일진일퇴를 거듭하는 용호상박龍虎相搏의 치열한 접전에서는 승패를 가르는 결정적인 계기로 작용한다.

초한지제의 광무산 대치 당시 유방이 항우의 죄목으로 열 가지를 나열한 것도 명분 싸움에서 우위를 점하려는 속셈에서 나온 것이다. 결과적으로 이게 통했다. 『논어』를 근거로 한 '공자경영학'의 관점에서 보면 「자로」 제3장이 역설한 '정명계'가 주효한 셈이다.

민신계
民信計

26

신뢰받는 리더가 되라

자공이 정치에 대해 물었다. 공자가 대답했다.

"족식足食과 족병足兵, 민신民信이 이뤄져야 한다."

자공이 물었다.

"만일 부득이하여 반드시 하나를 버리기로 한다면 세 가지 중에서 무엇을 먼저 버려야 합니까."

공자가 대답했다.

"거병去兵해야 할 것이다."

자공이 다시 물었다.

"만일 부득이 하나를 버려야 한다면 둘 중 무엇을 먼저 버려야 합니까."

공자가 대답했다.

"거식去食해야 할 것이다. 자고로 먹지 못하면 죽을 수밖에 없으나 사람은 누구나 죽기 마련이다. 그러나 '민신'이 없으면 나라가 설 수조차 없게 된다."

子貢問政. 子曰, "足食·足兵, 民信之矣." 子貢曰, "必不得已而去, 於斯三者何先." 曰, "去兵." 子貢曰, "必不得已而去, 於斯二者何先." 曰, "去食. 自古皆有死, 民無信不立."

_「논어」「안연」제7장

공자가 「안연」 제7장에서 말한 족식足食은 자족경제, 족병足兵은 자주국방, 민신民信은 대정부 신뢰다. 또 거병去兵은 병력감축, 거식去食은 경제규모 축소와 가깝다. 이 장에서 가장 중요한 것은 맨 마지막 구절이다. 공자는 어떤 경우에도 '민신'을 잃어서는 안 된다고 강조하고 있다. 옳은 얘기다. 문제는 이를 확대해석해 부국강병 책략을 소홀히 하는 경우다. 말할 것도 없이 성리학자들의 잘못된 해석에 기인한 것이다.

강한 힘과 풍족한 재정이 조직 발전의 관건이다

공자는 여기서 나라를 지키기 위한 강병强兵과 이를 뒷받침할 부국富國을 강조하고 있다. '족식'과 '족병'을 언급한 게 그렇다. 그럼에도 성리학자들은 이를 무시한 채 맨 마지막에 나오는 구절을 확대해석해 공자가 마치 백성의 신뢰를 중시한 맹자의 왕도王道와 똑같은 주장을 펼친 것으로 해석했다.

  공자가 마지막 대목에서 '민신'을 국가존립에 필요한 최소한의 조건으로 제시하게 된 배경에 대한 종합적인 해석을 거부한 것이다. 전후 문맥을 모두 거두절미한 채 오직 '민신'이라는 글자에 초점을 맞춰 입맛에 맞춰 문장을 해석한 단장취의斷章取義의 대표적인 사례에 속한다. 이로 인해 '부국'을 강조한 공자의 기본 취지가 완전히 파묻히고 말았다.

  공자가 「안연」 제7장에서 '민신'을 가장 중요한 국가존립의 요건으로 거론한 것은 국가존립을 위한 최소한의 조건인 '족식'과 '족병'

을 포기해도 좋다고 말한 게 아니다. 이런 오해는 자공의 질문이 극단적인 위기상황을 전제로 한 것이라는 사실을 간과한 데 있다. 성리학자들은 이를 무시하고 '민신'에 초점을 맞춘 채 '족식'과 '족병'을 가벼이 취급해도 탈이 없다는 식의 엉뚱한 풀이를 한 것이다.

공자가 '민신'을 강조한 것은 나라가 패망의 위기에 직면했을 때 군주가 솔선수범하는 자세를 보여야만 백성이 그를 믿고 위기상황을 극복할 수 있다는 취지이다. 지배자와 피지배자 모두 생사를 같이하는 국가공동체의 주체라는 점을 부각시키고자 한 것이다. 결코 평시조차 '거식'과 '거병'을 해도 좋다고 말한 게 아니다. 너무나 간단하면서도 당연한 이야기이다.

그럼에도 성리학자들은 '믿음이 무기나 식량보다 더 중요하다'는 식의 황당한 풀이를 한 것이다. 이런 황당한 풀이를 질타한 최초로 인물이 바로 명대 말기에 활약한 이탁오이다. 그는 『분서焚書』「잡술雜術, 병식론兵食論」에서 이같이 갈파했다.

"무릇 윗사람이 되어 백성들이 배불리 먹고 안전하게 살 수 있도록 지켜 주기만 하면 백성들도 그를 믿고 따르며, 부득이한 상황에 이르러서도 차라리 죽을지언정 윗사람 곁을 떠나지 않을 것이다. 이는 평소 윗사람이 그들의 안전과 식량을 충분히 제공해 주었기 때문이다. 공자가 『논어』「안연」에서 '거병'과 '거식'을 거론한 것은 실제로 군사와 식량을 버리게 하려는 의도가 아니다. 이는 어쩔 수 없는 위기상황을 전제로 한 것이다. 어쩔 수 없는 위기상황에서 비롯된 것이라면 백성들도 '거병'과 '거식'의 부득이한 상황을 감내하면서 윗사람을 불신하는 지경까지는 이르지 않게 된다. 그래서 마지막에 '민신'을 언급한 것이다. 그럼에도 어리석은 성리학자들은 이와 정반대로 '믿음이 무기나 식량보다 더 중요하다'라고 지껄이고 있다. 성인이 하신 말씀의 참뜻을 제대로 파악하지 못한 탓이다."

이탁오는 「안연」 제7장의 계책이 『관자』 「목민」의 부국강병 책략과 하등 차이가 없다는 사실을 밝혀낸 최초의 인물이다. 이탁오의 주장을 뒷받침하는 『관자』 「목민」의 해당구절이다.

"무릇 백성을 다스리는 목민자牧民者는 반드시 4시四時의 농경에 힘쓰고 창름倉廩을 잘 지켜야 한다. 나라에 재물이 많고 풍성하면 먼 곳에 사는 사람도 찾아오고, 땅이 모두 개간되면 백성이 안정된 생업에 종사하며 머무는 곳을 찾게 된다. 창름이 풍족하면 백성들이 예절禮節을 알게 되고, 입고 먹는 의식衣食이 족하면 영욕榮辱을 알게 된다."

'창름'의 '창'은 곡식을 갈무리하고, '름'은 쌀을 갈무리하는 곳으로 국고의 재물을 상징한다. 여기의 예절은 '예의염치'의 도덕적 가치, 영욕은 존비귀천尊卑貴賤의 국법질서와 존엄을 말한다. 관중은 국가가 존립하기 위해서는 백성들 개개인이 예의염치를 좇고 국법질서와 국가존엄을 이해하는 이른바 지례지법知禮知法이 전제되어야 한다고 설파한 것이다.

주목할 점은 '지례지법'의 관건으로 창고를 채우고 백성들을 배불리 먹이는 실창족식實倉足食을 든 점이다. 실창족식은 '부민', 지례지법은 나라의 '부국강병'을 의미한다. 관중은 나라를 다스리는 요체로 곧 〈부민 → 부국강병〉의 도식을 제시한 셈이다. 관중이 부국강병을 중시한 것은 말할 것도 없이 그래야만 나라를 존속시킬 수 있고, 나아가 문화대국을 건설할 수 있다고 보았기 때문이다. 이를 뒷받침하는 『관자』 「형세해」의 해당 대목이다.

"군주의 가장 큰 공적은 부국강병을 이루는 것이다. 나라가 부유하고 병사가 강하면 제후들이 그 정령에 복종하고, 이웃한 적국이 그 위세를 두려워한다. 진귀한 보물 등의 예물을 열국 제후에게 보내지 않을지라도 제후들이 감히 침범하지 못한다. 군주의 가장 큰 죄는 빈국약병貧國弱兵을 초래하는 것이다. 나라가 가난하고 병사가 약하면 출병해도 승리하지 못하고, 방어에 나서도 견고하지 못하다. 가장 귀중한 보물 등이 포함된 예물을 보내며 이웃의 적국을 섬길지라도 패망의 화를 면치 못한다."

주목할 것은 관중이 역설한 '부국강병'의 대전제가 '부민'에 있다는 점이다. 부민이 이루어져야 부국이 가능하고, 부국이 가능해야 강병이 실현될 수 있다는 것이 관중의 확고한 생각이었다. 관중이 시행한 일련의 '부국'정책과 관련하여 주목할 만한 것은 균형재정을 뜻하는 절용節用이다. 이는 불요불급한 사업에 대한 방만한 투자를 억제하고 남아도는 관원인 용관冗官 등을 퇴출시켜 건전한 재정을 제도화시킨 결과이다. 재정의 건전화는 사치 억제정책과 함께 실시됐다. 부국부민을 이루기 위해서는 우선 지배층의 자기절제가 선결되어야 한다는 판단에 따른 것이다.

당시 관중의 '부민' 정책은 일련의 중본억말重本抑末정책으로 구체화했다. '중본억말'의 본本은 식재植栽와 목축牧畜 및 어염魚鹽 등의 농축수산업을 의미한다. 요즘의 경제정책으로 표현하면 제1차 산업인 농업을 포함해 제2차 산업인 일반 제조업을 강력 후원한 것에 비유할 수 있다. 말末과 관련해 그가 시행한 일련의 정책을 보면 더욱 뚜렷하게 나타난다. '말'을 두고 적잖은 사람들이 상업 일반으로 이해하고 있으나 이는 잘못이다. 『관자』「치미」의 다음 대목이 그 증거이다.

"상인은 결코 국가에 대해 아무것도 도움을 주지 않는 자가 아니다. 그들은 특정 지역을 가리지 않고 두루 거처하며, 군주를 가리지 않고 영업을 한다. 또 물건을 내다 팔아 이익을 내야 하는 까닭에 사들인 재화를 쟁여두지도 않는다. 나라의 산림을 이용해 이익을 얻는 경우가 대표적이다. 이들 덕분에 시장의 세수稅收가 두 배 가까이 늘어난다. 상인으로 인한 혜택이 매우 많다. 먼저 국가에 대량소비의 풍속을 조장하여 생산과 소비의 순환을 원활하게 만들고, 군신이 서로 협력하도록 조장하여 친하게 만들고, 군신들이 재물을 사적으로 은닉하지 않게 만들고, 빈민들이 노동으로 먹고살도록 만든다. 상인들로 하여금 도성과 시장 안에서 자유로이 오가며 영업할 수 있도록 배려하는 이유이다. 이는 치국의 중요한 계책이다."

이를 통해 짐작할 수 있듯이 관중이 반대한 것은 사치소비재의 생산 및 유통을 비롯해 고리대 이식을 주업으로 하는 금융서비스 산업이다. 21세기 현재 목도하는 바와 같이 제1, 2차 산업이 제대로 육성되지 않은 가운데 금융서비스업을 기반으로 한 제3차 산업만 기형적으로 비대해질 경우 경제는 이내 파탄나고 만다. 아리스토텔레스가 『정치학』에서 고리대금업자를 이 세상에서 가장 악질적인 자로 비난한 것도 바로 이 때문이다.

　주의할 것은 관중은 결코 상업 일반을 중본억말의 '말'로 본 적이 없다는 점이다. 그는 오히려 이를 중시했다. 그가 물류物流와 인류人流를 뜻하는 이른바 수재輸財를 중시한 사실이 이를 뒷받침한다. '수재'는 요즘 용어로 풀이하면 일반 재화를 비롯해 인력 및 정보의 신속하고도 원활한 유통을 의미한다.

　동서고금을 막론하고 농업과 공업 등 제1, 2차 산업의 생산력 증대는 필연적으로 물류 및 인류의 원활한 흐름을 자극할 수밖에 없다. 관중이 제나라로 들어오거나 제나라에서 빠져나가는 모든 물류 및 인류에 대한 관세를 완전히 철폐한 것도 이런 맥락에서 이해할 수 있다. 당시 열국을 넘나들며 장사를 하는 상인들이 제나라의 도성인 임치성에 몰려든 것은 말할 것도 없다. 물류와 인류의 원활한 유통은 농민은 물론 상공업자들의 자본과 기술까지도 제나라로 유입되게 하였다. 임치성이 전국시대 말기까지 가장 번화한 도시로 존재한 이유이다. 당시 임치성에는 대략 20만 명가량의 인구가 상주한 것으로 추정되고 있다.

　관중은 금융자산이 버블을 일으키는 것을 우려해 금은 등의 유동성 재화가 곡물 및 염철 등의 제1~2차 산업 생산물보다 비싸지 않도록 시장에 적극 개입해 가격변동 등을 조절했다. 생산과 유통의 안정성을 확보하기 위한 조치였다. 21세기에 들어와 미국이 주도한 시장만능주의의 천박한 '신자유주의'가 굉음을 내고 붕괴한 것과 대비되는 대목이다.

주목할 것은 당시 관중이 부국부민을 이루기 위해서는 우선 지배층의 자기절제가 선결되어야 한다는 역설한 점이다. 이를 뒷받침하는 『관자』「팔관」의 해당 대목이다.

"나라를 다스리는 데 사치하면 국고를 낭비하게 되어 인민들이 가난하게 된다. 인민들이 가난해지면 간사한 꾀를 내어 나라를 어지럽히게 된다."

관중은 이를 막기 위해서는 재화의 고른 분배가 이루어져야 한다고 역설했다. 그의 이런 주장은 땅과 노동력의 균배를 의미하는 균지분력均地分力과 전 인민에게 재화를 고르게 나누어 주는 여민분화與民分貨를 의미한다. 빈부의 격차가 적어야만 통치가 제대로 이루어질 수 있다는 판단에 따른 것이다. 이는 공자의 주장과 맥을 같이한다. 공자는 『논어』「계씨」에서 이같이 역설했다.

"적은 것이 걱정이 아니라 고르지 못한 것이 걱정이다!"

이를 통해 공자가 「안연」 제7장에서 언급한 〈거식 → 거병 → 민신〉 도식이 사실상 『관자』에 나오는 〈부민 → 부국강병〉의 도식과 하등 차이가 없다는 사실을 쉽게 알 수 있다. 그럼에도 성리학자들이 '믿음이 무기나 식량보다 더 중요하다'는 식으로 엉뚱하게 해석한 것이다. 이탁오가 『분서』에서 지적했듯이 〈거식 → 거병 → 민신〉 도식은 나라가 패망할 위기에 처하는 등의 특수상황을 전제로 한 것으로 결코 부국강병을 소홀히 해도 좋다는 취지는 아니다.

동서고금을 막론하고 외적이 쳐들어왔을 때와 같은 비상상황에서는 군민君民이 하나가 되어 싸워야 한다. 식량이 달리고 병력이 거의 소진된 상황에서 군주가 콩 한 알이라고 백성들과 나누어 먹겠다는 자세로 솔선수범해야 백성들이 군주와 생사를 같이한다는 각오로 적을 물리칠 수 있다. 공자는 바로 이 경우를 말한 것이다. 민심을 얻는 것이 관건이다. 관중도 이를 통찰했다. 이를 뒷받침하는 『관자』「목민」의 해당 대목이다.

"정치가 흥하는 것은 민심을 따르는 데 있고, 폐해지는 것은 민심을 거스르는 데 있다. 백성은 근심과 노고를 싫어하는 까닭에 군주는 그들을 평안하고 즐겁게 만들어야 하고, 빈천을 싫어하는 까닭에 군주는 그들을 부귀하게 만들어야 하고, 위험에 빠지는 것을 싫어하는 까닭에 군주는 그들을 잘 보호하여 안전하게 만들어야 하고, 후사가 끊어지는 것을 싫어하는 까닭에 군주는 그들을 잘 길러야 한다.

백성을 평안하고 즐겁게 만들면 백성은 군주를 위해 근심과 노고를 감수하고, 부귀하게 만들면 군주를 위해 빈천을 감수하고, 잘 보호해 안전하게 만들면 군주를 위해 위험에 빠지는 것을 감수하고, 잘 기르면 군주를 위해 후사가 끊어지는 것을 감수한다. 형벌은 민의民意를 두렵게 만들기에 부족하고, 살육은 민심을 복종하도록 만들기에 부족하다. 형벌이 번다할지라도 민의가 이를 두려워하지 않게 되면 군주의 명령이 시행되지 않고, 많은 사람을 살육할지라도 민심이 이에 복종하지 않으면 군주의 자리가 위태롭게 된다.

백성이 바라는 네 가지 욕망을 따르면 먼 곳의 사람도 절로 다가와 친해지고, 백성이 싫어하는 네 가지 혐오를 행하면 좌우에 있는 자조차 배반하게 된다. 그래서 '주는 것이 곧 얻는 것임을 아는 것이 다스림의 요체이다'라고 말하는 것이다."

'주는 것이 곧 얻는 것임을 아는 것이 다스림의 요체이다'라는 언급은 천고의 명언이다. 이는 관중으로 효시로 하는 상가商家 사상의 키워드다. 상가 사상의 요체가 바로 여기에 있다고 해도 과언이 아니다. 『관자』「참환」은 '민심'을 군심으로 돌려 표현해 놓았다. 해당 대목이다.

"병력을 장악하고도 군심을 얻지 못하면 홀로 싸움에 나선 것과 같고, 무기를 완비하지도 못한 데다 날카롭지도 않으면 무기 없이 싸우는 것과 같다."

위기상황에서는 처자식의 마음을 뜻하는 민심이 곧 군심이고, 군심이 곧 민심이 된다. 군심 즉 민심을 얻지 못하면 아무리 많은 병력을 보유하고 있을지라도 승리를 거둘 길이 없다. 공자가 「안연」 제7장에서 '민신'을 역설한 것도 이런 맥락에서 나온 것이다.

이에 대한 정확한 이해가 전제돼야 국가 총력전 양상으로 전개되고 있는 21세기 경제전에서 살아남을 수 있다. 최고 통치권자를 비롯한 위정자와 기업 CEO들의 '민신' 개념에 대한 정확한 이해가 절실히 필요한 상황이다.

불삭계
不數計

27

우선 신뢰부터 얻어라

자유子游가 말했다.
"군주를 섬기면서 자주 간하면 곧 욕을 당한다. 붕우를 사귀면서 자주 충고하면 곧 소원해진다."
子游曰, "事君數, 斯辱矣. 朋友數, 斯疏矣."

_「논어」「이인」 제26장

「이인」 제26장은 공자의 말이 아닌 자유子游의 언급으로 되어 있다. 자유의 원래 이름은 언언言偃이다. '자유'는 자이다. 그는 오나라 출신이다. 공자보다 45년 연하로 자하와 함께 문학 분야에 뛰어난 재능을 드러냈다. 『공자세가』 「72제자해」는 예법에도 밝았던 것으로 기록해 놓았다. 『예기』의 「단궁檀弓」 편은 자유를 추종하는 제자들이 편찬한 것으로 알려져 있다. 『논어』 「옹야」와 「양화」에는 그가 노나라 무성武城의 읍재邑宰로 있을 때의 일화가 실려 있다. 노나라의 실권자인 계강자로부터 큰 신임을 받은 것으로 짐작된다.

「이인」 제26장에 나오는 자유의 언급은 그가 공자의 가르침을 받은 직계 제자로 있었던 만큼 공자의 언급과 다르게 취급할 이유가 전혀 없다. 실제로 군주를 섬기는 사군事君과 붕우를 사귀는 교우交友에서 특히 주의할 사항을 언급한 「이인」 제26장은 「이인」 제18장에서 공자가 부모를 섬기는 사부모事父母의 주의사항을 언급한 것과 취지를 같이한다. 「이인」 제18장에 나오는 공자의 언급이다.

"부모를 섬길 때는 조짐을 보고 은밀하게 간하는 기간幾諫을 해야 한다. 뜻을 따라주지 않는 것을 보면 더욱 공경하여 부모의 뜻을 어기지 않고, 수고를 할지라도 원망하지 않아야 한다."

군주를 모시거나 붕우를 사귈 때 주의해야 할 사항을 언급한 「이인」 제26장과 기본 취지를 같이하고 있음을 쉽게 알 수 있다. 『예기』 「내칙內則」에서는 「이인」 제18장을 보다 상세히 해설해 놓았다.

"부모에게 과실이 있으면 기운을 내리고 얼굴빛을 화하게 하여 부드러운 소리로 간한다. 간하는 말이 받아들여지지 않을지라도 더욱 공경하고 더욱 효를 다한다. 부모가 기뻐하면 이때 다시 간한다. 그러나 부모가 기뻐하지 않아 종아리를 쳐 피가 흐를지라도 감히 부모를 미워하거나 원망하지 말고 더욱 공경하고 효를 다해야 한다."

『예기』는 자하의 제자들이 편찬한 것으로 알려졌다. 공자가 「이인」 제18장에서 언급한 '사부모'의 주의사항을 자하의 제자들이 「내칙」에서 다시 한 번 자세히 설명한 것으로 볼 수 있다. 현재 학계에서는 『논어』의 편찬자들이 '사부모'의 주의사항만을 언급해 놓은

「이인」 제18장의 결함을 보완하기 위해 다시 「이인」 제16장을 재차 끼워 넣은 것으로 보는 견해가 중론이다.

반드시 필요할 때 간언하라

21세기 G2 시대 경제전의 관점에서 볼 때 「이인」 제26장이 역설하는 '불삭계'는 동료 및 상사에 대한 주의사항으로 바꿔 해석할 수 있다. 여기의 삭數은 자주 행한다는 뜻이다. '불삭계'는 자주 행해서는 안 되는 사항을 의미한다. 곧 상사와 동료에게 자주 간하거나 충고하면 욕을 당하거나 소원해진다는 취지를 담고 있다. 이는 관공서는 물론 일반 기업 등 모든 직장에서 승승장구하고자 하는 사람들 모두 반드시 명심해야 할 금언이다. 유세의 어려움을 언급한 『한비자』 「세난說難」에 '불삭계'와 취지를 같이하는 대목이 나온다.

"무릇 유세의 어려움은 설득 대상의 마음을 헤아려 내가 말하고자 하는 바를 그에게 맞추는 게 쉽지 않은 데 있다. 유세 대상이 명예를 떨치는 것에 관심을 갖고 있는데 많은 이익을 얻는 것으로 유세하면 비속하다고 여겨져 홀대받고 반드시 멀리 쫓겨날 것이다. 많은 이익을 얻고자 하는데 높은 명예로 유세하면 생각이 부족하고 세상 물정에 어둡다고 여겨져 반드시 받아들여지지 않을 것이다. 유세자는 자신이 말하고자 하는 것이 상대의 뜻에 거슬리지 않도록 해야 하고, 말씨 또한 상대의 감정을 자극하는 일이 없도록 조심해야 한다. 그런 연후에 자신의 지혜와 주장을 거침없이 펼 수 있다. 이것이 유세 대상과 가까이 하면서도 의심받지 않고, 하고 싶은 말을 다하며 채택될 수 있도록 만드는 길이다."

상사 및 동료 등에게 간하거나 충고할 때 가장 중요한 것은 상대방이 현재 생각하고 있는 것과 자신에 대한 신임 여부이다. 이를 파악하지 않고 무턱대고 설득에 나섰다가는 오히려 역효과를 낳을 수 있다.『한비자』「세난」에 이를 뒷받침하는 일화가 나온다.

　춘추시대 초기 정무공鄭武公이 호인胡人을 치려고 할 때 먼저 호인의 군주에게 딸을 보내 비위를 맞췄다. 이어 군신들에게 이같이 물었다.

　"내가 군사를 일으키고자 한다. 어느 나라가 칠 만한가?"

　대부 관기사關其思가 말했다.

　"호인을 칠 만합니다."

　정무공이 짐짓 크게 노한 모습으로 그를 처형하면서 말했다.

　"호인은 우리와 혼인을 한 나라이다. 그런데도 이를 치라고 하니 이게 무슨 해괴한 말인가?"

　호인의 군주가 이 얘기를 듣고는 정나라와 친하게 됐다고 생각해 방비를 하지 않았다. 정나라 군사가 이내 호인를 습격해 그 땅을 빼앗았다. 대부 관기사는 정직하게 충언했지만 결과적으로 본인은 호인을 철저히 속이고자 하는 고육지책苦肉之策의 희생양이 되고 말았다. 정직한 신하마저 정략의 희생양으로 삼은 정무공은 비난을 받아 마땅하다. 그렇다고 '고육지책'의 제물을 찾고 있는 정무공의 속셈도 헤아리지 못한 채 직언을 한 관기사 또한 일단의 책임을 피할 수 없다. 자업자득의 측면이 강하다.

　「세난」에는 아무렇지도 않게 내뱉은 말로 인해 공연히 오해를 산 일화가 나온다. 송나라에 한 부자가 있었다. 비가 내려 담장이 무너졌다. 그 아들이 말했다.

"담장을 고치지 않으면 반드시 도둑이 들 것입니다."

이웃집 노인도 똑같은 말을 했다. 그날 밤 과연 크게 도둑을 맞았다. 담장이 무너져 내린 집의 사람들은 그 아들을 대단히 지혜롭게 여겼지만 이웃집 노인은 의심을 받았다. 한비자는 이같이 충고했다.

"관기사와 이웃집 노인의 말은 그대로 적중되었으나 한 사람은 형벌을 받고, 한 사람은 의심을 샀다. 아는 것이 어려운 게 아니라 아는 바를 처리하는 게 어려운 일이다."

이 일화는 위무제 조조의 아들 조식曹植의 「군자행君子行」에 나오는 '과전부납리瓜田不納履, 이하부정관李下不整冠' 구절을 연상하게 만든다. 참외 밭에서 신발 끈을 고쳐 신지 말고, 자두나무 아래서 관을 고쳐 쓰지 말라는 뜻이다. 외부에서 볼 때는 참외와 자두를 따는 것처럼 보인다는 지적이다. 정확한 내막도 모른 채 곁에서 흘겨보며 의구심을 품는 자들을 조심해야 한다는 취지를 담고 있다.

세 치 혀로 열국의 군주들을 유세 대상으로 삼은 종횡가들의 유세는 생과 사를 넘나드는 아찔한 곡예를 닮았다. 잘만 설득하면 일거에 재상이 될 수도 있으나, 그렇지 못할 경우는 오히려 목이 열 개라도 모자랄 지경이었다. 유세 기술에 따라 용의 등에 올라타는 이른바 반룡攀龍의 복을 누릴 수도 있지만 자칫 역린逆鱗의 화를 당할 수도 있었다. 『한비자』 「세난」에는 상대의 심기에 따라 반룡의 복을 누리다가 역린의 화를 당한 대표적인 사례가 나온다.

공자와 같은 시기에 활약한 위衛나라의 미자하彌子瑕가 당사자이다. 미자하는 남색男色을 밝히는 위영공衛靈公의 총애를 입었다. 위나라 법에 따르면 군주의 수레를 몰래 타는 자는 발을 자르는 월형刖刑에 처하도록 되어 있다. 미자하의 모친이 병이 들었을 때 어떤 사람이 밤에 몰래 와서 이를 알렸다. 미자하가 위영공의 수레를 슬쩍 빌려 타고 나갔다. 위영공이 이를 전해 듣고 오히려 그를 칭찬했다.

"효자로다. 모친을 위하느라 발이 잘리는 형벌까지 잊었구나!"

다른 날 미자하가 위영공과 함께 정원에서 노닐다가 복숭아를 따 먹게 되었다. 맛이 아주 달았다. 반쪽을 위령공에게 주자 위령공이 칭송했다.

"나를 사랑하는구나. 맛이 좋은 것을 알고는 과인을 잊지 않고 맛보게 하는구나!"

이는 군주의 신임이 돈독한 시절에 '반룡'의 복을 누린 경우다. 세월이 흘러 미자하의 용모가 쇠하고 총애가 식었다. 한 번은 위영공에게 죄를 짓게 되었다. 위영공이 책망했다.

"이자가 전에 과인의 수레를 몰래 타고 나간 일도 있고, 또 자신이 먹던 복숭아를 과인에게 먹인 일도 있다."

사실 미자하의 행동은 아무런 변함이 없었다. 달라진 것은 군주인 위영공의 심경이다. 미자하의 미색이 살아 있을 때는 어떤 짓을 하더라도 용납이 됐다. 아무 거리낌 없이 행동한 것이 오히려 칭송을 받기고 했다. 그러나 미색이 쇠해진 후에는 전혀 다른 평가를 받게 됐다. 전에 칭찬을 받은 일이 무뢰한 일로 질책을 당한 것이다. 애증이 변한 탓이다. 한비자는 이같이 충고했다.

"군주에게 총애를 받을 때는 지혜를 내는 것마다 군주의 뜻에 부합해 더욱 친밀해지지만, 미움을 받을 때는 아무리 지혜를 짜내도 군주에게는 옳은 말로 들리지 않아 벌을 받고 더욱 멀어지기만 한다. 군주에게 간언을 하거나 논의를 하고자 하는 자는 먼저 자신이 과연 군주에게 총애를 받고 있는지, 아니면 미움을 받고 있는지 여부를 잘 살핀 뒤 유세해야만 한다."

과거 종횡가들이 구사했던 유세 책략은 21세기에도 여전히 유효하다. 그러나 명심할 것은 고금을 막론하고 오직 세 치 혀만으로 상대를 설득하는 기술인 유세 책략은 늘 양날의 칼의 성격을 띠고 있는 점이다. 잘 쓰면 '쾌도난마'의 위력을 발휘할 수 있으나, 자칫 잘못 쓰면 오히려 자신이 베이게 된다.

적당한 때에, 비유나 은유로 돌려 말하라

고금을 막론하고 영웅호걸도 곁에서 보면 범인凡人과 하등 다를 게 없고, 천하절색도 매일 곁에서 보면 심드렁해지게 마련이다. 하물며 간언과 충고는 귀에 듣기 거북한 것이다. 귀에 듣기 거북한 간언과 충고를 시도 때도 없이 자꾸 하면 그것이 아무리 타당한 얘기일지라도 성인이 아닌 바에야 화를 내게 된다. 「이인」 제26장에서 '군주를 섬기면서 자주 간하면 곧 욕을 당한다. 붕우를 사귀면서 자주 충고하면 곧 소원해진다'고 경계한 이유다.

관건은 한비자가 지적했듯이 먼저 유세 대상의 신임을 얻는 일이다. 이게 전제되지 않으면 유세를 하지 않는 게 낫다. 상대의 신임을 얻는 것은 유세의 대전제다. 나아가 상대의 신임을 얻은 것만 믿고 아무 때나 말하면 오히려 더 큰 낭패를 보게 된다. 상대의 신임을 얻었을지라도 반드시 두 가지 조건을 충족시켜야 한다. 첫째, 반드시 간언과 충고를 하기에 좋은 때를 골라야 한다. 둘째, 간언과 충언을 할 때는 반드시 상대를 띄우면서 부드럽게 해야 한다. 종횡가縱橫家에서는 이를 비양술飛揚術이라고 한다.

종횡가는 전국시대 말기 유세 책략을 다룬 학파이다. 세가說家라고도 한다. 종횡가가 구사하는 유세책략의 이론을 집대성해 놓은 고전이 『귀곡자鬼谷子』이다. 『귀곡자』 「비겸」에 이런 구절이 나온다.

"칭찬으로 상대를 꼼짝 못하게 하는 유세는 상황에 따라 다양한 모습이어야 한다. 때로 동조하다가 때로 이견을 드러내는 식이다. 상대가 칭찬하는 말에 걸려들지 않을 경우는 먼저 좋은 말로 불러들인 뒤 거듭 그의 명성과 지위를 들먹이며 띄운다. 띄우면 띄울수록 밑으로 떨어뜨리기가 쉬운 까닭에 띄우는 일이 부족하다 싶을 때는 거듭 높이 칭찬한 후 비판하는 식의 수법을 구사한다. 상대의 장점을 높이 띄워주는 식으로 오히려 결점이 드러나도록 만들거나, 상대의 결점을 열거하는 식으로 오히려 상대를 띄워주는 방법도 있다."

직설적인 화법을 피하고 비유법 내지 은유법 등의 간접화법을 구사하라고 주문한 것이다. 『한비자』 「세난」에도 유사한 언급이 나온다.

"유세의 요체는 군주가 자랑스러워하는 점은 은근히 칭찬하고, 부끄러워하는 점은 은근히 덮어주는 데 있다. 군주가 급히 하고 싶어 하는 일이 있으면 반드시 공의公義로써 이를 드러내 장려한다. 지혜와 재능을 자랑하고 싶어 할 때는 직접 칭찬하는 것은 아첨이 되므로 비슷한 여러 사례를 들어 군주의 지혜가 돋보이도록 한다.

군주를 칭송할 때는 비슷한 사례를 들어 칭찬하고, 군주가 행한 어떤 일을 바로잡고자 할 때는 그와 유사한 일을 예로 들어 충고한다. 군주가 자신의 역량을 자랑할 때는 굳이 다른 어려운 일을 예로 들어 그가 남과 같다는 것을 밝혀서는 안 된다.

자신의 결단을 자랑할 때는 굳이 그의 잘못을 지적해 화나게 만들어서는 안 된다. 자신의 계책을 현명하다고 여길 때는 굳이 실패한 사례를 들어 궁지에 몰아넣어서는 안 된다."

이를 통해 알 수 있듯이 아무리 상대의 신임을 얻었을지라도 분위기를 좇아 상대방을 띄우면서 간언 내지 충고를 해야 소기의 성과를 거둘 수 있다. 이런 이치를 거스르면 역효과를 낳게 된다. 이를 경계한 『한비자』 「세난」의 해당 대목이다.

"무릇 용이란 동물은 유순한 까닭에 잘 길들이면 능히 타고 다닐 수 있다. 그러나 그 턱 밑에 한 자나 되는 역린逆鱗이 거꾸로 박혀 있다. 사람이 이를 잘못 건드리면 용을 길들인 자라도 반드시 죽임을 당하게 된다. 군주에게도 역린이 있다. 유세하는 자가 역린을 건드리지 않고 설득할 수만 있다면 거의 성공을 기할 수 있다."

군주에게 간할 때는 '역린'을 건드리면 안 된다고 경고한 것이다.

이런 이치는 21세기에도 그대로 적용된다. 최고 통치권자 내지 기업의 총수는 '역린'을 지닌 자들이다. 이들에게 간언할 때는 반드시 '역린'을 건드리지 않도록 조심해야 한다. 이를 무시하는 자는 해당 직장 내에서 '출세'하기를 포기한 자나 다름없다. 정반대로 이를 잘 활용할 줄 아는 자는 한비자가 예언했듯이 자신이 원하는 바대로 능히 타고 다닐 수 있다. 그게 바로 반룡攀龍이다.

물방계
勿放計

28

두 마리의 토끼를 잡아라

공자가 말했다.
"이익을 좇아 움직이면 원한을 사는 일이 많다."
子曰, "放於利而行, 多怨."

_「논어」「이인」제12장

공자는 「이인」 제12장에서 의리義理를 무시한 채 오직 이익利益만을 좇아 행동하면 오히려 역효과가 날 수 있다고 경고하고 있다. 『논어』에는 의리와 이익을 대비시켜 그 득실을 비교해 놓은 대목이 제법 많다. 이에 관한 논의를 이른바 의리지변義利之辨이라고 한다. 「이인」 제12장도 '의리지변'의 일환으로 나온 것이다. 바로 앞의 「이인」 제11장에 나오는 공자의 언급도 같은 취지이다. 해당 대목이다.

"군자는 덕에 힘쓰나, 소인은 거처를 편히 하는 데 힘쓴다. 군자는 형벌을 두려워하나, 소인은 혜택받기를 바란다."

'군자는 덕에 힘쓰나, 소인은 거처를 편히 하는 데 힘쓴다'는 뜻의 원문은 '군자회덕君子懷德, 소인회토小人懷土'이다. 훗날 주희는 '회덕'을 인간의 선한 본성의 보존인 고유지선固有之善, '회토'를 거처하는 곳의 편안함을 뜻하는 소처지안所處之安으로 풀이했다. 나름 일리가 있으나 너무 형이상학적이다.

이는 그리 어렵게 생각할 게 없다. 군자는 다스리는 것을 업業으로 삼는 자이다. 농공상을 뜻하는 소인들처럼 먹고사는 문제로 골머리를 앓을 이유가 없다. 반면 소인들의 혈세血稅를 토대로 한 국록國祿을 먹고 사는 까닭에 소인들을 위한 공무公務를 챙기는 데 매진해야 한다. '회덕'의 기본 취지가 여기에 있다. 일반 백성들의 민생안정을 위한 덕치에 힘써야 한다는 취지를 담고 있다. '회토'는 땅을 갈아 먹고사는 것을 뜻하는 말로 농공상 등 일반 백성의 민생을 의미한다.

의리와 이익을 함께 취하라

'군자는 형벌을 두려워하나, 소인은 혜택 받기를 바란다'는 뜻의 원문은 '군자회형君子懷刑, 소인회혜小人懷惠'이다. 주희는 '회형'을 법을 두려워하는 외법畏法, '회혜'를 이익을 탐하는 탐리貪利로 풀이하면서 군자와 소인의 차이는 공과 사를 가르는 공사지간公私之間에 있다고 했다. 공자가 말한 취지에 부합한다. 앞 대목의 '군자회덕, 소인회토'는 의리와 이익의 득실을 논하는 '의리지변'의 상징적 표현이다. 뒤 대목의 '군자회형, 소인회혜'는 공과 사의 득실을 논하는 이른바 공사지변公私之辨의 상징적 표현이다. '의리지변'과 '공사지변'은 전국시대 말기 제자백가 사이에 벌어진 치열한 논쟁인 이른바 백가쟁명百家爭鳴의 핵심논제이다. 두 논제는 동전의 양면관계를 이루고 있는 까닭에 함께 논의하는 게 타당하다.

　객관적으로 볼 때 백가쟁명의 최종 승자는 법가였다. 진시황이 법가 사상에 입각해 사상 최초로 천하통일에 성공한 사실이 이를 뒷받침한다. 그럼에도 진시황의 급서를 계기로 진나라가 15년 만에 무너지자 최종 승자는 유가였다는 왜곡된 주장이 횡행했다. 유학을 유일한 관학으로 인정하는 한무제의 독존유술獨尊儒術 선포가 결정적인 계기로 작용했다. 이후 남송 때 주희가 성리학을 집대성하면서 유가가 최종 승리자였다는 주장이 정설로 굳어졌다. 성리학이 등장한 후 『한비자』가 오랫동안 금서로 묶인 이유다.

　원래 제자백가 가운데 한비자처럼 방대한 기록을 남긴 사람은 없다. 전한 초기 사마천이 『한비자』를 접했을 때 이미 10만여 자에 달했다. 현존 『한비자』와 별반 차이가 없다. 사마천은 『사기』를 저술하면서 한비자를 노자와 장자 등의 도가와 하나로 묶어 「노자한비열전」을 편제했다. 한비자가 사상 최초로 노자의 『도덕경』에 주석을 가한 점에 주목한 결과다. 실제로 『한비자』의 「유로」와 「해로」 편은 노자사상의 후계자를 자처한 장자의 해석보다 뛰어난 바가 있다.

　그럼에도 아직까지 이런 사실이 제대로 알려져 있지 않다. 대다수의 『한비자』 관련서가 노자사상에 뿌리를 두고 있는 도치道治를 빼놓은 채 법치法治와 술치術治, 세치勢治만을 언급해 놓은 게 그렇다. 『도덕경』의 키워드는 무위지치無爲之治이다. 인위적인 요소를 배제하고 천지자연의 도에 입각해 다스리는 최고의 치도治道를 말한다. 법가의 관점에서 이를 재해석한 게 바로 『한비자』의 '도치'이다. 『한비자』의 가장 큰 특징은 바로 '도치'를 전제로 법치와 술치, 세치를 하나로 녹인 데 있다. 도치를 생략한 것은 본말이 전도된 것이다.

『한비자』 전편을 관통하는 키워드는 권력관계와 인간관계의 통치술이다. 도치와 법치는 권력관계, 세치와 술치는 인간관계의 통치술이다. 이를 21세기 경제경영학 용어로 바꿔 풀이하면 평천하平天下와 도치는 천하경영, 치국治國과 법치는 국가경영, 제가齊家와 세치는 조직경영, 수신修身과 술치는 인간경영이다. 수신제가와 치국평천하를 군자의 기본덕목으로 언급한 『대학』과 하등 다를 게 없다. 권력관계와 인간관계 통치술을 하나로 녹인 핵심어는 중지衆智이다. 이를 뒷받침하는 『한비자』 「팔경」의 해당 대목이다.

"한 사람의 힘으로는 여러 사람의 힘을 대적할 수 없고, 한 사람의 지혜로는 만물의 이치를 다 알 수 없다. 군주 한 사람의 힘과 지혜로 나라를 다스리는 것은 온 나라 사람의 힘과 지혜를 이용하는 것만 못하다. 군주 한 사람의 지혜와 힘으로 무리를 대적하면 늘 무리를 이룬 쪽이 이기게 된다. 설령 계략이 가끔 적중할지라도 본인 홀로 고단하고, 만일 들어맞지 않게 되면 그 허물은 온통 군주 홀로 뒤집어쓰게 된다.

하군下君은 오직 본인 한 사람의 지혜와 힘을 모두 소진하고, 중군中君은 사람들로 하여금 자신의 힘을 모두 발휘하게 하고, 상군上君은 사람들로 하여금 자신의 지혜를 모두 발휘하게 한다."

동서의 역대 고전 가운데 '중지'의 중요성을 이처럼 잘 설명한 대목도 없다. 사람이 아무리 뛰어날지라도 매사에 모두 능할 수는 없는 일이다. 한비자는 이를 통찰했다. 『한비자』 「외저설 좌하」에 나오는 유사한 일화가 이를 뒷받침한다. 하루는 주문왕이 숭崇나라를 치고 봉황鳳黃의 언덕에 이르렀을 때 신발 끈이 풀리자 시종들을 시키지 않고 직접 묶었다. 군사軍師인 태공망 여상呂尙이 의아해하며 물었다.

"어찌된 일입니까?"

주문왕이 대답했다.

"상군 곁에 있는 자는 모두 스승이고, 중군 곁에 있는 자는 모두 친구이고, 하군 곁에 있는 자는 모두 시종이오. 지금 이곳에 있는 신하들은 모두 선왕의 신하들이기에 이 일을 시킬 수가 없었소."

상군 곁에 있는 자는 모두 스승이라는 얘기는 곧 '중지'의 중요성을 언급한 것이다. 동서고금을 막론하고 독력獨力과 독지獨智는 중력衆力만 못하고, '중력'은 중지衆智만 못한 법이다. 『한비자』「팔경」이 '독력'과 '독지'에 기대는 자를 하군, '중력'을 쓰는 자를 중군, '중지'를 활용하는 자를 상군으로 규정한 이유다.

눈앞의 이익보다 인재의 마음을 얻어라

모든 것이 급속히 변하는 21세기 스마트 혁명 시대에 초일류 글로벌 기업이 되기 위해서는 창조적인 인재를 대거 확보해야만 한다. 안방과 문밖의 구별이 사라진 까닭에 핵심 인재의 확보 여부가 기업성패의 관건으로 작용하고 있다. 핵심 인재는 상황에 따라 다양한 모습을 띨 수밖에 없다. 그러나 변치 않는 원칙이 있다. 바로 잡스처럼 인문학적 지식을 지니고 있어야 한다는 얘기다. 그래야만 기술과 예술을 결합시킨 아이폰 같은 '대박' 상품을 만들어낼 수 있다. 모든 나라의 글로벌 기업들이 '창조융합형 인재'를 찾아내기 위해 혈안이 돼 있는 현실이 이를 뒷받침한다.

삼성의 사령탑 이건희의 리더십에서 가장 눈에 띄는 것은 『한비자』의 이 대목에 주목한 점이다. 그는 1993년의 '신 경영 선언' 직후에 용인연수원에서 가진 〈21세기 CEO 과정〉에서 이같이 역설한 바 있다.

"한 사람의 힘으로는 다수의 힘을 이길 수 없다. 한 사람의 지혜로는 만물의 모든 이치를 알기 어렵다. 한 사람의 지혜와 힘보다는 많은 사람의 지혜와 힘을 쓰는 게 낫다!"

『한비자』「팔경」의 내용을 살짝 돌려 표현한 것이다. 한국의 역대 글로벌 기업 CEO 가운데 이건희만큼 '중지경영'을 역설하는 사람도 없다. 입만 열면 위기상황을 언급하며 '창조경영'의 필요성을 역설한 게 그렇다. 이는 『한비자』「팔경」이 강조한 '중지' 역시 이익을 향해 무한 질주하는 인간의 호리지성好利之性과 명예를 위해 몸을 내던지는 호명지심好名之心에서 나온 것임을 통찰한 결과로 볼 수 있다. 『한비자』「내저설 상」에 이를 뒷받침하는 일화가 나온다.

제나라는 온갖 예를 갖춰 후하게 장례를 치르는 후장厚葬을 좋아했다. 베와 비단은 모두 죽은 자의 수의壽衣를 만드는 데 사용되고, 재목은 안팎의 관곽棺槨으로 사용됐다. 제환공이 이를 우려해 관중에게 물었다.

"베와 비단을 모두 수의로 사용하면 수레덮개를 만들 길이 없고, 재목을 모두 관곽으로 사용하면 방비시설을 갖출 길이 없소. 그런데도 사람들이 후장을 그치지 않고 있소. 이를 금하려면 어찌하는 것이 좋겠소?"

관중이 대답했다.

"무릇 사람이 어떤 일을 하는 것은 명예나 이익 때문입니다."

이에 곧바로 영을 내렸다.

"관곽을 지나치게 할 경우 시신을 꺼내 형을 가하고 상주 또한 처벌할 것이다."

이를 두고 한비자는 이같이 말했다.

"시신에 형을 가하는 것은 명예를 실추시키는 일이고, 상주가 벌을 받는 것은 이롭지 못한 일이다. 사람들이 무슨 까닭으로 그 짓을 다시 하겠는가!"

인간의 호리지성을 적극 활용하라고 권한 것이다. 형벌은 호리지성, 포상은 호명지심과 불가분의 관계를 맺고 있다. 두 가지를 모두 활용하는 게 가장 바람직하다. 사상사적으로 볼 때 인간의 '호리지성'은 한비자의 성악설을 달리 표현한 것이다. 한비자는 유가에서 천심天心으로 비유하는 민심조차 호리지성의 표현에 불과한 것으로 보았다. 『한비자』「현학」의 해당 대목이다.

"흔히 말하기를, '민심을 얻어야 백성을 잘 다스릴 수 있다'고 한다. 그렇다면 관중管仲 같은 뛰어난 재상도 필요 없고, 오직 백성들의 얘기를 잘 듣고 따라 하기만 하면 될 것이다. 그러나 우왕禹王이 홍수를 다스릴 때 백성은 기왓장과 돌을 쌓아 놓고 그에게 내던졌다. 백성의 견해는 그대로 쫓아 시행하기에 부족하다는 것 또한 분명한 사실이다."

자신에게 이익이 된다는 것을 뒤늦게 안 뒤에야 우왕을 칭송한 염량세태炎凉世態를 지적한 것이다. 세인들의 염량세태를 탓해서는 안 된다. 그리해야만 먹고살 수 있기 때문이다. 난세에 큰일을 이루고자 할 때는 반드시 세인의 염량세태를 염두에 두고 이를 적극 활용할 줄 알아야 한다. 난세에는 인간의 비도덕적이고 이기적인 모습이 적나라하게 드러날 수밖에 없기 때문이다. 한비자는 이를 통찰했다. 호리지성과 더불어 호명지심을 극도로 자극하는 게 관건이다. 난세에는 명예를 추구하는 호명지심이 이익을 추구하는 호리지성 못지않게 강력하다. 이를 뒷받침하는 『한비자』「궤사」의 해당 대목이다.

"지금 백성들이 명성을 추구하는 것이 실리를 추구하는 것보다 훨씬 정도가 심하다. 상황이 이럴진대 선비 가운데 먹을 것이 없어 극도의 빈궁에 빠진 자가 어찌 도인처럼 깊은 산속으로 들어가 수행하는 방식으로 명성을 다투려 들지 않겠는가? 세상이 제대로 다스려지지 않는 것은 신하들의 죄가 아니다. 이는 군주가 다스리는 도를 잃었기 때문이다. 요즘 군주들은 세상을 어지럽게 만드는 행위를 존중하고, 세상이 잘 다스려지게 하는 조치를 업신여긴다. 신하들이 바라는 바가 늘 군주의 치국 원리와 배치되는 이유가 여기에 있다."

명예에 목을 매는 인간의 호명지심이 얼마나 강한지를 날카롭게 지적하고 있다. 삼국시대 당시 조조의 둘째 아들 위문제 조비曹丕도 「여왕랑서與王郎書」에서 '오직 공 세워 양명하는 게 영원히 살아남는 길이고, 그 다음은 명저를 남기는 일이다'라고 역설한 바 있다. '호명지심'이 '호리지성' 못지않게 강렬하다는 사실을 지적한 것이다.

공자가 「이인」 제12장에서 '이익을 좇아 움직이면 원한을 사는 일이 많다'고 지적한 것도 같은 맥락에서 나온 것이다. 난세에는 '호리지성' 못지않게 '호명지심' 또한 강력하게 작동하는 만큼 지나치게 이익을 추구하는 모습을 보이는 것은 바람직하지 않다는 취지이다. 실제로 최고 통치권자와 기업 CEO가 큰 비전을 제시하지도 못한 채 눈앞의 이익만 좇으면 이내 나라와 기업을 패망의 늪으로 몰아가게 된다. 국민과 소비자의 원망이 커지면 정권이 바뀌고 기업이 퇴출되는 게 그렇다.

한비자가 세평에 아랑곳하지 않는 군주의 고독한 결단을 역설한 것은 바로 이를 통찰한 결과다. 통치의 요체는 관원을 다스리는 데 있지 백성을 다스리는 데 있지 않다는 뜻의 이른바 치리불치민治吏不治民을 역설한 이유가 여기에 있다. 수천 년 동안 이런 사실이 무시됐다. 기득권세력인 사대부 관원의 이익을 대변한 성리학이 한비자의 '치리불치민' 취지를 왜곡한 결과다.

객관적으로 볼 때 중국이 세계 최빈국에서 불과 30년 만에 G2의 일원으로 우뚝 선 것은 '치리불치민' 이치를 충실히 좇은 결과다. 개혁개방을 반대한 당, 정, 군의 수구세력을 침묵시킨 덩샤오핑의 리더십이 이를 가능하게 했다. 지금 미·중의 이익이 첨예하게 대립하는 G2 시대의 한복판에 있는 우리나라는 최고 통치권자를 비롯해 기업 CEO 모두 이런 식의 대대적인 혁신 리더십이 절실히 필요하다. 커다란 비전과 구체적인 목표를 제시해 국민과 사원들의 '호리지성'과 '호명지심'을 적극 자극하는 식으로 국가와 기업의 발전을 도모하는 게 관건이다.

후사계
後私計

29

사사로운 감정을 다스려라

공자에게는 네 가지가 없었다.
사사롭게 대한 적이 없고, 꼭 하겠다고 집착한 게 없고, 결코 안 된다고 고집한 게 없고, 내가 아니면 안 된다고 한 적이 없었다.
子絶四. 毋意, 毋必, 毋固, 毋我.

_「논어」「자한」제4장

『논어』에서「자한」제4장처럼 공자가 역설한 치국평천하의 이치를 이처럼 절묘한 비유로 요약한 대목은 없다. '무의毋意, 무필毋必, 무고毋固, 무아毋我' 표현이 그렇다.『사기』「공자세가」에는 무毋가 무無로 나온다. 이는 공을 앞세우고 사를 뒤로 미룬 이른바 선공후사先公後私를 달리 표현한 것이다.「이인」제10장에도 '선공후사'를 역설한 공자의 언급이 나온다.

"군자는 천하에 임해 반드시 해야 한다고 주장하는 것도 없고, 결코 해서는 안 된다고 주장하는 것도 없다. 오직 사물의 이치를 좇을 뿐이다."

조직의 안위를 먼저 생각하라

역사상 '선공후사'의 대표적인 사례로 전국시대 말기 조나라 재상 인상여藺相如와 장수 염파廉頗 사이에 맺어진 문경지교刎頸之交를 들 수 있다. 『사기』 「염파인상여열전」에 따르면 원래 인상여는 환관의 우두머리인 환자령宦者令 무현繆賢의 집사로 있었다. 하루는 나그네 한 사람이 무현의 집을 찾아왔다. 나그네가 흰 옥구슬白璧을 내놓고 흥정하자 무현이 500금을 주고 이를 샀다. 무현이 곧 옥 장인을 불러 이를 감정하게 했다. 옥 장인이 옥구슬을 보고 놀랐다.

"이 옥구슬은 화씨벽和氏璧입니다. 옛날 초나라 영윤 소양이 잔치 자리에서 이 백벽을 잃고 장의張儀를 의심했습니다. 이로 인해 장의는 초나라를 떠나 진나라로 갔고, 소양은 1천금을 내걸고 이를 사겠다고 했으나 훔쳐간 자가 끝내 나타나지 않았습니다. 그런데 이 화씨벽이 어떻게 하여 이곳까지 오게 된 것입니까? 참으로 기이한 일입니다. 부디 이 천하의 보배를 깊이 감추어 두고 남에게 함부로 보여주지 마십시오."

이 화씨벽은 이내 조혜문왕의 손에 들어갔다. 이때 진소양왕이 이 소문을 듣게 됐다. 곧 사자를 보내 15개의 성읍과 '화씨벽'과 교환할 것을 제의했다. 여기서 연성벽連城璧 내지 연성連城 성어가 나왔다. 물건이 귀중하거나 값지다는 뜻이다. 진소양왕은 사실 강제로 빼앗을 속셈이었다. 조혜문왕은 응하지 않자니 보복이 두려웠고, 응하자

니 기만을 당할까 걱정되었다. 조혜문왕이 곧 염파를 비롯한 대신들을 모아 대책을 논의했으나 뾰족한 대책이 나올 리 없었다. 이때 환자령 무현이 인상여를 천거했다. 조혜문왕이 인상여를 불러 이를 상의했다.

"진왕이 15개 성읍과 과인이 갖고 있는 화씨벽을 바꾸자고 청해 왔으니 이를 어찌 하면 좋겠소?"

"진나라는 강하고 우리 조나라는 약하니 들어주지 않을 수 없는 노릇입니다."

"만일 진나라가 화씨벽만 취하고 땅을 주지 않으면 어찌할 것이오?"

"진나라가 성읍을 화씨벽과 바꾸자고 요구했는데 이를 허락지 않으면 그 허물은 우리에게 있게 됩니다. 그러나 우리가 화씨벽을 주었는데도 진나라가 성읍을 내주지 않으면 그 허물은 진나라에 있게 됩니다. 두 계책을 비교해 볼 때 일단 진나라의 청을 들어주고 책임을 묻는 게 낫습니다."

"장차 누구를 사자로 보내야 하겠소?"

"신이 갔다 오겠습니다. 만일 진나라가 성읍을 우리에게 주지 않으면 저는 화씨벽을 온전히 가지고 돌아오겠습니다."

조혜문왕이 이를 허락했다. 인상여가 화씨벽을 들고 진나라로 가자 진소양왕이 곧 문무관원과 비빈들을 모두 불러 모은 뒤 인상여를 불러들였다. 인상여가 비단보로 싼 화씨벽을 공손히 바치자 진소양왕이 크게 기뻐하며 좌우에 있는 신하들과 비빈들에게 차례로 이를 넘겨주었다. 모든 신하와 비빈들이 돌아가면서 화씨벽을 보고는 큰

소리로 축하했다.

"만세, 만세."

진소양왕은 군신들에게 두루 화씨벽을 관람시키면서도 유양 땅에 대해서는 한마디도 하지 않았다. 속셈을 간파하고 인상여가 이내 앞으로 나아가 이같이 말했다.

"화씨벽에는 미세한 흠이 있습니다. 청컨대 화씨벽을 주시면 이를 알려드리도록 하겠습니다."

"조나라 사자에게 화씨벽을 주어라."

인상여는 화씨벽을 돌려받고 뒤로 물러나 기둥에 기대선 뒤 이같이 일갈했다.

"화씨벽은 천하에 둘도 없는 보배입니다. 지금 대왕이 전혀 땅을 내주실 기미를 보이지 않아 신이 거짓말을 하고 화씨벽을 다시 받아낸 것입니다. 만일 대왕이 화씨벽을 힘으로 빼앗을 생각이면 신은 머리를 이 화씨벽과 함께 기둥에 부딪쳐 깨뜨려버릴 것입니다."

그러고는 이내 화씨벽을 번쩍 들어 기둥을 향해 달려들려고 했다. 진소양왕이 급히 만류하면서 지도를 내오게 했다. 15개 성읍을 일일이 지적한 뒤 필히 조나라에 내줄 것을 약속했다. 화씨벽을 손에 넣을 생각으로 이같이 말하고 있다는 것을 눈치 챈 인상여가 이같이 대답했다.

"과군은 화씨벽을 보내기 전에 5일 동안 목욕재계를 했습니다. 이는 신의를 잃지 않고자 한 것입니다. 그러니 대왕도 5일 동안 목욕재계하고 '9빈지례九賓之禮'를 행해야만 신은 감히 화씨벽을 바치도록 하겠습니다."

'9빈지례'는 모든 문물을 펼쳐 놓고 행하는 장중한 예절이다. 인상여는 진소양왕이 화씨벽만 받고 땅을 내주지 않으리라는 것을 뻔히 알고 있었기 때문에 이같이 제의한 것이다. 진소양왕이 이를 받아들였다. 인상여는 진나라의 국빈용 숙소인 광성전廣成傳으로 돌아간 뒤 곧 수행원에게 분부했다.

"그대는 즉시 허름한 옷으로 갈아입은 뒤 이 화씨벽을 품속에 깊숙이 넣고 지름길로 빠져나가 먼저 조나라로 돌아가도록 하라."

수행원이 변복을 하여 무사히 진나라를 빠져 나와 조나라에 도착한 뒤 조혜문왕에게 인상여의 말을 전했다.

"신 인상여는 지금 진나라가 15개 성읍을 내줄 의사가 있는지 그 여부를 확인하지 못하고 있습니다. 이에 우선 수행원을 시켜 대왕께 화씨벽을 보냅니다. 장차 신은 진나라에서 죽임을 당할지도 모릅니다. 그러나 신은 죽임을 당할지라도 결코 우리 조나라의 위신을 손상시키는 일은 하지 않을 것입니다."

당시 진소양왕은 말로만 목욕재계를 약속해 놓고 5일이 지나자 정전에 높이 앉아 좌우에 예물을 늘어놓고 인상여를 불렀다. 인상여가 조용히 정전으로 들어가 진소양왕에게 재배했다. 그러나 그의 손에는 아무것도 없었다. 진소양왕이 물었다.

"과인은 정중히 화씨벽을 받기 위해 5일 동안 목욕재계를 마쳤소. 대부는 어찌하여 화씨벽을 갖고 오지 않은 것이오?"

인상여가 대답했다.

"지금 강대한 진나라가 15개 성읍을 떼어 조나라에 주면 조나라가 어찌 감히 화씨벽을 쥐고 대왕에게 죄를 짓겠습니까? 이제 신이 대왕에게 속아 넘어가면 이는 신이 우리 조나라와 저의 군왕을 저버리는 결과가 됩니다. 신이 대왕을 속인 것은 죽을죄에 해당합니다. 신은 이제 솥에 넣어 삶아 죽이는 탕확湯鑊의 벌을 받고자 합니다."

진소양왕과 군신들이 놀란 입을 다물지 못했다. 결국 진나라는 15개 성읍을 주지 않았고, 조나라도 화씨벽을 보내지 않았다. 여기서 완벽完璧이라는 성어가 나왔다. 화씨벽을 온전히 다시 가지고 왔다는 말이다.

당시 진소양왕은 인상여가 화씨벽을 '완벽'의 상태로 도로 갖고 간 것을 못내 아쉬워하고 있었다. 그는 조나라를 완전히 제압하지 못해 이런 일이 일어난 것으로 생각했다. 인상여가 '완벽'의 대공을 세운 지 4년 뒤인 기원전 279년, 진소양왕이 사자를 조나라로 보내 이같이 전했다.

"황하 이남의 민지澠池 땅에서 회합하고자 하오. 서로 만나 우호를 두터이 하고 싶소."

조혜문왕이 부득불 인상여와 함께 진나라를 향해 떠났다. 두 나라 군주는 서로 예로써 회동한 뒤 술을 마시며 환담했다. 주연이 한창 무르익었을 때 진소양왕이 문득 조혜문왕에게 청했다.

"과인은 일찍이 군왕이 비파에 정통하다고 들었습니다. 여기에 마침 과인이 아끼는 좋은 비파가 있으니 한 곡 연주를 청하고자 합니다."

조혜문왕이 이를 치욕스럽게 생각했으나 부득불 비파를 연주할 수밖에 없었다. 진소양왕이 곁에 있는 태사에게 명했다.

"오늘 과인 앞에서 조왕이 비파를 탔다고 기록해 두도록 하라!"

인상여가 문득 앞으로 나와 진소양왕에게 청했다.

"과군은 일찍이 대왕이 진나라 음악에 정통하다는 얘기를 들은 적이 있습니다. 신이 이제 분부盆缶를 바칠 터이니 대왕이 한 번 이를 쳐주시기 바랍니다."

'분부'는 술이나 장을 담는 그릇으로 박자를 맞추는 악기로도 사용되었다. 인상여가 분부를 바친 뒤 무릎을 꿇고 청하자 진소양왕이 듣지 않았다. 인상여가 위협했다.

"저와 대왕과의 거리는 불과 5보도 안 됩니다. 장차 제 목을 찔러 그 피로써 대왕의 옷을 물들일 수 있습니다."

진나라 무사들이 달려들어 인상여를 잡아채려고 했으나 인상여가 눈을 부릅뜨고 꾸짖자 감히 앞으로 나서지 못했다. 진소양왕도 할 수 없이 한 차례 분부를 두드리게 되었다. 인상여가 조나라 태사를 돌아보며 이같이 청했다.

"태사는 이를 기록해 두도록 하시오."

진나라 신하들이 일제히 일어나 조혜문왕에게 말했다.

"오늘 군왕이 각별한 대접을 받았으니 이 자리를 축하하는 뜻에서 15개 성읍을 우리 진나라에 바치시오."

인상여도 일어나 진소양왕에게 말했다.

"조나라가 즉시 15개 성읍을 바칠 터이니 진나라도 조왕의 장수를 축하하는 의미에서 함양성을 우리에게 내주시오."

진소양왕이 양쪽을 무마했다. 술자리가 끝난 후에도 진나라는 조나라를 어찌할 수가 없었다. 조나라도 유사시를 대비해 이미 군사를 이끌고 와 주변에 배치해 놓고 있었다. 진나라 군사들이 감히 함부로 움직이지 못했다.

결국 두 나라는 우호조약을 맺었다. 민지 회동을 무사히 마치고 귀국한 조혜문왕은 곧 군신들을 모아놓고 인상여의 공을 높이 기렸다.

"과인은 인상여의 도움으로 민지 땅에서 태산처럼 흔들리지 않았소. 우리에게 인상여는 주나라의 구정보다 귀하오. 과인은 인상여에게 상경上卿의 벼슬을 내리고자 하오."

상경은 염파보다 윗자리였다. 인상여가 상경이 되어 염파의 위에 서게 되자 이번에는 염파가 크게 노했다.

"나는 목숨을 걸고 전장에 나가 공성攻城과 야전野戰에서 큰 공을 세웠다. 그러나 인상여는 한낱 세 치 혀를 놀린 수고밖에 없다. 그런데도 나의 윗자리를 차지하게 되었으니 세상에 어찌 이런 일이 있을 수 있는가? 더구나 인상여는 환자령 무현의 집에서 집사 노릇이나 하던 미천한 출신이다. 나는 차마 그 밑에 있을 수 없다."

그러고는 큰소리로 이같이 선언했다.

"내가 인상여를 보게 되면 반드시 욕을 보이고 말 것이다!"

조직을 위해 몸을 바칠 인재를 구하라

인상여가 이 말을 듣고 염파와 서로 조우하지 않으려고 애썼다. 조회가 있을 때마다 매번 칭병하며 참석하지 않았다. 인상여는 염파와 우위를 다투는 쓸데없는 일로 인해 분란이 일어날까 염려했던 것이다. 그러자 인상여의 사인舍人들이 모두 이를 수치스럽게 생각했다.

하루는 일이 있어 밖으로 외출을 나왔다가 저쪽에서 오는 염파의 행차를 보게 됐다. 급히 어자에게 분부했다.

"염 장군에게 들키지 않도록 속히 수레를 옆 골목으로 몰아라."

인상여는 염파의 행차가 지나간 후에야 큰 길로 나왔다. 인상여의 시종들이 인상여에게 몰려가 불만을 털어놓았다.

"저희들이 대감 문하에 와 있는 것은 대감을 당세의 대장부로 믿고 기꺼이 모시기 위한 것입니다. 그런데 지금 대감은 염 장군보다 지위가 높은데도 오히려 겁을 먹고 조회에도 나가지 않고, 멀리서 보이기만 해도 곧바로 수레를 이끌고 숨어 버리니 이게 무슨 꼴입니까? 창피해서 더 이상 대감을 모시지 못하겠습니다. 장차 고향으로 돌아갈 생각입니다."

인상여가 만류했다.

"그대들이 보기에 염 장군과 진나라의 왕을 비교하면 누가 나은가?"

"염파가 못합니다."

인상여가 말했다.

"무릇 진왕이 위압적으로 대했을 때도 나는 진나라 조정에서 그를 꾸짖고 군신들을 욕보였다. 내가 비록 재주가 없다 해도 어찌 염 장군을 두려워하겠는가? 내가 생각건대 강한 진나라가 감히 조나라에 출병하지 못하는 것은 오직 우리 두 사람이 있기 때문이다. 그런데 두 마리 호랑이가 서로 다투면 형세상 둘 다 살지 못할 것이다. 나는 이를 생각하기 때문에 먼저 국가의 급한 일을 생각한 연후에 사사로운 원한을 고려하고자 하는 것이다. 나에게는 개인적인 원한보다 국가가 더 소중하다."

인상여의 시종들은 모두 탄복했다. 염파는 이 말을 전해 듣고 크게 부끄러운 나머지 이내 웃통을 벗고 가시덤불을 짊어진 채 인상여의 집 문 앞으로 와 사죄했다.

"이 사람이 워낙 속이 좁아 대감의 관후한 도량을 몰라 봤습니다. 이제 죽어도 그 죄를 씻을 길이 없습니다."

여기서 부형청죄負荊請罪 성어가 나왔다. 가시덤불을 짊어진 채 사죄하는 것을 말한다. 당시 인상여는 염파가 '부형청죄'하자 황급히 뛰쳐나와 염파를 부축해 일으켰다.

"우리 모두 이 나라 종묘사직을 받드는 신하입니다. 장군이 저의 뜻을 그토록 헤아려 주니 송구스러울 뿐입니다."

염파가 말했다.

"나는 이제부터 대감과 생사를 함께 하는 벗이 되겠소. 비록 내 목에 칼이 들어온다 해도 이 마음만은 변치 않겠소."

여기서 문경지교刎頸之交 성어가 나왔다. 목숨을 바칠 정도의 우애를 뜻한다. 당시 조나라가 천하제일의 막강한 무력을 자랑하는 진나라에 당당히 맞설 수 있었던 배경이다. 인상여와 염파라는 공자가 「자한」 제4장과 「이인」 제10장에서 역설한 치국평천하의 '선공후사' 정신을 몸으로 보여준 셈이다. 우리는 미·중이 다투는 G2 시대의 한복판에 있다. 그 어느 때보다 인상여나 염파와 같은 인물이 절실히 필요한 상황이다.

적실계
適實計

30

지나침은 모자란 것과 같다

자공이 물었다.
"사師와 상商 가운데 누가 낫습니까?"
공자가 대답했다.
"사는 지나치고 상은 미치지 못한다."
자공이 다시 물었다.
"그렇다면 사가 낫습니까?"
공자가 대답했다.
"지나침은 미치지 못함과 하등 다를 게 없다."

子貢問, "師與商也孰賢." 子曰, "師也過, 商也不及." 曰, "然則師愈與." 子曰, "過猶不及."

_「논어」「선진」제15장

여기의 사師와 상商은 각각 자장子張과 자하子夏를 가리킨다. 당시 자공은 두 사람에 대한 공자의 평을 토대로 자신에 대한 공자의 평을 간접적으로 듣고자 한 것이다. 공자는 자공의 속셈을 읽고 '지나침은 미치지 못함과 하등 다를 게 없다'고 답한 것이다. 여기서 인구에 회자하는 '과유불급過猶不及' 성어가 나오게 됐다. 지나쳐도 안 되고 모자라도 안 된다는 취지다. 주어진 실제 상황에 딱 들어맞는다는 뜻의 적실適實과 통한다. 「선진」 제15장의 '과유불급' 계책을 '적실계'로 요약할 수 있는 이유다.

일은 지나쳐도 안 되고, 모자라도 안 된다

전후맥락에 비춰 볼 때 「선진」 제15장의 '과유불급'은 자공에 대한 평이나 다름없었다. 방점이 '불급'보다는 '과'에 찍혀 있다는 뜻이다. 많은 사람들이 '과유불급'을 두고 지나친 것은 오히려 모자람만 못하다고 새기는 것도 이와 무관하지 않을 것이다. 그러나 원래의 뜻대로 풀이하면 '과'와 '불급' 모두 '적실'과는 거리가 멀다는 뜻이다. 여기의 유猶는 부사로 사용될 때는 '오히려'의 뜻이나 동사로 사용될 때는 같을 여如의 의미이다. '지나친 것은 미치지 못하는 것과 하등 다를 게 없다'의 뜻인데도 많은 사람들이 '지나친 것은 오히려 모자람만 못하다'의 뜻으로 새기는 것은 자공의 지나친 재주를 경계한 공자의 의중을 읽은 결과로 보인다.

원래 이 일화에 나오는 자장은 본명이 전손사顓孫師이다. 공자의 제자 가운데 나이가 가장 어린 동시에 가장 활기가 넘치는 인물이었다. 머리가 가장 총명했던 자공이 매사에 미리 앞서 나가는 행보를 보인 것과 닮았다. 공자가 '과유불급'을 언급한 것은 자장을 빗대어 자공을 경계하고자 한 것이다. 『논어』를 보면 공자가 평소 자공의 앞서나가는 재주를 경계한 대목이 제법 많다. 「공야장」 제8장의 다음 일화가 대표적이다. 하루는 공자가 자공에게 물었다.

"너와 회回 가운데 누가 나으냐."

자공이 대답했다.

"제가 어찌 감히 회를 바라볼 수 있겠습니까? 회는 하나를 들으면 열을 알고, 저는 하나를 들으면 둘을 압니다."

공자가 말했다.

"그만 못하다, 나와 너는 그만 못하다!"

마지막 구절인 '나와 너는 그만 못하다!'의 원문은 '오여여불여吾與女弗如!'이다. 후대의 유학자들은 공자가 스스로 안회만 못하다고 인정한 마지막 구절을 접하면서 크게 당혹했다. 아무리 안회가 위대한 인물이라 할지라도 지성至聖의 상징인 공자의 제자에 불과하기 때문이다. 이들은 고심 끝에 억지 해석을 시도했다. 여기의 '여與'를 '허許'로 해석한 게 그렇다. 그리 되면 '오허여불여!'는 "나는 네가 그만 못함을 인정한다."의 의미가 된다. 자공만을 떼어내 안회만 못하다는 의미로 축소한 것이다. 억지 해석인 것은 말할 것도 없다.

만일 그런 뜻으로 공자가 말했다면 「공야장」 제8장에 굳이 '여'라는 글자를 사용할 이유가 없다. '허'를 쓰는 게 옳다. 물론 '여'에는 허여許與의 의미가 있기는 하다. 그러나 '여'를 '오여여吾與女'처럼 단독으로 사용할 때는 영어의 and와 같은 뜻으로 사용한 것이다. '나와 너'의 의미로 새기는 게 옳다.

후대의 유학자들이 이런 억지 해석을 시도한 것은 기본적으로 공자가 스스로 제자인 안회만 못하다는 것을 인정했을 리 없다는 선입

견에서 비롯된 것이다. 전후 문맥에 비춰 볼 때 '여'를 조사로 간주해 "나와 너는 그만 못하다"로 풀이하는 것이 문맥상 자연스럽다.

원래 자공은 주나라 도성인 낙양 인근의 위衛나라 출신으로 이름은 단목사端沐賜이다. '단목'이 성이다. 나이는 공자보다 31년이나 아래였다. 자공은 공자의 제자 중 가장 머리가 명석했다. 공자가 「공야장」 제8장에서 당대의 수제자인 자공을 굳이 또 다른 제자인 안회와 비교하며 '나와 너는 그만 못하다!'고 언급한 것도 몇 수 앞을 내다볼 정도로 지나치게 비상한 그의 머리 회전을 염려한 탓이다. 「선진」 제18장에 이를 뒷받침하는 공자의 언급이 나온다.

"회回는 거의 도에 가까웠으나 돈 버는 일은 예측하면 거의 맞히지 못했다. 이에 대해 사賜는 스승의 명을 받아들이지 않고 재화를 늘렸으나 예측하면 거의 매번 맞혔다."

주목할 것은 여기서 안연과 자공의 행태가 대비되어 평가되고 있는 점이다. 공자는 매번 두 수제자의 상반된 행보가 마음에 걸렸다. 안회는 가난한 삶 속에서도 편안한 마음으로 도를 즐겨 지키는 안빈낙도安貧樂道의 상징이었다. 자신의 학문을 이어갈 만했다. 일찍부터 그를 후계자로 낙점해둔 상황이었다. 그럼에도 끼니를 걱정할 정도의 과도한 '안빈낙도'가 늘 마음에 걸렸다. 특히 이재理財에 탁월한 재능을 지닌 자공과 비교할 때 더욱 그랬다. 「선진」 제18장에서 안회를 두고 '돈 버는 일은 예측하면 거의 맞히지 못했다'고 탄식한 게 그 증거다.

이와 정반대의 모습을 보인 인물이 바로 자공이다. 「선진」 제18장에서 자공을 두고 '스승의 명을 받아들이지 않고 재화를 늘렸으나 예측하면 거의 매번 맞혔다'고 비난 섞인 칭송을 한 게 그렇다. 자공은 돈을 버는 일뿐만 아니라 모든 면에서 안회와 대비됐다. 거만의 재산을 모아 14년에 걸친 스승의 천하유세 경비를 뒷받침하고, 뛰어난 언변으로 침공 위기에 빠진 스승의 나라인 노나라를 구해내 종횡가의 효시로 활약한 것 등이 그렇다.

공자는 자공의 뛰어난 이재와 언변에 내심 탄복하면서도 혹여 도와 학문을 닦는 일을 게을리할까 걱정했다. 「공야장」 제8장에서 굳이 두 수제자를 비교하며 '나와 너는 그만 못하다!'고 언급한 근본취지가 여기에 있다.

자공도 사람인 한 스승인 공자가 동학同學인 안회와 비교하며 '너는 그만 못하다'고 말했으면 속으로 크게 상심傷心했을 것이다. 공자는 우회적인 간접화법을 구사해 당대 최고의 지낭智囊이자 자신의 제자들 가운데 가장 총명한 자공을 경계시키고자 했다. 그게 바로 자신을 끼워 넣어 '나와 너는 그만 못하다!'는 표현으로 나온 것이다.

「선진」 제15장의 '과유불급'도 이런 맥락에서 접근해야 정확한 이해가 가능하다. 자유와 자하를 '불급'보다 '과'에 방점이 찍혀 있다고 보아야 하는 것이다. 공자는 자공이 뜬금없이 동학인 자유와 자하를 끌어들여 인물평을 요구한 속셈을 읽은 것이다. 자공은 내심 공자의 제자들 가운데 가장 활발한 모습을 보이는 '이슈 메이커'로서 자유를 통해 자신에 대한 스승의 평가를 간접적으로 구하고자 한 게 틀림없다. 공자가 '자유는 지나치고, 자하는 미치지 못한다'고 대답하자마자 곧바로 '그렇다면 자유가 낫다는 것입니까?'라고 질문한 게 그렇다. 자신과 자유처럼 매사에 앞장서서 '이슈 메이커' 역할을 하는 사람들이 형식에 매달려 더딘 행보를 보이는 자하와 같은 인물보다는 더 낫지 않겠냐는 취지를 담고 있다.

이에 대해 공자는 「공야장」 제8장에서 굳이 자신을 끼워 '나와 너는 그만 못하다'는 식의 간접화법을 구사한 것처럼 자공의 거듭된 질문에 "지나침은 미치지 못함과 하등 다를 게 없다"고 돌려서 답한 것이다. 그러나 이는 사실 "자유와 너처럼 지나치게 앞서 나가는 모습을 보이는 것은 오히려 자하처럼 미치지 못하는 듯한 모습을 보이는 것만 못하다"는 취지를 담고 있다. 자공이 상심할까 우려해 이런 우회적인 화법을 사용한 것일 뿐이다.

여기서 주목할 것은 자유 내지 자공과 비교된 자하이다. 그는 안회와는 다른 차원에서 여러 모로 자공과 대비되는 인물이다. 자하의 원래 이름은 복상卜商이다. 머리가 비상한 점에서는 자공에 비할 수 없으나 끈기나 집요하게 파고드는 면에서는 단연 발군이었다. 타고난 학자 스타일이었다. 지나치게 깊이 파고드는 바람에 문구文句 내지 형식에 얽매이는 게 아니냐는 지적을 받을 정도였다. 『논어』「옹야」에 이를 뒷받침하는 공자의 언급이 나온다. 하루는 공자는 자하에게 이같이 당부했다.

"너는 군자를 닮은 유자인 군자유君子儒가 되어야지, 형식에 얽매이는 유자인 소인유小人儒가 되어서는 안 된다."

이는 지나치게 문구에 얽매이는 단점을 지적한 것이다. 매사가 그렇듯이 문구에 얽매이면 해당 문구 내지 글이 나오게 된 기본 취지를 잊게 된다. 형식이 실질을 압도하는 격이다. 『한비자』 「외저설 좌상」에 이를 경계하는 일화가 나온다. 이에 따르면 하루는 초나라 왕이 제나라 출신 묵가인 전구田鳩에게 물었다.

"묵자는 이름난 학자로 품행은 훌륭하지만 언설만큼은 말만 많을 뿐 능변이 아니오. 이는 무슨 까닭이오?"

전구가 대답했다.

"옛날 춘추시대 중엽 진목공秦穆公이 자신의 딸 회영懷嬴을 망명 중인 진문공晉文公 중이重耳에게 시집보낼 때 온갖 장식을 다하게 하고, 화려하게 수놓은 비단옷을 입은 잉첩媵妾 70명을 딸려 보냈습니다. 중이는 잉첩만을 아끼고 회영은 박대했습니다. 이는 잉첩을 좋은 곳에 시집보냈다고 할 수는 있으나 딸을 잘 시집보냈다고 말할 수는 없습니다. 또 초나라 사람이 정나라로 가 진주를 팔려고 한 적이 있습니다. 목란木蘭으로 상자를 만들고, 계초桂椒의 향료를 넣고, 겉은 갖가지 구슬로 꿰고, 붉은 구슬로 장식한 후 비취를 박았습니다. 그러자 정나라 사람은 상자만 사고 진주는 돌려보냈습니다. 이는 상자를 잘 팔았다고 할 수는 있으나 진주를 잘 팔았다고 말할 수는 없습니다.

요즘 세상의 담론을 보면 모두 교묘하게 꾸민 말뿐입니다. 군주는 그 미사여구에 홀려 실질을 잊고 있습니다. 묵자의 말은 선왕의 도를 전하고, 성인의 말을 논한 것으로 이를 세상 사람들에게 널리 알리려는 취지에서 나온 것입니다. 만일 말을 교묘하게 하면 사람들이 그 꾸민 말만 마음에 담고, 실질은 잊을 것입니다. 이는 꾸밈으로 실용을 해치는 것입니다. 초나라 사람이 진주를 팔고, 진나라 군주가 딸을 시집보낸 것과 같게 됩니다. 그가 말은 많이 하지만 능변이 아닌 이유가 여기에 있습니다."

이 일화에서 매독환주買櫝還珠 성어가 나왔다. 정나라 사람이 형식에 해당하는 상자만 사고 실질에 해당하는 진주를 돌려보낸 것을 풍자한 말이다. 내용을 놓치고 외양만 추구하는 것을 비유할 때 사용한다. 공자가 자하에게 군자를 닮은 유자인 '군자유'가 되어야 한다고 주문한 것도 바로 이 때문이다. 문구에 얽매여 해당 문구 내지 글이 나오게 된 기본 취지를 망각하게 될 소지가 크기 때문이다.

이런 단점에도 불구하고 자하는 커다란 장점을 지니고 있었음에 틀림없다. 공자의 학문과 사상을 정리해 경전으로 결집해 후대에 전한 게 그렇다. 어떤 대상을 보면 깊이 탐구하는 자세가 이를 가능하게 했다. 21세기에 살았다면 노벨물리학상 등을 여러 번 수상할 수 있었을 것이다.

'외왕'과 '내성'을 조화롭게 이뤄라

전국시대 후기에 이르러 공학孔學을 대표한 사람은 단연 맹자와 순자였다. 두 사람은 유자로서의 자부심이 대단했던 만큼 치열한 대립 양상을 보였다. 이로 인해 전국시대 말기에 들어와서는 유가 내에 소위 '맹학파孟學派'와 '순학파荀學派'만 존재하게 되었다. 맹학파는 사상적으로 증자의 학통을 이은 수제파修齊派의 총본산에 해당했고, 순학파는 자하의 학통을 이은 치평파治平派의 상징이었다.

객관적으로 볼 때 공자가 제시한 군자 개념에 대한 최초의 왜곡은 증자학파에 의해 저질러졌다. 증자학파는 공학 가운데 개인 및 가족 공동체의 덕행과 수신제가에 방점을 찍은 수제파에 속한다. 이에 반해 자하학파는 공학 가운데 학술문화 및 통치 부문에 무게중심을 둔 치평파治平派에 속했다. 증자학파의 학통은 기원전 4세기경에 맹자에 이어졌고, 자하학파는 기원전 3세기경에 순자에게 이어졌다.

묵자가 역설한 인의仁義 사상을 표절해 '수제파'의 맹주를 자처한 맹자는 유독 '의'를 강조하면서 공학을 제왕학이 아닌 개인 내지 가족공동체 차원의 윤리 도덕 철학으로 끌어내렸다. 맹자 자신이 그같이 의도한 것은 아니었으나 결과적으로 그리 됐다는 얘기다. 수신제가에 성공하면 치국평천하는 절로 이뤄진다는 식으로 주장한 것이 그렇다. 지극히 이상적인 접근이다.

이에 대해 '치평파'인 순자는 인치仁治를 구현하기 위한 구체적인 방안으로 예치禮治를 역설하며 윤리 도덕 철학으로 전락한 공학을 다시 치국평천하의 제왕학으로 부활시키는 데 성공했다. 당나라 때까지만 해도 아성亞聖은 맹자가 아닌 순자를 가리키는 말이었다. 북송 때 사마광이 방대한 규모의 『자치통감』을 편제하면서 오직 『순자』만 인용한 게 그 증거다.

그렇다고 맹자의 접근방법이 틀렸다는 것은 아니다. 정치는 경제와 마찬가지로 현실에 뿌리를 두고 있을지라도 목표만큼은 이상국을 지향할 필요가 있기 때문이다. 스승인 플라톤의 과도한 이상국을 비판한 아리스토텔레스가 『니코마코스 윤리학』에서 정치학을 윤리학의 일환으로 간주한 게 그 증거다. 이상을 상실한 정치는 정치가 아닌 경세제민經世濟民의 경제일 뿐이다. 정치학과 경제학이 갈리는 지점이 여기에 있다.

증자와 묵자 및 맹자 등의 수제파가 『장자』에 나오는 내성외왕內聖外王 가운데 '내성'을 파고들어간 의인義人, 자하와 순자 등의 치평파가 '외왕'을 확충해 나아간 지인知人을 군자의 표상으로 내세운 이유다. 수제파는 의치義治, 치평파는 지치知治를 강조한 셈이다.

『맹자』의 키워드가 호연지기浩然之氣로 충만한 대장부大丈夫를 군자의 구체적인 모습으로 제시한 것도 이런 맥락에서 이해할 수 있다. 부귀에 미혹되지 않고, 빈천에 구애받지 않고, 무력에도 굴하지 않는 자가 바로 맹자가 이상적인 군자로 상정한 '대장부'이다. 그가 말한 대장부는 '외왕'의 구현인 군주보다는 '내성'의 구현인 사대부士大夫에 가깝다.

이에 대해 순자는 학문과 지혜로 충만한 이른바 대유大儒를 제시했다. 이는 공자가 말한 '군자유君子儒'를 새롭게 정의한 것이다. 천하를 통일해 만물과 백성을 양육하고, 천지를 주무르며 만물을 활용하여 지극한 '치평'에 이르는 자가 바로 순자가 이상적인 군자로 상정한 '대유'이다. 그가 말한 대유는 '내성'의 구현체인 사대부보다 '외왕'의 군주君主에 가깝다.

이를 통해 「선진」 제15장이 역설한 '과유불급'의 정신이 유가 내에서 '내성'을 중시하는 증자 계통의 수제파와 '외왕'을 중시하는 자하 계통의 치평파로 나뉘어 전개됐음을 알 수 있다. 원래 산이 높으면 골이 깊게 마련이다. 양측 모두 장단점을 지니고 있다는 얘기다.

21세기 G2 시대는 난세의 전형이다. 최고 통치권자와 기업 CEO는 치평파의 '외왕' 리더십을 기본 줄기로 삼고 수제파의 '내성' 리더십을 보완하는 방법으로 리더십을 발휘하는 게 정답이다.

06

01 일찍부터 배움에 뜻을 두라 _지학계 志學計
02 책을 놓지 말고 즐겨 배워라 _호학계 好學計
03 항상 배우고 익혀라 _시습계 時習計
04 일을 하면서도 학업에 힘써라 _사학계 仕學計
05 배운 것을 실천에 옮겨라 _학사계 學思計
06 먼저 당근을 준 뒤에 채찍질하라 _부교계 富教計

학술

학(學)으로 천하에 임하는 경영술

學術

지학계
志學計

31

일찍부터 배움에 뜻을 두라

공자가 말했다.
"나는 15세에 학문에 뜻을 두었고, 30세에 자립했고, 40세에 의혹되지 않았고, 50세에 천명을 알았고, 60세에 만사가 귀에 거슬리지 않게 되었고, 70세에 마음이 좇는 바대로 행할지라도 법도를 넘지 않게 되었다."
子曰, "吾十有五而志于學, 三十而立, 四十而不惑, 五十而知天命, 六十而耳順, 七十而從心所欲, 不踰矩."

_「논어」「위정」제4장

공자는 「위정」 제4장에서 자신이 살아온 세월의 특징을 10년 단위로 쪼개서 요약하고 있다. 공자가 14년간에 걸친 천하유세를 마치고 노나라로 돌아왔을 당시 이미 69세에 달해 있었다. 74세에 죽을 때까지 불과 4년 반 정도의 짧은 기간이었지만 공자는 시서예악詩書禮樂과 관련된 고전을 정리하며 헌신적으로 제자들을 길러냈다. 이때 자하와 증삼 등과 같은 뛰어난 후기제자들이 공문에 입문해 공자 사후에 공학을 전하는 데 결정적인 공헌을 했다. 이에 비춰 볼 때 「위정」 제4장에 나오는 공자의 술회는 대략 세상을 떠나기 1~2년 전에 한 것으로 짐작된다.

「위정」 제4장에서 말한 15세의 지학志學은 학문에 뜻을 두었다는 것을 말한다. 30세의 이립而立은 새로운 세상에 부응하기 위한 학문을 찾아내는 데 매진할 것을 다짐한 것이다. 여기의 '이립'은 꼭 30세를 의미하는 게 아니다. 3환三桓의 전횡을 피해 제나라로 유학을 갔을 당시인 30대 후반으로 보는 게 오히려 타당하다. 40세의 불혹不惑 역시 40대 중반으로 보는 것이 옳다. 공자가 제나라 유학을 마치고 노나라로 귀국할 당시 치국평천하 이치의 탐구를 평생 과업으로 삼게 된 배경을 설명한 것이다. 50세의 지명知命 역시 3환의 제거에 실패한 뒤 천하유세를 떠나는 50대 후반의 심경을 밝힌 것이다. 60대의 이순耳順 또한 14년간에 걸친 천하유세를 마치고 노나라로 귀국하는 60대 후반의 상황을 언급한 것이다. 노나라로 귀국한 뒤 4년 반 동안의 70대 초반의 상황은 불유구不踰矩로 표현됐다.

어린 시절부터 학문의 길을 가라

공자는 젊었을 때 부모를 여읜 까닭에 많은 고생을 했다. 그럼에도 그는 꿋꿋하게 육예六藝를 익히며 사대부의 길을 걷고자 했다. 당시 공자는 뛰어난 무용武勇을 자랑했던 부친을 닮아 위풍당당한 체구를 지니고 있었다. 「자한」 제2장에 이를 뒷받침하는 일화가 나온다. 하루는 향당鄕黨의 어떤 사람이 공자를 비꼬았다.

"위대하구나, 공자여! 그토록 박학博學한데도 이름을 이룬 게 없구나!"

공자가 이 얘기를 듣고는 제자들에게 이같이 말했다.

"내가 무슨 직업을 가질까? 말 모는 일을 할까? 아니면 활 쏘는 일을 할까? 나는 말 모는 일이나 할까 보다."

향당 사람의 야유는 공자가 14년간에 걸친 천하유세에도 불구하고 정치적으로 별다른 성과를 거두지 못한 것을 비꼰 것이다. 그의 천하유세에 대한 세간의 평이 그다지 호의적이지 않았음을 알 수 있다. 당시 신분세습에 의해 특권을 누리고 있던 상층부 지배층은 이보다 더했을 것이다. 향당 사람들 눈에 공자의 제자들이 치국평천하의 이치를 연마한다며 말마다 '군자'를 들먹이는 게 고깝게 들렸을 공산이 크다. 공자를 두고 향당 사람이 '이름을 이룬 게 없다'고 비꼰 게 그렇다.

향당 사람들 입장에서는 봉건제의 벽에 막혀 더 이상 올라갈 수 없는데도 '군자'를 들먹이며 치국평천하 이치를 연마하는 공자의 제자들을 이해하기가 어려웠을 것이다. 공자도 이를 모를 리 없었다. 자신을 비난한 얘기를 전해 듣고 '나는 말 모는 일이나 할까 보다!'라며 자조 섞인 자문자답을 한 게 그 증거다. 이는 부친과 같이 전문적인 무사로 성공하고자 하는 생각이 아예 없었음을 시사한다.

공자가 어려서부터 추구한 것은 바로 학문의 길이었다. 「위정」 제4장에서 15세 당시의 지학志學을 언급한 게 그렇다. 이를 통해 공자는 불우한 환경에도 불구하고 15세에 이미 학문에 뜻을 두었음을 확인할 수 있다.

　현재 공자의 출생 및 생장 배경 등을 정확히 알기가 쉽지 않다. 관련기록이 빈약하기 짝이 없기 때문이다. 장년 이후의 얘기 또한 별반 차이가 없다. 겨우 만년의 얘기가 그나마 어느 정도 알려져 있는 실정이다. 가장 오래된 역사서 중 하나인『춘추좌전』에는 그의 어렸을 때는 물론 장년 때의 얘기도 전혀 나오지 않는다. 대부大夫 이상의 인물이 아닐 경우 그 이름을 기록해 놓지 않은 탓이다. 당시의 기준에서 볼 때 공자는 시골에 사는 하급무사의 후예에 불과했다. 나아가 그의 젊은 시절 역시 크게 주목받지 못했음을 의미한다.

　공자에 관한 전기傳記 가운데 가장 오래된 것은『사기』「공자세가孔子世家」이다. 여기에는 온갖 전설적인 얘기가 다 나온다. 후대의 사가들은 궁형宮刑을 당하고도『사기』를 저술한 사마천의 의지를 높이 산 나머지 공자와 사마천 사이에 400년의 공백이 있다는 사실을 간과한 채「공자세가」를 사실史實에 부합한 것으로 간주했다.

　그러나 여기에는 항간에 나돌던 전설이 마구 뒤섞여 수록돼 있을 뿐만 아니라 연대기年代記 또한 신뢰성이 크게 떨어진다. 20세기 초의 저명한 역사학자 전목錢穆이『선진제자계년先秦諸子繫年』에서 '「공자세가」는 너무 심하게 혼란되어 있고 앞뒤가 맞지 않아 사마천이 그것을 현재의 형태로 저술했을 리 없다'고 언급한 게 그렇다.

　그렇다면 공자의 전기와 관련해 역사적 사실에 가장 가까운 사료는 과연 무엇일까? 사료적인 측면에서 볼 때「공자세가」에 비할 수 없을 정도로 중요한 것으로 손꼽을 수 있는 것은『논어』이다.『논어』

는 비록 2~3대 제자들이 전승된 내용을 토대로 후대에 편찬한 것이기는 하나 직계 제자直弟子들의 전승 내용을 충실히 수록해 놓았다는 점에서 단연 최고의 사료이다.

현재 공자의 생애를 정밀하게 추적한 저술로는 크릴Creel의 『공자, 인간과 신화』과 기무라 에이이치木村英一가 『공자와 논어』, 시라카와 시즈카白川靜의 『공자전』 등을 들 수 있다. 뛰어난 중국학자인 크릴은 청대 말기의 고증학자인 최술의 『수사고신록』에 크게 의지하고 있기는 하나 그 나름 엄밀한 잣대를 적용해 기존에 나온 공자전기의 허구를 파헤치는 데 탁월한 면모를 보여주었다.

제자백가사상을 깊이 연구한 기무라 에이이치는 『논어』에 대한 과학적인 분석을 통해 공자의 언행을 정밀하게 분석함으로써 공자의 실상을 복원하는 데 커다란 공헌을 하였다. 시라카와 시즈카는 문헌학文獻學을 근거로 한 기존의 접근방법과 달리 갑골학과 금문학을 토대로 한 새로운 접근방법을 제시함으로써 공자연구의 새로운 장을 열었다는 평을 듣고 있다. 이들의 학설을 중심으로 공자의 출생과정을 간략히 검토하면 「공자세가」의 다음 기록부터 살펴볼 필요가 있다.

"숙량흘叔梁紇이 안씨顏氏와 야합野合해 공자를 낳았다. 공자가 태어난 뒤 숙량흘이 세상을 떠났기에 그를 방산防山에 장사지냈다."

공자의 출생 및 어렸을 때의 성장과정을 압축해 기술해 놓은 이 기록의 핵심어는 '야합'이다. 이 기록을 두고 수많은 논쟁이 전개되었으나 이에 대한 정설이 없는 실정이다. 기록에 비춰 '야합'은 숙량흘이 혼인식을 올리지 않고 부인 안씨를 만났다는 의미로 사용된 듯하다. 숙량흘은 『춘추좌전』에 모두 두 차례에 걸쳐 언급돼 있다. 「노양공 10년」조에 숙량흘에 관한 얘기가 처음으로 등장한다. 당시 뛰어난 용력을 자랑한 숙량흘은 핍양성偪陽城 전투 당시 무서운 힘으로 현문懸門을 받쳐 들어 적의 계략에 말려 성 안으로 들어갔다가 몰살 위기에 빠진 연합군 병사들을 모두 무사히 탈출시키는 데 성공했다. 그는 핍양성 전투가 끝난 지 7년 뒤인 노양공 17년인 기원전 556년 가을에 다시 한 번 뛰어난 용력을 발휘함으로써 세인들의 칭송을 받았다.

자신의 처지를 비관하지 말고 극복하라

그러나 그는 뛰어난 용력에도 불구하고 당시의 기준에서 볼 때 은나라 유민의 후손으로 알려져 다소 경멸의 대상으로 취급되었을 공산이 크다. 숙량흘이 부인 안씨와 '야합'을 통해 공자를 낳았다는 「공자세가」의 기록이 이를 뒷받침한다. 「공자세가」는 안씨가 공자를 얻게 된 배경을 이같이 기록해 놓았다.

"안씨가 니구산에서 기도를 해 공자를 얻었다. 자字는 중니仲尼이고 성은 공씨孔氏이다."

공자의 자인 중니仲尼의 중仲은 원래 맹孟, 중仲, 숙叔, 계季로 표현되는 형제간의 서열 가운데 두 번째를 가리킨다. 『공자가어』 「본성해」는 공자의 이복형인 맹피孟皮의 자를 '백니伯尼'로 기록해 놓았다. '백니'의 백伯은 장남을 뜻한다. 이 기록은 대략 맹피가 성치 못한 몸으로 인해 조사早死하자 숙량흘이 후취인 안씨를 얻었고, 안씨가 니구산에 기도를 해 공자를 낳자 자신의 두 번째 아들이라는 취지에서 '중니'로 자를 지었을 가능성을 시사한다. 불행하게도 공자는 어렸을 때 부모를 차례로 여의었다.『예기』「단궁 상」에 이를 뒷받침하는 대목이 나온다.

"공자는 어려서 고아가 되어 부친의 묘소를 몰랐다. 오보지구에 빈소를 마련하니 보는 자들은 모두 장사지낸 것이라고 했다. 추읍 사람 만보曼父의 모친에게 물은 뒤 방防 땅에 합장할 수 있었다."

공자의 부친은 죽은 뒤 조상이 살던 방산 땅에 묻혔다. 이곳은 현재 산동성 곡부시 동쪽 20리 지점에 위치하고 있다. 후대인들은 이곳을 지성림至聖林으로 높여 불렀다. 이는 말할 것도 없이 이곳에 공자의 부모가 합장되어 있었다고 확신한 데 따른 것이었다. 현재 이곳에는 공자와 그 자손들이 묻힌 약 2만 기의 무덤이 있다. 담장 둘레만 7킬로미터가 넘어 세계 최대의 씨족 묘지라고 할 수 있다. 공자의 묘 옆에는 아들 백어伯魚의 무덤이 있고 그 앞에는 손자인 자사子思의 묘가 위치해 있다.

대략 공자는 비록 편모슬하이기는 했으나 모친상을 당할 때까지 여느 하급 무사의 자식들과 마찬가지로 별 탈 없이 성장했을 것으로 짐작된다. 중국에서 나온 수많은 공자전기는 이 공백을 메우기 위해 모친 안씨가 어려운 살림에 학비를 조달해 공자에게 시서詩書와 탄금彈琴 등을 가르친 것으로 묘사해 놓았으나 믿을 바가 못 된다.

『논어』「향당」등을 감안할 때 공자는 어린 시절 마을 어른들을 모시면서 향당의 성원이 되기 위해 필요한 기본 소양을 익혔을 것으로 짐작된다. 향당은 일정한 지역을 단위로 하는 제사 및 군사공동체였다. 각 공동체는 학식 높고 덕망 있는 노인을 교사로 하여 공동체의 청년에게 일정 기간 교육을 시켰다. 각 당에 설치된 학교를 서序라고 했다. 공자가 15세에 공부에 뜻을 두었다는 것은 바로 이 향당의 '서'에 입학한 것을 의미한다.

주나라 당시 사농공상의 4민四民 가운데 무사를 중심으로 한 사족士族은 농공상에 종사하는 이른바 소인小人과 달리 공직에 취임할 자격이 있었다. 그러나 무조건 취임할 수 있는 것은 아니었다. 최소한 관인官人에게 필요한 일정한 수준의 교양을 습득해야만 했다. 그것이 바로 육예였다. 육예의 학습은 국가의 하급관원에 봉직하기 위한 최소한의 자격요건이었다. 비록 임시고용직일지라도 육예의 학습은 필요했다. 당시 공자를 비롯한 사족의 자제는 소년 시절에 가숙家塾 또는 향당의 서序에 나아가 육예를 배웠다.

육예가 가능하면 하급의 직책에 채용될 수 있었다. 육예 가운데 예禮를 습득하면 제사와 장례, 혼례 등에 응해 임시로 일할 수 있고, 악樂을 습득하면 여러 의식과 연회 때 불려가 임시로 일할 수 있었다. 사射를 습득하면 활을 다루는 의식에 참여해 밥벌이 구실로 삼을 수 있었고, 어御를 습득하면 신분 있는 사람의 마차를 몰 수 있었다. 또 서書를 습득하면 서기로 취직하는 게 가능했고, 수數를 습득하면 회계분야 취직이 가능했다. 육예를 습득하면 설령 관직에 임용되지 않을지라도 그 기술을 얼마든지 호구지책糊口之策을 삼을 수 있었다.

공자의 부친 숙량흘叔梁紇은 용력이 절륜했던 만큼 육예 중 특히

사射와 어御에 뛰어났을 것이다. 그러나 그가 나머지 예禮, 악樂, 서書, 수數에 대해서는 어느 정도까지 습득했는지 짐작하기가 쉽지 않다. 대략 안씨는 공자가 속히 육예의 교양을 익혀 장차 공씨 가문을 일으키기를 염원했을 공산이 크다. 공자 또한 모친의 이런 기대를 저버리지 않기 위해 열심히 노력했을 것으로 짐작된다.

공자가 어렸을 때부터 제기祭器의 일종인 조두俎豆를 펼쳐놓고 소꿉놀이를 즐겼다는 『사기』 「공자세가」의 기록 등을 감안할 때 육예 가운데 특히 '예'에 밝았을 것으로 보인다. 귀족의 자제에게 예를 가르쳤을지도 모른다. 그렇다면 구체적으로 공자는 어떻게 육예를 활용해 호구지책으로 삼았던 것일까? 「공자세가」에 그 단서가 나온다.

"공자는 가난하고 천했다. 커서는 계씨의 창고지기가 되었다. 일을 공평히 하여 목장지기가 되어 가축을 크게 번식시켰다."

재능을 제대로 발휘하지 못할 때도 끊임없이 자신을 갈고 닦으라

젊은 시절의 공자가 계씨 밑에서 하급 관리직으로 일했는지 여부는 단언하기가 어렵다. 다만 그가 가계를 돕기 위해 닥치는 대로 일한 것만큼은 확실하다고 보아야 한다. 이는 훗날 맹자가 군자도 때에 따라서는 가난 때문에 여러 일을 할 때가 있다며 공자를 적극 변호하고 나선 사실이 뒷받침한다. 『맹자』 「만장 하」 편에서 맹자는 이같이 주장했다.

"벼슬은 가난 때문에 하는 것이 아니지만 때로는 가난한 까닭에 하는 경우가 있다. 취처娶妻는 부모 봉양 때문에 하는 것이 아니지만 때로는 부모를 봉양하기 위해 하는 경우가 있다. 가난 때문에 벼슬하는 사람은 높은 벼슬은 사양하고 낮은 벼슬로 나아가거나 후한 녹은 사양하고 박한 녹을 받아야 한다. 그렇다면 어찌 하는 것이 좋겠는가? 문지기나 야경꾼이 그럴듯하다. 공자는 일찍이 창고지기가 되었을 때 이르기를, '회계는 정확하면 그뿐이다'라고 했다. 또 한때 목장지기로 있으면서 이르기를, '회계는 정확하면 그뿐이다'라고 했다. 지위가 낮으면서 국가대사를 함부로 논하는 것은 죄이고, 고관이 되어 조정에 출사出仕하면서 치도를 행하지 않는 것 또한 수치스러운 일이다."

맹자의 주장과 같이 청년 시절의 공자는 하급의 직원 내지 노무원으로 있었을 공산이 크다. 「공자세가」의 기술에 따르면 대략 20세 전후에 이런 일을 했을 것으로 보인다. 여러 기록에 비춰 당시 공자가 다른 사람에 앞서 속히 육예를 배우려고 노력한 것은 거의 의심할 여지가 없다. 「자한」 제6장의 일화가 그 증거다.

하루는 오나라 태재大宰 백비白嚭가 자공에게 물었다.
"공자는 성인이오? 어찌 그리 재주가 많은 것이오?"
자공이 대답했다.
"본래 하늘이 내신 큰 성인이니 또한 재능이 많은 것입니다."
공자가 이 말을 듣고 탄식했다.
"태재가 나를 아는구나! 나는 젊은 시절에 미천했기 때문에 비천한 일에 능한 게 많다. 군자는 능한 것이 많은가? 아마 많지 않을 것이다!"
후에 이를 두고 자장子張이 덧붙였다.

"전에 선생님이 이르기를, '내가 세상에 등용되지 못했기에 재주가 많은 것이다'라고 했다."

이를 통해 공자는 빈한한 가계를 돕기 위해 여러 비천한 일을 했음을 알 수 있다. 공자가 젊었을 때 여러 기술을 배워 재주가 많았다고 한 것은 바로 육예의 기예를 고학으로 습득한 것을 의미한다. 「위정」 제4장의 '지학계'는 '될 성 부른 나무는 떡잎부터 알아본다'는 우리말 속담과 취지를 같이한다.

지난 2015년 10월 퀸엘리자베스, 차이코프스키 콩쿠르와 더불어 세계 3대 콩쿠르 가운데 하나인 쇼팽 콩쿠르에서 1등을 한 조성진 씨가 좋은 실례이다. 그는 어렸을 때부터 유일하게 피아니스트만을 위해 5년에 한 번씩 열리는 한 콩쿠르 수상을 위해 모든 것을 걸었다. 한국인으로서는 사상 최초로 쇼팽 콩쿠르에서 1등을 한 이유다. 이를 G2 시대의 경제전 상황에 대입하면 일찍부터 어떤 사업에 뜻을 두고 매진하여 마침내 최고의 성과를 이룬 것에 비유할 만하다.

호학계
好學計

32

책을 놓지 말고 즐겨 배워라

공자가 말했다.
"군자는 음식을 먹으며 배부름을 구하지 않고, 거처하며 편안함을 구하지 않고, 일을 민첩하게 행하며 말을 삼가고, 도가 있는 곳으로 나아가며 행실을 바로잡아야 한다. 그리 하면 가히 호학好學이라 이를 만하다."
子曰, "君子食無求飽, 居無求安, 敏於事而愼於言, 就有道而正焉, 可謂好學也已."

_「논어」「학이」 제14장

공자는 「학이」 제14장에서 군자가 되기 위한 구체적인 방법론을 제시하고 있다. 식무구포食無求飽, 거무구안居無求安, 민어사敏於事, 신어언愼於言, 취유도이정언就有道而正焉 등 다섯 가지 방안이 그것이다. '민어사'와 '신어언'을 하나로 묶어 모두 네 가지 방안으로 해석하는 견해도 있으나 문맥상 둘로 나눠보는 것이 타당하다. 이를 뭉뚱그려 배우기를 좋아하는 호학계好學計로 표현할 수 있다. 「자장」 제5장에 나오는 자하의 다음 언급도 「학이」 제14장의 '호학계'와 취지를 같이한다.

"날마다 자신에게 부족한 바를 알아서 보충하고, 달마다 자신이 배운 바를 복습하여 잊지 않는다면 가히 학문을 좋아한다고 이를 만하다."

수신제가보다 치국평천하에 방점을 찍은 자하학파의 학풍을 여실히 보여주는 대목이다. 공자가 설파한 제왕학의 요체를 '호학'에서 찾은 대표적인 언급이다. 그렇다면 하급 무사의 자제인 공자는 왜 자신이 물려받은 자질이나 친숙한 환경과 거리가 먼 학문의 길을 택한 것일까? 나아가 그가 생각한 학문의 길은 과연 무엇을 말하는 것일까? 「헌문」 제25장에 이를 짐작하게 해주는 공자의 언급이 나온다.

"옛날의 학자는 치도治道를 밝힐 생각으로 자신을 위해 학문을 했으나, 지금의 학자는 치술治術을 이용할 생각으로 남을 위해 학문을 한다."

모든 사람이 나의 스승이라는 것을 명심하라

공자는 학문의 길을 선택했다기보다는 자연스레 학자의 길에 들어섰다고 말하는 것이 적절하다. 사실 그의 뛰어난 경륜과 식견은 끊임없이 닥쳐오는 역경 속과 거듭된 좌절 속에서 얻어진 것이다. 그만큼 간난艱難이 많았다고 보아야 한다. 이는 공자가 어떤 특정인을 스승으로 모시고 학문을 연마한 게 아님을 시사한다. 「자장」 제22장에 나오는 다음 일화가 그 증거다.

하루는 위나라 대부 공손 조朝가 자공에게 물었다.

"중니는 그 도를 어디서 배웠소?"

자공이 대답했다.

"문무지도文武之道가 아직 땅에 떨어지지 않아 사람들의 기억 속에 남아 있습니다. 현명한 자는 그 큰 것을 기억하고, 현명치 못한 자는 그 작은 것을 기억하고 있습니다. '문무지도'를 빠짐없이 갖추고 있으니 부자夫子가 어디선들 문무지도를 배우지 못했을 리 있고, 또 어찌 일정한 스승을 두고 배웠을 리 있겠습니까?"

자공의 말에 따르면 공자는 스스로 부단히 탐구해 철인의 경지에 도달한 셈이다. 당시 귀족의 자제는 가정교사와 같은 선생을 두고 배우는 것이 관례였다. 그렇다면 공자는 어떻게 이런 경지에 오르게 된 것일까? 그 해답이 바로 배우기를 좋아하는 그의 '호학' 기질에 있었다. 그가 「학이」 제14장에서 호학의 구체적인 실천지침으로 '식무구포' 등의 다섯 가지 방안을 제시한 게 그 증거다. 공자의 주장에 따르면 '호학'하는 사람은 일상생활을 간소하게 하고, 말은 조심스럽게 하되 실천은 과감하게 하고, 덕망 있는 사람을 찾아가 비판을 청하며 행실을 바로잡는 사람을 말한다.

그가 말한 '호학'은 단순히 글을 읽는 것만을 지칭하는 게 아니다. 이론과 실천을 겸비한 게 바로 그가 말한 '호학'이다. 『논어』의 전편을 통해 쉽게 확인할 수 있듯이 그가 말한 '호학'은 군자의 표상이기도 하다. 「자장」 제22장에 나오는 일화에서 자공이 공자에게는 일정한 스승이 없었다고 말한 것은 바로 이런 의미에서 나온 것이다.

객관적으로 볼지라도 빈한한 하급 사족의 후예인 공자가 고명한 학자를 스승으로 삼아 학문을 전수받았을 리 없다. 공자의 학문과 경륜은 그러기에 더욱 위대하다. 온갖 역경 속에서 수많은 좌절을 겪으며 심득心得한 것이기 때문이다.

앞서 검토한 것처럼 공자는 어린 시절 호구지책으로 육예를 습득했다. 그러나 이것만으로는 공직에 취임하기가 쉽지 않았다. 고위관직에 나아가는 귀족의 자제는 육예 이외에 다시 제사祭祀와 외교사령外交辭令 등의 의례 등을 습득했다. 이들을 위한 『예』와 『악』의 중등교육이 있었고, 다시 그 위에 『시』, 『서』, 『예』, 『악』 등이 고등교과목으로 부과되어 있었다. 공자가 어린 시절에 배운 육예는 지금으로 치면 초등교육 수준에 불과했다. 공자는 빈천하게 생장한 까닭에 고등교육은 물론 정상적인 초등교육을 받는 일도 쉽지 않았다. 그러나 그는 성실한 노력과 타고난 체력을 바탕으로 이를 극복했다. 「공야장」 제27장에 나오는 공자의 술회가 그 증거이다.

"작은 성읍인 십실지읍十室之邑에 가도 반드시 나처럼 충신忠信한 사람이 있는 법이다. 그러나 그들 모두 나의 '호학'만은 못할 것이다."

공자가 어렸을 때부터 자신의 '호학'에 대해 커다란 자부심을 갖고 있었음을 알 수 있다. 그의 이런 자신감은 대략 힘겨운 고학苦學 과정을 통해 얻어졌을 것이다. 앞서 검토했듯이 그가 15세에 학문에 뜻을 두었다고 말한 것은 결코 육예의 학습을 뛰어넘는 것을 의미하는 것은 아니었다. 육예는 기본적으로 가계를 돕기 위한 일시적인 밥벌이 수단에 불과했다.

주목할 것은 공자가 어렸을 때 부득이 밥벌이 수단으로 육예를 습득키는 했으나 결코 여기에 머물 생각이 전혀 없었던 점이다. 비록 하급 사족 출신이기는 하나 육예나 배워 말단 사족으로 평생을 보낼 생각이 전혀 없었다는 것은 그의 꿈이 간단하지 않았음을 보여준다. 신분적 제약이 없었다면 그는 천하를 거머쥐고자 했을지도 모를 일이다. 그는 당시의 숨 막히는 신분세습의 봉건체제 하에서 나름 최선의 방안을 찾아내고자 노력했다. 그게 바로 '호학'을 통한 학문의 완성이었다. 공자는 내심 군주를 비롯해 경대부들이 추구하는 높은 수준의 교양을 익혀 그 진수를 터득하고자 했다. 군왕이 되는 길이 봉쇄돼 있는 만큼 군왕의 스승이 되는 왕사王師의 길을 택한 것이다.

그러나 이 또한 쉽지 않았다. 당시 노나라는 계씨를 중심으로 한 3환의 전횡으로 인해 공실이 극도로 약화되어 있었다. 국제관계도 날로 험악해졌다. 노나라는 이미 노양공 11년인 기원전 561년에 3환이 전래의 군사체제인 2군을 3군으로 개편하면서 노나라의 실권을 틀어쥔 바 있다. 이들은 전체 병력의 절반에 해당하는 정예부대를 수중에 넣은 뒤 나머지 병력을 중군으로 편성해 군주 소속으로 남겨 놓았다. 공자가 태어나기 11년의 일이다.

이들은 공자가 16세가 되는 노소공 5년인 기원전 537년에 이르러서는 중군마저 폐지해 자신들의 휘하에 분속시켰다. 노나라 군주는 허수아비에 지나지 않았다. 마침내 노소공 25년인 기원전 517년에는 노소공이 3환의 반격을 받아 제나라로 망명하는 일이 빚어졌다. 공자가 36세가 되던 때이다.

이로 인해 노나라의 문화양식도 크게 변했다. 공자가 어릴 때만 해도 노나라는 다른 나라에 비해 옛 문화를 비교적 잘 보존한 나라였다.『춘추좌전』「노양공 29년」조에 따르면 공자가 9세일 때 오나라 사자 계찰季札이 노나라를 빙문聘問했다. 오나라의 왕족 출신인 계찰은 당대 최고의 교양인이었다. 그는 노나라에 전해지는 주왕실의 고전음악을 듣고 뛰어난 평을 가해 노나라 대부들을 경악하게 만들었다.

계찰은 이후 제나라로 가 현대부 안평중晏平仲과 만난 뒤 정나라로 가 현대부 자산子産과 만나 대화를 나누었다. 다시 위나라로 가 현대부 거백옥蘧伯玉 및 사어史魚와 만나고, 이어 진晉나라로 가서는 현대부 숙향叔向 등과 만났다. 이들 모두 당대의 현자들이었다. 이때 계찰은 열국의 앞날을 정확히 예측하면서 적절한 조언과 비평을 가해 칭송을 받았다.

『춘추좌전』에 그의 사적이 자세히 실려 있다. 주목할 것은 계찰의 이런 비평이 공자 사후에 형성된 유가의 문화사관文化史觀과 흡사하다는 점이다.『춘추좌전』이 편제되는 전국시대 말기 유학을 널리 전파할 목적으로 계찰을 크게 미화시켜 놓았을 가능성을 배제할 수 없다.『사기』「중니제자열전」에 나오는 다음 대목이 이를 뒷받침한다.

"공자가 엄히 섬긴 사람은 주나라의 노자老子, 위나라의 거백옥, 제나라의 안평중, 초나라의 노래자老萊子, 정나라의 자산, 노나라의 맹공작孟公綽 등이다."

여기서 노자와 노래자가 별개의 인물로 나타나고 있어 후대인들에게 노자의 정체를 파악하는데 적잖은 혼란을 주었다. 거백옥과 안평중, 자산, 맹공작 모두 『논어』의 각 편에서 공자의 칭송을 받은 현자들이다. 주목할 것은 여기에 계찰의 이름이 빠져 있는 점이다. 『춘추좌전』에 나오는 계찰에 관한 일화가 공자 사후 유가 후학들에 의해 미화됐을 가능성을 암시한다.

다만 오나라의 계찰이 노나라를 빙문하고 당시 계찰이 뛰어난 교양인으로 널리 알려진 것은 역사적 사실에 부합한다. 나아가 당시 노나라에 주왕실의 고전음악과 고전무용 등이 고스란히 남아 있었고, 자산과 안평중 및 거백옥 등 전래의 전통과 교양을 익힌 현자들이 존재한 것도 역사적 사실에 부합한다. 감수성이 예민했던 청년기 때의 공자는 이들로부터 많은 영향을 받았을 것으로 짐작된다.

그러나 공자가 이들을 사숙私淑하며 전통문화와 교양 등을 습득할 당시 노나라 등에 보존돼 있던 전통문화가 급속이 무너져 내리고 있었다. 당시 공자는 이를 커다란 위기로 생각했다. 「위령공」 제25장에 나오는 공자의 언급이 그 증거다.

"나는 오히려 사관들이 확실하지 않은 일에 대해서는 기록하지 않고 이를 잘 아는 사람이 나타나기를 기다리고, 말을 소유한 자가 제대로 조련할 수 없어 남에게 이를 타게 하여 길들이는 것을 본 적이 있다. 그러나 지금은 그것도 없어졌다."

전통문화의 붕괴를 애석히 여기는 공자의 안타까운 심경이 그대로 드러나고 있다. 공자는 이런 상황을 매우 애석히 여기면서 전통문화의 정수를 보존해 새로운 시대를 여는 것을 자신의 사명으로 여긴 듯하다.

형식보다 진심이 훨씬 중요하다

그러나 공자의 이런 행보는 결코 고대의 전형典型을 좋아하거나 숭배하는 단순한 복고復古 내지 의고擬古가 아니었다. 그는 전통문화를 현실에 맞게 취사선택하면서 그 정신을 이어받아 새로운 것을 만들어내고자 했다. 「양화」 제11장의 다음 언급이 그 증거이다.

"예禮 운운하지만 이게 어찌 옥백玉帛 등의 예물만을 말하는 것이겠는가? 악樂 운운하지만 이게 어찌 종고鐘鼓 등의 악기만을 말하는 것이겠는가?"

예는 형식보다 그 안에 담긴 정신이 훨씬 중요하다는 사실을 상기시키고 있다. '호학'의 구체적인 방안으로 '식무구포' 등의 5가지 방안을 제시한 「학이」 제14장 역시 '호학'의 요체를 인간의 성실한 마음자세에서 찾을 것을 주문하고 있다. 21세기 G2 시대의 관점에서 볼 때 이는 평소 손에서 책을 놓지 않는 이른바 수불석권手不釋卷의 자세에서 비롯된다.

역사상 '수불석권'을 행한 인물치고 그 이름을 사서에 남기지 않은 사람이 없다. 대표적인 인물로 삼국시대의 조조, 당나라의 실질적인 창업주인 당태종, 130년간에 걸친 강건성세康建盛世의 단초를 연 청조의 강희제, '신 중화제국'의 창업주인 마오쩌둥 등을 들 수 있다. 조선조에는 최고의 성세를 이룬 것으로 칭송을 받고 있는 세종이 '수불석권'을 실천했다.

주목할 것은 송나라의 창업주인 송태조 조광윤趙匡胤이 일개 무부에 지나지 않았음에도 자세만큼은 '수불석권'의 모습을 취하기 위해

애쓴 점이다. 그는 비록 무인 출신이지만 전한 초기 육가陸賈가 한고조 유방에게 "말 위에서 천하를 얻을 수는 있어도, 천하를 다스릴 수는 없다."고 충고한 사실을 잘 알고 있었다.

실제로 그는 장군 시절 늘 수레에 책을 가득 싣고 다니는 바람에 '뇌물을 실은 수레'라는 참언讒言을 들은 후주後周의 황제가 직접 확인해 보고 놀랐다는 일화를 갖고 있다.

그가 송나라를 세우자마자 문치文治를 내세운 것은 나름 이런 복안이 있었기에 가능했다. 실제로 그는 '문치'를 기치로 내걸고 천하통일 작업에 나섰다.

그의 천하통일 작업과 관련해 유명한 일화가 있다. 965년, 사천의 후촉後蜀을 병합할 때의 일이다. 후촉의 말제 맹창孟昶은 마지막 순간에 결단하지 못하고 수십만 명에 달하는 정예병을 두고도 스스로 손과 몸을 묶은 채 죽은 목숨을 자처하며 항복한 인물이다. 당시 후촉의 수도 성도에는 후촉의 군사 14만 명이 있었다. 6만 명에 불과한 송나라 군사보다 2배 이상이나 많았다. 그런데도 그는 결사항전의 자세로 싸울 생각을 하지 않고 이내 무릎을 꿇은 것이다. 그러나 그는 이내 살해되고 말았다.

당시 그가 총애한 화예부인花蕊夫人는 미모가 뛰어났을 뿐만 아니라 시와 글짓기에도 능통했다. 조광윤은 화예부인의 명성을 익히 알고 있었다. 맹창이 죽자 이내 그녀를 불러 시를 짓게 했다. 그녀가 망국의 한을 담은 '국망國亡'의 시를 읊었다.

군왕이 성 위에 항복의 깃발 세웠으니	君王城上豎降旗
깊은 궁 안 일개 첩이 이를 어찌 알리	妾在深宮那得知
14만 대군 일제히 갑옷 벗고 항복하니	十四萬人齊解甲
사내다운 자 한 명도 없었다는 것인가	更無一個是男兒

조광윤은 이 시를 음미하며 크게 기뻐했다. '사내다운 자' 운운은 14만 명이나 되는 대군을 이끌고도 겨우 5, 6만 명에 불과한 송나라 군사에게 투항한 후촉의 변변치 못한 맹창과 그 신하들을 비판한 것이다. 바꿔 해석하면 송태조 조광윤을 '사내 중의 사내'로 극찬한 것이나 다름없다. 조광윤이 기뻐한 것도 당연했다.

송나라 사람이 쓴 『철위산총담鐵圍山叢談』에는 희귀한 얘기가 나온다. 조광윤은 화예부인을 후궁으로 들인 뒤 정사를 소홀히 한 채 완전히 미혹됐다. 훗날 조광윤의 뒤를 이어 태종으로 즉위한 동생 조광의趙匡義가 이를 크게 우려했다. 이에 하루는 사냥하는 기회를 이용해 화예부인에게 문득 화살을 날려 말 아래로 떨어뜨려 즉사하게 했다. 조광윤도 이를 탓하지 못했다고 한다. 후대인들이 만들어낸 '소설'인 것은 말할 것도 없다.

정사의 기록에 따르면 조광윤은 색을 멀리하며 창업의 기반을 다지기 위해 온갖 정성을 기울였다. 비록 맹창을 독살한 혐의가 짙기는 하나 태연히 화예부인을 후궁으로 들여 만인의 이목을 끄는 짓은 하지 않았을 것으로 보인다. 주목할 것은 송태조 조광윤이 짐짓 '수불석권' 흉내를 내며 천하통일에 나선 점이다. 결과적으로 「학이」 제14장에 나오는 '호학계'를 활용해 소기의 성과를 거둔 셈이다.

학습계
學習計

33

항상 배우고 익혀라

공자가 말했다.
"배우고 때때로 익히면 또한 기쁘지 않겠는가. 벗이 먼 곳에서 찾아오면 또한 즐겁지 않겠는가. 남이 알아주지 않아도 성내지 않으면 또한 군자가 아니겠는가."
子曰, "學而時習之, 不亦說乎. 有朋自遠方來, 不亦樂乎. 人不知而不慍, 不亦君子乎."

_「논어」「학이」 제1장

「학이」 제1장은 『논어』 전편을 관통하는 키워드다. 한마디로 요약하면 배우고 때때로 익히는 학습學習이 핵심이다. 「학이」 제1장은 이런 '학습'의 자세를 견지하면서 벗이 먼 곳에서 찾아오는 즐거움을 알고, 남이 알아주지 않아도 성내지 않는 심성을 지닌 자가 바로 군자라고 역설하고 있다. 치국평천하에 임하는 위정자는 바로 이런 '학습'의 자세를 체득한 호학군주好學君主여야 한다는 게 공자의 확고한 생각이었다. 치국평천하를 위한 공자 사상의 키워드이기도 하다.

언제나 배움의 자세로 모든 일을 대하라

유가 사상가 가운데 '호학준주'에 초점을 맞춘 공학의 이런 주문을 정확히 꿴 사람이 바로 순자였다. 『순자』를 편제하면서 『논어』의 편제를 그대로 베낀 게 그렇다. 『순자』의 첫 편이 「권학勸學」이다. 『논어』가 첫 편에 '학습'을 역설한 「학이學而」를 편제한 것과 닮았다. 내용도 같다. 다음은 「권학」 제1장의 전문이다.

"학문은 그치지 않아야 한다. 청색靑色은 남색藍色에서 취하지만 남색보다 더 푸르다. 얼음은 물이 얼어 되는 것이나 물보다 더 차다. 나무가 곧아 먹줄과 일직선이 될지라도 구부려 수레바퀴를 만들어 그 구부러진 것이 동그라미와 맞으면 비록 마르더라도 다시 펴지지 않는 것은 수레바퀴가 그러하도록 만든 것이다. 그래서 나무는 먹줄을 받으면 곧아지고 쇠는 숫돌에 갈면 날카로워지는 것이다. 군자는 널리 배우고 날마다 세 번씩 자신의 몸을 살피면 지식은 밝아지고 행동하는데 허물이 없게 된다. 높은 산에 오르지 않으면 하늘이 높은 것을 알지 못하고, 깊은 계곡에 이르지 않으면 땅이 두터운 것을 알지 못하고, 옛 군왕의 유언遺言을 듣지 못하면 학문의 위대함을 알지 못한다. 남쪽 오吳와 월越, 동쪽 이夷, 북쪽 맥貊의 자식들도 태어났을 때는 같은 소리를 내지만 자랄수록 풍습이 달라지는 것은 가르침이 다르기 때문이다. 『시』에서 말하길, '아, 군자들이여, 항상 안식安息하려고만 하지 마라. 그대의 직위를 삼가 잘 다스리고 정직한 자를 좋아하라. 신명이 들으면 그대에게 큰 복을 내리리라'고 했다."

『순자』의 첫 편인 「권학」 역시 『논어』의 첫 편인 「학이」와 마찬가지로 '학습'의 자세와 군자가 되는 길을 역설하고 있다. 관건은 죽을 때까지 '학습'을 그치지 않는 데 있다. 순자는 그 결과가 바로 청청어람靑靑於藍으로 나타난다고 했다. 청색이 남색보다 푸르다는 뜻이다. 현재 통용되고 있는 청출어람靑出於藍은 청색은 남색에서 나온다는 뜻으로, 청색이 남색보다 더욱 푸르다는 뜻이 잘 드러나지 않는다. 원문에 맞게 '청청어람'으로 고치는 게 타당하다.

『순자』가 첫 편을 「권학」으로 편제한 것은 『맹자』의 첫 편이 대뜸 왕도 및 패도를 두고 양혜왕과 논쟁을 벌이는 「양혜왕」 편을 편제한 것과 대비된다. 『맹자』는 『논어』와 『순자』가 군자 모습을 지닌 위정자의 대전제로 '호학군주'를 역설한 것에 거의 관심을 기울이지 않은 셈이다. 학지學知보다는 의행義行에 방점을 찍은 결과다. 마키아벨리의 『군주론』을 인용해 비교하면 순자는 현실에 중점을 두고 '어떻게 살고 있나?'를 물은 데 반해 맹자는 이상에 초점을 맞추고 '어떻게 살 것인가?'를 물은 셈이다. 실제로 맹학孟學을 토대로 성리학을 집대성한 남송 때의 주희는 『논어집주論語集註』에서 「학이」 제1장의 핵심어인 '학습'을 두고 이같이 풀이했다.

"뒤에 깨닫는 자는 반드시 선각자를 본받아야 한다는 뜻이다."

지나친 도학적 해석이 아닐 수 없다. 「학이」 제1장의 '학습'은 말 그대로 배우고 익히는 것을 뜻하는 말이다. 형이상학적으로 해석할 이유가 하등 없다. 「학이」는 총 16장으로 이뤄져 있다. 각 장의 내용은 매우 잡다해 학문과 효제, 군자, 정치 등 여러 사안이 두루 언급돼 있다. 각 장의 순서도 반드시 어떤 필연적인 연계가 있는 것이 아니다. 그렇다고 아무렇게나 나열돼 있는 것도 아니다.

「학이」 16장 가운데 공자의 말이 반을 차지하고 있다. 이 가운데 절반은 '자왈'로 시작하는 공자학당의 학규學規와 훈시訓示로 이뤄져 있다. 나머지 절반은 '유자왈' 3개장, '증자왈' 2개장, '자하왈'이 1개장, '자금문왈子禽問曰' 1개장, 자공과 공자의 문답 1개장 등으로 이뤄져 있다.

원래 공자학당은 공자가 천하유세를 마치고 귀국한 이후 진면목을 드러내기 시작했다. 공자가 만년을 교육에 바친 것은 군자 위정자를 양성하기 위한 것이었다. 공자학당은 바로 군자 위정자를 양성하기 위한 '사립 사관학교士官學校'에 가까웠다. 「학이」에 공자학당의 학규와 훈시가 집중되어 있는 점에 비춰 볼 때 제1장은 공자학당의 교훈校訓으로 해석해도 큰 잘못은 없다.

『논어』의 주요 부분은 일반적으로 볼 때 사제師弟 사이의 언행으로 꾸며져 있다. 「학이」도 예외가 아니다. 『논어』의 최초의 편찬은 2대 제자가 활약할 당시 노나라에서 이뤄졌다. 2대 제자들은 공자의 언행을 글로 남겨 명백히 하고자 했다.

그러나 2대 제자 당시의 전승傳承에 적잖은 문제가 있었다. 공자의 말과 직계 제자의 언행이 뒤섞여 있는 게 그렇다. 직계 제자의 언행이 뒤따르는 공자의 언행을 수록한 이유다. 공자의 언행을 수록한 「학이」의 8개장은 공자학당의 학칙에 가깝고, 각 장에 덧붙여진 직계 제자의 언행을 실은 8개장은 이의 참고자료 성격을 띠고 있다.

공자의 언행을 기록한 8개장 및 직계 제자의 말을 담은 8개장 가운데 '자하왈'과 '자공왈' 2개장은 직계 제자들 사이에서 나온 자료에 기초한 것이다. '유자왈'의 3개장과 '증자왈'의 2개장은 각각 유약 및 증삼의 제자로부터 나온 자료이다. 「학이」의 실제 편찬자는 증삼의 제자들이라는 게 중론이다. '유자왈'과 '증자왈'이 병존하고 있는 것을 두고 유약의 제자와 증삼의 제자가 협동하여 편집한 것으로 보는 견해도 있다.

주목할 것은 공자의 언행을 기록한 8개장의 내용이 '자하왈'로 수록된 「학이」 제7장과 상통하고 있는 점이다. 해당 대목이다.

"자하가 말하기를, '현자를 현자로 대하는 마음으로 색을 좋아하는 마음과 바꾸고, 부모를 섬기되 그 힘을 다하고, 군주를 섬기되 그 몸을 바치고, 벗과 사귀되 말에 믿음이 있어야 한다. 그리 하면 비록 배우지 못했다 할지라도 나는 반드시 그를 배웠다고 말할 것이다'라고 했다."

자하는 여기서 '형식적인 학습'이 아닌 '실질적인 학습'을 역설하고 있다. 요즘으로 치면 겉모습에 치우친 '스펙'이 아니라 실생활과 직결된 알짜 지식을 주문한 것이다. 여기의 '현자를 현자로 대하는 마음으로 색을 좋아하는 마음과 바꾼다'는 뜻의 원문은 현현역색賢賢易色이다. 예로부터 '역'을 두고 의견이 분분하다. 문맥상 색을 밝히는 마음을 호색지심好色之心을 현자를 현자로 대하는 마음인 현현지심賢賢之心으로 바꾸는 것을 뜻하는 것으로 새기는 게 타당하다. 그같이 새길 경우 이 구절의 정확한 한문원문은 '이현현지심역호색지색賢賢之心易好色之心'이 된다.

본래 '호색지심'과 '현현지심'은 대상이 달라지는 데 따른 다양한 심리상태를 말한다. '호색지심'은 '현현지심'과 달리 모든 사람이 고루 지니고 있는 것이다. 군자라고 하여 '호색지심'이 없을 리 없다. 그러나 군자는 반드시 '호색지심' 이외에도 '현현지심'을 지니고 있다. '현현지심'은 '호색지심'과 대립되는 개념이 아니다. 군자라고 해서 '호색지심'을 완전히 끊고 오직 '현현지심'을 지녀야 하는 것은 아니다.

다만 군자는 절제를 할 줄 아는 까닭에 '호색지심'과 '현현지심' 사이에 균형을 잡을 줄 안다. 문제는 천하의 절색을 만나 균형이 무너질 때이다. 자하는 바로 이를 우려한 것이다. '호색지심'을 절제하지 못할 경우 이내 '현현지심'이 소홀해질 수밖에 없다고 본 것이다.

성공을 이룬 조직도 혁신하지 못하면 뒤쳐지고 만다

사서를 보면 이런 사례를 대거 접할 수 있다. 평소 명군의 모습을 보이던 군주가 문득 어느 날 미색에 혹한 나머지 정사를 소홀히 해 끝내 나라를 패망의 위기로 몰아간 게 그렇다. 대표적인 인물이 춘추시대 말기 서시西施에게 혹한 오왕 부차와 당나라 초기 양귀비에게 혹한 당현종 등을 들 수 있다. 그밖에도 유사한 모습을 보인 군왕이 너무 많아 일일이 예를 들기도 어렵다.

공자는 시서예악詩書禮樂을 공자학당의 인문교양 과목으로 제시한 바 있다. 핵심은 『시삼백』으로 상징된 문학에 있다. 공자가 『논어』에서 말한 문학은 단순히 현재적 개념의 문학보다 훨씬 광범위하다. 작게는 철학과 사학의 기초가 되면서 크게는 철학과 사학을 모두 아우르는 인문학 전반을 뜻한다고 보는 게 옳다. 공학孔學을 상징하는 인학仁學은 인간관계를 탐사한다는 뜻이기는 하나, 동사에 사람 자체를 탐구하는 인학人學인 동시에 사람에게 옷과 표정 등을 덧씌우는 인문학人文學을 뜻하는 말이기도 하다.

이에 대해 맹학孟學는 인의예지로 상징되는 사단설四端說 등 형이상의 세계에 지대한 관심을 기울인 까닭에 요즘으로 치면 관념철학내지 도덕철학에 가깝다. 공자가 괴력난신怪力亂神으로 상징되는 형이상의 세계를 극도로 꺼린 것과 대비된다. 그런 점에서 맹자는 제자백가 가운데 사상 최초로 철학을 학문적 탐구대상으로 삼은 경우에 속한다.

주목할 것은 주희가 맹학을 토대로 성리학을 집대성한 이후 동양의 지식사회를 향도한 사대부들 모두 현실적인 '정치적 삶'을 경시한 채 사변적인 '철학적 삶'으로 빠져든 점이다. 서양이 마키아벨리의 『군주론』 출현 후 '철학적 삶'에서 빠져 나와 '정치적 삶'을 추구하며 르네상스시대를 맞이한 것과 대비된다. 동양이 서양에 뒤처지게 된 근본 배경이 여기에 있다.

맹학의 가장 큰 문제점은 요순 등의 전설적인 인물이 구현한 정치를 현실의 위정자를 통해 구현하고자 한 데 있다. 이른바 법선왕法先王 사상이다. 신화와 전설 속에 나오는 성왕의 정사를 닮고자 하는 것을 말한다. 마치 플라톤이 『국가론』에서 철인이 다스리는 이상국을 제시한 것과 닮았다. 순자는 이와 정반대되는 법후왕法後王 사상을 역설하며 이를 질타했다. 역사적으로 실존하지 않은 선왕의 정사를 현실에서 구현하고자 할 경우 이상과 현실의 괴리로 인해 오히려 혼란만 부추긴다는 게 이유였다.

그런 점에서 순자는 철학파의 선구자 역할을 한 맹자와는 정단대로 현실과 사실을 중시하는 역사학파의 선구자이다. 그의 제자인 한비자가 사관을 방불하게 하는 사실史實을 토대로 법가이론을 집대성한 것도 결코 우연으로 볼 수 없다. 대표적인 예로 요순의 선양禪讓을 극찬한 맹자를 질타한 것을 들 수 있다.

기원전 314년, 연왕 쾌噲는 전설적인 하나라 우왕禹王의 선양 고사를 본받아 재상 자지子之에게 양위하라는 신하들의 제의를 받고 이를 흔쾌히 수락한 바 있다. 그러나 3년 후 반란이 일어나 엄청난 참극이 빚어지고 말았다. 당시 맹자는 이웃 제나라에 머물며 전 과정을 주시했다. 『맹자』 「공손추 하」는 당시 맹자가 취한 행보를 이같이 묘사해 놓았다.

"제나라 대신 심동沈同이 사적으로 맹자에게 연나라를 쳐도 좋은지를 물었다. 맹자가 대답하기를, '가하오. 연왕 쾌는 다른 사람에게 연나라를 넘겨주어서는 안 되었고, 연나라 재상 자지도 연나라를 받아서는 안 되었소. 만일 여기에 한 관리가 있는데 당신이 그를 좋아한다고 해서 왕에게 아뢰지도 않고 사사로이 당신의 봉작을 그에게 주고, 그 또한 왕명도 없이 사사로이 당신으로부터 그것을 받는다면 그것이 과연 옳겠소? 연왕 쾌가 자지에게 사사로이 연나라를 넘겨준 것이 어찌 이와 다를 수 있겠소?"

맹자는 연왕 쾌가 국가를 양도한 사실을 비판하면서 왕위계승자 이외의 다른 사람에게 국가를 양도하는 것은 오직 하늘만이 할 수 있다고 주장한 것이다. 나아가 그는 천명의 소재는 민성을 통해 확인할 수 있다고 주장했다. 이는 사실 묵자의 논리를 차용한 것이나 다름없다. 순자는 맹자의 이런 주장이 공자 사상의 본령에서 벗어나는 것임을 지적했다. 『순자』 「정론正論」이 이를 뒷받침한다.

"세상에서 말하기 좋아하는 자들이 이르기를, '요순은 제위를 선양했다'고 한다. 그러나 그것은 사실과 다르다. 천자는 세력이나 지위가 지극히 높아 천하에 대적할 자가 없는 법이다. 그런데 감히 누구에게 보위를 양보할 수 있단 말인가!"

순자는 천자의 자리는 지존의 자리인데 어찌 함부로 누구에게 양여할 수 있겠느냐고 반문하면서 맹자가 들고 나온 요순의 선양설화를 정면으로 부인하고 나선 것이다. 전한 초기 한문제漢文帝는 맹자처럼 요순의 선양설화를 사실로 믿었다. 기원전 179년, 그는 제위를 물려줄 만한 유능하고 덕망 있는 성인을 전국에 걸쳐 널리 구하겠다는 내용의 조서를 내렸다. 이때 황제의 고문관들이 세습을 통해 계승하는 것이 최상의 방안임을 설득해 간신히 이를 막았다. 이 일화는 선양이 비록 현실성은 없으나 오랫동안 제왕의 미덕으로 간주돼 왔음을 보여준다.

당시 유가는 옛 성왕의 선양설화가 군권君權을 견제하는 수단으로 매우 유용하다는 사실을 통찰하고 있었다. 이후 그들은 선양설화를 적극 원용해 소기의 성과를 거두었다. 유가의 권위가 더욱 높아진 것은 말할 것도 없다. 그러나 제위가 세습이 아닌 선양으로 계승될 경우 천하는 이를 둘러싼 수많은 모사들의 암투로 인해 이내 혼란 속으로 빠져들 수밖에 없다. 군주 또한 자만에 휩싸인 나머지 자의적이고 비합리적인 폭군으로 전락할 소지가 컸다.

그럼에도 맹자는 선양설화를 역사적 사실이라고 강변하면서 자신의 주장을 합리화했다. 한비자를 비롯한 법가 사상가들은 말할 것도 없고 순자조차 이를 일소에 붙인 것은 선양설의 허구성을 통찰한 결과다. 20세기 초 중국의 고대사 기록에 회의를 품은 이른바 고사변파古史辨派로 활약하던 고힐강顧頡剛도 유사한 입장이었다. 그는 전한의 유가들이 선양설화를 유가경전에 끼워 넣은 것으로 보았다. 그는 대표적인 실례로 『서경』「요전堯典」을 들었다. 이미 청나라 때 고증학자들에 의해 밝혀졌지만 『서경』은 위서僞書의 결정판이다. 고힐강의 이런 지적은 순자가 역사적 사실에 기초한 '법후왕'을 역설하며 비현실적인 '법선왕'을 주장한 맹자를 질타한 것과 취지를 같이하는 것이다.

원래 전국시대 후기부터 일부 유자들이 유가경전을 대상으로 치밀한 변조작업을 진행시켰다는 게 학계의 중론이다. 『논어』도 예외가 아니었다. 기무라 에이이치木村英一가 요순과 우왕의 선양설화가 『논어』의 최종편인 「요왈堯曰」의 첫 머리에 삽입됐다고 지적한 것도 이런 맥락에서 이해할 수 있다.

국가 총력전 양상의 21세기 G2 시대의 관점에서 해석할 때 「학이」제1편이 역설하는 천하경영 계책인 '학습계'는 인문학에 대한 깊은 탐사로 풀이하는 게 합리적이다. 인문학의 옷을 입어야만 살아남을 수 있는 스마트 혁명 시대의 '시대적 요청la qualtà de tempi'이 그렇다. 마키아벨리는 『군주론』제25장에서 '시대적 요청'에 부응하는 자는 살아남고, 그렇지 못한 자는 도태될 수밖에 없다고 단언했기에 더욱 그렇다. 스티브 잡스를 '롤 모델'로 삼을 필요가 있다.

사학계
仕學計

34

일을 하면서도 학업에 힘써라

자하가 말했다.
"출사出仕하여 여력이 있으면 학문을 닦고, 학문을 닦으면서 여력이 있으면 출사出仕한다."

子夏曰, "仕而優則學, 學而優則仕."

_「논어」「자장」제13장

자하는 「자장」제13장에서 학문의 연마와 조정에서 근무하는 출사가 별개의 일이 아님을 역설하고 있다. 앞서 검토한 바와 같이 죽을 때까지 손에서 책을 놓지 않는 수불석권手不釋卷의 '호학'을 실천하지 않는 자는 '위정자'의 자격이 없다고 간단명료하게 정리해버린 것이다. 이는 공학孔學의 본령이 수신제가가 아니라 치국평천하에 있고, 공학의 적통이 수신제가에 초점을 맞춘 증자학파가 아니라 치국평천하에 방점을 찍은 자하학파에게 전수됐음을 극명하게 보여주는 대목이기도 하다.

원래 증자학파의 맹자와 후대의 주희 등은 덕행德行을 지나치게 강조한 나머지 배우고 아는 학지學知와 조정에 나아가는 출사를 상대적으로 소홀히 했다. 이는 후대인들로 하여금 마치 공학의 본령이 치국평천하가 아닌 수신제가에 있는 것으로 오해하게 만드는 데 결정적인 배경으로 작용했다. 공자 사상의 일대 왜곡이 아닐 수 없다.

이에 반해 자하학파의 순자를 비롯해 치국평천하를 중시한 치평파는 공학의 본령이 제왕학에 있다는 사실을 통찰하고 출사에 무게중심을 두었다. 이를 상징적으로 보여주는 『논어』의 핵심구절이 바로 「자장」 제13장이다. 자하학파의 세례를 받은 순자에 대한 재평가가 절실한 이유다. 실제로 앞서 간략히 언급했듯이 오규 소라이로 상징되는 '일본 제왕학'은 순학荀學으로 상징되는 '공자 제왕학'의 발견에서 시작됐다고 해도 과언이 아니다. '공자 제왕학'은 「자장」 제13장의 '사학계'와 불가분의 관계를 맺고 있다.

당초 순자는 맹자보다 한 세대 뒤에 태어났다. 그는 맹자에 의해 수신제가의 도덕철학으로 전락한 공학을 원래의 모습인 치국평천하의 제왕학으로 되돌려 놓은 장본인이다. 그를 두고 전국시대 최후의 대유大儒로 평하는 이유다. 그가 왕도를 역설한 맹자를 속유俗儒로 질타하며 난세에는 패도를 통한 천하통일도 가하다고 주장한 것도 이런 맥락에서 이해할 수 있다.

현실과 이상 사이에서 균형을 잡아라

이는 서양의 아리스토텔레스가 스승인 플라톤이 『국가론』에서 역설한 '철인왕'의 이상국 모델을 비판하면서 현실적으로 구현이 가능한 혼합정混合政을 역설한 것과 닮았다. 아리스토텔레스는 『니코마코스 윤리학』에서 정치의 출발을 윤리적인 선善을 뜻하는 '아가톤ἀγαθῶν'에서 찾았다. 정치를 윤리의 연장으로 간주한 것이다. 정의正義를 뜻하는 '디카이온δίκαιον'을 역설한 플라톤과 대비된다.

아리스토텔레스가 볼 때 국가공동체의 최고선最高善은 모든 성원의 행복에 있다. 정치학을 '공동선共同善의 실현'을 탐구하는 학문으로 정의한 이유다. 그가 말한 행복은 자족적이면서도 개개인의 덕성에 따르는 영혼의 활동을 의미한다. 윤리적으로 볼 때는 초과와 부족을 용납하지 않는 상태, 즉 중용中庸이다. 결국 아리스토텔레스는 『니코마코스 윤리학』에서는 '철학적 삶'을 통해 '정치적 삶'을 규정하고, 『정치학』에서는 '정치적 삶'을 통해 '철학적 삶'의 실현을 꾀한 셈이다. 순자가 정의를 내세운 맹자와 달리 예치禮治를 전면에 내세우며 덕치의 실현을 꾀한 것과 사뭇 닮았다. 서양에서 오랫동안 아리스토텔레스를 두고 '만학의 아버지'로 부른 것 역시 순자를 두고 제자백가 사상을 총망라해 공자 사상을 한 단계 높였다고 평하는 것과 유사하다.

주의할 것은 아리스토텔레스가 나름 '철학적 삶'과 '정치적 삶'을 하나로 녹이고자 애썼음에도 결국 '철학적 삶'인 '아가톤'으로 돌아간 점이다. 이는 『니코마코스 윤리학』에서 윤리학을 두고 인간의 모든 행위가 궁극적으로 추구하는 '아가톤'에 대한 연구로 정의한 탓이다. 『정치학』에서 커다란 영감을 받아 『군주론』을 집필한 마키아벨리가 플라톤은 물론 자신의 사상적 스승인 아리스토텔레스까지 싸잡아 '무엇을 하고 있는가?'라는 현실보다 '무엇을 해야 하는가?'라는 이상에 함몰됐다고 비판한 이유다. 이 또한 순자의 제자인 한비자가 스승의 예치禮治로는 난세를 평정할 수 없다며 강력한 법치法治를 역설한 것과 사뭇 닮았다.

실제로 학계 일각에서는 동서의 정치사상을 비교하면서 소크라테스를 공자, 플라톤을 맹자, 아리스토텔레스를 순자, 마키아벨리를 한비자와 비교하고 있다. 여러 모로 아리스토텔레스와 비교되는 순자의 생애에 관한 최초의 기록은 사마천의 『사기』「맹자순경열전」이다.

「맹자순경열전」에 따르면 순자는 조趙나라 출신이다. 수도 한단邯鄲은 당시 상업과 수공업이 크게 번성한 교역의 중심지였다. 본분을 잊고 함부로 남의 흉내를 내는 지각없는 자를 비유한 한단학보邯鄲學步 내지 한단지보邯鄲之步를 비롯해 덧없는 인생을 비유한 한단지몽邯鄲之夢 등의 성어가 나온 것도 이와 무관하지 않을 것이다.

「맹자순경열전」에 나오는 순자의 사적은 소략하기 그지없다. 가계 및 생장 등에 관한 정확한 기록은 사실상 거의 없는 것이나 다름없다. 순자의 생몰연대와 관련해 아직 뚜렷한 정설은 없다. 「맹자순경열전」은 순자가 나이 50에 제나라로 유학을 갔다고 기록해 놓았다. 그러나 이는 그가 초나라 춘신군春申君의 지우知遇를 입은 사실 등을 감안할 때 역사적 사실과 동떨어져 있다. 만일 이 기록이 사실이라면 춘신군이 사망했을 당시의 순자의 나이는 130세가 넘게 된다. 후한 말기에 응소應邵는 『풍속통의風俗通義』를 통해 순자가 15세 때 제나라로 유학했을 가능성이 크다고 주장했다. 대략 주난왕 16년인 기원전 299년 전후에 제나라로 유학을 간 것으로 보인다.

당시 제나라는 진나라와 더불어 동쪽의 강국으로 군림하고 있었다. 제선왕齊宣王은 부왕인 제위왕齊威王을 계승해 도성을 지금의 산동성 치박시淄博市에 있는 임치臨淄로 옮긴 뒤 도성의 서문西門 아래에 학관學館을 짓고 천하의 명사와 학자들을 초빙해 자유롭게 학문을 토론하게 했다. 이 학관은 도성의 서문이 직문稷門으로 불린 까닭에 통상 직하학궁稷下學宮으로 불렸다. 과거 왕조시대 때 '직하'가 국립대학을 뜻하는 말로 사용된 배경이 여기에 있다. 조선조 때 유일무이한 국립대학 격인 성균관의 별칭이 '직하'였다.

당시 직하학궁에는 맹자를 비롯해 신도愼到, 전병田騈, 순우곤淳于髡, 환연環淵, 송견宋鈃 등이 활동했다. 순자는 이들 '직하학사稷下學士' 들의 영향을 크게 받았을 것이다. 순자는 이곳에서 약 20여 년 동안 여러 학자들과 교류하며 학문을 연마했다. 그는 이때 제자백가의 사상을 두루 섭렵하며 맹자에 의해 왜곡된 유학을 본래 모습으로 돌려놓는 단단한 사상체계를 확립했을 것으로 짐작된다.

순자는 직하학사로 있을 때 무슨 일로 인해 제나라를 떠나 다른 나라로 간 게 확실하다. 더 이상의 기록이 없어 순자가 과연 언제 어떤 이유로 제나라를 떠나 어디로 갔는지 파악하기가 쉽지 않다. 일각에서는 순자가 나이 28세가 되는 기원전 286년에 제나라를 떠나 초나라로 간 것으로 분석하고 있다. 이해는 송나라가 주변의 나라들을 제압하고 패자를 자처하다가 제나라에게 멸망을 당한 해이다.

기원전 284년에 연燕, 진秦, 한韓, 위魏, 조趙 등 5국 연합군이 제나라 도성으로 진군하는 사태가 빚어졌다. 이 사건으로 인해 직하학궁의 학사들 모두 뿔뿔이 흩어지고 말았다. 5년 뒤인 기원전 279년 지금의 산동성 평도현 동남쪽인 즉묵卽墨 땅을 고수하고 있던 전단田單이 실지를 회복함으로써 가까스로 패망의 위기를 면하게 되었다. 이 해에 신분을 속인 채 머슴으로 살면서 목숨을 구한 제민왕의 태자 법장法章이 부왕의 뒤를 이어 제양왕齊襄王으로 즉위한 뒤 직하학궁을 복원시켰다.

직하학궁이 복원되자 순자도 다시 제나라로 돌아왔다. 「맹자순경열전」은 직하학궁으로 돌아온 순자가 이내 노사老師가 되었다고 기록해 놓았다. 그 사이에 선배학자들이 모두 죽거나 사방으로 흩어진 데 따른 것으로 짐작된다. 「맹자순경열전」에 따르면 순자는 10여 년 동안 직하학궁에 머무는 동안 직하학궁의 수장격인 좨주祭酒를 모두 3번에 걸쳐 역임했다. 좨주는 선인들에 대한 간략한 추모의식을 거행할 때 가장 존경받는 사람이 떠맡았다. 직하학궁 최고의 직책이다. 직하학사들 내에서 순자의 성망聲望이 얼마나 높았는지를 짐작하게 해주는 대목이다.

순자는 주난왕 49년인 기원전 266년에 진소양왕秦昭襄王의 초청을 받고 진나라를 방문했다. 진소양왕은 진시황의 증조부로 강력한 부국강병책을 구사해 훗날 진시황이 천하통일의 대업을 이루는 기반을 닦아 놓은 명군이다. 『순자』「유효」에 당시 순자가 진소양왕과 나눈 문답이 실려 있다. 사서에는 나오지 않으나 『순자』「강국」에는 순자가 진소양왕의 부국강병책을 강력히 뒷받침하고 있던 진나라 재상 범수范雎와 문답을 나눈 일화도 나온다.

순자가 범수와 나눈 내용 역시 '공자 제왕학'의 공효功效에 관한 것이다. 문답내용에 비춰 순자가 응후와 문답을 나눈 시기는 대략 진소양왕과 문답을 나누기 직전이었을 것을 짐작된다. 범수가 순자와 먼저 문답을 나눈 뒤 진소양왕에게 순자와 유자의 공효에 관해 얘기해 보도록 권했을 가능성이 높다.

순자가 진소양왕 및 범수와 나눈 얘기는 맹자가 양혜왕梁惠王 및 제선왕齊宣王 등과 나눈 얘기와 현격한 차이가 있다. 맹자는 열국의 군왕 앞에서 힐난조로 열국의 패도 행보를 비판하면서 오직 왕도만을 역설했다. 일체의 패도를 배척하며 오직 왕도만을 추구하는 이른바 숭왕척패崇王斥覇의 입장이다.

이에 반해 순자는 범수와의 문답에 분명히 드러나 있듯이 패도의 유효성을 인정하면서도 왕도를 그 위에 놓는 이른바 선왕후패先王後覇의 입장을 내보였다. 왕도를 통한 천하통일이 가장 바람직스럽기는 하나 패도를 통한 천하통일 역시 수용할 수 있다는 입장을 은연중 드러낸 것이나 다름없다. 응후도 순자의 이런 입장에 공감해 진소양왕과의 면담을 적극 주선했을 공산이 크다.

여러 기록을 종합해 볼 때 순자는 진나라를 방문한 이듬해에 곧바로 제나라로 가지 않고 고국인 조나라로 간 것으로 짐작된다. 『자치통감』은 순자가 조효성왕趙孝成王 앞에서 임무군臨武君과 군사문제를 놓고 설전을 벌인 내용을 담은 『순자』 「의병」을 길게 인용해 놓았다. 「의병」이 얼마나 널리 회자했는지를 반증한다. 조효성왕이 즉위한 해는 진소양왕 51년인 기원전 266년이다. 순자가 조효성왕 앞에서 임무군과 군사문제에 관한 설전을 벌였다면 그 시기는 대략 진나라를 떠나 제나라로 오다가 조나라에 들렀을 때였을 것으로 보인다.

당시 순자는 임무군 등과 병법을 논한 뒤 그 이듬해인 기원전 264년에 제나라로 돌아와 다시 좨주의 직책을 맡은 것으로 추정되고 있다. 이후 그는 주변의 무함을 받고 제나라를 떠나기까지 10년 가까이 직하학궁에 머물렀다. 그 사이 기원전 259년에 이르러 진시황이 태어났다. 이때 순자의 나이는 55세였다. 「맹자순경열전」에 따르면 이 어간에 순자는 주변의 무함을 받고 제나라를 떠나 초나라로 갔다. 순자가 무슨 이유로 무함을 받고 정확히 언제 초나라로 갔는지는 알 길이 없다. 정황에 비춰 시기하는 자들이 제왕 건建에게 순자가 타국인 조나라 출신의 이른바 기려지신羈旅之臣인 점 등을 들어 장차 제나라에 해를 끼칠 것이라는 식으로 무함했을 공산이 크다.

순자가 초나라를 선택하게 된 것은 당시 명망이 높았던 춘신군春信君 황헐黃歇이 널리 인재를 구한 사실과 무관하지 않다. 춘신군은 이에 앞서 진나라에 인질로 잡혀 가 있던 초경양왕楚頃襄王의 태자가 부왕 사후 몰래 귀국하는 데 결정적인 공헌을 했다. 기원전 263년 태자가 초고열왕楚考烈王으로 즉위하자마자 회북淮北 일대를 봉지로 받고 재상이 되었다. 그의 봉지가 지금의 상하이 일대에 있었다.

당시 춘신군은 장차 최강의 군사대국인 진나라의 압박이 더욱 거세질 것으로 판단해 천하의 인재를 끌어 모아 이에 적극 대처하고자 했다. 그의 귀에 순자에 관한 칭송이 들리지 않았을 리 없다. 춘신군이 사람을 순자에게 보내 주변의 무함으로 곤경에 처한 순자를 적극 초빙했을 가능성이 크다.

마침내 순자가 초나라로 오자 춘신군은 순자를 제나라와 가까운 지금의 산동성 창산현 서남쪽인 난릉蘭陵의 현령으로 삼았다. 당시 순자의 나이는 59세였다. 순자는 난릉 현령으로 있으면서 춘신군과 적잖은 갈등을 빚었던 것으로 짐작된다. 춘신군이 생전에 순자를 무함하는 얘기를 듣고 순자와 결별했다는 『전국책』「초책楚策」의 일화가 그 증거다.

춘신군의 행적을 감안할 때 그가 순자를 크게 총애했다고 보기는 어렵다. 나아가 순자가 난릉 현령 정도에 만족해 춘신군에게 충성을 바쳤다고 보기도 어렵다. 춘신군이 말년에 어리석은 행보를 보이다가 비참한 최후를 맞이한 점 등을 감안할 때 순자가 춘신군에게 큰 기대를 걸었을 리는 만무하다.

그렇다면 순자가 다시 초나라로 돌아간 이유는 무엇일까? 지은知恩을 베푼 평원군 조승의 사망과 무관하지 않았을 것으로 보인다. 순자가 조나라에 머문 가장 큰 이유는 평원군의 지우知遇에 있었다. 순자는 평원군이 죽고 없는 상황에서 조나라에 계속 머물 이유를 찾기가 어려웠을 것이다. 이런 상황에서 춘신군이 이전의 잘못을 거듭 사과하며 초나라로 다시 와 줄 것을 간청하자 마침내 이를 수락한 것으로 짐작된다. 그 시기는 대략 평원군이 사망한 지 얼마 안 된 시점이었을 것으로 보인다.

　순자가 진효문왕秦孝文王 원년인 기원전 250년에 초나라로 돌아오자 춘신군은 다시 그를 난릉령에 임명했다. 난릉의 현령을 다시 맡은 것이다. 당시 순자의 나이 64세였다. 이후 그는 10여 년 동안 난릉 현령으로 있으면서 제자들을 가르쳤다. 대략 이 시기에 이사와 한비자 등 여러 제자들을 가르친 것으로 짐작된다.

　『자치통감』에 따르면 순자의 제자인 이사가 진시황의 축객령逐客令에 반발해 상소를 올림으로써 다시 진나라의 객경客卿이 된 것은 진시황 10년인 기원전 237년이다. 순자가 두 번째로 난릉현령에 임명된 시점이 진효문왕秦孝文王 원년인 기원전 250년인 점을 감안할 때 이사는 순자 밑에서 2~3년가량 공부하다가 진나라로 가 객경이 되었을 것으로 보인다. 아전 출신인 이사가 순자에게 학문을 배운 것은 장차 유세하여 출세하고자 하는 뚜렷한 목표에서 나온 것이다. 진나라에서 인재를 모으고 있다는 소식을 듣고 그가 매우 조급해 한 것은 당연한 일이다. 그가 섭정의 역할을 수행한 여불위의 천거 덕분에 진나라의 객경이 된 시점은 진시황 원년인 기원전 246년 전후로 짐작된다. 순자의 문하에서 이사와 함께 동문수학한 한비자는 순자 밑에서 몇 년간 더 연마하다가 귀국한 것으로 보인다.

역사에서 흥망성쇠의 이치를 배워라

　순자가 천하의 인재를 모아 가르치는 와중에 춘신군이 가신 이원李園의 암수暗數에 걸려 척살되었다. 진시황 9년인 기원전 238년의 일이다. 이로 인해 순자도 이내 현령직에서 파면되었다. 춘신군 사후 순자의 행보가 어떻게 전개되었는지는 자세히 알 수 없다. 「맹자순경열전」은 순자가 춘신군이 살해된 후 난릉에 머물다가 이내 세상을 떠나 그곳에 묻혔다고 했으나 정확한 연대는 기록해 놓지 않았다.

객관적으로 볼 때 순자는 공자 사상의 정맥을 이었다고 평할 수 있다. 맹자는 겉으로만 공자 사상의 수호자를 자처했을 뿐 그 내막을 보면 묵자의 사상적 후계자에 속한다. 현대의 관점에서 보면 순자의 학문은 문사철로 요약되는 인문학 가운데 역사학에 가깝다. 주목할 것은 역사학이 문사철로 상징되는 인문학 내에서 정치학과 가장 관련이 깊은 학문이라는 점이다. 미국의 유수대학이 정치학을 역사학과 통합해 가르치는 게 그렇다. 실제로 조선조 때 현실참여파에 해당하는 기호학파의 태두 율곡栗谷은 경서 못지않게 사서를 중시했다. 경서를 극단적으로 중시한 영남학파의 거두 퇴계退溪와 대비되는 대목이다. 죽을 때까지 '수불석권'을 견지한 세종도 율곡과 유사한 행보를 보였다. 그는 294권으로 구성된 방대한 분량의 『자치통감』 완질을 다 읽는 것도 모자라 집현전 학자들을 동원해 주석서인 「자치통감훈의」를 편찬해 전국에 배포했다. 역사를 모르면 치국평천하를 제대로 이룰 수 없다는 판단에 따른 것이었다.

인문학이라는 큰 틀에서 볼 때 공학은 인문학 가운데 철학과 사학을 모두 감싸는 문학에 가깝다. 이에 반해 맹학은 형이상의 철학에 심취했고, 순학은 맹자와 정반대로 있는 사실을 중시하는 역사학에 무게 중심을 두고 있다고 평할 수 있다. 치세에는 한가하게 형이상의 철학을 논할지라도 별반 문제가 없다.

학사계
學思計

35

배운 것을 실천에 옮겨라

공자가 말했다.
"배우되 생각하지 않으면 어둡고, 생각하되 배우지 않으면 위태롭다."
子曰, "學而不思則罔, 思而不學則殆."

_ 「논어」「위정」 제15장

공자는 「위정」 제15장에서 군자 위정자의 기본자세를 언급하고 있다. 단순히 책을 읽는 데 그쳐서는 안 되고 깊이 사유하고 경험하여 사물의 이치를 체득하는 경지로까지 나아가야 한다고 주문한 것이다. 공학의 본령이 수신제가에 치중하는 '군자 선비'가 아니라 치국평천하에 임하는 '군자 위정자'에 있음을 명확히 하고 나선 셈이다.

공자가 역설한 '군자 위정자'의 길은 치국평천하의 대상인 백성들의 삶을 제대로 챙길 줄 아는 '진정한 군주'의 길이기도 하다. 똑같이 학문을 할지라도 학문연구를 업으로 삼는 통상적인 선비와 조정에 출사해 치국평천하 업무에 종사하는 사대부가 갈리는 대목이 바로 여기에 있다. 그러기 위해서는 학문과 학문과 사려思慮를 하나로 녹일 줄 알아야 한다. 「위정」 제15장은 "배우되 생각하지 않으면 어둡고, 생각하되 배우지 않으면 위태롭다"고 표현한 것이다. 요체는 배우면서 생각하는 학이사學而思, 생각하며 배우는 사이학思而學에 있다. 이는 바로 앞서 검토한 「자장」 제13장의 학사계學仕計에서 역설한 출사해 학문을 닦는 사이학仕而學과 학문을 닦으며 출사하는 학이사學而仕와 취지를 같이하는 것이다.

이를 도식으로 정리하면 「위정」 제15장은 〈학學 = 사思〉, 「자장」 제13장은 〈학學 = 사仕〉로 요약할 수 있다. 양자를 하나로 종합하면 〈사思 = 학學 = 사仕〉가 된다. 이 도식은 이같이 풀이할 수 있다.

"배울 때는 반드시 생각하는 것을 곁들여야 한다. 배우되 생각하지 않으면 어둡고, 생각하되 배우지 않으면 위태롭게 되기 때문이다. 배우면서 생각할 줄 알면 곧 조정에 나아가 일할 만하다. 이때 여력이 있으면 출사出仕한다. 출사했을지라도 여력이 있으면 학문을 닦는다."

생각하며 배우는 자세로 학문을 닦고 출사하여 치국평천하에 임하는 것이 바로 군자의 길이라는 얘기가 된다. 배우려 하지도 않고, 생각지도 않고, 당리당략黨利黨略에 매몰돼 정쟁을 일삼으면 민리국략民利國略을 철저히 외면하고 있는 작금의 위정자들은 공자의 이런 가르침을 철저히 거스르고 있는 셈이다.

치국평천하에 임하는 위정자가 되기에 앞서 먼저 「위정」 제15장이 역설하고 있듯이 생각하며 배우고, 배우며 생각하는 '학사계'를 철저히 이행할 필요가 있다.

깨달은 것은 반드시 실행하라

이는 기업 CEO에게 그대로 적용된다. 21세기 스마트 혁명 시대는 과학기술의 발전이 급속도로 전개되고 있는 까닭에 생각하며 배우고, 배우며 생각하는 '학사계'를 제대로 이행하지 않을 경우 이내 뒤처지게 된다. 기업 CEO가 큰 비전을 제시하지도 못한 채 현실에 안주하며 '학사계'마저 실천하지 않을 경우 이는 곧 기업의 몰락을 초래하게 된다. 부단히 공부하며 생각하는 기업 CEO만이 21세기의 치열한 경제전에서 살아남을 수 있다. 21세기 스마트 혁명 시대의 성공 비결이 쉼 없이 배우고 생각하는 '학사계'를 이행하는지 여부에 있다고 해도 과언이 아니다.

이를 실천해 천하의 부를 거머쥔 최초의 인물이 바로 공자의 수제자 자공이었다. 과거 성리학자들은 공자의 수제자 가운데 인仁의 표상인 안회를 지나치게 숭상한 나머지 지知의 화신인 자공을 상대적으로 낮게 평가했다. 그러나 21세기 G2 시대와 같은 난세에는 '지'가 '덕'보다 중시될 수밖에 없다. 자공이 보여준 '지'는 단순한 지혜가 아니다. 변화무쌍한 시변時變을 슬기롭게 헤쳐 나갈 수 있는 지혜를 뜻한다.

『논어』를 포함한 제자백가서 및 사서의 내용을 종합해 볼 때 공자의 제자들 가운데 가장 뛰어난 면모를 보인 사람은 크게 자공과 안회 및 자로 등 세 사람이다. 특히 주목할 만한 사람이 자공이다. 사마천도 그에게 지대한 관심을 기울였다. 「중니제자열전」의 절반 이상을 자공에 할애한 게 그렇다. 특히 「화식열전」에서는 관중으로부터 시작된 상가商家 사상이 자공에 의해 구체적인 결실을 맺은 것으로 기록해 놓았다. 이른바 유상儒商이다. 공자의 학문을 연마하며 상업을 통해 부를 쌓은 자를 의미한다. 공자도 능력이 되면 자공처럼 '유상'이 되고 싶다는 의지를 피력한 바 있다. 「술이」 제11장의 해당 대목이다.

"만일 부富를 구해서 얻을 수 있는 것이라면 비록 말채찍을 잡는 자의 짓일지라도 나 또한 할 것이다. 그러나 만일 구할 수 없는 것이라면 나는 내가 좋아하는 것을 좇을 것이다."

주목할 것은 '만일 부富를 구해서 얻을 수 있는 것이라면 비록 말채찍을 잡는 자의 짓일지라도 나 또한 할 것이다'라고 언급한 앞대목이다. 자신은 자공처럼 부를 구해서 얻는 데 능하지 못한 것을 자인하고 다른 길을 찾아보겠다고 언급한 것이다. 공부하며 부를 손에 넣은 자공의 '유상' 행보를 높이 평가한 근본 배경이 여기에 있다.

안빈낙도의 빈천을 상징하는 안회를 추종한 후대의 유가들이 이 대목을 보고 적잖이 당혹한 게 그 증거다. 대표적인 인물로 북송 때 당대 최고의 문인으로 활약한 소동파蘇東坡를 들 수 있다. 그는 이 대목을 이같이 풀이했다.

"성인은 일찍이 부를 구하는 것에 마음을 둔 적이 없다. 어찌 부를 얻는 방안을 두고 가불가를 따졌을 리 있겠는가? 성인이 이런 말한 것은 다만 결코 구해서 될 수 없음을 밝힌 것에 지나지 않는다."

　나름 일리가 있는 해석이기는 하나 공자가 말한 취지를 제대로 드러내지 못했다는 지적을 면하기 어렵다. 공자는 「술이」 제11장에서 분명히 '부富를 구해서 얻을 수 있는 것이라면 비록 말채찍을 잡는 자의 짓일지라도 나 또한 할 것이다'라고 밝혔다. 동서고금을 막론하고 학문이든 부이든 원해야 얻을 수 있는 것이다. 삶의 목표를 치부致富에 두고 근면히 노력하면 그 누구든 최소한 중부中富는 이룰 수 있는 법이다. 거부巨富는 재주도 재주이지만 시운時運과 맞아 떨어져야 한다. 학문도 하등 다를 게 없다. 그 누구든 삶의 목표를 '진리의 탐구'에 두고 열심히 노력하면 설령 노벨상은 타지 못할지언정 학교 훈장訓長 노릇은 할 수 있다. 공자는 자신의 능력과 취향을 일찍이 파악하고 학문에 매진한 경우에 속한다. 자공처럼 학문과 치부에 고루 소질을 지닌 인물도 존재하기 마련이다. 「술이」 제11장은 인생에는 인의예지신仁義禮智信의 덕목도 필요하지만 방법만 정당하다면 부富도 하나의 덕목으로 삼을 만하다는 취지를 담고 있다.

　객관적으로 볼 때 공부하며 부를 쌓은 자공의 유상 행보는 '인의예지신'의 5가지 덕목 가운데 자공은 예禮와 지知에 밝았기 때문에 가능했다. 안회가 『논어』에서 공자 사상을 상징하는 인仁의 화신으로 그려져 있는 것과 대비된다. 공자는 「술이」 제11장에서 언급한 것처럼 '부'에 재능이 없었던 까닭에 자신이 좋아하는 학문에 몰두했다. 그가 자신의 후계자로 안연을 낙점한 이유다. 안연도 '부'에는 재능이 없었다.

　시정의 왈짜 출신인 자로는 신信과 의義를 상징한다. 공자가 14년간에 걸친 천하유세 도중 제후들로부터 동등한 대우를 받고, 즐겨 학문을 논하고, 수모를 당하지 않은 것은 이들 3인의 전기제자의 공이 컸다. 사마천은 '예'와 '지' 및 '부'의 상징으로 간주된 자공을 두고 「중니제자열전」에서 이같이 평해 놓았다.

"자공은 인재의 천거와 무능한 인물의 퇴출에 능했다. 때에 맞춰 재화를 잘 굴렸다. 남의 장점을 즐겨 칭찬하면서 동시에 남의 비리를 그냥 덮지 못했다. 늘 노나라를 위해 보위에 앞장섰다. 집에는 천금의 재산을 모아 놓았다. 제나라에서 숨을 거두었다."

「중니제자열전」은 자공이 일면 공부하며 일면 천하의 부를 거머쥔 비결을 크게 네 가지 요인에서 찾고 있다. 첫째, 인재의 천거와 무능한 인물의 퇴출에 능한 능폐능거能廢能擧이다. 둘째, 때에 맞춰 재화를 잘 굴리는 여시전화與時轉貨이다. 셋째, 남의 장점을 즐겨 칭찬하면서 동시에 남의 비리를 그냥 덮지 못하는 희양오닉喜揚惡匿이다. 넷째, 늘 노나라의 보위를 위해 앞장서는 상상로위常相魯衛이다.

이 네 가지 비결 가운데 '능폐능거'는 유가, '여시전화'는 상가, '희양오닉'은 종횡가, '상상로위'는 법가 사상과 취지를 같이하는 것이다. 자공이 공자의 제자 가운데 가장 부유했던 것은 '여시전화'에 밝았던 덕분이다. 이는 시변時變을 슬기롭게 헤쳐 나간 것을 의미한다.

공자의 제자 가운데 이와 대비되는 모습을 보인 인물은 공자의 손자인 원헌原憲이다. 『공자가어』에 따르면 자가 자사子思인 그는 조부인 공자보다 36세 연하였다고 한다. 그는 비자나 쌀겨도 제대로 먹지 못하고 뒷골목에서 숨어 살았다. 이에 반해 자공은 사두마차를 타고 호위병들을 거느리며 제후들과 교제했다. 『사기』 「화식열전」에 나오듯이 제후들은 몸소 뜰로 내려와 제후의 예로 그를 맞이했다. 공자의 이름이 천하에 알려진 것도 그가 스승을 모시고 다닌 덕분이다. 그를 공부하며 부를 쌓는 '유상'의 효시로 보는 이유이다.

객관적으로 볼 때 '유상'의 효시 자공은 관자를 효시로 하는 상가의 이념을 현실 속에 구현한 대표적인 인물에 속한다. 『사기』 「화식열전」에는 자공 이외에도 다양한 사업으로 거만의 재산을 모은 총 52명의 행보가 소개되어 있다. 이들 모두 주어진 시기에 다양한 방법으로 부를 쌓았다. 이들이 구사한 축재 방법은 모두 71가지이다. 이들 가운데 태공망 여상呂尙과 관중, 계연, 범리, 백규 등 다섯 명은 경제이론가인 동시에 뛰어난 사업가이다. 사마천은 관중을 효시로 하는 상가 이론을 집대성한 「화식열전」에서 자공을 이같이 극찬해 놓았다.

"자공은 일찍이 공자에게서 배웠다. 물러나서는 위나라에서 벼슬을 했다. 또 조나라와 노나라 사이에서 물자를 사두고 내다 파는 등의 장사를 했다. 공자의 제자 70여 명 가운데 자공이 가장 부유했다. 자공은 네 마리 말이 이끄는 수레를 타고 비단꾸러미 예물로 제후들을 방문했다. 그가 이르는 곳마다 제후들 중 뜰의 양쪽으로 내려와 자공과 대등한 예를 행하지 않는 자가 없었다. 무릇 공자의 이름이 천하에 골고루 알려지게 된 것은 자공이 그를 앞뒤로 도왔기 때문이다. 이야말로 이른바 '부유한 사람이 세력을 얻으면 세상에 그 이름을 더욱 드러낸다'라고 하는 것이 아니겠는가!"

이후 사상 최초의 '유상'인 자공을 깎아내린 성리학자들의 편협한 태도는 『사기』에서 자공을 종횡가의 효시이자 당대 최고의 '유상'으로 묘사한 사마천의 태도와 극명한 대조를 이룬다. 관중을 효시로 한 상가 이론은 취지 면에서 21세기의 경제경영 이론과 하등 다를 게 없다. 그 결과물이 바로 「화식열전」이다.

　아쉽게도 사마천의 이런 업적은 이내 빛이 바랬다. 유학을 유일한 관학으로 못 박는 이른바 독존유술獨尊儒術과 부상대고를 억제하기 위한 염철전매鹽鐵專賣 선언 탓이다. 부상대고의 폭리를 막고 재정을 확충하고자 한 것은 나름 일리가 있으나 이를 계기로 상가의 맥이 사실상 끊어지게 된 것은 커다란 손실이었다. 진나라 패망 이후 『한비자』가 금서로 간주된 것을 계기로 법가 사상이 제왕학의 주류에서 밀려나 제왕의 숨은 통치술로 전락한 것과 닮았다. 이후 남송 때 출현한 성리학은 치국평천하를 본령으로 삼고 있는 공학孔學에 치명타로 작용했다.

　여기에는 성리학자들이 안빈낙도安貧樂道를 실천한 안연을 극도로 높이면서 의도적으로 자공의 '유상' 행보를 깎아내린 게 결정적인 배경으로 작용했다. 자공의 '유상' 행보가 삭제되고, 상가의 존재가 오랫동안 묻힌 이유이다.

배우되 생각하지 않으면 어둡고, 생각하되 배우지 않으면 위태롭다

　그러나 21세기에 들어와 상황이 일변했다. 중국 학계에서 관중과 자공 및 사마천을 제자백가의 일원인 상가로 분류하는 흐름으로 형성된 덕분이다. 관중은 상가의 효시, 자공은 이를 실천한 최초의 유상,

사마천은 상가이론의 집대성자로 평가받았다. 『관자』와 「화식열전」이 집중 조명 대상이다.

　미국의 사회학자 조반니 아리기는 지난 2007년에 펴낸 『베이징의 애덤 스미스』에서 중국의 '사회주의 시장경제'가 미국의 '자유주의 시장경제'보다 애덤 스미스의 『국부론』 취지에 더 부합한다고 주장한 바 있다. 그는 이 책에서 애덤 스미스를 자본주의 이론가가 아니라 철저한 시장주의자로 평가했다. 애덤 스미스가 『국부론』을 통해 예언한 것은 자본주의가 아니라 '다양한 시장'의 도래였고, 이것이 지금 현재 진행 중인 중국의 '사회주의 시장경제'를 이해할 수 있는 단초를 제공한다는 것이다.

　아리기의 주장에 따르면 중국은 덩샤오핑의 개혁개방 이후 지난 30년간 서구 학자들이 평가하는 '자본주의화'의 길을 걸은 것이 아니라 '시장화'의 길을 걸은 셈이다. 아리기가 '자본주의'가 아닌 '시장주의'를 중국경제의 특징으로 꼽은 것은 이른바 '유교자본주의' 내지 '유교사회주의'를 달리 표현한 것으로 해석할 수 있다. 이는 애덤 스미스가 『국부론』에서 최고의 성세를 구가했던 건륭제 치하의 중국경제를 긍정적으로 평가한 것과 맥을 같이하는 것이기도 하다. 실제로 애덤 스미스가 '보이지 않는 손'을 언급한 것은 관청이 시장 교란자들을 솎아 내는 역할을 수행한 건륭제 치하의 청나라를 모델로 삼은 결과이다. 중국 학자들은 관독상판官督商辦으로 부르고 있다.

　중국이 수천 년 간에 걸쳐 '관독상판'의 전통을 이어 온 것은 진시황 때 이미 상비군과 관료조직을 확립한 사실과 무관하지 않다. 역대 왕조 모두 비록 중농주의 경제정책을 관철했음에도 유통경제를 담당하는 상인의 역할과 비중을 결코 과소평가하지 않았다. 청조 말기까지 염상鹽商에게 소금 전매의 특권을 부여하면서 그들로부터 수령한 염세로 재정을 충실히 한 사실이 이를 뒷받침한다. 조선조가 이른바 육의전六矣廛에 해당 물품에 대한 전매권을 부여하고 세금을 부과한 것도 같은 맥락이다. 큰 틀에서 볼 때 중국의 '사회주의 시장경제'는 전래의 '관독상판'을 재현한 것으로 볼 수 있다.

중국은 지난 30년 동안 놀라운 발전을 통해 전래의 '관독상판' 전통에 입각한 이런 '투 트랙' 전략이 옳았다는 것을 여실히 증명하였다. 현재 중국 정부가 주도하는 투자가 과연 얼마나 생산적인가 하는 문제에 대한 논란이 지속되고 있으나 중요한 건 결과이다. 지금까지는 성공적이다. 다만 중국 역시 초고속성장에 따른 여러 문제를 안고 있다. 치솟는 임금으로 인해 이미 노동집약적 산업 중 상당수는 저비용을 강점으로 내세운 베트남 등지로 빠르게 이전되고 있다.

객관적으로 볼 때 세계경제가 침체국면에 처해 있는 만큼 중국이 계속 수출 위주의 성장정책을 지속하기는 어렵다. 지난 2013년 출범한 시진핑 정부도 이를 잘 알고 있다. 내수를 강화해 수출 의존을 줄이는 쪽으로 나아가고 있는 것이 그 증거이다. 사안의 심각성을 모르면 문제가 되지만 이를 알고 있는 한 얼마든지 적절한 대응책을 찾아낼 수 있다.

공자가 「위정」 제15장에서 '배우되 생각하지 않으면 어둡고, 생각하되 배우지 않으면 위태롭다'고 역설한 것도 바로 이런 맥락에서 이해할 수 있다. 공자는 여기서 사물의 이치를 배울 때 자구에 얽매이지 말고 창조적으로 해석하라고 주문한 것이다. 이는 21세기 경제전에 그대로 적용할 수 있다. 상황에 부응하는 '생각하는 학습'을 행하는 기업 CEO만이 능히 경제침체의 위기를 헤치고 세계 시장을 석권할 수 있다. 세계경제가 위기국면에 처해 있다는 것은 난세의 상황이 늘 그렇듯이 '대박'을 터뜨릴 수 있는 기회가 더욱 많아졌다는 의미도 된다.

「위정」 제15장의 '학사계'는 바로 이런 임기응변臨機應變의 계책을 가리키는 말이다. 임기응변은 임시변통臨時變通과 다르다. 이는 달빛 아래 은밀히 칼을 가는 도광양회韜光養晦와 스스로를 부단히 채찍질하며 전진하는 자강불식自強不息 정신이 전제돼야만 가능하다.

오리가 수면 위를 미끄러지듯 헤엄치지만 물밑에서는 쉬지 않고 발을 젓는 것과 같다. 결코 아무나 즉흥적으로 구사할 수 있는 게 아니다. 인구에 회자하는 '위기는 곧 기회다!'라는 속언도 이런 맥락에서 접근해야 그 의미를 제대로 파악할 수 있다. 「위정」 제15장과 「자장」 제13장을 하나로 꿴 〈사思 = 학學 = 사仕〉 도식의 의미를 제대로 통찰하는 게 관건이다.

부교계
富教計

36

먼저 당근을 준 뒤에 채찍질하라

공자가 위나라로 갈 때 염유가 수레를 몰았다. 공자가 말했다.
"백성들이 많기도 하구나."
염유가 물었다.
"이미 백성들이 많으면 또 무엇을 더해야 합니까."
공자가 대답했다.
"부유하게 해주어야 한다."
염유가 다시 물었다.
"이미 부유해졌으면 또 무엇을 더해야 합니까."
공자가 대답했다.
"가르쳐야 한다."

子適衛, 冉有僕. 子曰, "庶矣哉." 冉有曰, "旣庶矣, 又何加焉." 曰, "富之." 曰, "旣富矣, 又何加焉." 曰, "敎之."

_「논어」「자로」 제9장

공자는 「자로」 제9장에서 먼저 백성들이 부유해야 능히 가르칠 수 있다는 사실을 역설하고 있다. '공자 제왕학'을 관통하는 키워드 선부후교先富後教를 언급한 것이다. 공자는 『논어』 전편을 통해 교민教民의 중요성을 역설하고 있다. 후대인에게 '만세의 사표師表'로 칭송받는 이유다. 그러나 공자가 말한 '교민'은 전제조건이 있다. 바로 백성을 부유하게 만드는 부민富民이다. 「자로」 제9장은 공자 사상을 관통하는 키워드인 '선부후교' 사상이 나오게 된 배경을 설명하고 있다. 21세기 G2 시대의 경제전 관점에서 볼 때 '공자 제왕학' 내지 '공자 경영학'의 알파 오메가는 바로 '선부후교'에 있다고 해도 과언이 아니다. 본서가 대미를 「자로」 제9장의 '부교계'로 장식한 이유이기도 하다.

많은 사람들이 공자 사상을 논하면서 '선부후교' 사상을 간과하고 있으나 이는 큰 잘못이다. '수제'를 지나치게 강조한 성리학의 유폐遺弊이다. 공자는 기본적으로 백성들을 부유하게 만드는 '부민'이 전제되지 않는 한 '교민' 또한 실효를 거둘 수 없다고 보았다. 이는 앞서 살펴보았듯이 정치의 기본 이치를 민생에서 찾은 『관자』 「목민」과 취지를 같이하는 것이다. 해당 대목이다.

"나라에 재물이 많고 풍성하면 먼 곳에 사는 사람도 찾아오고, 땅이 모두 개간되면 백성이 안정된 생업에 종사하며 머무는 곳을 찾게 된다. 창름倉廩이 풍족하면 백성들이 예절禮節을 알게 되고, 입고 먹는 의식衣食이 족하면 영욕榮辱을 알게 된다."

창고가 가득차고 먹고 입는 의식이 족해야 예절과 영욕을 알게 된다는 것은 곧 공자가「자로」제9장에서 역설한 '선부후교'의 기본 취지를 설명한 것이나 다름없다. 이는 곧『관자』「목민」이 언급했듯이 군주와 신민 모두 예의염치를 아는 문화대국의 건설을 뜻한다. '선부후교'의 궁극적인 목표가『관자』「목민」과 일치한다.

먼저 조직원을 부유하게 만들어라

역사상 '선부후교'의 대표적인 성공사례로 지난 세기 말 중국을 미국과 어깨를 나란히 하는 G2로 만드는 데 결정적인 공헌을 한 덩샤오핑의 개혁개방改革開放 정책을 들 수 있다. 당시 덩샤오핑이 내건 구호가 '선부론'이다. 비록 '후교'를 구체적으로 언급치는 않았으나 시행한 정책 내용을 보면 '후교'까지 포함한 것으로 보아야 한다. 시급한 과제가 '선부'인 만큼 이를 강조하기 위해 '선부론'만 언급한 것으로 보는 게 옳다. '사회주의 시장경제'를 추구하는 중국이 향후 맞닥뜨릴 가장 중요한 국가현안으로 '양극화 문제'를 예로 든 사실이 이를 뒷받침한다.

'선부'의 물꼬를 튼 만큼 '후교'를 잘 마무리 지어 공자가「자로」제9장에서 역설한 '선부후교'의 최종 목적지인 '문화대국'을 과연 건설할 수 있을지 여부는 전적으로 시진핑을 비롯한 후계자들의 과제이다. 이 과제를 얼마나 잘 풀어갈 수 있는지 여부에 따라 '신 중화제국'의 운명이 결정될 것이다. 현재까지는 그 전망이 매우 밝다. '세계의 생산공장'에서 '세계의 소비시장'으로 무섭게 바뀐 현실이 이를 대변한다. 세계 최대 규모의 시장으로 부상한 중국 시장에서 살아남지 못하는 기업은 결국 경제 전쟁터에서 패퇴할 수밖에 없다. '이념'

을 앞세운 '마오쩌둥 사상'이 성리학처럼 점차 과거의 유물로 사라져가고 '실용'을 앞세운 '덩샤오핑 이론'이 더욱 빛을 발하는 게 그렇다. 이런 흐름은 시간이 갈수록 더욱 가속화할 전망이다.

21세기에 들어와 정치 및 군사 면에서 21세기 동북아시대를 '신 중화질서'의 새로운 국제질서로 재편하고자 하는 자금성 수뇌부의 움직임도 '덩샤오핑 이론'에서 비롯된 것이다. 서구 학자들은 '덩샤오핑 이론'이 지니고 있는 경제적 자유주의와 정치적 보수주의 사이의 괴리를 지적하며 한계로 간주하고 있으나 이는 중국의 역사문화 전통을 제대로 이해치 못한 탓이다.

중국처럼 거대한 땅과 많은 인구를 지닌 나라에서는 정치와 경제를 나누는 것 자체가 실패를 예고한 것이다. 정치안정이 전제되지 않고는 경제성장은 불가능하다. 마오쩌둥이 생전에 자신의 사후 중국이 어떻게 될 것인지 묻자 덩샤오핑이 군벌시대로 후퇴할 것이라고 대답한 일화는 중국사의 핵심을 꿴 탁견이다.

천안문 사태의 비극적 측면에 지나치게 주목한 나머지 그가 이룬 공업을 폄하하는 것은 잘못이다. '독재' 자체가 문제가 아니라 '독재'의 결과에 주목할 필요가 있다. 당시 그가 '독재'의 결단을 내리지 않았다면 오늘이 중국은 기약하기가 어려웠다. 덩샤오핑을 '신 중화제국'의 실질적인 창업주로 간주할 수 있는 이유다.

실제로 '신 중화제국'은 덩샤오핑의 치세 때 완전히 일변했다. 그럼에도 그가 천안문에 마오쩌둥의 사진을 계속 걸어두게 한 것은 삼국시대 말기 위나라 권신 사마염이 조환을 죽이지 않고 선양을 받은 것과 닮았다. 마오쩌둥 사진은 사마씨가 선양을 통해 조씨의 위나라를 승계했듯이 이제 '신 중화제국'의 주인이 모씨에서 등씨로 넘어갔음을 상징하는 기념물일 뿐이다. 현재 중국이 헌법에 '마오쩌둥 사상'과 '덩샤오핑 이론'을 기록해 놓고 있는 게 이를 뒷받침한다.

마오쩌둥의 유체를 안치한 인민대회당은 '신 중화제국' 창업주인 마오쩌둥의 위패를 모신 '태조'의 사당이다. '태조' 못지않게 대공을 세운 '태종' 덩샤오핑은 그의 사후 골회骨灰가 바다에 뿌렸기 때문에 사당도 없다. 그는 자신의 통치이념을 충실히 수행할 후계구도를 완성시켜 인민들의 마음속에 영원히 남는 쪽을 택했다. 과연 누가 '신 중화제국'의 실질적인 창업자에 해당할까?

한동안 중국에서는 '번신불망 마오쩌둥翻身不忘毛澤東, 치부불망 덩샤오핑致富不忘鄧小平' 속언이 유행한 적이 있다. 인민들을 정치적으로 해방시켜 준 것은 마오쩌둥의 은공이고, 인민들을 부유하게 해준 것은 덩샤오핑의 은공이니 이를 잊지 말자는 뜻이다. 인민들이 두 사람에 대해 공히 감사해하고 있음을 알 수 있다.

마오쩌둥은 '득천하'에 남다른 재주가 있었다. 천하를 삼키려는 기백과 뛰어난 정치재능과 전략, 중국의 고전을 두루 꿰는 해박한 지식, 기존의 가치에 얽매이지 않는 문학적 상상력, 거칠 것이 없는 천마행공天馬行空의 행보 등이 그를 '중화제국'의 초대 황제로 만드는 근본요인으로 작용했다. 실제로 문장과 서예, 시문, 강연 등에서 그 누구도 감히 그를 추월하지 못했다. 독보적인 존재였다. 게다가 그의 무공 또한 화려하기 짝이 없다. 항일과 국공내전, 한국전쟁의 항미원조, 중소분쟁 등 세기사적인 싸움에서 그는 한 번도 패하지 않았다. 중국의 역대 황제를 통틀어 문무 양면에서 이런 위업을 이룬 사람은 그리 많지 않다. 진시황과 한무제, 위무제 조조, 강희제 등 몇 사람에 지나지 않는다.

덩샤오핑은 마오쩌둥과 완전히 다른 유형의 사람이다. 고전과 시문에 특별한 재능이 있었던 것도 아니고, 마오쩌둥처럼 호언장담을 즐겨 하지도 않았다. 그러나 그는 나름대로 뛰어난 덕목을 지니고 있었다. 성격이 침착하고, 일에 과단성이 있었고, 말보다 실천을 중시하고, 명분보다 실리를 추구하는 등의 '실사구시'를 추구한 게 그것이다. 그는 모든 것을 '실사구시' 4자에 녹여 냈다. 마르크시즘도 예외가 아니다. 마오쩌둥은 이를 중국고전과 버무려 '모순론'과 '실천론'이라는 그럴듯한 '마오쩌둥 사상'을 주조해 냈지만 그는 이런 복잡한 일을 하지 않았다. 대신 모든 것을 간명한 슬로건으로 통합시켰다. '흑묘백묘' 등의 구호가 바로 그것이다.

그가 마오쩌둥과 달리 '살생'을 즐겨하지 않은 것도 이와 무관하지 않다. 그는 부득이 반격을 가할 때도 최대한 지나치게 하지 않으려고 애썼다. 화해의 여지를 남긴 것이다. 그의 치세 때 후야오방, 자오즈양 등이 비록 실각을 했지만 천수를 누린 이유가 여기에 있다. 이는 원하는 목표를 챙길 수만 있다면 방법론은 그다지 중요하지 않다는 '흑묘백묘'의 논리가 적용된 결과로 볼 수 있다.

그의 이런 특징은 3권으로 이뤄진 『덩샤오핑 문집』이 '실천론'과 '모순론' 등 복잡한 사상론을 담은 5권짜리 『마오쩌둥 문집』보다 볼 름도 적고 내용 또한 그의 담화로 꾸며진 것을 보면 대략 알 수 있다. 그는 마오쩌둥과 달리 전고를 인용하지도 않았고, 어려운 말은 더더욱 사용하지 않았다. 모든 게 일반인이 쓰는 일상적인 용어였다. 마오쩌둥이 여색을 밝히며 역대 왕조의 '황제'처럼 군림한 것과 달리 그는 말 그대로 평범한 서민적인 삶을 즐겼고 가정을 중시했다.

지향하는 바도 달랐다. 마오쩌둥은 모든 것을 '정치'의 관점에서 바라보았다. 먹고 사는 '경제'도 뒷전이었다. 경제는 어디까지나 정치를 위해 복무하는 종속물에 지나지 않았다. 그가 1952년의 부패와 낭비 및 관료주의 타파를 내세운 '3반운동三反運動'을 비롯해 1956년의 '명방운동', 1958년의 '대약진운동', 1964년의 '4청운동', 1966년의 '문화대혁명' 등 죽는 순간까지 부단히 정치혁명 운동을 전개한 이유다. 그가 '득천하'에 성공하고도 '치천하'에서는 철저히 실패한 이유다. 정치이념에 치우치다 보니 인민들이 먹고사는 문제를 상대적으로 소홀히 한 것이다.

원래 '경제'와 '정치'는 불가분의 관계에 있다. 우선순위로 보면 오히려 '경제'가 '정치'보다 선결돼야 한다. 공자가 '선부후교'를 역설한 이유다. 그러나 공자를 봉건반동의 표상으로 비판한 마오쩌둥은 이런 평범한 진리를 애써 무시하거나 간과한 것이다. 머릿속에 있는 한정된 지식을 마치 불변의 진리인 양 착각하는 독선과 아집의 결과로 볼 수밖에 없다.

덩샤오핑은 이와 정반대되는 모습을 보였다. 그는 '정치'보다 오히려 '경제'에 관심이 많았다. 이는 그의 이력과 무관하지 않을 것이다.

그는 '중화제국' 창건 후 경제관련 국무원 부총리를 맡았다. 일정기간 재정부장도 맡았다. 1962~1966년 사이에는 당면한 경제문제 해결에 열정을 쏟았다. 1973년 다시 중앙무대에 복귀했을 때는 경제를 중시한 일로 인해 다시 쫓겨나기도 했다. 당시 어떤 사람은 그를 단순한 경제주의자라고 비난하기도 했다. 경제를 중시하는 그의 신념은 천하를 거머쥔 1978년 이후 그 빛을 발하기 시작했다. 오늘의 중국이 있게 된 배경이다. 1989년 그의 '개혁개방' 정책에 대한 강한 의문이 제기되자 그는 단호히 말했다.

"중국은 반드시 중국 특색의 사회주의 시장경제의 길로 나아가야 한다."

경제 우선의 기본노선은 결코 흔들릴 수 없다고 못 박은 것이다. 그가 이런 노선을 견지했기에 중국인의 먹고사는 문제가 해결되고, 부강의 길로 들어설 수 있게 됐다. '창조적 파괴'가 요구되는 난세이 시기에는 기존의 전통과 질서, 가치에 얽매이지 않는 마오쩌둥과 같은 혁명가가 필요하다. '경제'보다 '정치'를 우선할 수 있는 이유다. 그러나 일단 나라가 들어선 뒤에는 '경제'를 '정치'보다 앞세워야만 한다. 그래야 맹자가 갈파했듯이 인민이 '항산항심恒産恒心'을 지닐 수 있기 때문이다. 마오쩌둥은 이를 간과했다.

객관적으로 볼 때 '신 중화제국'이 21세기에 들어와 G2의 일원이 된 것은 전적으로 덩샤오핑의 공이다. 그는 '마오쩌둥 사상'을 온존시킨 가운데 문호를 개방하는 절묘한 선택을 했다. 중국이 소련 및 동구와 달리 체제의 연속성을 지키면서 초강대국의 반열에 오르게 된 배경이다. 그가 정의한 '사회주의 시장경제'는 중도 내지 중용을 역설한 공자 사상의 진수를 보여준다. 공자는 생전에 신분세습의 봉건체제를 혐오해 학덕을 연마한 군자들이 다스리는 새로운 세상이 속히 도래할 것을 고대했다. 그럼에도 결코 혁명적인 방법을 택하지 않았다. 덩샤오핑이 택한 개혁개방 노선도 이와 닮았다.『중용』이 역설하는 중화中和가 그것이다. 덩샤오핑이 혁명이 아닌 개혁을 택한 이유다.

덩샤오핑은 개혁개방의 기치로 흑묘백묘黑猫白猫를 내걸었다. 쥐를 잡는 과정에서 고양이 털 색깔은 하등 상관이 없다는 주장이다. '모로 가도 서울만 가면 된다'는 우리 속담과 취지를 같이 한다. 그는 마오쩌둥이 문화대혁명 때 이념을 뜻하는 홍紅을 역설하며 실용을 뜻하는 전專을 비판한 것과 정반대되는 입장을 취했다. 그게 주효했다. '신 중화제국'을 G2의 일원으로 만드는 데 성공한 비결이다.

현재 일각에서는 시진핑이 언젠가 상황이 되면 '사회주의 시장경제'라는 거추장스러운 외투를 벗어던지고 '유가경제'로 나아갈 것으로 내다보고 있다. 전 인민이 고루 잘사는 공부론共富論을 내세운 시진핑의 행보와 공부하며 돈을 번 유상儒商의 효시 자공의 행보에 주목한 결과다. 사상적으로 서로 통하고 있다는 것이다. 실제로 현재 '사회주의 시장경제'를 내세우고 있는 중국은 어떤 면에서는 한국 등 여타 자본주의 국가보다 훨씬 자본주의적인 모습을 띠고 있다.

특히 시진핑 체제에 들어와 자본주의화가 더욱 속도를 내고 있다. 이런 추세가 이어질 경우「자로」제9장의 '선부후교' 이념이 부각

될 수밖에 없다. 이는 '유가경제' 내지 자공을 '롤 모델'로 삼은 유상주의儒商主義의 출현을 의미한다. 수천 년에 달하는 중국의 전 역사를 통틀어 사상 처음으로 '중농주의'가 아닌 '중상주의'를 통치이념으로 내세운 제국이 출현하는 셈이다. 중국 시장을 석권하고자 하는 기업 CEO들은 중국 수뇌부의 이런 흐름을 예의 주시하면서 만반의 대비책을 강구할 필요가 있다.

이는 중국의 앞날이 인례仁禮와 성신誠信, 온고지신溫故知新, 자강불식自彊不息 등의 유가 덕목을 얼마나 잘 실행했는지 여부에 달렸다는 것을 의미한다.

탄탄한 재정과 뛰어난 학문을 모두 겸비하라

'신 중화제국'은 따지고 보면 이는 그리 새로운 것도 아니다. 일본은 이미 메이지 유신 때 '일본 자본주의의 아버지'인 시부자와 에이이치澁澤榮一의 세례를 받고 이미 그런 쪽으로 나아간 바 있다. 일본이 동아시아의 패자로 우뚝 선 배경이다. 비결은 양손에 『논어』와 주판을 나눠 쥐고 '유상주의'를 추구한 데 있다.

최근 서구 학자들은 전 세계를 무대로 정신없이 움직이는 중국의 비즈니스맨을 두고 '한 손에 주판, 한 손에 『논어』를 들고 있다'며 미래 중국의 에너지가 여기에 숨어 있다고 평하고 있다. 『논어』의 고향인 중국이 아편전쟁 이후 근 2세기 만에 바야흐로 '유상주의'의 본거지를 자처하려고 형국이다.

중국이 세계 각지에 「공자학원」을 개설해 공자와 『논어』를 널리 보급하며 경제·군사대국에서 문화대국으로의 도약을 꿈꾸고 있는 게 그렇다. 중국의 내로라하는 기업 CEO들이 『논어』 등 고전 배우기에 열을 올리는 것도 이런 맥락에서 읽을 수 있다. 북경의 인민대 국학원은 이런 열기를 반영해 아예 석·박사 과정까지 개설해 놓고 있다. 현재 중국 정부는 공자 사상을 현재처럼 인민교육 및 사회통합 등의 수신제가 차원에 그칠 것인지 아니면 국가통치 내지 국제정치 등의 치국평천하 차원까지 확대할 것인지 그 여부를 놓고 심각히 고민 중이다.

공자는 이미 『논어』에서 균배均配를 역설한 마르크스는 말할 것도 없고 '보이지 않는 손'을 역설한 아담 스미스와 '적극적인 재정개입'을 역설한 케인즈 등의 주장에 부합하는 얘기를 무수히 해 놓았다. 공자 사상을 치국평천하 차원으로 격상하는 것은 단지 시간문제일 뿐이다.

(공자론)

공자의 삶과 사상에 대하여

1. 공자의 삶

공자가 활약한 시기는 기원전 5~6세기는 이른바 춘추시대春秋時代 말기이다. 원래 춘추시대는 공자가 편수했다고 전해지는 『춘추』에서 나온 말이다. 춘추시대에 관해서는 여러 설이 제기되어 왔으나 대략 기원전 770년에 일어난 주왕실의 동천東遷에서 진晋나라의 세 권신인 조씨趙氏, 위씨魏氏, 한씨韓氏가 주왕실로부터 정식으로 제후로 인정받기 직전인 기원전 404년까지를 말한다.

춘추시대 말기는 오왕 합려闔閭 및 부차夫差와 월왕 구천句踐이 천하의 우이牛耳를 놓고 치열한 각축전을 벌였던 시기였다. 당시 오월 양국은 오랫동안 중원의 패권국으로 군림했던 진晋나라와 남방의 전통적인 강국이었던 초楚나라를 제압하고 제후들을 호령했다. 이 시기를 흔히 오월시대吳越時代라고 한다.

춘추시대 후반기를 특징짓는 '오월시대'는 춘추시대 전반기와 몇 가지 점에서 뚜렷한 차이점을 보였다. 춘추시대 전반기에 활약한 대표적인 인물은 제환공齊桓公과 진문공晉文公, 진목공秦穆公, 초장왕楚莊王 등이다. 이들은 존왕양이尊王攘夷를 기치로 내걸고 왕도王道에 가까운 패도覇道를 추구했다는 점에서 이후의 패자들과 차이가 있다.

물론 '오월시대'에도 '존왕양이'는 패업을 이루기 위한 중요한 명분이었다. 그러나 '오월시대'는 수단을 가리지 않고 패업을 이루는 것이 허용된 시기였다. '오월시대'에 활약한 오나라의 오자서伍子胥와 손무孫武, 월나라의 문종文種과 범리范蠡 등은 춘추시대 전반기를 주름잡은 제나라의 관중管仲과 진秦나라의 백리해百里奚, 진晉나라의 조최趙衰 등과 뚜렷한 차이를 보이고 있다. 이들은 전국시대에 활약하는 법가法家와 병가兵家 및 종횡가縱橫家의 선구자에 해당하는 자들이었다.

'오월시대'는 춘추시대와 전국시대를 잇는 가교의 역할을 한 시기였다. 전국시대로 들어가면 춘추시대와 달리 패자覇者의 의미가 퇴색되고 제왕帝王의 의미가 강화되기 시작한다. 이는 천하 구도가 수많은 제후국들이 난립하는 구도에서 전국칠웅戰國七雄으로 불리는 소수의 강대국이 각축전을 벌이는 구도로 재편된데 따른 것이기도 했다. 전국시대는 춘추시대에 나누어진 여러 제후국들이 서로 침략 전쟁을 벌인 기원전 403년부터 221년까지를 말한다.

공자가 활약하는 춘추시대 말기 즉 '오월시대'에 들어와 제후국들 사이에 전쟁이 빈발하고, 국내적으로도 내란이 꼬리를 물고 일어났다. 천자와 제후, 경대부, 사인의 신분적 위계질서가 엄정히 정해져 있던 봉건체제가 급속히 와해되기 시작한 이유다. 이는 주왕조의 통치조직이 근원부터 무너지기 시작했음을 의미했다.

이로 인해 대부분의 나라에서 공실의 권력은 점차 경卿으로 불리는 대신들에게 빼앗기고, 다시 실권은 대신의 가신들 수중으로 넘어가고 있었다. 노나라는 이런 양상이 가장 먼저 나타난 대표적인 나라였다. 당시 열국의 중앙권력은 이미 붕괴되었고 제후들은 왕에게 단지 명목적인 충성만 하고 있었다. 그러나 제후들 가운데 일부는 가신의 손아귀에서 놀아나는 괴뢰에 불과했다.

이 와중에도 전래 문화가 잘 보존된 일부 국가가 있었다. 송나라와 공자의 고국 노나라가 바로 대표적인 나라였다. 송나라는 은나라 말기의 현자인 미자微子 계啓의 봉국이다. 은나라의 개국조인 탕왕湯王의 제사를 모신 까닭에 주왕실로부터 특별한 대우를 받았다. 노나라 역시 약소국이면서도 강국의 손에 멸망되거나 병합되지 않고 전국시대 말기까지 유지되었다. 이는 당시 노나라가 왕조 창건의 공헌자인 주공周公의 나라이고, 동시에 옛 전통의 요람으로 여겨진 사실과 무관하지 않았다. 『춘추』가 다루고 있는 기원전 722년에서 481년 사이에 노나라가 침략을 받은 것은 고작 21회에 불과한 사실이 이를 웅변한다. 10년에 1번 꼴로 전쟁이 일어난 셈이다. 당시 거의 모든 나라가 매해 평균 1번꼴로 다른 나라와 전쟁을 치른 것과 대조된다.

그렇다고 노나라가 무사태평하게 지낸 것은 아니다. 노나라의 동북에 경계를 접하고 있는 강국 제나라는 시종 커다란 위협으로 존재했다. 전쟁 또한 빈발했다. 그럴 때마다 강대국 제나라는 끊임없이 노나라의 영토를 잠식했다. 노나라는 이를 되찾기 위해 부단히 노력해야만 했다. 당시 노나라는 약소국이었던 까닭에 여타 강국의 지원을 받아야만 했다. 이는 그만한 대가를 치러야만 했다. 수시로 강국의 원조를 요청한 탓에 본의 아니게 강국의 이용물로 전락하게 된 이유다. 그러나 노나라 역시 자신보다 작은 나라들에 대해서는 군림하는 자세로 임했고 기회만 있으면 그들을 침략해 병탄하기도 했다.

이런 상황에서 공자는 하급무사의 아들로 태어나 일찍이 부친을 잃고 빈곤한 생활 속에서 생장했다. 그는 사족의 기초교양인 예禮·악樂·사射·어御·서書·수數의 육예六藝를 습득했지만 여기에 만족하지 않고 15세경부터 위정자의 교양과목인 『시』·『서』·『예』·『악』의 연구에 몰두했다. 덕분에 30세에 나름 독자적인 입장을 정립할 수 있었다.

당시 노나라는 이른바 3환三桓이 장악하고 있었다. 3환은 춘추시대 중기 이후에 노나라에서 정권을 장악한 세 가문을 말한다. 기원전 771년에서 697년 사이에 재위했던 노환공魯桓公이 낳은 경보慶父와 숙아叔牙 및 계우季友의 후예를 가리킨다. 이들은 삼형제의 자를 따서 각각 맹손孟孫, 숙손叔孫, 계손季孫으로 불렸다.

이들 가운데 가장 성공한 사람은 막내 계씨였다. 계우는 합법적인 보위 계승자의 생명을 구하고 그 대가로 노나라 재상이 되어 큰 세력을 갖게 되었다. 이후 공자의 시대에 이르기까지 계씨의 종주가 노나라 재상 자리를 계속 차지했다. 노나라 정권은 기원전 562년에 이르러 이들 3환에 의해 완전히 분할되고 말았다. 이를 3분공실三分

公室이라고 한다. 기원전 537년에는 공실 소속의 중군中軍이 폐지되면서 계손씨가 그 중 4분의 2를 차지하고, 숙손씨와 맹손씨가 각각 4분의 1씩 차지하는 일이 빚어졌다. 이를 4분공실四分公室이라고 한다. 이로부터 노나라는 완전히 계손씨의 손에 들어가고 말았다.

공자가 16세가 되는 기원전 537년 계씨가 노나라의 반 이상을 차지했고, 맹씨와 숙씨는 각각 4분의 1씩 보유했다. 공실은 그들이 내는 희사금 등의 수입에 의존했다. 그렇다고 노나라 공실이 아무런 노력을 이울이지 않은 것은 아니다. 공자가 34세 되던 해에 노소공은 계씨의 종주를 죽이려고 시도했으나 간발의 차이로 실패하고 말았다. 노소공이 부득불 제나라로 망명을 간 이유다. 계씨는 노소공과 그 추종자들에게 정기적으로 말과 의복 등을 보내면서도 귀국은 허락하지 않았다. 군주를 추방한 셈이다. 결국 노소공은 제나라에서 죽고 말았다.

공자가 48세가 되는 기원전 505년, 계씨의 가신 양호陽虎가 맹약의 서명을 강요하기 위해 계씨의 종주를 구금했다. 이듬해인 기원전 504년, 3환의 종주를 비롯한 다른 사람에게도 또 다른 맹약을 강요했다. 당시 노나라의 실질적인 통치자는 노공도 3환도 아닌 양호였다. 2년 뒤 양호는 다른 가신들과 함께 3환의 종주를 모두 살해할 음모를 꾸몄다. 자신이 계씨의 종주 자리를 차지하려고 했다 마지막 순간에 발각되어 양호는 국외로 망명했다. 다른 나라도 상황은 비슷했다.

당시 공자는 신분세습의 봉건체제로 인해 바라던 자리에 나아갈 길이 없었다. 오랜 기간의 수양과 구직의 기간을 거친 덕분에 나이

51인 기원전 502년에 이르러 처음으로 노정공魯定公을 위해 출사하게 되었다. '중도中都의 재宰'가 그의 직함이었다. 공실 직할의 중도 땅을 관리하는 집사였다. 공자는 성실히 직책을 수행해 곧 두각을 나타냈다. 특히 제나라 공실과 가진 협곡의 회맹에서 노정공을 수행하여 커다란 성공을 거두었다. 덕분에 이때 상사上士에서 한 단계 격상된 하대부下大夫의 자격으로 국정에 참여하게 되었다. 덕분에 2~3년간 현직顯職에 있었다. 그의 생애에 가장 득의한 시기이기도 했다.

당시 노나라는 부패와 모순으로 가득 차 있었다. 대외관계에서도 곤경에 처해 있었다. 이는 공자가 생각한 바람직한 국가의 모습과 커다란 차이가 있는 것이었다. 그가 볼 때 어떻게든 개혁하지 않으면 안 되었다. 노정공을 비롯해 일부 인사는 공자의 식견과 수완에 의한 적잖은 기대를 했을 것으로 짐작된다. 그러나 하급사족에서 몸을 일으켜 겨우 하대부의 반열에 오른 공자에게는 벅찬 과제였다. 더구나 그에게는 우익羽翼도 없었다. 그가 아무리 뛰어난 학덕과 식견을 지녔을지라도 이는 도저히 해결할 수 있는 사안이 아니었다. 결국 개혁에 실패해 직책을 잃고 타국에 망명하게 된 배경이다. 당시 공자의 나이는 56세였다.

이후 공자는 14년간에 걸쳐 북으로는 위衛, 남으로는 진陳과 채蔡에 이르기까지 수레를 타고 천하를 주유하는 이른바 철환천하轍環天下를 행하게 되었다. 열국의 제후들은 그의 유세에 고개를 끄덕이면서도 받아들이지는 않았다. 객관적으로 볼 때 14년간에 걸친 그의 천하유세는 실패였다. 그러나 전혀 소득이 없었던 것은 아니다. 덕분에 그는 천하의 실정을 깊이 파악할 수 있었다. 식견과 사상도 원숙해졌다. 이 기간은 그의 생애에서 한 획을 긋는 매우 중요한 시기였다.

공자가 귀국한 해는 노애공 16년인 기원전 479년이다. 당시 그의 나이는 이미 69세에 달해 있었다. 이후 그는 겨우 4년 반밖에 살지 못했다. 그러나 지극히 짧은 이 기간은 공자의 삶을 완전히 새롭게 만드는 결정적인 계기로 작용했다. 무수한 제자를 길러내면서 유가 경전을 정리한 덕분이다. 당시 공자는 연륜과 공덕이 최고조에 달해 있었다. 명실상부한 당대 최고의 스승으로 불릴 만한 모든 자격을 완벽히 갖추고 있었다.

공자는 평소 중원의 문명이 자신에게 달려 있다고 생각할 정도로 커다란 자부심을 지니고 있었다. 그의 이런 생각은 너무 진지했던 까닭에 그 어떤 비판도 성내지 않고 적극 수용할 수 있었다. 그럼에도 그는 전지전능한 척하지 않았다. 반드시 다른 사람에게 물어 해당 분야의 지식을 얻었고, 사람들이 자기를 무식하다고 생각할지도 모른다는 것을 조금도 개의치 않았다. 제자들이 그와 의견을 달리할지라도 그들이 옳다는 것을 인정하는데 인색하지 않았다. 그러면 그럴수록 그의 권위는 손상되기는커녕 더욱 높아졌다.

공자는 특이하게도 해학을 즐겼다. 그의 해학으로 인해 경건한 주석가들이 누차 난처한 순간에 빠질 수밖에 없었다. 「양화」에는 향당 사람이 공자를 조롱한 내용이 나온다.

"위대하구나, 공자여! 그토록 박학博學한데도 이름을 이룬 게 없구나!"

이 말을 들은 공자는 자신을 변호하기는커녕 엄숙한 비판으로 받아들였다. 그는 제자들에게 이같이 말했다.

"내가 무슨 직업을 가질까? 말 모는 일을 할까? 아니면 활 쏘는 일을 할까? 나는 말 모는 일이나 할까 보다."

대부분의 주석가들은 이를 역설적인 대답으로 이해하지 않고 극단적으로 진지하게 생각해 공자가 겸손하게 답한 것으로 풀이했다. '꿈보다 해몽'에 가까운 해석이다. 후대의 주석가들은 「양화」에 나오는 다음 일화조차 액면 그대로 해석하기를 거부했다.

공자가 하루는 자유가 읍재로 있는 무성武城으로 갔다가 거문고와 비파 연주에 맞춰 부르는 노래를 들었다. 공자가 빙그레 웃으며 말했다.

"무성은 작은 고을인데 큰 도로 다스리니 닭을 잡은데 어찌 소 잡는 칼을 쓴단 말인가."

자유가 반박했다.

"전에 제가 부자에게 듣기로는, '군자가 도를 배우면 사람을 사랑하게 되고, 소인이 도를 배우면 부리기가 쉽게 된다'고 했습니다. 무성이 비록 작은 고을일지라도 어찌 예악을 가르치지 않을 수 있겠습니까?"

공자가 정색을 하여 제자들을 향해 이같이 말했다.

"애들아, 언偃의 말이 옳다! 방금 전에 내가 한 말은 농으로 한 것이다."

공자가 농으로 한 말이 기록된 것은 매우 특이한 일이다. 이는 문맥의 전후관계로 보아 틀림없이 공자가 농으로 한 말로 보는 게 옳다. 그럼에도 청대 말기의 고증학자인 최술崔述 등은 그같이 믿으려 하지 않았다. 공자는 성인도 아니고 완전무결한 사람도 아니었다.

「양화」에는 회견을 요청한 사람을 공자가 교묘히 따돌리는 일화가 실려 있다.

"유비孺悲가 공자를 만나려 했으나 공자가 칭병稱病해 사절했다. 분부를 받은 자가 방문을 나가자 공자는 만나기 싫어 고의로 사절한 뜻을 분부를 받은 자에게 넌지시 일러주기 위해 비파를 당겨 놓고 노래를 불렀다. 분부를 받은 자로 하여금 이를 듣게 한 것이다."

당시 공자는 '선의의 거짓말'을 한 셈이다. '유비'는 노애공의 명을 좇아 공자 밑에서 선비의 상례인 사상례士喪禮를 배운 인물이다. 『예기』「잡기 하」에 그의 언행이 기술되어 있다. 이 일화는 공자가 얼마나 인간적인 모습을 하고 있었는지를 여실히 보여주고 있다.

공자의 자제력은 대단했지만 결코 초인적인 것은 아니었다. 총애하던 제자 안회가 죽었을 때 슬픔을 억제하지 못했다. 그는 또 자신의 화를 그대로 드러내기도 했다. 「헌문」의 다음 일화가 그렇다. 하루는 고향친구 원양原壤이 거만하게 걸터앉아 공자를 기다렸다. 그러자 공자가 원양을 질책했다.

"어려서는 공손하지 못하고, 자라서는 덕행을 쌓지 못하고, 늙어서도 죽지 않으니 이는 바로 사람을 해하는 자이다."

그러고는 지팡이로 그의 정강이를 두드렸다. 당시 공자는 무례한 고향친구에게 너무 화가 나 이같이 행동한 것이다. 이는 성인의 모습이라기보다는 범부凡夫의 모습에 가깝다. 이런 일화를 통해 공자도 사람이라는 사실을 익히 알 수 있다.

그러나 역설적으로 공자의 위대한 면모는 역설적으로 바로 이런 인간적 약점이 여실히 드러난 데 있다고 해도 과언이 아니다. 공자는 나이가 든 후 젊었을 때 미천한 일을 많이 했다고 술회한 바 있다. 그가 전면적인 개혁을 주장한 것도 젊었을 때의 이런 경험과 무관하지 않을 것이다. 초대 사회과학원장을 지낸 궈모뤄는 공자를 위대한 혁명가로 보아야 한다고 주장했다. 문화대혁명 때 마오쩌둥을 비롯한 사인방이 공자를 수구반동의 괴수로 몰아간 것은 전적으로 정적을 제압하기 위한 정치적 구호에 지나지 않았다.

실제로 그의 사후 얼마 안 돼 신분세습의 귀족정치는 눈 녹듯이 사라졌다. 약육강식의 전국시대가 도래한 덕분이다. 살아남기 위해서는 신분보다 능력이 중요했다. 공자의 가르침을 익힌 자들이 열국에서 일거에 고관의 자리에 오르게 된 배경이다. 결과적으로 공자는 봉건제의 붕괴에 지대한 공헌을 한 셈이다.

모두 젊은 시절 천한 직업에 종사하면서 서민들에 대한 깊은 동정심을 갖게 된 덕분이다. 그는 일생 동안 이를 잊지 않았다. 장년 시절부터 그는 사람들에게 더 살기 좋은 세상을 만드는 방법을 설득했다. 점차 그의 주변에는 그의 가르침을 배우려는 젊은이들이 모였다.

그의 가르침의 요체는 간단하고도 명료했다. 공동체의 안정과 이익을 증진하는 상호협동 정신이 그것이다. 그는 이를 인仁으로 불렀다. 이는 위정자를 평가하는 기준이기도 했다. 위정자 자신의 권력과 부를 축적하는 능력이 아니라, 백성의 행복과 안녕을 가져올 수 있는 능력이 중시된 이유다. 그는 이를 행할 수 있는 자가 진정한 위정자인 이른바 군자君子라고 했다.

그러나 현실적으로 그런 군자 타입의 군주는 없었다. 나아가 신분세습의 장벽으로 인해 그런 자질을 지닌 자는 위정자의 자리에 나아갈 수 없었다. 여기서 이상적인 '군자 위정자'와 신분세습의 장벽에 막힌 현실적인 '군자 사인士人'이 나뉘게 됐다. 이상과 현실의 괴리였다. 그러던 것이 능력이 중시되는 전국시대가 되면서 '군자 사인'이 '군자 위정자'로 변신하는 게 가능해졌다. 이상과 현실의 갭이 좁혀진 덕분이다.

물론 춘추시대 말기에 활약한 공자는 이런 모습을 보지 못했다. 그러나 그는 '군자 사인'이 '군자 위정자'로 자연스럽게 변신하는 시대가 찾아올 것을 의심하지 않았다. 공자는 신분세습에 의해 위정자가 된 자들이 계속 정사를 떠맡는 한 자신이 생각하는 세상은 구현될 수 없다는 사실을 명백히 인식하고 있었다. 그는 우회적인 방안을 택했다. 혁명 대신 개혁을 택한 이유다.

그는 열국의 군주들을 대상으로 정부의 행정기능을 재능과 덕망이 있고 적절한 인문교양 학습을 익힌 대신들에게 위임할 것을 설득했다. 나아가 젊은이를 교육시켜 여러 공직에 진출시키고자 했다. 교육할 때는 빈천한 출신이나 부귀한 출신을 동등한 조건으로 받아들였다. 오직 재능과 근면이라는 두 가지 조건만 요구했다. 이게 주효했다. 그의 사후 이내 능력을 중시하는 전국시대가 찾아오면서 그의 가르침을 받은 자들이 대거 약진하는 일이 빚어졌기 때문이다. 일각에서 전국시대를 '사인士人의 시대'로 부르는 이유다. 이는 인문교양 학습을 익힌 '군자 선비'를 대거 육성해 '군자 위정자'로 변신시킴으로써 자연스레 새로운 세상을 만들고자 한 공자의 개혁 프로그램이 결국 성공을 거두게 되었음을 의미한다.

공자는 말년에 이르기까지 줄곧 일국의 국정을 담당하면서 이를 직접 실현시키고자 했다. 자신이 그리는 세상을 직접 자신의 손으로 만든 뒤 눈으로 확인하고자 한 것이다. 그러나 이는 그의 꿈에 지나지 않았다. 그의 유세를 접한 열국의 군주 모두 그에게 실권을 부여할 의향이 조금도 없었다. 공자를 해롭게 생각지는 않았지만 일단 권력을 쥐어주면 위험한 인물이 될 수도 있다고 생각한 탓이다. 대신 공자의 제자에게는 비교적 높은 관직을 주었다. 이들 제자들 덕분에 마침내 노나라에서 관직을 얻게 되었지만 그것은 지위는 높을 뿐 실질적인 권한은 없는 명예직이었다.

14년간 계속된 천하여행이 아무런 성과도 없이 끝나자 공자는 마침내 제자들의 권유를 받아들여 귀국길에 올랐다. 그는 천하유세 과정에서 자신의 주장을 위해서는 그 어떤 시련과 박해도 기꺼이 감수할 수 있는 사람이라는 것을 몸으로 보여주었다. 나아가 내심 뛰어난 제자들을 대거 육성해 자신의 이상을 널리 전파하고자 하는 의지를 더욱 굳히게 되었다. 이게 귀국 후 4년 반밖에 남지 않는 나머지 삶을 휘황하게 만든 근본 배경이다.

노나라로 돌아온 공자는 곧바로 학당을 열고 제자교육에 모든 노력을 기울였다. 이때의 제자들을 후기제자後期弟子라고 한다. 천하유세를 떠나기 전의 제자를 전기제자前期弟子로 부르는 것과 대비된다. 『논어』에 나오는 자공과 자로 및 안회 등은 모두 전기제자이다. 후기제자를 대표하는 인물은 증자와 자하였다.

공자는 『춘추』를 비롯한 고전을 정리하는 와중에 숨을 거뒀다. 귀국한 지 4년 반만의 일이다. 그의 생애에는 별로 극적인 요소가 없다. 나아가 그의 포부 가운데 실현된 것 또한 없다. 공자가 세상을 떠났을 때 모든 사람들이 그를 실패자로 여긴 것도 분명하다. 그 자신도 그같이 생각했을 공산이 크다. 그러나 그는 불멸의 족적을 남겼다. 바로 위대한 제자들을 배출한 게 그렇다. 그의 사후 그의 제자들이 사방으로 퍼져 그의 학문과 사상을 전했다. 후대에 '만세萬世의 사표師表'로 칭송받게 된 근본 배경이 바로 여기에 있다.

2. 공자의 사상

군자개념의 완성

공자 이전까지만 해도 군자君子는 문자 그대로 '군주의 아들'로 군주의 친척을 의미했다. 이는 생산에 종사하는 평민 즉 '소인'과 대비되는 말로 사용되었다. 초기 문헌에는 세습귀족을 지칭하는 의미로 사용되었다. 그러나 공자는 그 의미를 완전히 바꿔 놓은 것이다. 공자가 말한 '군자'는 학덕을 겸비한 이상적인 위정자를 지칭한다. 후세에는 말할 것도 없이 모두 공자가 말한 의미로 통용되었다.

공자는 제자들에게 끊임없이 군자유君子儒가 될 것을 강조했다. 현실적으로 위정자가 되지 못할지라도 '정신적인 위정자'로서의 품위를 잃어서는 안 된다는 얘기다. 공자에 의해 '군자'가 새로운 의미로 통용됨에 따라 유가의 행동규범에 따르지 않은 군주들은 자동적으로로 '비군자' 즉 '소인'으로 분류되었다. 이런 풍조가 봉건질서를 무너뜨리는데 결정적인 공헌을 했다. 공자는 '군자'를 이상적인 위정자의 개념으로 새롭게 해석하면서 자신의 학문을 곧 군자학君子學으로 정의했다. 군자는 치국평천하를 본령으로 삼는 까닭에 '군자학'은 곧 치평학治平學에 해당하는 셈이다.

'군자'에 접미어처럼 붙어 있는 유儒는 도대체 어떤 의미를 지니고 있는 것일까? 이는 공자가 자신의 학단을 생전에 '유'로 정의했음을 시사하고 있다. 후대인이 공자의 학통을 이은 일군의 학자집단을 가리켜 유가儒家로 통칭한 것도 이와 무관하지 않다. 당시 공자 문하와 외부의 사람들이 '유'를 동일한 취지로 해석했던 것은 아니다. 이는 대유大儒와 소유小儒로 구성된 2인조 도굴범에 관한 『장자』「외물外物」의 일화를 보면 쉽게 알 수 있다.

이에 따르면 하루는 『시경』이나 『예기』에 의거해 무덤을 파헤치는 2인조 도굴범이 무덤을 파헤치게 되었다. 이때 밖에서 망을 보고 있던 '대유'가 무덤 속에 있는 '소유'에게 큰소리로 말했다.

"곧 동이 틀 것 같다. 일은 잘 되어 가고 있는가?"

'소유'가 무덤 속에서 대답했다.

"아직 치마와 속옷을 못 벗겼습니다. 입 속에 구슬도 들어 있습니다. 『시경』에 이르기를, '짙푸른 보리는 무덤가에 무성한데 생전에 남에게 베푼 일도 없는 자가 어찌 구슬을 물고 있는가?'라 했습니다."

이윽고 '소유'가 송장의 살쩍을 잡고 턱밑을 누르자 '대유'가 쇠망치로 그 턱을 부수고 천천히 두 볼을 벌려 송장의 입안에 있는 구슬을 흠집 없이 끄집어냈다.

이 일화는 말할 것도 없이 유가를 비판하기 위해 만들어낸 것이다. 중국에서 도굴은 매우 오랜 역사를 갖고 있다. 후장의 풍속이 남아 있는 한 귀중한 보물이나 장식품이 많이 부장된 귀족이나 호족의 무덤은 대부분 도굴을 면할 수 없었다. 삼국시대 당시 조비曹丕의 부인 곽태후郭太后는 자신의 언니가 죽었을 때 사당을 세우는 등 후장을 하려고 하자 이를 적극 만류하며 이같이 말한 바 있다.

"고래로 사방의 분묘가 도굴된 것은 후장에서 비롯된 것이다."

그럼에도 후장은 근대에 이르기까지 끊이지 않았다. 도굴이 계속 이어지는 이유다. 도굴은 도굴꾼이나 비적들에 의해 저질러진 것만도 아니었다. 전한 말기의 유흠劉歆이 지은 『서경잡기西京雜記』에 따르면 전한제국 당시 광천왕廣川王 거질去疾은 도굴을 즐겨 수많은 무뢰배를 모아 자신의 영내에 있는 옛 무덤을 파헤친 뒤 이에 관한 기록을 남겼다.

본래 능묘는 땅 속 깊은 곳에 만든 까닭에 지상에서는 그 위치를 전혀 알 길이 없다. 관을 두는 현실玄室로 통하는 지하의 연도羨道에 길목을 차단하는 장치 등을 두어 도굴범을 막았다. 그런데도 고대의 능묘는 거의 대부분 어김없이 도굴을 당했다. 이는 능묘의 내부를 잘 아는 자의 소행으로 보아야 한다. 『장자』에 등장하는 '대유'와 '소유'도 대략 그런 자들일 것이다. 본래 장주莊周는 학문이 매우 깊은 인물로 유학에도 남다른 조예가 있었다. 그가 『장자』「외물」에서 유가를 도굴범으로 묘사한 것도 당시 속유俗儒들의 비루한 행태를 비유적으로 표현한 것이다.

인문주의人文主義

공자가 이상적으로 생각한 '군자의 치평'은 국가 및 천하단위에서 이뤄지는 인간의 정치적 행위를 말한다. 이는 기본적으로 인간에 대해 전폭적인 신뢰 위에서 출발하고 있다. 공자는 자신의 인간에 대한 이런 신뢰를 '인仁'으로 표현했다. '인인人人'을 합성한 이 글자는 사람간의 신뢰 위에서 생성된 인간성을 의미한다. 그는 평생을 두고 이 '인'을 실현하기 위해 헌신했다. '인'이 실현된 상태를 '성인成仁'이라고 한다. 이는 공자가 이상적인 위정자로 상정한 '군자'가 평생을 두고 지향해야 할 목표이기도 하다. 공자 사상에서 차지하고 있는 '인'의 의미가 이처럼 크다.

그러나 공자는 특이하게도 생전에 '인'에 대한 구체적인 개념정의를 내리지 않았다. 『논어』 500장章 가운데 '인'을 언급한 대목이 모두 60여 곳에 달하나 모두 간접적인 언급에 불과할 뿐이다. 이는 공자가 '인'을 직접적으로 설명하기 보다는 구체적인 사례를 들어 제자들이 각자 그 의미를 천착하도록 하는 방식을 택한 데 따른 것이다. 그는 이 방법이 '인'을 이해하는 데 훨씬 효과적이라고 판단했음에 틀림없다.

공자가 생각한 '인'은 머리와 책 속에 들어 있는 추상적인 개념이 아니라 일상생활 속의 다양한 인간관계에 내재해 있는 매우 실천적인 개념이다. 이는 삼라만상에 두루 내재해 있다고 간주한 절대불변의 진리인 성리학의 '천리天理' 개념과 커다란 차이가 있다. 공자의 '인'은 인간에 대한 전적인 신뢰가 선행되어야만 실현가능한 덕목이다. 이는 인간 자체의 영원한 승리를 의미한다.

『논어』에 나오는 공자의 '인'은 사람을 용서하는 서인恕人과 사람을 사랑하는 애인愛人, 사람을 아는 지인知人 등으로 표현돼 있다. '인' 속에는 남을 자신처럼 사랑하고, 용서하고, 이해한다는 의미가 두루 담겨 있다. 내용상 소크라테스의 '지知'와 부처의 '자비慈悲', 예수의 '애愛' 등과 서로 통하면서 동시에 이를 총괄적으로 내포하고 있다. 공자의 군자학 내지 치평학을 달리 인학仁學으로 표현할 수 있는 이유다. 21세기 스마트 혁명 시대의 용어로 풀이하면 인간관계학人間關係學 내지 인문학人文學으로 해석할 수 있다.

그럼에도 후대의 성리학은 인간의 감성을 인욕人欲으로 간주해 타기 대상으로 삼음으로써 공자의 '인'을 크게 왜곡시켜 놓았다. 공자의 '인'은 인간의 자연스러운 성정을 억압하는 일체의 편견을 배격한 것은 물론 인간성과는 동떨어져 있는 귀신의 존재도 부정한 게 특징이다. 공자가 '괴력난신'에 대한 언급을 극도로 꺼린 사실을 통해 쉽게 알 수 있다. 그렇다고 공자가 사후문제와 내세문제 등을 전혀 생각지 않은 것은 아니다. 단지 '인'을 추구하는 데 도움이 안 된다고 보아 치지도외置之度外한 것일 뿐이다.

공자의 '인'은 인간과 세상에 대한 관계에서 편재해 있는 까닭에 구체적으로는 인간과 인간, 인간과 자연, 개인과 국가사회 등의 총체적인 관계에 대한 고찰에서 출발하고 있다. 인간이 모든 관계의 중심에 서 있는 점에 주목할 필요가 있다. 우주 만물 가운데 인간을 가장 귀하게 여기는 이른바 '인귀人貴' 사상은 바로 공자의 '인' 개념에서 나온 것이다.

'인귀' 사상은 인간을 자연과 국가사회의 중심으로 간주하는 것을 말한다. 역사문화의 주체이자 창조자로 파악한 결과다. 인간의 합리적인 이지에 대한 전폭적인 신뢰가 전제된 것이다. 동양은 서양보다 무려 2천여 년이나 앞서 인간을 중심으로 하는 계몽주의 시대가 이미 활짝 열린 셈이다. 지知에 대한 공자의 해석이 이를 뒷받침한다. 『논어』「옹야」의 해당 구절이다.

"백성들을 의롭게 만드는 데 힘쓰고, 귀신을 경원敬遠하면 가히 '지'라고 할 수 있다."

'경원'과 관련해 여러 해석이 있으나 대략 군주나 상관을 대하는 것처럼 귀신에게도 합당한 것은 행하되 그 이상의 것은 안 된다는 뜻으로 풀이하는 게 그럴 듯하다. 공자가 활약하는 춘추시대 말기만 하더라도 사람들 모두 귀신을 섬기는 제사를 매우 중시했다. 묵가가 이런 흐름을 상징한다. 그런 상황에서 공자는 귀신을 섬기는 제사와 백성을 섬기는 치국평천하를 분명히 구분하고 나선 것이다. 귀신을 경원하는 방법을 제시한 덕분이다. 정치와 종교의 엄격한 분리를 주장한 셈이다. 서양이 르네상스시기에 학술문화의 종교로부터의 해방을 선언한 것보다 수천 년이나 앞서 있다.

공자의 '인'은 인간의 문제를 초월한 사안을 배제하는 데서 출발하고 있다. 인간의 문제와 초월적인 문제를 구별할 줄 아는 '지'를 기초로 인간 중심의 인문주의에 충실한 이유가 여기에 있다. 그렇다면 보다 구체적으로 '인'의 기초가 되고 있는 '지'는 과연 어떤 것을 말하는 것일까? 「위정」에 나오는 공자의 언급에 그 해답이 있다.

"유由야, 너에게 안다는 것이 무엇인지 가르쳐 줄까? 아는 것을 안다고 하고, 모르는 것을 모른다고 하는 것이 바로 아는 것이다."

동서고금의 '지'에 관한 언급 가운데 가지可知와 불가지不可知를 구별해 말하는 것이 바로 '지'라고 말한 이 대목만큼 명쾌한 설명은 없다. 공자가 말한 '지'는 단순히 가지와 불가지를 구별하는 수준에서 그치는 게 아니다. 이미 알고 있는 기지既知를 바탕으로 아직 알지 못하는 미지未知를 예견하고, '가지'를 바탕으로 '불가지'를 탐구하는 수준에 이르는 것을 뜻한다. 「술이」에 나오는 공자의 다음 언급이 이를 뒷받침한다.

"많이 들으면서 그 가운데 좋은 것을 가려 좇고, 많이 보면서 그 가운데 좋은 것을 가려 기억해 두는 것이 '지'를 얻는 순서이다."

'지'를 판별하고 실천하는 주체가 바로 인간 자신이라는 점을 역설하고 있다. 공자의 '인'이 합리적이면서도 이성적인 '지' 위에 성립해 있다는 사실을 보여준다. 공자는 「이인」에서 '지'를 바탕으로 하지 않은 '인'은 불완전할 수밖에 없다고 지적했다.

"불인자不仁者는 오랫동안 곤궁한 곳에 처하지 못하고, 오랫동안 즐거움에 처하지 못한다. 인자는 '인'을 편히 여기고, 지자는 인을 이롭게 여긴다."

'인자'와 '지자'가 두 개의 실체가 아닌 하나의 실체임을 보여준다. 여기의 '불인자'는 '지'가 뒷받침되지 못한 사람을 의미한다. 그럼에도 맹자는 공자의 '인지합일' 개념을 해체해 '인'의 발단은 측은지심惻隱之心, '지'의 발단은 시비지심是非之心에 있다고 주장했다. 맹자가 말한 '인'에는 공자 사상에 나오는 '인'과 같은 통일적인 사고가 결여돼 있다. 공자는 결코 '인의예지'의 덕목을 인간의 본원적인 인성이라고 말한 적이 없다.

공자가 말한 '인의예지'는 인간이 타인 및 국가사회를 비롯한 모든 타자와의 관계 속에서 실천하는 덕목을 뜻한다. 맹자가 인의예지의 '4덕'을 떼어내 이른바 '4단설四端說'을 만들어낸 것은 자신이 주창한 왕도王道를 합리화하려는 속셈에서 비롯된 것이다. 성리학은 여기서 한 발 더 나아가 '4단설'을 극히 추상적인 '천리인욕설'과 결합시켜 '이기론'을 만들어냈다. 인간의 자유로운 성정이 극도로 억압당한 이유다. 덩달아 공자 사상도 일대 왜곡이 빚어졌다. 21세기 스마트 혁명 시대는 인문주의에서 출발하고 있다. '인'과 '지'를 하나로 녹인 공자 사상에 대한 올바른 이해가 절실히 필요하다.

역사적 전개

공자가 세상을 떠날 무렵에 태어난 묵자는 유가의 이중적인 태도를 신랄히 비판하면서 하늘의 의지를 뜻하는 이른바 천의天意 내지 천지天志를 크게 강조했다. 묵가의 '천'은 마치 기독교의 '야훼'를 닮아 있다. 그러나 공자가 생각한 '천'은 결코 묵자와 같은 종교적인 '천'이 아니다. 도덕적 힘의 원천으로서의 '천'이 정답이다. 공자는 결코 '천'이 속세의 일에 작용해 상벌을 내리는 식의 미신적인 주장을 한 적이 없다. 스스로 실천한 덕행에 대한 최대의 보상은 마음의 평화와 다른 사람을 도울 때 얻는 만족감에 불과할 뿐이다. 행해야 할 바를 행하는지 여부와 성공을 거둘지 여부는 직접적인 관계가 없다. 실제로 공자는 천명이 군주의 덕행에 따라 상벌로 표현된다고 말한 적이 없다. 「계씨」에 나오는 다음 언급을 보면 '천'에 대한 공자의 기본 입장을 확인할 수 있다.

"군자에게는 세 가지 두려움이 있다. 하늘의 명령인 천명天命, 덕망이 높은 대인大人, 성인의 말씀인 성인지언聖人之言이 그것이다. 소인은 천명을 알지 못해 이를 두려워하지 않고, 대인을 함부로 대하고, 성인지언을 업신여긴다."

공자의 하늘에 대한 기본 입장을 외천명畏天命이라고 한다. '외천명'은 우주의 기본원리를 도덕의 궁극적인 근거로 보는 자세를 말한다. 이는 묵자처럼 인격신에 가까운 '천'을 언급한 것도 아니고, 맹자처럼 인간이 나아가야 할 길인 인도人道에 대비되는 천도를 말한 것도 아니다. 「양화」에 나오는 다음 일화를 보면 공자가 말한 '천'의 의미를 쉽게 알 수 있다. 이에 따르면 하루는 공자가 제자들에게 이같이 말했다.

"나는 앞으로 말을 하지 않으려고 한다."

자공이 물었다.

"선생님은 말씀을 하지 않으면 저희들은 무엇을 기록해 후인에게 전할 수 있겠습니까?"

공자가 반문했다.

"하늘이 무슨 말을 하던가! 사계절이 운행되고 만물이 태어나지만 하늘이 무슨 말을 하던가!"

인간사 역시 우주의 로고스와 똑같은 이치에 의해 움직이고 있는데 무엇을 중언부언할 필요가 있느냐는 취지이다. 공자의 '외천명' 자세는 우주의 질서인 로고스를 '인도'의 이치와 동일시한 경건한 자세를 의미하는 것으로 결코 인격신에 대한 숭경을 의미하는 게 아니다. 공자가 상례喪禮 및 장례葬禮, 제례祭禮 등에 큰 관심을 기울였음에도 순장殉葬 내지 후장厚葬 등을 반대한 이유가 여기에 있다.

당시 조상신은 번영과 재난을 관장하는 것으로 여겨졌다. 공자는 이를 무시했다. 일의 성패는 세습적인 신분에 있는 게 아니라 개인의 능력과 노력에 달려 있다고 판단한 결과다. 공자는 '천'을 도덕적 섭리 내지 우주의 조화라는 개념으로 사용했다.

공자는 '명'을 후대의 유가들과 같이 '운명'의 개념으로 사용한 적이 한 번도 없다. 그는 미지의 운명에 자신을 맡긴 적도 없고, 남에게 그같이 충고한 적도 없다. 오직 개인의 성실한 노력을 통한 도덕적 책무의 완수와 그 공효를 강조했을 뿐이다. 공자가 말하는 군자는 기본적으로 위정자로서의 학덕을 닦는 데 기본목표를 두고 있는 까닭에 '부귀'와 '장수'에 연연하지 않는다. 군자가 관심을 갖고 추구할 목표는 아니기 때문이다.「위령공」에 나오는 공자의 다음 언급을 보면 이를 쉽게 알 수 있다.

"군자는 도를 도모하지 먹을 것을 도모하지 않는다. 아무리 열심히 밭을 갈아도 굶주림이 그 안에 있을 수 있으나 학문을 하면 늘 봉록이 그 안에 있다. 군자는 도를 이루지 못할까 걱정할 뿐 가난을 걱정하지 않는 이유다."

중국의 수뇌부가 21세기 G2 시대에 들어와 공자를 중국문명의 아이콘으로 띄우고 있는 움직임도 이런 맥락에서 이해할 수 있다. 여기에는 20세기 초 5·4 운동이 격렬하게 전개될 당시 전래의 유학을 적극 엄호하고 나선 펑여우란馮友蘭 등의 공이 컸다. 소위 신유학파新儒學派이다. 이들은 20세기 후반 중국의 수뇌부로 하여금 마르크시즘을 대신해 유학을 21세기의 새로운 통치사상으로 강구하도록 만드는 데 결정적인 공헌을 했다. 현대 중국의 발전에 이들이 기여한 공이 적지 않다는 평을 받는 이유다.

주목할 것은 공자 사상이 유럽의 민주주의 발전 및 프랑스혁명에 결정적인 배경이 된 점이다. 프랑스 사상을 통해 새로운 통치이념을 찾고자 했던 당시 미국의 지식인들에게도 지대한 영향을 미쳤다. 미국 민주주의의 원류를 거슬러 올라가면 공자 사상에 이르게 된다. 토머스 제퍼슨이 미국정치의 중요한 초석으로 제안한 교육제도가 중국 과거제도와 현저히 유사성을 띠고 있었다는 사실이 이를 뒷받침한다.

그럼에도 아편전쟁으로 인해 청조가 형편없이 무너지는 19세기 중엽을 계기로 이런 사실이 이내 무시 내지 망각되고 말았다. 서양 열강의 제국주의적 팽창이 이런 흐름을 부추겼다. 21세기에 들어와 중국이 문득 G2의 일원으로 우뚝 서면서 상황이 일변했다. 서구의 정치지도자들이 중국을 방문할 때면 『논어』의 한 두 구절을 인용하며 친근감을 표시하는 게 그렇다. 자금성의 수뇌부 역시 이를 최대한 활용해 공자를 중국문명의 아이콘으로 띄우는 데 박차를 가하고 있다. 적당한 시기에 거추장스러운 마르크스 공산주의의 옷을 벗어던지고 '유가 경제'의 옷으로 갈아입을 것이라는 전망이 나오는 이유다.

저자의 말

우리나라를 포함해 중국과 일본, 월남 등 동아시아에서 공자의 언행을 기록한 『논어』만큼 오랜 세월에 걸쳐 지속적으로 읽힌 책도 없을 것이다. 공자가 죽은 지 2500여 년이 지난 지금도 『논어』는 많은 사람들의 애독하는 최고의 교양서이기도 하다.

그러나 사실 『논어』에 나오는 구절은 매우 짧은 언설들로 이뤄져 있다. 『성경』처럼 재미난 일화로 구성된 것도 아니고 『삼국지』처럼 흥미진진한 역사적 사실을 전해주는 것도 아니다. 무미건조한 격언집으로 오해를 살 소지가 다분하다. 그럼에도 무슨 이유로 수천 년 동안 이토록 널리 읽혀지고 있는 것일까? 인간의 이지理智에 한없는 신뢰를 보낸 공자의 언행을 수록했기 때문이다.

20세기 이후 내로라하는 학자들이 공자를 서양의 소크라테스와 비교하는 것도 이런 맥락에서 이해할 수 있다. 대표적인 인물로 미국의 저명한 중국학자 크릴을 들 수 있다. 그는 『공자, 인간과 신화』에서 수천 년간에 걸쳐 인간에게 무한한 감동을 준 사상가로 서양의 소크라테스와 동양의 공자를 든 바 있다.

그는 두 사람을 인류 역사상 최초로 개인주의의 만연으로 공동체가 붕괴하는 조짐을 보일 때 전래의 가치와 전통을 회복하기 위해 헌신적으로 노력한 인물로 평가했다. 그의 분석에 따르면 소크라테스의 철학적 사유는 플라톤에 의해 정교하게 다듬어졌으나 이후 플로티노스 등에 의해 신비주의적인 '신 플라토니즘'으로 빠지고 말았다. 소크라테스 철학의 원형을 찾아내기 위해서는 반드시 크세노폰을 통해야만 하고, 공자 사상 역시 반드시 『논어』를 통해야만 그 진면목을 알 수 있다는 것이다.

이는 필자가 2015년 말에 펴낸 『동서 인문학의 뿌리를 찾아서』에서 주장한 내용과 거의 비슷하다. 인간 소크라테스의 진면목을 알기 위해서는 반드시 크세노폰의 『회상록』을 읽어야 한다. 『회상록』의 원래 명칭은 고대 그리스어로 '아폼네모뉴마타 $απομνημονεύματά$'이다. 16세기에 이르러 처음으로 붙여진 라틴어 명칭은 '메모라빌리아 Memorabilia'이다. 모두 과거를 회상해 기록했다는 의미이다.

소크라테스는 공자처럼 단 한 권의 저서도 남기지 않은 까닭에 제자들이 편찬한 저서를 통해 그 사상과 행보를 알아볼 수밖에 없다. 크세노폰은 플라톤과 달리 자신이 본 그대로의 모습을 기록해 놓은 까닭에 『회상록』은 사료적 가치가 매우 크다. 플라톤의 저서에 나온 소크라테스는 사뭇 진중한 철학자의 모습이나 『회상록』에 나온 모습은 친근한 이웃집 아저씨의 모습이다. 『회상록』이 원래의 모습에 가깝다는 게 학자들의 중론이다.

공자는 여러 제자들의 제자들이 모여 합의하에 공자의 언행을 수록한 책을 펴냈다. 그게 바로 『논어』이다. 소크라테스의 경우처럼 제자에 따라 달리 기록할 이유가 없었다. 실제로 『논어』에는 유가의 여러 학파 관점이 모두 반영돼 있고, 공자의 다양한 모습이 가감 없이 실려 있다. 소크라테스의 경우에 비유하면 크세노폰의 『회상록』과 플라톤의 『소크라테스를 위한 변명』을 하나로 묶어 놓은 것과 같다.

객관적으로 볼 때 동서를 통틀어 사상 최초로 '인본' 사상은 체계적으로 정립한 공자는 인간에게 전폭적인 신뢰를 보냈다. 서구의 사상이 21세기 현재에 이르기까지 신神의 세계에서 벗어나지 못한 것과 대비된다. 공자의 '인仁'은 인간에 대한 깊은 이해와 이를 토대로 한 전폭적인 신뢰가 전제되어야만 실현 가능한 덕목이다. 인간 자체의 승리를 의미한다.

'인'의 실현을 인격의 완성으로 간주한 것은 동서고금을 통틀어 그 유례를 찾을 수 없는 것이다. 공자가 '태평천국의 난' 이래 5·4 운동과 문화대혁명을 거치는 동안 많은 오해와 왜곡, 탄압이 잇따랐음에도 다시 찬연히 부활해 21세기 '동아시아 문명'의 아이콘으로 등장한 것도 이와 무관하지 않다. 공자의 '인'은 내용상 소크라테스의 지知와 서로 통한다. 그러나 '인' 속에는 '지' 이외에도 '의'와 '예' 등의 여타 덕목이 내포돼 있다. 심지어는 마르크스의 공산共産도 포함시킬 수 있다. 21세기에 들어와 G2의 일원으로 우뚝 선 중국 수뇌부가 공산당의 치국평천하 원칙과 관련해 공자의 '인'을 더욱 강조하고 있는 게 그 증거이다. 공자가 인간에 관한 상하좌우의 모든 관계를 하나로 녹일 수 있는 덕목으로 '인'을 정의한 덕분이다.

이는 『논어』에 나오는 '인'에 대한 해석을 보면 쉽게 알 수 있다.

공자의 '인'은 남을 내 몸처럼 용서한다는 뜻의 서인恕人, 이웃을 내 몸처럼 사랑한다는 뜻의 애인愛人, 사람을 깊이 이해한다는 뜻의 지인知人, 모든 사람을 공평이 대한다는 균인均人 등 모든 인간관계를 아우르고 있다. '인' 속에 다른 사람을 마치 자신을 대하듯이 용서하고, 사랑하고, 이해하고, 마주한다는 의미가 모두 포함되어 있다.

주목할 것은 공자의 '인' 속에는 후대의 성리학이 역설하는 금욕주의적인 색채가 전혀 없다는 점이다. 성리학은 인간의 감성을 인욕人欲으로 간주해 타기 대상으로 삼았다. 공자의 '인'과 정반대이다. 공자의 '인'은 오히려 인간의 자연스러운 성정을 억압하는 일체의 견해를 배격한 것은 물론 인간성과는 동떨어져 있는 귀신의 존재도 부정했다. 이는 인간이 학덕을 연마해 도달할 수 있는 최고의 경지를 군자로 상정한 사실과 무관하지 않다.

공자가 말한 군자는 바로 '인'을 체현한 사람으로 인격이 구비된 전인全人이다. 훗날 맹자는 공자가 말한 군자를 두고 호연지기浩然之氣를 지닌 대장부大丈夫로 해석했다. 그러나 그 뜻은 크게 다르다. 대장부는 학덕을 겸비한 군자를 역설한 것과 달리 호연지기로 표현되는 덕행만이 강조되어 있다. 맹자가 공자 사상의 정수를 제대로 잇지 못했다는 지적이 나오는 이유다.

당시 공자가 학당을 열어 제자들을 가르친 궁극적인 목적은 바로 학문을 닦는 군자의 양성이었다. 현실 속의 가장 바람직한 모습은 군자가 위정자가 되는 이른바 '군자 위정자'였다. 그러나 신분세습의 당시 봉건질서하에서는 이게 불가능했다. 공자가 차선책으로 택한 것은 군자가 정신적인 위정자가 되는 '군자 선비'이다. 곧 재야에서 활약하는 '정신적인 군자 위정자'를 말한다. 이들은 비록 봉건질서의 벽에 막혀 현실 속의 위정자가 되지는 못했으나 언젠가 신분보다 재덕才德을 토대로 한 실력주의 시대가 오면 즉시 현실 속의 위정자로 변신할 수 있는 자들이었다.

공자의 학문이 『대학』이 역설하는 수신제가와 치국평천하를 동시에 지향하는 '수제치평修齊治平의 제왕학'을 지향한 여기에 있다. 그러나 후대의 성리학은 도교 및 불교와 사상논쟁을 전개하는 과정에서 본령에 해당하는 치국평천하를 방기한 채 수신제가에 초점을 맞추는 윤리 도덕의 사변철학으로 변질되고 말았다.

성리학에서 말하는 태극太極과 무극無極 개념은 장자가 역설한 무無와 불가에서 말하는 공空의 개념을 차용한 것으로 '공자 제왕학'과는 하등 상관없는 것이다. 그럼에도 성리학은 무극과 태극 등에 기초한 이기론理氣論과 천리인욕설天理人欲說을 통해 우주 삼라만상에 대한 궁극적인 해답을 찾아낼 수 있다고 주장했다. '공자 제왕학'을 개인 차원의 수도修道 이론인 '공자 윤리학'으로 끌어내린 것이다.

성리학이 등장한 이후 춘추시대로 거슬러 올라가 공자 당시의 관점에서 공자 사상을 검토해야 한다는 얘기가 끊임없이 제기된 이유가 여기에 있다. '공자 윤리학'으로 축소된 성리학을 버리고 원래의 모습인 '공자 제왕학'을 복원하고자 하는 노력의 일환이었다. 그 정수가 바로 『논어』에 담겨 있다. 공자가 가르친 직계 제자의 제자들이 경건한 자세로 스승이 전한 공자의 언행을 하나로 묶고자 하는 노력의 결실이었다. 불경이 그러했듯이 『논어』가 몇 번에 걸친 결집結集의 과정을 거친 이유다. 첫 번째 결집 이후 수천 년이 지난 21세기 현재까지 『논어』가 동서의 모든 사람들을 감동시킬 수 있는 것도 이런 역사적 배경에서 찾을 수 있다.

『사기』「중니제자열전」은 공자의 제자 가운데 뛰어난 인물이 대략 70여 명에 달했다고 기록해 놓았다. 그러나 사실 이는 크게 과장된 것이다. 『논어』에 나오는 제자 가운데 그 존재를 확인할 수 있는 인물은 겨우 22명에 불과하다. 송나라 귀족의 후예인 사마우司馬牛는 제자들 가운데 최고의 명족출신이다. 제법 큰 식을 지니고 있던 그가 제자로 들어올 때 공자가 특별히 배려한 것은 아무것도 없다. 나머지 21명 가운데 9명은 상당히 높은 지위를 가졌다. '군자 위정자'의 배양을 목표로 삼은 공자가 제자들의 취직에 깊은 관심을 기울인 덕분이다.

주목할 것은 공자의 제자들의 다양한 행보이다. 공자가 내심 후계자로 낙점한 안회를 비롯한 일부 제자들이 출사出仕를 마다한 채 빈한한 삶 속에서 학문과 덕성의 수양에 정진했다. 이와 정반대로 자공과 같은 제자는 공부하며 돈을 버는 유상儒商의 행보를 보이며 거만의 재산을 모으기도 했다. 21세기 경제전의 관점에서 볼 때 자공의 '유상' 행보가 눈에 띄는 이유다.

좋은 자리를 얻을 생각으로 공자학당에 입문하는 자들이 점차 늘어난 것도 이런 맥락에서 이해할 수 있다. 이들의 '롤 모델'은 안회가 아니라 거만의 재산을 모은 자공과 공자의 천거 덕분에 벼슬을 한 여타 제자들이었다. 여기에는 '공자 제왕학'을 익히는 것이 관직을 얻는데 매우 유리하다는 사실이 널리 알려진 게 크게 작용했다.

전국시대에 들어가 수많은 제자백가들이 공자학당을 흉내 내며 사숙私塾을 개설한 것은 바로 이 때문이었다. 이후 교양을 지닌 수많은 사인이 출현하고, 이어 학문과 덕성을 닦은 자들이 새로운 집권층으로 부상하는 흐름이 형성되고, 마침내 진시황 때에 이르러서는 새로운 통치 질서인 중앙집권적 관료정치가 출현하게 됐다. 그 뿌리를 찾아 올라가면 바로 춘추시대 말기 사상 최초로 학당을 열어 다양한 제자를 배출한 공자에 연결된다.

『논어』를 정밀히 분석하면 당시 공자학당에서 스승인 공자가 제자들을 '군자 위정자'로 만들기 위해 구체적으로 어떻게 교습했고, 제자들은 이를 어떻게 받아들여 실천했는지를 소상히 파악할 수 있다. 최근 중국의 기업 CEO 내에서 『논어』를 그런 식으로 접근해 천하 차원의 경제경영 이론으로 응용하는 흐름이 하나의 대세로 형성됐다. 공학孔學의 본령이 과거 성리학이 지배하던 시기의 '공자 윤리학'이 아니라 '공자 제왕학'이었다는 사실을 찾아낸 덕분이다.

본서는 바로 이를 널리 알리고자 하는 취지에서 나온 것이다. 초일류 글로벌 기업을 지향하는 모든 기업 CEO에게 최근 중국 내에서 일고 있는 '공자 제왕학' 내지 '공자 경영학'의 새로운 흐름을 전하고자 한 것이다. '세계의 공장'에서 '세계의 시장'으로 급부상한 중국의 속사정을 모르면 21세기 경제전에서 이내 패퇴할 수밖에 없다. 반드시 중국 시장을 석권해야 하는 이유다. 본서가 한국의 기업 CEO들이 중국 시장을 석권하는 데 조금이나마 도움이 됐으면 하는 바람이다.

2015년 11월, 학오재學吾齋에서
저자 쓰다.

공자 연표

기원전	주왕	노공	나이	공자와 관련된 주요 사항
563	靈王11	襄公10		공자의 부친 숙량흘叔梁紇이 위기에 처한 노나라 군사들을 모두 탈출시킴.
552	20	21	1	공자가 곡부 교외 창평향 추읍에서 숙량흘과 모친 안씨顔氏 사이에서 출생함.
550	22	23	3	장무중臧武仲이 3환에게 패해 주邾나라로 망명함. 부친 숙량흘 사망.
548	24	25	5	제나라 권신 최저崔杼가 제장공을 시해함.
546	26	27	7	진·초가 송나라에서 평화회의를 열고 정전협정을 체결함.
544	景王1	29	9	공자가 늘 제기를 벌려 놓고 제사지내는 놀이를 함.
543	2	31	10	공자가 존경하는 정나라 대부 자산子産이 정경이 됨. 자로가 태어남.
541	4	昭公1	12	초나라 공자 위圍가 주군을 시해하고 초영왕으로 등극함.
538	7	4	15	공자가 학문에 뜻을 둠. 초영왕이 정전협정을 파기하고 제후들을 호령함.

537	8	5	16	3환이 군사를 3분하여 독점함. 민자건이 태어남.
536	9	6	17	정나라 자산이 형정刑鼎을 주조함. 공자의 모친 안씨 사망한 듯함.
534	11	8	19	공자가 송나라 견관씨幵官氏의 딸과 결혼했다고 함.
533	12	9	20	아들 백어伯魚 출생. 잠시 계손씨 밑에서 창고관리 및 가축 사육에 종사함.
529	16	13	24	진나라가 초나라 내란에 편승해 제후들을 규합함. 제나라도 국력신장 도모함.
525	20	17	28	공자가 노나라에 온 담자郯子로부터 고대의 관제를 배움.
523	22	19	30	공자가 박학한 선비로 인정받아 학문으로 입신출세를 결심함. 염구 출생.
522	23	20	31	정나라 자산이 사망함. 안회 출생.
520	25	22	33	주왕실에 왕위계승 내분이 일어나 경왕敬王이 즉위함.
519	敬王1	23	34	공자가 낙읍으로 가 노자에게 예를 물었다고 하나 후세의 위작임.
518	2	24	35	맹희자가 아들 맹의자와 남궁경숙에게 공자의 제자가 될 것을 유언함.
517	3	25	36	노소공의 망명으로 공위호位시대가 시작됨. 공자도 이내 제나라로 망명함.
513	7	29	40	공자가 망명 5년 만에 독자적인 사상을 확립함. 진나라가 형정을 주조함.
510	10	32	43	노소공의 객사로 동생 노정공魯定公이 즉위함.
509	11	定公1	44	공자가 귀국해 사숙을 개설함. 유약 출생.
508	12	2	45	자하 출생.
507	13	3	46	자유 출생.

506	14	4	47	증삼 출생. 오나라가 초나라 도성 영郢을 함락함.
505	15	5	48	계평자가 사망하자 양호가 실권을 장악하고 공자에게 관직을 제의함.
504	16	6	49	자장 출생.
502	18	8	51	양호가 3환에게 패배하자 공산불뉴公山不狃가 난을 일으켜 공자를 부름.
501	19	9	52	양호가 제나라로 망명하자 공자가 처음으로 관원이 되어 중도中都를 다스림.
500	20	10	53	공자가 사구가 되어 노정공의 제경공과의 회동을 보좌함. 제나라 안영 사망.
498	22	12	55	공자가 3도三都를 무너뜨리려다가 실패함.
497	23	13	56	공자가 14년에 걸친 천하유세의 도정에 올라 위나라로 감.
496	24	14	57	오왕 합려가 월왕 구천에게 패사함. 위나라 태자가 국외로 망함.
494	26	哀公1	59	오왕 부차가 월왕 구천을 회계에서 격파함.
493	27	2	60	위나라에서 위령공 사망으로 내분이 발발함. 공자가 진陳나라로 감.
492	28	3	61	공자가 송나라로 가던 중 사마 환퇴의 핍박을 받음. 공자 손자 급伋 출생.
491	29	4	62	계강자가 계환자의 뒤를 이어 노나라를 장악함.
490	30	5	63	진晉나라 조간자의 가신 필힐이 중모에서 거사해 공자를 부름.
489	31	6	64	공자가 진·채 사이에서 곤경을 겪은 뒤 섭공을 만나고 다시 위나라로 돌아옴.
487	33	8	66	노나라가 오나라의 침공을 받고 화약을 체결함.
486	34	9	67	오나라가 노나라와 합세해 제나라를 침.

484	36	11	69	공자가 귀국해 교육과 고전 정리에 전념함. 공자 아들 이鯉가 50세로 사망.
483	37	12	70	노애공이 오왕 부차와 회견함. 자공이 오나라 태재 백비와 교섭에 나섬.
482	38	13	71	오왕 부차가 황지黃池에서 패자가 됨. 안연이 41세로 사망.
481	39	14	72	제나라의 진항이 제간공을 시해함. 공자가 획린獲麟을 보고 『춘추』를 지음.
480	40	15	73	위나라 정변으로 자로가 분사함.
479	41	16	74	4월 기축일에 공자가 와병 7일 만에 사망함. 사수泗水 언덕에 안장됨.
473	元王3	22		자공이 6년상 마침. 오왕 부차 자결함. 월왕 구천이 천하의 패자가 됨.